हमारे अटलजी

हमारे अटलजी

संपादक

प्रभात झा

प्रभात प्रकाशन, दिल्ली
ISO 9001:2015 प्रकाशक

प्रकाशक • **प्रभात प्रकाशन**
4/19 आसफ अली रोड,
नई दिल्ली-110002

संस्करण • 2019
मूल्य • सात सौ रुपए
मुद्रक • नरुला प्रिंटर्स, दिल्ली

HAMARE ATALJI *Ed.* Prabhat Jha ₹ 700.00
Published by Prabhat Prakashan, 4/19 Asaf Ali Road, New Delhi-2
e-mail: prabhatbooks@gmail.com ISBN 978-93-5048-402-9

संपादकीय

पिछले सात दशक की राजनीति में भारत में एक व्यक्तित्व उभरा और देश ने उसे सहज स्वीकार किया। जिस तरह इतिहास घटता है, रचा नहीं जाता; उसी तरह नेता प्रकृति प्रदत्त प्रसाद होता है, वह बनाया नहीं जाता बल्कि पैदा होता है। एक सामान्य मास्टर परिवार के घर मे, मध्यप्रदेश के ग्वालियर स्थित शिंदे की छावनी (कमल सिंह का बाग) के छोटे से पाटोर में 25 दिसंबर, 1924 को एक नन्हे बालक ने जन्म लिया। उस समय किसी को नहीं पता था कि पाटोर की यह पहली किलकारी समय आने पर अपनी वाणी के जादू से विश्व की राजनीति को प्रभावित करेगी। उस व्यक्तित्व का नाम है—पं. अटल बिहारी वाजपेयी।

अटलजी के जीवन पर, विचार पर, कार्यपद्धति पर, विपक्ष के नेता के रूप में, भारत के जननेता के रूप में, विदेश नीति पर, संसदीय जीवन पर, उनकी वक्तृत्व कला पर, उनके कवित्व रूपी व्यक्तित्व पर, उनके रसभरे जीवन पर, उनकी वासंती भाव-भंगिमा पर, जनमानस के मानस पर अमिट छाप, उनके कर्तृत्व पर एक नहीं अनेक लोग शोध कर रहे हैं। आज जो राजनीतिज्ञ देश में हैं, उनमें अगर किसी भी दल के किसी भी नेता से किसी भी समय अगर सामान्य सा सवाल किया जाए कि उन्हें अटलजी कैसे लगते हैं? तो सर्वदलीय भाव से एक ही उत्तर आएगा—'उन जैसा कोई नहीं!' अटलजी पर बहुत सारी पुस्तकें आ चुकी हैं, आ रही हैं और आएँगी। यह जो पुस्तक आपके हाथों में पहुँच रही है, इसमें वे अनछुए पहलू हैं, जिसे लोगों ने अभी नहीं छुआ है। अटलजी के निकटतम मित्रों का वह संस्मरण जो अभी न पढ़ने में आया है, न सुनने में आया है, उसको संकलित करने का प्रयास किया गया है। इस प्रयास में ग्वालियर से प्रकाशित स्वदेश समाचार-पत्र का बहुत बड़ा योगदान है। इसलिए उनके इस योगदान के प्रति सादर आभार! इस पुस्तक में अटलजी की मस्ती हमारी और आपकी सुस्ती को सहज भगा देगी। इन अनछुए पहलू में प्रेरणा, प्रयोग, प्रकाश, परिणाम, परिश्रम, परमानंद, प्रमोद, प्रकल्प, प्रकृति, प्रश्न, प्रवास और साथ ही साथ जीवन कैसे जिया जाता है, कितने प्रकार से जीया जाता है? आनंद को भी आनंद से आनंदित करने के लिए कितने प्रकार के आनंद की आवश्यकता होती है, इस संस्मरणों में उसका भी आनंद लिया जा सकता है।

हम उन सभी व्यक्तित्वों के प्रति आभार व्यक्त करते हैं, जिनके संस्मरणों (अनछुए पहलूओं) से पुस्तक ने आकार लिया है। बहुत से लोगों के संस्मरण इस पुस्तक में हैं, जो अब नहीं रहे। जीवन यही है, व्यक्ति चला जाता है, उसकी काया चली जाती है; पर संस्मरणों की मृत्यु कभी नहीं होती। इस पुस्तक में ऐसे ही अमर, सदैव जीवित रहनेवाले, मन को गुदगुदाने वाले संस्मरणों

को एकत्रित किया गया है। संकीर्णता इस दौर में व्यक्ति का मन गुदगुदाए, समाज का मन प्रसन्नचित्त रहे, भारतीय नेतृत्व अपने पुरखों के जीवन-संस्मरण को सहजता से पढ़े; उस दिशा में भी यह एक सराहनीय प्रयास कहा जा सकता है। हम सभी कुछ दिन-कुछ महीने, कुछ वर्षों बाद स्वयं भी संस्मरित हो जाएँगे। अत: संस्मरण जीवन की एक अमूल्य धरोहर है। आइए, इस पुस्तक से एक प्रेरणा तो लें ही कि हम सभी अपने जीवन को प्रेरणास्पद संस्मरणों से युक्त बनाएँगे।

—प्रभात झा

सांसद एवं राष्ट्रीय उपाध्यक्ष, भाजपा

अनुक्रमणिका

भारत के उज्ज्वल भविष्य की झलक

—प्रो. राजेंद्र सिंह 'रज्जू भैया'

अटलजी को मैंने सन् 1944 में देखा था। बात उन दिनों की है जब मैं इलाहाबाद विश्वविद्यालय में व्याख्याता हुआ करता था। मैं एक वाद-विवाद प्रतियोगिता में उपस्थित हुआ था। प्रतियोगिता का दौर खत्म होने को ही था कि एक नवयुवक ने हॉल में प्रवेश किया तथा प्रतियोगिता के जज से विशेष अनुरोध किया कि उसे भी प्रतियोगिता में शामिल होने का मौका दिया जाए। उसकी गाड़ी लेट हो गई थी और वह इसी विशेष प्रयोजन के लिए आया था। जजों ने वैसे तो अपना मन बना लिया था पर युवक को प्रोत्साहित करने के लिए वाद-विवाद प्रतियोगिता में हिस्सा लेने की अनुमति प्रदान कर दी। वह युवक और कोई नहीं, अटलजी थे।

अटलजी ने बोलना शुरू किया और दस मिनटों के अंदर ही उनके तर्कों को सुनकर संपूर्ण श्रोता रोमांचित हो उठे और अटलजी को सर्वश्रेष्ठ वक्ता चुना गया।

अटलजी ने कानपुर के डी.ए.वी. कॉलेज से स्नातकोत्तर किया और अपने समय के लोकप्रिय विद्यार्थी नेता रहे। सन् 1946 में श्री बालकृष्ण त्रिपाठी कानपुर की एक विशाल सभा को संबोधित करनेवाले थे। हमेशा की तरह कुछ युवा नेता मुख्य वक्ता से पहले भाषण देने आए, जिनमें अटलजी भी एक थे। अटलजी का भाषण इतना प्रभावशाली और जबरदस्त था कि बालकृष्ण त्रिपाठी ने निर्णय लिया कि वे भाषण नहीं देंगे। उन्होंने केवल इतना कहा कि इस युवक ने वह सब कुछ कह डाला है जो मैं कहना चाहता था। मैंने ऐसा भाषण पहले कभी नहीं सुना था।

एम.ए. पास करने के बाद अटलजी संघ के प्रचारक बन गए और उन्हें लखनऊ के करीब संडीला भेजा गया। सुबह वह शाखा का काम करते और दिन में कविताएँ लिखते। वह लेखकों के संपर्क में थे। वह केवल एक साल तक प्रचारक रहे।

सन् 1947 में अटलजी ने संघ की विचारधारा को लोगों तक पहुँचाने के लिए 'राष्ट्रधर्म' मासिक पत्रिका आरंभ की। दीनदयालजी इसके मार्गदर्शक थे और अटलजी संपादक थे। सन् 1950 में संघ पर प्रतिबंध उठने के बाद मैंने भी विश्वविद्यालय से मुक्ति ली और लखनऊ मुख्यालय में सहायक प्रचारक बन गया। सन् 1953 में विजयलक्ष्मी पंडित सोवियत संघ की राजदूत नियुक्त की गईं, जिससे उनकी लोकसभा सीट रिक्त हो गई। उन दिनों अटलजी को इस मध्यावधि चुनाव के लिए उम्मीदवार चुना गया। उन्होंने एक महीने के अंदर 150 सभाओं को संबोधित किया और काफी ख्याति अर्जित की। चुनाव कांग्रेस ने जीता, पर अटलजी दूसरे स्थान पर रहे। सन् 1957 में उन्होंने बलरामपुर सीट पर कब्जा जमाया और लखनऊ से उनके विशेष

संबंध रहे। इसी कारण बाद में वे लखनऊ से ही चुनाव जीते।

उनकी संवादशैली एवं आत्मविश्वास, उनके विशेष गुण हैं। उन्होंने हमेशा जवाहरलाल नेहरू की विचारधारा का विरोध किया, पर नेहरूजी ने उन्हें हमेशा सराहा। एक बार ब्रितानी प्रधानमंत्री की भारत यात्रा के दौरान, जवाहरलाल नेहरूजी ने उनका अटलजी से परिचय कराते हुए कहा, ''यह विपक्ष का युवा नेता हमेशा मेरी आलोचना करता है, पर मुझे इसमें भारत के उज्ज्वल भविष्य की झलक मिलती है।'' हम पिछले 40 वर्षों से अधिक समय से उन्हें संसद् सदस्य के रूप में देख रहे हैं। प्रतिदिन हमें उनकी क्षमता और योग्यता दोनों के दर्शन हुए हैं। किसी भी पार्टी को प्रधानमंत्री पद के लिए अटलजी से बेहतर उम्मीदवार नहीं मिला। अटलजी दिल से दयालु और साहसी दोनों हैं, वे काफी संवेदनशील हैं और लोगों की व्यथा देखकर व्यथित हो उठते हैं। वे वास्तव में सामाजिक समरसता में विश्वास करते हैं। उनकी अंतरराष्ट्रीय जगत्, खासकर विदेश नीतियों के बारे में जानकारी अद्‌भुत है। विदेश व्यापार मंत्रालय के सचिव श्री मेहता मेरे इलाहाबाद यूनिवर्सिटी के दिनों के सहपाठी हैं। एक बार उन्होंने मुझे बताया था कि कई प्रधानमंत्रियों के साथ काम कर लेने के बाद उन्हें अटलजी का स्नेहपूर्ण रवैया काफी प्रभावशाली लगा था।

अपने विरोधियों के प्रति उनका रवैया काफी गरिमापूर्ण है, जैसा जवाहरलाल नेहरूजी के अवसान के समय उनके भाषण में प्रतिबिंबित होता है। इंदिराजी से उनके काफी मतभेद रहे थे, पर सन् 1971 के युद्ध के बाद, इंदिराजी के बारे में बोलते हुए उन्होंने जो कहा उससे उनके विशाल हृदय के दर्शन होते हैं। अटलजी जैसा व्यक्ति ज्यादा-से-ज्यादा लोगों को साथ लेकर चल सकता है। मैं इनके पिता को भी जानता था। वे अध्यापक थे और सेवानिवृत्त होने के बाद उन्होंने कानून की शिक्षा प्राप्त की थी। कॉलेज में अटलजी और उनके पिता दोनों एक साथ पढ़ते थे। मेरे विचार में अटलजी ने दृढ़ निश्चयी स्वभाव अपने पिता से ही पाया था।

अटलजी के व्यक्तित्व के तीनों रूप—स्वयंसेवक, कवि और राजनेता—समान रूप से आकर्षक और महत्त्वपूर्ण हैं। उनके मन में श्रीगुरुजी और श्री बालासाहेब देवरस दोनों के प्रति अत्यधिक श्रद्धा है। एक राजनेता के रूप में वह ऐसी सूक्ष्म बातों को समझकर और उनकी विवेचना कर सकते हैं जो अन्य लोग ठीक तरह से समझ नहीं सकते।

(लेखक राष्ट्रीय स्वयंसेवक संघ के चतुर्थ सरसंघचालक थे)

□

बौनों के बीच एक विशाल व्यक्तित्व

—लालकृष्ण आडवाणी

श्री अटल बिहारी वाजपेयी दूसरे आम चुनावों में सन् 1957 में पहली बार संसद् के लिए चुने गए थे। अटलजी ने हाल ही में 'झिंझौली', हरियाणा में पार्टी कार्यकर्ताओं को प्रशिक्षण शिविर में, विनोदी शैली में बताया कि वह चुनाव उनके लिए एक साथ तीन तरह के अनुभवोंवाला था। जनसंघ ने श्री वाजपेयी को उत्तर प्रदेश में तीन स्थान से खड़ा किया था—मथुरा, लखनऊ और बलरामपुर से। अटलजी ने बताया कि लखनऊ में वह चुनाव हार गए। मथुरा में न केवल चुनाव हारे बल्कि जमानत तक जब्त हो गई, लेकिन बलरामपुर में वह भारी मतों से जीते और लोकसभा में जनसंघ की चार सदस्यीय टीम के नेता बने।

मैं नहीं जानता, ऐसी क्या बात थी कि पार्टी नेतृत्व ने अटलजी को एक साथ तीन स्थानों पर चुनाव लड़ाने का निर्णय लिया। लेकिन मुझे लगता है कि यह दीनदयालजी का निर्णय था, क्योंकि उन पर निर्णय की जिम्मेदारी थी। दरअसल दीनदयालजी की इसमें गहरी रुचि थी कि श्री वाजपेयी लोकसभा में जरूर पहुँचें, भले ही इसके लिए तीन जगह से भाग्य आजमाना ही क्यों न हो? पंडितजी का यह स्पष्ट तौर पर मानना था कि डॉ. श्यामाप्रसाद मुखर्जी की शहादत से उत्पन्न शून्य को पार्टी में अगर कोई भर सकता है तो वह अटलजी हैं, जिसमें उनकी आयु से कहीं ज्यादा बड़ा दृष्टिकोण और समझदारी है। इसके बाद के चालीस वर्षों में देश की राजनीति में वाजपेयीजी की भूमिका और उन्हें प्राप्त प्रतिष्ठा को देखकर कोई भी दीनदयालजी की दूरदृष्टि से प्रभावित हुए बिना नहीं रह सकता। अटल बिहारीजी निःसंदेह आज के श्यामाप्रसाद हैं। मैं यह कहने का दुस्साहस भी करना चाहता हूँ कि नब्बे के दशक में देश के लिए अटल बिहारी का महत्त्व पचास के दशक के श्यामाप्रसाद से कहीं ज्यादा है। मैं यह कहकर दोनों हस्तियों की तुलना नहीं कर रहा हूँ, मैं केवल उन स्थितियों पर ध्यान दे रहा हूँ जिनमें दोनों ने कार्य किया। डॉ. मुखर्जी एक श्रेष्ठ शिक्षाविद् थे। संसद् में और उन दिनों की राजनीति में उनका विशिष्ट स्थान था, लेकिन उस समय और भी दिग्गज मौजूद थे—कांग्रेस में भी और अन्य पार्टियों में भी।

दूसरी तरफ मौजूदा राजनीति में बौनों की भरमार है। इसलिए अटलजी सामयिक राजनीतिक नेताओं के बीच विशाल व्यक्तित्व की तरह दिखते हैं। इसमें कोई आश्चर्य नहीं कि वे लोगों की उम्मीदों और आकांक्षाओं के केंद्र बन गए हैं।

अटलजी से मेरा संबंध सन् 1957 से है। सन् 1957 तक मेरा कार्यक्षेत्र राजस्थान था, लेकिन सन् 1957 में अटलजी के लोकसभा में चुने जाने पर पार्टी के महासचिव पं. दीनदयाल

उपाध्याय ने मुझे दिल्ली भेज दिया। मुझे 'जनसंघ' संसदीय दल का कार्यालय बनाना और सांसदों को उनके कार्य में मदद देना था। तब से हम पार्टी में मिलकर कार्य करने लगे और बाद में जब मैं राज्यसभा के लिए चुना गया, तो संसद् में भी यह संबंध बना रहा।

देश में आज अटलजी के लाखों प्रशंसक हैं। उनमें से अधिकतर उनकी बेजोड़ भाषण कला के कारण प्रशंसक बने। हालाँकि उन्हें बहुत करीब से जानने के कारण मेरा मानना है कि उनकी ओजस्वी वाणी और भाषा के ऊपर पूर्ण नियंत्रण उनकी नेतृत्व क्षमता की खूबियों में शामिल है। यह नेतृत्व क्षमता निश्चित ही देश और इसके नागरिकों के प्रति उनके गहरे समर्पण का प्रतिफल है।

सर्वप्रिय व्यक्तित्व

'सर्वे भवन्तु सुखिन:' के प्रति गहरे समर्पण और कमजोर तथा उपेक्षितों के प्रति कवि हृदय सहानुभूति अटलजी की व्यक्तिगत खूबियाँ हैं, जिससे वह सभी के प्रिय हैं, उन्हें भी, जो अटलजी के जीवन को प्रेरणा देनेवाली विचारधारा से असहमत हैं।

अटलजी अपने राजनीतिक जीवन में अधिकतर समय विपक्ष में ही रहे हैं। लंबे समय तक विपक्ष में रहनेवाले अधिकतर नेता तीखे आलोचक और कटु बोलनेवाले हो जाते हैं। नकारात्मक सोच उनके व्यक्तित्व का हिस्सा बन जाता है, लेकिन अटलजी को सभी पार्टियों द्वारा मानने का एक कारण यह भी है कि वह इस तरह की नकारात्मक सोच से पूरी तरह अलग हैं। मैंने उन्हें सत्तापक्ष पर कई बार गंभीर आक्रमण करते देखा है, लेकिन वह व्यक्तिगत हमले एकाध बार ही करते हैं और कभी ऐसा होने पर उनके मन में कोई दुर्भावना नहीं होती। उनके सटीक और चुटीले व्यंग्यबाण किसी को तिलमिला तो देते हैं, लेकिन आहत नहीं करते और न ही पीछे निशान छोड़ते हैं। उनका अंतत: उद्देश्य रचनात्मक ही होता है। श्री वाजपेयी और राष्ट्रीय स्वयंसेवक संघ का संबंध मीडिया के साथ-साथ बाहर भी बहस का विषय रहा है। मुझे जनता पार्टी के कुछ सदस्यों का वह विरोध बखूबी याद है, जो उन्होंने तत्कालीन प्रधानमंत्री श्री मोरारजी देसाई के अटलजी को विदेश मंत्री बनाने के प्रस्ताव पर जताया था। उन्होंने श्री देसाई को सतर्क करते हुए कहा था कि आखिरकार वह संघ का आदमी है, पाकिस्तान के साथ हमारे संबंध बहुत बिगड़ जाएँगे। लेकिन श्री देसाई ने उनकी बिन माँगी सलाहों को दरकिनार कर अटलजी को अपनी सरकार में विदेश मंत्री बनाया।

भारत-पाक संबंधों का स्वर्ण काल

भारत-पाक संबंधों को छात्र अब खुलकर मानते हैं कि सन् 1977-79 का समय, जब अटलजी विदेश मंत्री थे, स्वतंत्रता के बाद दोनों के संबंधों का स्वर्णिम काल था। मैंने पाकिस्तान के प्रधानमंत्री नवाज शरीफ को भी इसकी पुष्टि करते हुए सुना है। सन् 1991 में श्री नवाज शरीफ, जो तब भी प्रधानमंत्री थे, श्री राजीव गांधी के अंतिम संस्कार में शामिल होने नई दिल्ली आए हुए थे। उनके आमंत्रण पर श्री वाजपेयी और मैं उनसे मिलने अशोक होटल गए। उन्होंने हमसे मिलने पर पहली ही प्रतिक्रिया में कहा—

"वाजपेयीजी, मैं आपसे पहले कभी नहीं मिला, लेकिन मुझे यह कहने में कोई संकोच

नहीं कि आप जब विदेश मंत्री थे तो उस समय जैसे दोनों देशों के मधुर एवं सौहार्दपूर्ण संबंध फिर कभी नहीं हुए।''

श्री वाजपेयीजी के कार्यकाल में श्री देसाई और जिया-उल-हक के बीच 'हॉटलाइन' नहीं थी, लेकिन पिछले उन्नीस महीने में देश में लगातार हो रहे बम-विस्फोटों का सिलसिला भी नहीं था। वाजपेयीजी और राष्ट्रीय स्वयंसेवक संघ के बारे में अधिकतर मीडिया की खबरों में आधी-अधूरी जानकारी होती है। प्रेस के एक वर्ग को भाजपा की गलत खबरें छापने की गंभीर बीमारी है। सन् 1980 में जनता पार्टी ने दोहरी सदस्यता का मुद्दा उछाला और जनसंघ से आनेवाले हम लोगों पर राष्ट्रीय स्वयंसेवक संघ से नाता तोड़ने का दबाव डाला था। उन्हें गलतफहमी थी कि अटलजी इसका विरोध नहीं करेंगे।

संघ से संबंध

जनता पार्टी संसदीय बोर्ड की बैठक में जब इस मसले पर विचार-विमर्श हो रहा था अटलजी गुस्से में फट पड़े।''हम जनता पार्टी में केवल तीन वर्ष पहले आए हैं। राष्ट्रीय स्वयंसेवक संघ के साथ हमारा रिश्ता बचपन से है और आप चाहते हैं कि हम संघ से नाता तोड़ लें। आपको मालूम है कि आप क्या कह रहे हैं?'' राष्ट्रीय स्वयंसेवक संघ और उसकी सांस्कृतिक राष्ट्रवाद की विचारधारा के प्रति अटलजी का समर्पण हमेशा अटूट रहा है, लेकिन वह इस तथ्य से भलीभाँति परिचित हैं कि भारत जैसे वृहद और विविधतावाले देश में प्रतिनिधित्व लोकतंत्र की यह दरकार है कि विचारधारा से पार्टी को आदर्श और मूल्य तथा नीति-निर्माण का मार्गदर्शन मिलना चाहिए, पर इससे राजनीतिक तथा सरकारी निर्णयों में संकोच नहीं होना चाहिए।

राष्ट्र उनके नेतृत्व में 21वीं सदी में उम्मीद और विश्वास के शीर्ष पर जाने की उत्सुकता से प्रतीक्षा कर रहा है।

(लेखक अटलजी के नेतृत्ववाली
एनडीए सरकार में उप-प्रधानमंत्री रहे हैं)

□

उनके नेतृत्व में होगा गौरवशाली युगोदय

—डॉ. भाई महावीर

"दुनिया के वीराने पथ पर जब-जब नर ने खाई ठोकर
दो आँसू शेष बचा पाया जब-जब मानस सबकुछ खोकर
मैं आया तभी द्रवित होकर, मैं आया ज्ञानदीप लेकर
भूला-भटका मानव पथ पर, चल निकला सोते से जगकर
पथ के आवर्तों से थककर, जो बैठ गया आधे पथ पर
उस नर को राह दिखाना ही मेरा सदैव का दृढ़ निश्चय
हिंदू तन-मन, हिंदू जीवन, रग-रग हिंदू मेरा परिचय।"

कुछ कविताएँ सिर्फ पढ़कर, सुनकर भूल जाने की वस्तु नहीं होतीं। जब एक विचार व्यष्टि में केंद्रित न होकर समष्टि के लिए समर्पित हो जाता है तब अटलजी जैसे व्यक्तित्व के लिए ऐसी पंक्तियाँ निःसृत होती हैं।

अटलजी के बारे में मुझे कुछ लिखना है, विचार आते ही कठिनाई शुरू हो जाती है, कहाँ से शुरू करूँ। उम्र के 76 वर्षों के इस सफर में लगभग आधी शताब्दी की अथक साधना के बाद आज जो व्यक्तित्व हमारे सामने है, उसके कौन से रूप का वर्णन हो तथा कौन सा पहलू अछूता छोड़ दिया जाए? समग्र को समेटना तो संभव नहीं, फिर भी अटलजी का स्मरण आते ही स्मित सौम्य छवि आँखों में तैर जाती है। एक किशोर, एक विद्यार्थी से लेकर प्रधानमंत्री बनने तक की इस यात्रा में अनेक पड़ावों से गुजरते हुए अटलजी ने अपने व्यक्तित्व और कृतित्व को अहर्निश साधना के साथ जिन ऊँचाइयों तक पहुँचाया है, उन्हें शब्दों में बाँधना कठिन है। अटलजी का व्यक्तित्व उस सरिता की तरह है जो निर्बाध गति से निश्छल बहती जाती है, हर पथिक की प्यास बुझाती है, किंतु अपने अंदर बहुत कुछ समेटे रहती है।

अटलजी आज प्रधानमंत्री हैं, परंतु यहाँ तक कि यात्रा में सफलता की पुष्पमालाएँ ही नहीं मिलती रहीं, ऐसे क्षण भी आए जब पं. दीनदयालजी की दारुण और रहस्यमय हत्या के बाद दल को घोर निराशा और वेदना के भँवर से उबारनेवाले नाविक की भूमिका निभानी पड़ी और चुनावों को सफलता का एकमात्र मापदंड माननेवालों की दृष्टि में संसद् में केवल दो स्थान, जो डॉ. मुखर्जी के नेतृत्व में लड़े गए, पहले चुनाव में पाई गई तीन सीटों से भी कम थी, तब आस्था और विश्वास का संबल बनना पड़ा, ऐसे क्षण भी आए। ऐसे क्षणों में यह स्पष्ट हुआ कि वे कुशल

राजनीतिज्ञ बाद में हैं, लोकमानस को झंकृत कर सकनेवाले नायक पहले हैं। वे एक संवेदनशील कवि हैं। ऐसे ही एक कवि-सम्मेलन में संयोजक ने उन्हें काव्य-पाठ के लिए अनुरोध करते हुए कहा, ''उन्हें कविता सुनाने के लिए क्या कहूँ, वे तो जो भी शब्द बोलते हैं वह काव्य होता है। वे शब्दों के ऐसे जादूगर हैं; जैसे—

छोटे मन से कोई बड़ा नहीं होता।
टूटे मन से कोई खड़ा नहीं होता॥

जब व्यक्ति दूसरों के दर्द को अपने दर्द से अधिक मानता है, तभी वह दूसरों के लिए कुछ करने को प्रेरित भी होता है। राजनीति और कोमल भावनाओं के धरातल पर रचित कविताएँ दो ध्रुवों की तरह हैं, जिनमें सामंजस्य स्थापित करने की अद्‌भुत क्षमता अटलजी जैसे व्यक्तित्व में ही संभव हो सकती है। उनकी कविताओं में काव्य मूल से अधिक जीवन मूल्य की प्रधानता है और इसीलिए ही वह सीधे हृदय को छूती हैं।

दुष्यंत कुमार की निम्न पंक्तियों में—

सत्ता के गौमुख पर बैठकर
उसके सारे जल स्रोतों को
अपने अभिषेक के लिए सुरक्षित रख लेना।

चित्रित सत्ता-लोलुपता के ऊहापोह के बीच निर्विकार भाव से जनसेवा के लिए प्रस्तुत रहने का सामर्थ्य हर किसी में हो ही नहीं सकता। दलगत राजनीति के जंगल राज में अपने आपको निष्पक्ष रख पाना अत्यंत दुष्कर कार्य है। अटलजी विदेश मंत्री के रूप में, नेता प्रतिपक्ष के रूप में और वर्तमान प्रधानमंत्री की महत्त्वपूर्ण भूमिका के दायित्व का निर्वाह करते हुए इन मर्यादाओं का पालन कर रहे हैं।

लोकतंत्र में विपक्ष की भूमिका अत्यंत महत्त्वपूर्ण होती है। प्रतिपक्ष में रहते हुए वाजपेयीजी रचनात्मक आलोचना के हिमायती थे। रचनात्मक दृष्टिकोण तभी संभव है जब व्यक्ति में गहन अध्ययन, सभ्यता, बाह्य और संस्कृति के अंतरंग स्वरूप से सुपरिचय, जीवन मूल्यों के प्रति लगाव और मनुष्य-मनुष्य के बीच रागात्मक संबंधों की स्थापना की लगन हो। सन् 1996 में प्रथम बार 13 दिन के लिए प्रधानमंत्री बनने, बाद में सन् 1999 में मात्र एक वोट से सरकार के गिर जाने जैसी दुःखद स्थिति में भी न वे स्वयं विचलित हुए, न पार्टी के सदस्यों को हार के कारण दुःखी और हतप्रभ होने दिया। उन क्षणों में अटलजी उदास जरूर थे पर हताश नहीं। यह सब तभी संभव है जब व्यक्ति में आत्मबल हो और अपने आप पर पूर्ण विश्वास हो। पहली बार आम आदमी ने इस दर्द को महसूस किया। एक हाथठेला चलानेवाला व्यक्ति भी वाजपेयी जैसे योग्य व्यक्ति की सरकार का इस तरह गिरना नहीं देखना चाहता था। पर उन्होंने कहा, ''अपने अल्पमत को बहुमत में बदलने के लिए मैंने कोई गलत काम नहीं किया—सदस्यों के क्रय-विक्रय का तो सवाल ही पैदा नहीं होता। सत्ता की चादर को मैंने 13 दिन बाद बेदाग वापस रख दिया।'' इसके लिए विरोधी नेताओं ने भी सदन में उनकी प्रशंसा की। सरकार गिरी, किंतु उन्होंने हार नहीं मानी।

उनके भाव तो यही रहे—

हार नहीं मानूँगा
रार नहीं ठानूँगा
काल के कपाल पर लिखता-मिटाता हूँ
गीत नया गाता हूँ।

उनकी लाहौर बस यात्रा निश्चित ही पड़ोसी देश के प्रति मित्रवत् व्यवहार की अपेक्षा से शुरू की गई थी, पर पड़ोसी देश द्वारा धोखा दिए जाने पर उनका माकूल जबाव देना और कारगिल विजय के द्वारा यह सिद्ध कर देना कि हम मित्रता चाहते हैं पर किसी के दबाव में आकर काम नहीं करते—उन्हीं के हिस्से आया। जब आम सहमति की राजनीति ही उनका उद्देश्य हो तो उससे उन्हें सफलता क्यों न मिलेगी?

वर्तमान समय में युद्ध केवल हथियारों से ही नहीं लड़े जाते, उसके और भी अनेक आयाम हो गए हैं। शक्तिशाली राष्ट्र छोटे राष्ट्रों को दबाने के लिए आर्थिक चोट कर रहे हैं, उपभोक्तावाद हमारे देश में भी पनप रहा है, असहिष्णु विचारधाराएँ सिर उठा रही हैं, लोगों में अंधी प्रतिस्पर्धाएँ जन्म ले रही हैं—इन सबके बीच अपने लक्ष्य से दिग्भ्रमित न होते हुए रास्ता बनाना बहुत कठिन काम है। ऐसे विकट समय में कोमल भावनाओं किंतु दृढ़ इच्छाशक्ति के साथ अटलजी कहते हैं कि, ''मजबूत भारत, सुरक्षित भारत का अर्थ सैन्यवादी शक्ति नहीं है, हम अपनी सभ्यता की परंपरा के अनुरूप राष्ट्रों के बीच शांति और भाईचारे के पक्षधर हैं।''

उनका विश्वास है कि मन हारकर मैदान नहीं जीते जाते हैं, न मैदान जीतने से मन ही जीते जाते हैं। राष्ट्र की अनेक समस्याएँ हैं जिनसे हर स्तर पर जूझने की आवश्यकता है। देश पर उमड़ते खतरों से निपटना भी हर जिम्मेदार नागरिक का कर्तव्य है। आज अपने अस्तित्व को बचाए रखने के लिए हमें अटलजी जैसे समग्र व्यक्तित्व की ही जरूरत है। जो दुष्यंत कुमार की तर्ज पर—

सिर्फ हंगामा खड़ा करना मेरा मकसद नहीं
मेरी कोशिश है कि यह सूरत बदलनी चाहिए।

भगवान् से आज हर देश-भक्त की यही प्रार्थना है कि अटलजी शतायु हों, स्वस्थ रहें और एक गौरवशाली देश उनके नेतृत्व में एक युगोदय का दर्शन करे।

(लेखक भारतीय जनसंघ के प्रथम महामंत्री एवं राज्यपाल रहे हैं)

□

अटल चुनौती अखिल विश्व को

—माणिकचंद्र वाजपेयी

सन् 1944 की बात है। अटलजी और मैं दोनों ही 'संघ शिक्षा वर्ग' के तृतीय वर्ष का प्रशिक्षण प्राप्त करने नागपुर गए थे। नागपुर स्टेशन पर उतरकर हम दोनों अपने-अपने सामान को कंधे पर रखकर 'रेशिमबाग संघ' स्थान की ओर 4 किलोमीटर का फासला तय करने चल दिए। आज तो यह कल्पना की उड़ान ही लगेगी। अटलजी सामान कंधे पर रखकर 4 किलोमीटर पैदल चल सकते हैं क्या? पर यह एक वास्तविकता है। हम दोनों मस्ती में चले जा रहे थे, अपने गंतव्य की ओर। और ऊँचे ध्वजस्तंभ पर फहराता 'भगवा ध्वज' दिखाई दिया। अटलजी ने तुरंत ध्वज की ओर इशारा कर अपनी काव्यमयी वाणी में कहा, ''देखो! वह फहरा रहा है स्वर्ण गौरव भगवा ध्वज। यही है 'रेशिमबाग संघ' स्थान जहाँ 40 दिन हमें देश भर के स्वयंसेवक बंधुओं के साथ शारीरिक प्रशिक्षण प्राप्त करना है।'' और आ गया संघ स्थान। सामान बताए स्थान पर रखकर हमने ध्वज को प्रणाम किया और अन्य प्रशिक्षणार्थियों में शामिल हो गए।

अटलजी तब आज के समान घुटने के दर्द से पीड़ित, एक किडनी से वंचित, कुछ स्थूल-काय नहीं थे। वे निरोगी छरहरी काया के धनी थे। वे सभी प्रकार के शारीरिक परिश्रम के अभ्यस्त थे। वह इतनी दूर पैदल चलने की एकाकी घटना नहीं थी। बाद में भी वे संघ कार्य हेतु पैदल ही गाँव-गाँव घूमे हैं। उन्होंने 'राष्ट्रधर्म', 'पाञ्चजन्य' और 'स्वदेश' के संपादक के रूप में 12-12 घंटे अनवरत काम किया है। ज्वर से पीड़ित होने पर भी कार्य किया है। संपादक तो थे, पर जेब में फूटी कौड़ी नहीं रहती थी। रोजाना समाचार-पत्र प्रकाशन के स्थान से अपने निवास तक जाने के लिए पैसा खर्च करना उन्हें गवारा नहीं था। उनके सामने उसी प्रकार का कष्टमय जीवन जी रहे उनके प्रेरणास्रोत पं. दीनदयाल उपाध्याय व मा. भाऊराव देवरस के समान वरिष्ठजन जो थे।

उस समय पाए कष्ट सहन करने के संस्कारों के ही कारण तो वे आज भी कष्टों में मुसकराते हैं। कंटकाकीर्ण मार्ग पर बेहिचक चल पड़ते हैं। अभी जब अमेरिका की यात्रा का अवसर आया तो घुटने में असहनीय पीड़ा थी। डॉक्टरों ने विश्राम की सलाह दी थी। अटकलें लग रही थीं कि क्या ऐसी हालत में अमेरिका के समान समृद्ध देश की यात्रा कारगर हो सकेगी? क्या वे वहाँ जा सकेंगे? पीड़ा सहन कर भी वहाँ अपने कर्तव्य को ठीक प्रकार से निभा सकेंगे? अपनी और भारत की छाप छोड़ सकेंगे? पर उनके सामने तो इस यात्रा के रूप में राष्ट्रहित का एक महत्त्वपूर्ण दायित्व था। उन्होंने सब प्रकार की अटकलों और आशंकाओं को विराम दिया और विश्व ने आश्चर्यचकित

होकर देखा कि उनकी पूरी यात्रा में उन्हें न कहीं आलस्य था न थकावट। वे हमेशा तरोताजा रहे। अपनी प्रतिभा का अनोखा प्रदर्शन कर अमेरिका के शासकों व जनता के मन को भारत के अनुकूल बनाने में कामयाब होकर विजयी की भाँति वापस प्रसन्न मुद्रा में स्वदेश लौटे। विश्व मंच 'संयुक्त राष्ट्र संघ' पर भी अपनी अमिट छाप छोड़ी। घुटने का ऑपरेशन यथाशीघ्र होना एक अनिवार्य तत्त्व है। पर वह अनिवार्यता रूस के राष्ट्रपति की आवभगत व उनके साथ उपयोगी चर्चा में बाधक न बने इस हेतु इसके बाद की ही तिथि ऑपरेशन हेतु निर्धारित करवाई।

'संघ शिक्षा वर्ग' में कष्ट सहन करने व साहस के संस्कार डालने हेतु अनेक कार्यक्रम आयोजित होते हैं। नागपुर के 'संघ शिक्षा वर्ग' में भी एक बार इस प्रकार का युद्ध का कार्यक्रम आयोजित किया गया था। दोनों दल आमने-सामने थे। उसमें अटलजी जी-जान से जूझे भी और कार्यक्रम के समाप्त होने पर सभी प्रशिक्षार्थीगण एक साथ वीर रस का कोई गीत गाने बैठे तो उस समय अटलजी ने उस नकली युद्ध के हित रचित अपनी ओजस्वी कविता का पाठ कर अपनी काव्य प्रतिभा की सब पर छाप छोड़ी थी। यह पहली घटना नहीं थी, जब कभी शिविरों में ऐसे नकली युद्ध के आयोजन होते थे, अटलजी उनमें सच्चे युद्ध के समान ही रम जाते थे। ग्वालियर के मोतीझील मैदान में आयोजित शीत शिविर में भी निकट की पहाड़ी पर आयोजित 'आक्रमण और प्रतिरक्षा' इस सदंड खेल में उन्होंने रौद्र रूप धारण किया था। यह तो संघ स्वयंसेवक की आम पहचान है।

अटलजी स्वभाव से ही परदुखकातर हैं। कठिनाई में पड़े व्यक्ति के प्रति वे अति संवेदनशील हैं। आज वे प्रधानमंत्री हैं। कई लोगों को शिकायत रहती है, कि उनसे मिल पाना टेढ़ी खीर है। पर इसका कारण उनकी संवेदनशून्यता नहीं, उनकी व्यस्तता और उनके दफ्तर के अफसरों का अफसरी स्वभाव है। वरना सभी जानते हैं कि अटलजी सीमा से बाहर जाकर दुखियों की सहायता को सदा तत्पर रहते हैं। पहले भी रहते थे। आज भी रहते हैं। कितने अस्वस्थ रोगी उनके ही प्रयास से अस्पताल में भर्ती हो पाते हैं तथा आवश्यक सहायता भी पाते हैं। शिवकुमारजी जो उनके पी.ए. ही नहीं सखा के समान हैं, उन्हें अटलजी के स्वभाव का पता है और इस कारण या अपने स्वभाव के कारण सबकी सुनते हैं।

हिंदुत्व के प्रति उनके विचार अत्यंत व्यापक हैं। संघ जिस हिंदुत्व की कल्पना करता है वे उसी के अनन्य अनुयायी हैं। उनको बाल्यकाल में ही रचित प्रख्यात 'हिंदू तन मन-हिंदू जीवन-रग रग हिंदू मेरा परिचय' इस कविता में हिंदुत्व के बारे में जो उदात्त भाव मुखरित हुए हैं वे आज भी मार्गदर्शक व प्रेरणादायी हैं। हिंदुत्व के विचार को संकुचित बताकर इस पर कट्टरपंथी होने का आरोप लगानेवालों के लिए वह कविता मुँहतोड़ उत्तर है। इस कविता में अभिव्यक्त हिंदुत्व भारतीयत्व ही नहीं मानवत्व का पर्याय है।

जिनसे उन्हें देशभक्ति, कर्मठता, अनुशासन के संस्कार मिले हैं उनके प्रति कृतज्ञता व श्रद्धा व्यक्त करने में वे कभी नहीं हिचकिचाते। तभी तो अभी-अभी प्रधानमंत्री के रूप में जब वे नागपुर गए थे तो वहाँ अपने मूल प्रेरणास्रोत श्री नारायणराव तर्टे से मिलना न भूले। संघ निर्माता डॉ. हेडगेवार—पूज्य श्रीगुरुजी—के प्रति श्रद्धा अर्पित करने, उनकी समाधियों पर जाना तो स्वाभाविक ही था।

अटलजी नाम से ही नहीं काम से भी अटल हैं, अडिग हैं। युवावस्था से ही अडिग रहना

उनका स्वभाव है। कोई प्रलोभन, कोई आकर्षण उन्हें पथ से विचलित नहीं कर सकता। कोई कष्ट या कठिनाई या संकट उन्हें भयभीत कर विपथगामी नहीं बना सकता। वे जब उद्घोषणा करते हैं कि भारत को कोई माई का लाल खरीद नहीं सकता, तब वे शब्दों का छलावा नहीं करते, अपने अडिग स्वभाव को ही अभिव्यक्त करते हैं। उनकी सरकार पर संकट था। उसे वे सांसदों की खरीद-फरोख्त कर आसानी से बचा सकते थे। उन्होंने इस बारे में कांग्रेस नेतृत्व का अनुकरण नहीं किया। सरकार को गिर जाने दिया। सत्ता में बने रहने का इतना बड़ा आकर्षण भी उन्हें आदर्शों से डिगा न पाया। अभी-अभी जब वे अमेरिका की यात्रा पर गए थे तो शंकालु लोगों ने दावे के साथ कहा था, ''वहाँ जाकर अमेरिकी चकाचौंध में वे देश के हितों को बेच देंगे। सी.टी.बी.टी. का अनुमोदन कर देंगे। कश्मीर के प्रश्न पर भी अमेरिकी चौधराहट को स्वीकार कर लेंगे।'' किंतु सारी शंकाओं को निर्मूल करते हुए अटलजी ने वहाँ जिस दृढ़ता का परिचय दिया उस कारण आलोचकों को भी मुँह बंद करने को मजबूर होना पड़ा। वे नहीं झुके, भारत नहीं झुका, शक्तिशाली अमेरिका को ही झुकना पड़ा। लोगों की यह आशंका भी निर्मूल सिद्ध हो रही है कि भारत अब अमेरिका की ओर झुक जाएगा तथा अपने परंपरागत मित्र रूस की ओर से मुँह मोड़ने को मजबूर होगा। अटलजी स्वयं तो निष्कलंक हैं और रहेंगे। पर एक ही खतरा हो सकता है और वह खतरा है उनके अपने लोगों से। वे उनके साथ अपने निकट संबंधों का अनुचित लाभ उठाकर उनकी उज्ज्वल कीर्ति पर ग्रहण बन सकते हैं। उनसे ही सावधान रहें तो भारत के भाग्याकाश पर अटलजी सर्वाधिक तेजस्वी तारे की भाँति चमकते रहेंगे। भारत के प्रथम प्रधानमंत्री पंडित जवाहरलाल नेहरू ने अटलजी में देश के भविष्य की आशा के दर्शन किए थे। ब्रिटेन के प्रधानमंत्री से अटलजी का परिचय कराते हुए उन्होंने कहा था, ''यह विपक्ष का युवा नेता हमेशा मेरी आलोचना करता रहता है, पर मुझे इसमें भारत के उज्ज्वल भविष्य की झलक मिलती है।'' नेहरूजी की भविष्यवाणी आज साकार हो रही है। अटलजी भारत के उज्ज्वल भविष्य को गढ़ने की दिशा में आगे बढ़ रहे हैं। अगर जनता व उनके सहयोगियों ने धैर्य रखा, तुच्छ दलगत क्षेत्रीय व अन्य स्वार्थों को देश की प्रगति में आड़े न आने दिया तो अटलजी नेहरूजी की उस अपेक्षा को पूर्ण करने में समर्थ हो सकेंगे।

(लेखक 'स्वदेश' समाचार-पत्र के प्रधान संपादक थे)

□

इस प्रकार बने पत्रकार से राजनीतिज्ञ

—नानाजी देशमुख

मैं गोरखपुर में संघ का प्रचारक था। द्वितीय महायुद्ध का दौर चल रहा था। युद्ध की लपटें कलकत्ते तक पहुँचने की संभावना दिखाई दे रही थी। 'व्यापारी वर्ग' कलकत्ता छोड़कर अन्यत्र जा रहा था। उन्हीं दिनों एक नवयुवक गोरखपुर पहुँचा, वही अटल बिहारी वाजपेयीजी थे।

गोरखपुर के दीक्षित परिवार की कन्या अटल बिहारी वाजपेयीजी के बड़े भाई से ब्याही गई थीं। संभवत: उन्हें पहुँचाने अटलजी गोरखपुर आए थे।

अटलजी संघ के स्वयंसेवक थे। इस कारण वे गोरखपुर की 'संघ शाखा' में पहुँचे, वहीं पर मेरा उनका परिचय हुआ। वे दो दिन गोरखपुर में ठहरे। उनका अधिकांश समय स्वयंसेवकों के साथ बीतता था। तब तक उन्होंने अनेक कविताएँ लिखी थीं और बड़े चाव से हमें सुनाई थीं। हम सबको लग रहा था कि ये बड़े होनहार, ऐतिहासिक व्यक्ति होनेवाले हैं, उनकी कविताओं से हम बहुत प्रभावित हुए। तब कल्पना भी नहीं हुई थी कि अटलजी राजनेता और प्रधानमंत्री हो सकते हैं।

तदुपरांत उनकी भेंट कानपुर में हुई। वे एम.ए., एल.एल.बी. कर रहे थे। वे छात्रावास में ही रहते थे। सहज में ही उनसे मिलने छात्रावास पहुँचे। वहाँ उनके पिताजी (स्वर्गीय) कृष्ण बिहारी वाजपेयीजी भी मौजूद थे। उनका प्रथमतया परिचय हुआ। लगा कि वे अपने बेटे अटलजी से मिलने आए होंगे। यह जानकर आश्चर्य हुआ कि वे अपने बेटे के साथ एल.एल.बी. करने डी.ए.वी. कॉलेज पहुँचे थे। ऐसे अजब वातावरण में पल रहे अटलजी के मन में संघ कार्य की धुन सवार हुई और वे संघ के प्रचारक बने। आगे चलकर 'राष्ट्रधर्म' मासिक और 'पाञ्चजन्य' साप्ताहिक का प्रकाशन आरंभ हुआ। अटलजी इन समाचार-पत्रों के संपादक बने। कुछ दिनों बाद प्रकाशन के प्रमुख दीनदयालजी ने मुझे अपने साथ काम करने के लिए बुलाया, तो लंबे काल तक अटलजी के साथ रहने का सौभाग्य मिला। संपादन के साथ ही अटलजी के बीच-बीच में कवि-सम्मेलनों में कार्यक्रम होते थे।

सन् 1951 में 'जनसंघ' का जन्म हुआ। डॉ. श्यामाप्रसाद मुखर्जी का उत्तर प्रदेश में दौरा था। पत्रकार के नाते अटलजी भी साथ में थे। डॉ. मुखर्जी के पहुँचने में विलंब होने के कारण सभा के आए लोगों को जमाए रखने के लिए अटलजी से कहा गया। इस दौरान उनकी वक्तृत्व

कला प्रकट हुई, उनके प्रभावी भाषण से लोग झूम उठते थे।

डॉ. मुखर्जी ने 'कश्मीर आंदोलन' के प्रारंभ में ही कश्मीर प्रवेश कर सत्याग्रह करने का निश्चय किया। उनका जेल में जाना तय था, अतः संपूर्ण देश में 'कश्मीर आंदोलन' का संदेश पहुँचाना अति आवश्यक था। इस कार्य को संपूर्ण करने के लिए अटलजी उनके निजी सचिव बनाए गए। इस प्रकार अटलजी पत्रकार से राजनीतिज्ञ बने।

(लेखक भारतीय जनसंघ एवं जनता पार्टी के आधारस्तंभ एवं दीनदयाल शोध संस्थान के संस्थापक थे)

□

वाजपेयी बने राष्ट्रीय अभिनंदन के पात्र

—डॉ. महेश

भारत के प्रधानमंत्री श्री अटल बिहारी वाजपेयी की अमेरिका यात्रा ऐतिहासिक थी। यह भारत के किसी प्रधानमंत्री की पहली अमेरिका यात्रा थी, जिसको अमेरिकी एवं विश्व की प्रेस ने रेखांकनीय महत्त्व दिया। भारत के प्रथम प्रधानमंत्री श्री जवाहरलाल नेहरू एक प्रतिष्ठित अंतरराष्ट्रीय व्यक्तित्व थे। द्वितीय महायुद्ध की तत्कालीन परिस्थिति में भारत ने विदेश नीति के क्षेत्र में उचित राह चुनी, वह दोनों गुटों से दूर रहा। जवाहरलाल नेहरूजी ने निर्गुट आंदोलन के निर्माण में नेतृत्वकारी भूमिका निभाई थी, स्वाभाविक तौर पर वह भूमिका अमेरिका को पंसद नहीं थी। पाकिस्तान के प्रति अमेरिकी झुकाव भी भारत के प्रति एक दुराव पैदा करता था। श्रीमती इंदिरा गांधी भी भारत की सुविख्यात प्रधानमंत्री थीं। उनकी दृढ़ता एवं संकल्पबद्धता का संसार लोहा मानता था। 'सोवियत संघ' के प्रति उनके झुकाव ने पुनः अमेरिका से एक दुराव पैदा कर दिया था। विश्व के एक महत्त्वपूर्ण संक्रमणकाल में भारत के प्रधानमंत्री श्री नरसिंहाराव थे। जब सोवियत संघ विघटित हुआ, साम्यवादी वैश्विक ध्रुव ध्वस्त हो गया। शीतयुद्ध की अंतरराष्ट्रीय राजनीति अप्रासंगिक हो गई थी। गुट-निरपेक्ष अंतरराष्ट्रीय राजनीति का एक नायक युगोस्लाविया खंड-खंड हो रहा था। वैकल्पिक राजनीति को विश्व अर्थनीति के नए मार्ग पर धकेला जा रहा था, उरुग्वे वार्ताचक्र निर्णायक दौर से गुजर रहा था। यह घटनापूर्ण दशक विश्व इतिहास का एक बहुत ही महत्त्वपूर्ण पड़ाव था, मील का पत्थर था।

वैश्विक संक्रमण का काल

राजीव गांधी अपनी अनुभवहीनता के कारण तथा नरसिंहाराव घरेलू आर्थिक एवं राजनीतिक समस्याओं से अधिक घिरे रहने के कारण, भारत की कोई उल्लेखनीय भूमिका, इस काल में नहीं बना पाए। वास्तव में यह कठिन काल था। द्वितीय महायुद्ध के बाद बनी राजनीतिक संरचना के निर्णायक परिवर्तन का काल था। उस काल में हम अपनी प्रासंगिकता सिद्ध नहीं कर पाए। हालाँकि नरसिंहाराव ने अमेरिका में जाकर बहुत अच्छे भाषण दिए। महत्त्वपूर्ण मुद्दों पर अपना मत प्रकट किया, लेकिन लोगों ने कुछ सुना नहीं। उनकी यात्रा को मीडिया ने कोई महत्त्व नहीं दिया। द्वितीय महायुद्ध के बाद बने माहौल में भारत ने जवाहरलालजी के नेतृत्व में द्वि-ध्रुवीय विश्व के शीतयुद्ध का हिस्सा बनने का मार्ग नहीं अपनाया वरन् अपनी स्वतंत्र राह बनाई। एशियाई देशों को साम्राज्यवाद के खिलाफ गोलबंद करने का यशस्वी प्रयत्न किया, निर्गुट आंदोलन का

तृतीय ध्रुव उपस्थित कर दिया। लेकिन शीतयुद्ध की समाप्ति के इस संक्रमणकालीन दौर में भारत की भूमिका प्रवाह पतित की सी रही। अंतरराष्ट्रीय दबावों में आकर भारत ने बिना सोचे-समझे विश्व व्यापार संगठन पर हस्ताक्षर कर दिए। अंतरराष्ट्रीय आर्थिक जगत में हमारी आर्थिक एवं राजनीतिक संप्रभुता छोटी हो गई।

परिवर्तन का निर्णायक दौर

सन् 1998 में भारत के प्रधानमंत्री श्री अटल बिहारी वाजपेयी बने। यह भारत की राजनीति में परिवर्तन का निर्णायक दौर था। श्री वाजपेयी पहले प्रधानमंत्री थे जिनकी पृष्ठभूमि कांग्रेस की नहीं थी। भारत के विख्यात सांसद एवं प्रखर विदेश मंत्री के नाते विश्व में उनकी ख्याति थी। अपने प्रधानमंत्रित्व को एवं भारत की अंतरराष्ट्रीय स्थिति को उन्होंने एक नया ओज प्रदान किया। अणु परीक्षणों का कठिन निर्णय उन्होंने जिस त्वरित एवं कुशल ढंग से किया, उसने विश्व मंच पर भारत की छवि को एकदम रूपांतरित कर दिया। भारत को एक नया व्यक्तित्व प्राप्त हो गया। दुनिया ने इसके संदेश को अच्छी प्रकार से समझा। रूस से मित्रता खोए बिना न केवल हम अमेरिका को अपना मित्र बना सके वरन् अमेरिका हमारी मित्रता पाने के लिए लालायित हो उठा। इसी संदर्भ में राष्ट्रपति क्लिंटन इसी वर्ष मार्च में भारत आए थे तथा अब सितंबर माह में श्री अटल बिहारी वाजपेयी ने यह अमेरिका यात्रा की।

स्थितियाँ बदल गईं। अब अमेरिका को भारत की जरूरत है। भारत को कुशलता से अपने रणनीतिक पत्ते खेलने हैं। श्री वाजपेयी ने अपनी इस यात्रा में यह सिद्ध किया कि वे एक सिद्ध-हस्त कूटनीतिज्ञ हैं। उन्होंने खूब बातें कीं, लोगों को हँसाया-गुदगुदाया, लेकिन उन्होंने वह नहीं किया जिसकी अमेरिका हमसे अपेक्षा करता था। तीन बातों पर वह भारत से अपने लिए कुछ सकारात्मक आश्वासन चाहता था। पहला विषय था व्यापक परीक्षण प्रतिबंध संधि (सी.टी.बी.टी.), पर भारत हस्ताक्षर करे या हस्ताक्षरों का आश्वासन दे। दूसरा विषय था दक्षिण एशिया में उसकी भूमिका बनाने में भारत उसकी सहायता करे तथा तीसरा विषय था लोकतंत्र एवं खुली अर्थव्यवस्था के नाम पर भारत अमेरिका का अंतरराष्ट्रीय पार्टनर बन जाए।

महत्त्वपूर्ण तीन मुद्दे

श्री वाजपेयी की अमेरिका यात्रा के पूर्व बहुत चर्चा थी कि भारत सी.टी.बी.टी. पर हस्ताक्षर करेगा। हस्ताक्षर समर्थकों ने बहुत प्रयत्न भी किए थे, लेकिन वाजपेयी ने कुशलतापूर्वक भारत का पक्ष रखा। वाजपेयी ने कहा, ''हमने तो स्वैच्छिक रूप से और आण्विक परीक्षण करने के लिए अपने आपको प्रतिबंधित कर दिया है। हम सी.टी.बी.टी. के प्रभाव में आने की दृष्टि से कहीं बाधा नहीं हैं। पहले आप अपनी संसद् से सी.टी.बी.टी. का अनुमोदन करवा लीजिए। हमारा देश इस संदर्भ में आम राय बनाने की प्रक्रिया में है।''

अमेरिकी राष्ट्रपति बिल क्लिंटन ने अपनी मीठी-मीठी बातों के साथ आशा व्यक्त की कि ''भारत दक्षिण एशिया में शांति स्थापना के संदर्भ में अमेरिकी सहायता (हस्तक्षेप) का स्वागत करेगा।'' इसका अर्थ था कि भारत-पाक रिश्तों में भारत अमेरिका की मध्यस्थता को स्वीकार

करेगा। कश्मीर समस्या का नाम लेते हुए क्लिंटन ने यह कहा था। भारत ने इस पर तीव्र प्रतिक्रिया की तथा अमेरिका को बताया कि ''भारत-पाकिस्तान के मामले द्वि-पक्षीय हैं। भारत इसमें किसी तीसरी शक्ति के हस्तक्षेप या मध्यस्थता को स्वीकार नहीं करेगा।'' भारत ने यह भी प्रखरतापूर्वक स्पष्ट किया कि सीमापार से आतंकवाद को बढ़ावा एवं संरक्षण देने की प्रक्रिया जारी रहने तक भारत पाकिस्तान से कोई बातचीत नहीं करेगा।

अटल बिहारी वाजपेयी ने संयुक्त राष्ट्र संघ महासभा एवं अमेरिकी संसद् दोनों मंचों का उपयोग राज्यों द्वारा प्रायोजित अंतरराष्ट्रीय आतंकवाद के खिलाफ बखूबी किया। वे न्यूयॉर्क में पाकिस्तान के फौजी तानाशाह मुशर्रफ से नहीं मिले। दुनिया को समुचित संदेश देने के लिए यह जरूरी था। सीमापार से प्रायोजित आतंकवाद के खिलाफ मुशर्रफ से न मिलकर अपनी शिकायत को गंभीरतापूर्वक दर्ज करवाया। यहाँ यह उल्लेखनीय है कि कांग्रेस ने पाकिस्तान के फौजी तानाशाह से न मिलने की रणनीति को गलत बताया है। कांग्रेस के प्रवक्ता ने कहा है कि मुशर्रफ से न मिलकर वाजपेयी ने एक अवसर गँवाया है। कांग्रेस की इस बुद्धिमत्ता का भारत में कोई ग्राहक नहीं है, भगवान् इनको सद्बुद्धि दे। भारत के अन्य किसी भी दल ने ऐसी प्रतिक्रिया नहीं की है। इस संदर्भ में श्री वाजपेयी ने भारत के मानस का अंतरराष्ट्रीय मंच पर शानदार प्रतिनिधित्व किया। पाकिस्तान के अलावा श्री वाजपेयी ने अन्य सभी पड़ोसी देशों के राष्ट्राध्यक्षों से सांगोपांग मुलाकात की। बिना कोई कटुता उत्पन्न किए श्री वाजपेयी ने मध्यस्थता की अमेरिकी आकांक्षा को पूरा नहीं होने दिया।

आर्थिक कूटनीति की चुनौती

तीसरे विषय पर बातें ज्यादा गोल-मोल हुईं। भारत व अमेरिका विश्व के महान् लोकतंत्र हैं। उन्हें दुनिया में लोकतंत्र को आगे बढ़ाने के लिए साझे प्रयत्न करने चाहिए। यह भारत को लालायित करनेवाला प्रस्ताव था। अमेरिका ने कहा कि भारत 'डेमोक्रेटिक कॉक्स' का नेतृत्व स्वीकार करे। भारत ने इसे अस्वीकार कर दिया तथा कहा कि भारत पहले से ही 'कम्युनिटी ऑफ डेमोक्रेसीज' के संयोजक समूह का सदस्य है। वह वहीं अपनी भूमिका उचित तौर पर निभाता रहेगा, अलग से किसी 'डेमोक्रेटिक कॉक्स' की आवश्यकता नहीं है।

चीन के डब्ल्यू.टी.ओ. में आने से पहले अमेरिका भारत के साथ कोई-न-कोई प्रत्यक्ष या परोक्ष समझौता करना चाहता है। रूस भी डब्ल्यू.टी.ओ. में आना चाहता है। यदि डब्ल्यू.टी.ओ. भारत, रूस व चीन का गठबंधन हो जाए तो यूरो-अमेरिकी गठबंधन को वहाँ कड़ी चुनौती का सामना करना पड़ेगा। यूरोप भी आजकल अमेरिका के उतना साथ नहीं, जितना डब्ल्यू.टी.ओ. के निर्माण के समय था। अतः अमेरिका किंचित परेशान है। जी-15 देशों को डब्ल्यू.टी.ओ. में संगठित करने की पहल स्वयं श्री वाजपेयी ने ही की थी, परिणामतः सियेटल के मंत्रीस्तरीय सम्मेलन में क्लिंटन के सपने ध्वस्त हो गए। श्री वाजपेयी की इस यात्रा में प्रत्यक्षतः यह मुद्दा न आया, लेकिन लोकतंत्र एवं खुला बाजार अर्थनीति को आगे बढ़ाने में भारत व अमेरिका का अपेक्षित साझी भूमिका का उल्लेख क्लिंटन ने बार-बार किया।

श्री वाजपेयी की यह अमेरिका यात्रा समारोहों से भरी हुई थी। चर्चा के बहुत मुद्दे थे,

लेकिन जिन मुद्दों पर अमेरिका कुछ सकारात्मक रुख चाहता था, भारत ने अपना पक्ष दृढ़ता से रखा तथा इस कौशल का परिचय दिया कि विदेश नीति के क्षेत्र में संयमपूर्वक एवं अल्प बोलना चाहिए। आजादी के तत्काल बाद भारत की विदेश नीति के नियमन में उपदेशात्मकता ज्यादा थी। भारत अपनी ताकत की तुलना में ज्यादा बोलता था तब जवाहरलालजी के सामने संसद् में अपना भाषण करते हुए अटलजी ने कहा था, ''बोलने के लिए केवल वाणी चाहिए तथा मौन रहने के लिए वाणी और विवेक दोनों चाहिए।'' तब जवाहरलालजी ने इस वाक्य की बहुत प्रशंसा की थी, अब अटलजी ने अपने व्यवहार से इसे चरितार्थ किया।

अपनी यशस्वी एवं सार्थक अमेरिका यात्रा के लिए श्री वाजपेयी राष्ट्रीय अभिनंदन के पात्र हैं। अंतरराष्ट्रीय आर्थिक भू-मंडलीकरण का जटिल मुद्दा हमारे सामने है। आर्थिक कूटनीति का संगत नियोजन हमें करना है। राजनीतिक कूटनीति में सफल प्रधानमंत्री आर्थिक कूटनीति में भी इसी प्रकार यशस्वी हों, यही भारत की आकांक्षा है। यह कार्य कठिन है। इसमें जितनी भूमिका राष्ट्रीय संप्रभुताओं की है, उतनी ही तथा कभी-कभी ज्यादा भूमिका बहुराष्ट्रीय कंपनियों के निहित स्वार्थों की रहती है। इससे लड़ने के लिए भारत को एक सुयोग्य टीम की जरूरत होगी।

□

विद्वत्ता और देशप्रेम के दर्शन होते हैं उनके भाषण में

—जॉर्ज फर्नांडीज

श्री अटल बिहारी वाजपेयी उन अग्रणी सांसदों में से एक हैं जिनका किसी मुद्दे को सामने रखने, भाषा का सटीक प्रयोग करने तथा मुद्दे के प्रति ईमानदारी बरतने में एक अलग ही अंदाज है। एक वक्ता के रूप में वे अद्वितीय हैं, अत: उनकी वाक्शैली को सुनने का अलग ही मजा है।

संसद् वह स्थान है जहाँ देश के सामने बड़े मुद्दे रखे जाते हैं तथा संसद् व संसद् के बाहर उन मुद्दों पर काररवाई जारी रखी जाती है। मधु लिमये, ज्योति बसु और फिरोज गांधी के राजनीतिक जीवन में यह कार्यशैली प्रमुख रही है, पर अटलजी की कार्यशैली इनसे अलग है।

वे सत्ता के केंद्र के व्यक्तियों, अमीरों या दोनों के द्वारा की जा रही अनियमितताओं को सदन में नहीं रखते, पर इससे उनका कद छोटा नहीं हो जाता, जो उन्होंने एक वक्ता के रूप में हासिल किया है। यह कहा जाता रहा है कि श्री अटल बिहारी सभी पार्टी के लोगों को स्वीकार्य हैं। मैं ऐसा नहीं मानता, क्योंकि मार्क्सवादियों को वे स्वीकार्य नहीं तथा कांग्रेस पार्टी में भी उनको स्वीकार नहीं किया जाएगा। ऐसा इसलिए है कि वे भाजपा से संबंध रखते हैं तथा उनकी विचारधारा मार्क्सवादी तथा कांग्रेसी विचारधारा से अलग है।

उनकी यह छवि कि वे सदन में तथा बाहर सभी को स्वीकार्य हैं, वास्तव में उनकी व्यक्तिगत ईमानदारी तथा उनका लोगों से लगातार संबंध बनाए रखने का नतीजा है। उनके सार्वजनिक जीवन की सबसे बड़ी उपलब्धि है, उनका किसी भी विवाद से परे रहना। मोरारजी देसाई की सरकार में एक विदेश मंत्री की हैसियत से उन्होंने जैसा काम किया, वह प्रमाण है, उनके ऐसे व्यक्तित्व का जिसमें देश का हित पार्टी हितों से सर्वोपरि है। पर मुख्य तौर से उनकी स्वच्छ एवं ईमानदार छवि उनका सबसे बड़ा गुण है।

मैं उनके भाषण को काफी ध्यान से सुनता हूँ। मैंने उनके पहले भाषण भी सुने थे। इन भाषणों में अटलजी की विद्वत्ता और देशप्रेम दोनों के दर्शन होते हैं।

(लेखक अटलजी के नेतृत्ववाली एनडीए सरकार में रक्षामंत्री रहे हैं)

□

सदा दीवाली संत की

—सुंदरलाल पटवा

मैं अटलजी के परिचय में कब आया, कब मिला इसकी निश्चित तिथि-तारीख तथा सन् बता पाना मुश्किल है। इतना लंबा अरसा हो चुका, परंतु जब भी उनको देखता हूँ, हर बार कुछ-न-कुछ उनकी विशेषता की छाप मेरे मन पर आती है। उनका व्यक्तित्व बहुआयामी है। उन्हें एक सीमा में बाँधना मुश्किल है। मुझे आजतक उनसे कभी संकोच या भय महसूस नहीं हुआ।

ऐसा सरल स्वभाव

कई बार ऐसे भी प्रसंग आए जब वे पार्टी अध्यक्ष रहे, मैं भी राष्ट्रीय कार्यसमिति का साधारण सदस्य रहा। बैठक में कभी-कभी ऐसे भी मौके आए कि उनके मत से मैं सहमत नहीं हुआ। असहमति को खुलकर प्रकट करने में मैंने यह सोचकर कभी संकोच नहीं किया कि मेरे बारे में उनकी राजी नाराजगी हो जाएगी या वे अन्यथा सोचेंगे। उनमें यह बड़ी विशेषता है कि वे या तो अपनी बात मनवा लेते हैं, नहीं मनवा पाए तो वे सामनेवाले से सहमत हो जाते हैं। आमतौर पर आदमी अपनी बात के लिए आग्रह करता है, परंतु मैंने उन्हें कई बार देखा है कि चार का मत दूसरा है तो वे एक क्षण में उसे स्वीकार कर लेते हैं। इतने वरिष्ठ और सर्वोच्च स्थान पर काम करनेवाले नेता का इतना सरल स्वभावी होना मुश्किल से देखने को मिलता है।

निराली छाप

जिस क्षेत्र में उन्होंने प्रवेश किया—पत्रकारिता, कविता, राजनीति आदि—वे क्षेत्र उन पर हावी नहीं हुए, बल्कि वे क्षेत्र पर हावी रहे। उन्होंने हर क्षेत्र में पूर्णता प्राप्त की तथा गहराई में उतरे। उनका जीवन समर्पित जीवन है। संघ के स्वयंसेवक के रूप में कार्य किया तो वहाँ भी पूरी निष्ठा और समर्पण से। राजनीति में गए तो वहाँ भी निराली छाप स्थापित की। राजनीति कभी उनकी रुचि का विषय नहीं रही है। राजनीति का इन दिनों जो स्तर हो गया है, उसमें वे अपने आपको सहज महसूस नहीं करते। प्रधानमंत्री बनने के बाद जिस कुशलता, गंभीरता एवं सहन करने की सीमा तक सबको साथ चला रहे हैं, यह उन्हीं के बस की बात है। उन्होंने सभी के आग्रह, दुराग्रह को सुना, पर इस आधार पर किसी के दबाव में आकर बात मानी हो, ऐसा उदाहरण एक भी नहीं है। उन्हें सामान्य रूप से रेल, बस में सफर करते हुए देखा है। उसी मस्ती के साथ वे प्रधानमंत्री के रूप में विशेष वायुयान या हेलीकॉप्टर में भी यात्रा करते हैं। वे मस्त नहीं

अलमस्त व्यक्ति हैं। 'सदा दीवाली संत की बारह मास वसंत' यह उक्ति उन पर काफी सटीक बैठती है।

सहजता, शालीनता

मैंने उन्हें कभी असहज होते नहीं देखा। कभी-कभी उन्हें किसी बात से पीड़ा हुई, उसे भी संजीदगी, शालीनता एवं सहजता से प्रकट करके पी लिया। ऐसे भी कई प्रसंग मैंने देखे हैं जब वे अपनी आँखों के आँसू मुश्किल से रोक पाए। एक क्षण गला रुँध गया तो दूसरे ही क्षण वे सहज हो गए। फिर हँसी और मस्ती। कई बार उनके साथ प्रवास में रहने का मौका मिला। प्रवास की सुविधा या असुविधा से उनको प्रभावित या उत्तेजित होते मैंने देखा। वे भाषण में भी, आपसी बातचीत में भी सामनेवाले के समक्ष कुछ प्रश्न खड़े कर देते हैं और उसे उत्तर खोजने के लिए मजबूर कर देते हैं। वे उपदेश नहीं देते, सलाह देने का काम भी नहीं करते, बल्कि वे तो ऐसी परिस्थिति और ऐसे प्रश्न खड़े कर देते हैं कि सामनेवाले को उत्तर मिल जाता है। आज वे देश के श्रेष्ठ वक्ता हैं और उनकी बात में कभी हल्का-फुल्कापन नहीं होता। वे व्यंग्य और विनोद भी करते हैं तो बड़ी शालीनता के साथ। उनके व्यंग्य चुभते हैं, लेकिन उनका दर्द मीठा होता है।

(लेखक मध्यप्रदेश के मुख्यमंत्री रहे हैं)

□

शहीद मुजामिल हक और अटलजी

—श्रीकांत जोशी

श्री अटल बिहारी वाजपेयीजी अपने देश के ऐसे महान् नेताओं में हैं, जिन्हें लोग राजनेता या प्रधानमंत्री के रूप में ही महान् नहीं मानते, बल्कि एक विशाल अंत:करणवाले, उदारमना, सहिष्णु वृत्तिवाले, सहृदय मानवतावादी, संवेदनशील, विश्व एकात्मकता प्रबल अनुभूतिवाले एवं प्रखर हिंदू के नाते कवि मनवाले इस कविराय की कविताएँ—देशभक्ति, मानवीय संवेदनाओं तथा राष्ट्रीय कर्तव्यबोध से भरी हुई हैं। लेकिन आज उनके जैसे मुक्त विहंगी वृत्ति के लिए राजनीति एक अनिवार्य कारावास बना हुआ है। ऐसे कवि हृदय, महान् नेता के सान्निध्य में कुछ समय रहने का सौभाग्य मुझे प्राप्त हुआ, इसका मुझे अतीव आनंद है। जब कुछ अल्प समय के लिए मैं उनके साथ रहा, तब उनमें जो मानवीयता के रूप में सहिष्णुता आदि गुण हैं उनका परिचय मुझे हुआ। उनका सहज, सरल, अहंकारविहीन एवं आत्मीयतापूर्ण व्यवहार आज भी मेरे लिए एक चिरस्मरणीय प्रेरणादायी धरोहर बनकर रहा है।

मंगलदै का मुजामिल हक परिवार

सन् 1971-72 की बात है। उस समय मुझे असम प्रांत के प्रांत प्रचारक का दायित्व सौंपा गया था। उसी वर्ष असम में फिर से एक बार भाषायी दंगे भड़क उठे थे। मंगलदै उस समय दरंग जिले का एक सबडिवीजन था। इसमें बंगलादेशी मुसलमान घुसपैठियों की काफी संख्या होने के कारण यहाँ के जनजीवन में सदैव तनाव रहता था। अत: इस बार भी मंगलदै से 10 मील दूर स्थित खारुपेटिया कस्बे में दंगे भड़क उठे थे। खारुपेटिया नगर में तो बंगलाभाषी हिंदुओं की संख्या अधिक है, लेकिन नगर के चारों ओर के बहुत सारे गाँवों में मुसलिम घुसपैठियों की बहुत संख्या है। अत: इस बार भी भाषायी दंगा (असमिया-बंगाली) भड़कते ही हजारों की संख्या में मुसलमानों ने खारुपेटिया नगर पर हमला बोल दिया। नगर में, बाजार में, दुकानों को आग लगाई गई, घरों पर आक्रमण कर मुसलिम गुंडों ने लूटपाट शुरू कर दी, इससे नगर में हाहाकर मच गया। इस हमले का नेतृत्व करने के लिए मंगलदै के कुछ असमिया भाषी मुसलमान नेताओं को सामने रखा गया था। लेकिन प्रत्यक्ष लूटपाट व मारपीट तो बंगलादेशी घुसपैठिए मुसलमान ही कर रहे थे। इससे खारुपेटिया के बंगलाभाषी हिंदुओं में आतंक छाया हुआ था। वैसे भी खारुपेटिया जूट, चावल तथा सरसों की बड़ी मंडी है और प्राय: सभी व्यापारी हिंदू ही हैं, उनमें भी अधिकतर बंगलाभाषी लोग होने के कारण ही मुसलमानों ने यह हमला बोला था। खारुपेटिया में एक सरकारी विद्यालय है। उसमें दोनों भाषाओं के विद्यार्थी

पढ़ते हैं और उसके पास ही एक बंगला माध्यम का विद्यालय भी है। अतः हमलावरों ने इन्हीं विद्यालयों को अपना निशाना बनाया और आग लगाने की कोशिश भी की। लेकिन समय पर पुलिस पहुँच गई। हमलावरों में कुछ असमिया मुसलमान भी आगे थे। उनके पीछे स्वयं को 'न-असमिया' कहनेवाले, किंतु बंगलादेश से घुसपैठ करके आए हुए बंगाली मुसलमान बड़ी संख्या में थे। जब पुलिस वहाँ पहुँची तब उन्होंने देखा कि कुछ मुसलमान विद्यालय को जलाने की कोशिश में जुटे हुए हैं। अतः पुलिस ने शुरू में लाठी प्रहार कर उन्हें वहाँ से दूर भगाने की कोशिश की, लेकिन उपद्रवकारी उससे डरे नहीं और वे विद्यालय को आग लगाने के लिए अपने गर्हित उद्देश्य को प्राप्त करने के लिए डटे रहे। अंत में पुलिस को गोली चलानी पड़ी। उसमें दो मुसलमान मर गए और कई आहत हुए। मरनेवालों में एक मंगलदै के मौजेदार का लड़का था। उसकी उम्र भी कोई 10-11 वर्ष थी तथा अपने माँ-बाप का वह इकलौता बेटा था। उसका नाम था 'मुजामिल हक'। अतः दूसरे दिन सभी समाचार-पत्रों में इस असमियाभाषी छोटे बच्चे की मृत्यु की खबर को शीर्ष स्थान मिला था। इस बच्चे की मृत्यु से एक विचित्र भय का वातावरण बना हुआ था।

जब अटलजी असम के दंगाग्रस्त क्षेत्रों का दौरा करके प्रत्यक्ष स्थिति का जायजा लेने के लिए गुवाहाटी आए तब मुझसे साथ चलने के लिए, जनसंघ के असम प्रांत के संगठन मंत्री श्री रमेश कुमार मिश्र ने आग्रह किया। अतः मैं भी अटलजी के साथ मंगलदै, धोला व खारुपेटिया आदि दंगाग्रस्त क्षेत्र का परिदर्शन करने चल पड़ा। शुरू में हम सभी लोग खारुपेटिया गए। वहाँ के हिंदू बंगालियों की जली हुई दुकानें, मकान आदि देखकर मंगलदै की तरफ आते समय रास्ते में धोला गाँव में भी जो हिंदुओं के घर व दुकानें जलाई गई थीं, वे भी देखीं। धोला के पाठक परिवार के अधजले घर में थोड़ा समय रुककर हम लोग गुवाहाटी लौटने के लिए चल पड़े। खारुपेटिया में तथा धोला में भी अटलजी ने सबकी बड़ी आस्था से पूछताछ की तथा पूछताछ में से ही उन्हें ज्ञात हुआ कि पुलिस द्वारा की गई गोलीबारी में मंगलदै के मौजेदार के दसवर्षीय लड़के मुजामिल की बलि चढ़ी है। तब तत्काल अटलजी ने गुवाहाटी लौटते समय रास्ते में पड़नेवाले मंगलदै में मुजामिल के माता-पिता को मिलकर आने का अपना निश्चय घोषित कर डाला। हम सभी लोग आश्चर्यचकित तथा चिंतित भी हुए, क्योंकि हमला करनेवाले मुसलमान ही थे और मुजामिल हक भले ही छोटा हो तो भी वह हमलावरों के साथ मंगलदै से खारुपेटिया लूटपाट व मारपीट करने के उद्देश्य से ही गया था और वहाँ पर आगजनी करनेवाले उपद्रवियों को काबू करने के लिए पुलिस द्वारा की गई गोलीबारी में मरा था। लेकिन वह असमियाभाषी मुसलमान होने के नाते तथा छोटी आयु का होने के कारण उसे शहीद घोषित किया गया था। मंगलदै सबडिवीजन में मुसलिम बहुसंख्या होने से वहाँ के ऐसे 'शहीद' हुए मुसलमान के घर जाने की अटलजी की इच्छा ने हमें परेशान कर दिया था। उस समय उन्हें किसी भी तरह की सरकारी सुरक्षा उपलब्ध नहीं थी। हम केवल 4-5 लोग ही उनके साथ थे।

लेकिन अटलजी धोला में जैसे पाठक परिवार से मिले उसी तरह उस मुजामिल हक के परिवारीजनों से भी मिले। मुजामिल के पिता की आँखों में पानी आना स्वाभाविक ही था। उसने अपने पुत्र की मृत्यु पर शोक प्रकट करते हुए कहा कि 'उसका पुत्र निरपराध था।' अटलजी ने बड़ी सहृदयता से उसके माता-पिता के मुख से सारी बातें शांतिपूर्वक सुनीं तथा उनको सांत्वना दी। अटलजी के सांत्वनायुक्त शब्द सुनकर मुजामिल हक के माता-पिता व घर के सभी लोग अटलजी की सहृदयता

व सदाशयता देखकर गद्‌गद् हुए बिना नहीं रहे। उन्होंने अश्रुपूर्ण नेत्रों से अटलजी का आभार माना तथा उनको गाड़ी तक छोड़ने आए। उस समय मुजामिल हक के पिता सहज रूप से बोल उठे कि "आप जैसे महामानव के दर्शन हमें हुए इससे हमारे पुत्र की मृत्यु का दुःख कुछ हलका हुआ और हमें हिम्मत भी मिली है। हम आपके आभारी हैं। आप जैसे नेता की आज अपने देश को आवश्यकता है।" हम सभी लोग स्तब्ध रह गए। अटलजी का यह सहज, सरल, सहृदयतापूर्ण व्यवहार उनके अंतःकरण की विशालता तथा हिंदुत्व की उदार मानवीयता का हमें सहज दर्शन करा रहा था।

हम वहाँ से गुवाहाटी लौटे, दूसरे दिन अटलजी सिल्चर, करीमगंज प्रवास पर चले गए। दूसरे दिन के सभी समाचार-पत्रों में अटलजी के मुजामिल हक के घर जाकर उसके माता-पिता को दी हुई शोक संवेदना का तथा मुजामिल हक को दी गई श्रद्धांजलि का समाचार प्रमुखता से प्रकाशित हुआ था।

भावी प्रधानमंत्री

सन् 1957 की बात है, जब मैं मुंबई की एक सायं शाखा में बालगण शिक्षक का दायित्व निर्वाह कर रहा था। उस समय भारतीय जनसंघ के नेता के नाते अटलजी को सब जानने लगे थे। डॉ. श्यामाप्रसाद मुखर्जी के निजी सचिव रहने तथा प्रभावी वक्ता होने के कारण उनकी ख्याति फैल चुकी थी, अतः जब वे मुंबई आनेवाले हैं और एक सभा को संबोधित करनेवाले हैं, इस बात का पता मुझे लगा तो मैं कॉलेज से सीधा उनकी सभा में जा पहुँचा। मैंने पहली बार उनको निकट से देखा और सुना। उस समय उनका दुबला-पतला धोती-कुरता और ऊपर एक जाकिट पहना हुआ, चेहरा सुहास्य से भरा, निर्मल भाव व तेजस्वी आँखोंवाला व्यक्तित्व, मेरे मन पर एक अमिट छाप छोड़ गया।

सन् 1957 के द्वितीय लोकसभा चुनाव के समय महाराष्ट्र में संयुक्त महाराष्ट्र समिति के नेतृत्व में अधिकतर विपक्षी दलों ने संगठित होकर कांग्रेस के विरोध में चुनाव लड़े थे। इस समिति में उस समय भारतीय जनसंघ भी सम्मिलित था। अतः चुनाव प्रचार के लिए अटलजी की एक सभा, मुंबई की चौपाटी पर भी होनेवाली थी। उस सभा का प्रचार करने के लिए दीवारों पर पत्रकों को चिपकाना, रास्तों पर भी सुंदर और बड़े अक्षरों में चूने से लिखकर कार्यक्रम की सूचना जनता को देना, ऐसे अनेक काम नवयुवक बड़े उत्साह से कर रहे थे। ऐसे ही एक चौराहे पर युवकों की एक टोली ने उत्साह से बड़े-बड़े अक्षरों में लिख डाला, "देश के भावी प्रधानमंत्री, माननीय अटल बिहारी वाजपेयीजी के मुंबई आगमन पर हार्दिक अभिनंदन। चौपाटी पर शाम को साढ़े सात बजे उनकी होनेवाली सभा में हजारों की संख्या में शामिल हो जाइए। भारत के भावी प्रधानमंत्री के विचार परिपूर्ण व प्रभावशैली से युक्त भाषण के रूप में सुनिए।"

इस तरह से अटलजी का उल्लेख भारत के भावी प्रधानमंत्री के रूप में करनेवाले उन नवयुवकों को क्या पता था कि अटलजी भारत के प्रधानमंत्री पद पर सन् 1957 में नहीं तो पूरे 40 वर्षों बाद विराजमान होंगे और उनका यह स्वप्न साकार भी होनेवाला है। लेकिन आज हम देख रहे हैं कि अटलजी प्रधानमंत्री पद पर विराजमान ही नहीं वरन् प्रत्यक्ष 'विश्व संघ' के मंच पर भी भारत का प्रभावी प्रतिनिधित्व करके एक विश्व नेता के रूप में उभर रहे हैं।

अटलजी और सत्य साईंबाबा

सन् 1971 में असम में हुए भाषायी दंगों के समय अटलजी गुवाहाटी आए थे। उन्होंने मंगलदै के निकट खारुपेटिया, धोला तथा दलगाँव आदि दंगाग्रस्त तथा मुसलिम घुसपैठियों से प्रभावित गाँवों की स्थिति का जायजा लिया था। उस समय भारतीय जनसंघ के असम प्रदेश के संगठन मंत्री श्री रमेश कुमार मिश्र (आजकल लखनऊ विभाग के संघचालक) अटलजी और मैं गुवाहाटी से सुबह कार से निकले। गुवाहाटी से 60 मील दूर खारुपेटिया गाँव है। अत: प्रथम वहाँ पर जाने का सोचकर हम चल पड़े। ब्रह्मपुत्र पर गुवाहाटी के सरायघाट के पास जो पुल है वह पार करके हम लोग आगे बढ़े ही थे कि बाईहाटा चारीयाली से थोड़ा पहले हमारी गाड़ी का पहिया पंक्चर हुआ और हमें थोड़ा समय रुकना पड़ा।

उस समय रास्ते पर हम सब उतरकर पैदल ही घूमने लगे थे। समय काटने के लिए आपस में बातचीत भी कर रहे थे। चलते-चलते इधर-उधर की अनेक बातें चल पड़ीं। इसी दौरान उस समय बहुचर्चित पुट्टपर्थी (आंध्र) के सत्य साईंबाबा के बारे में भी बात चली। मैंने अटलजी से पूछा कि ''हाल ही में आपने साईंबाबा से भेंट की और उनके दर्शन किए हैं, ऐसी खबर समाचार-पत्रों में पढ़ने को मिली है। आपको उनके बारे में कैसा अनुभव हुआ? वह जानने की मन में बड़ी उत्सुकता है।''

मेरा प्रश्न सुनकर अटलजी हँस पड़े। कहने लगे, ''अरे, वहाँ तो बड़े मजे की बातें हुईं।'' संसद् की एक संसदीय समिति का कर्नाटक में किसी कारणवश भेंट का कार्यक्रम बना था। इस संसदीय समिति के एक सदस्य के नाते मेरा भी बंगलौर जाना हुआ। संसदीय समिति के सभी सदस्य बंगलौर जाते ही बंगलौर के निकट व्हाइट फील्ड में पूज्य सत्य साईंबाबाजी के दर्शन करने की बात निश्चित करके ही आए थे। अत: दिन भर समिति का कामकाज जल्दी-जल्दी निपटाकर सभी लोग श्री सत्य साईंबाबा के दर्शन के लिए चल पड़े। उन्होंने मुझे भी अपने साथ चलने के लिए कहा। लेकिन मैंने कहा कि ''यहाँ के कार्यकर्ताओं ने अन्य कार्यक्रम पहले से ही निश्चित कर दिए हैं, इसलिए मेरा आपके साथ चलना संभव नहीं होगा। उसके लिए आप बुरा न मानिए।'' उन्होंने फिर भी बहुत आग्रह किया। किंतु मैंने उनको अपनी असमर्थता जताई और कहा कि ''जब आप सभी लोग जा ही रहे हैं तो श्री सत्य साईंबाबा को मेरा भी प्रणाम निवेदन कीजिए।'' सभी लोग 'व्हाइट फील्ड' चले गए।

रात को हम सभी फिर निवास स्थान पर एकत्रित हुए, तब सभी संसद् सदस्यों ने मुझे घेर लिया। वे कहने लगे कि अटलजी, आपको जाना चाहिए था। हम सभी ने जब 'बाबा' के दर्शन किए तब सबसे पहले बाबा ने हमसे पूछा कि ''अटलजी कहाँ हैं? वे क्यों नहीं आए? उनसे मुझे मिलना है।'' बाबा की ये बातें सुनकर हम सभी आश्चर्यचकित हो गए। हम तो बाबा के दर्शन के लिए गए थे लेकिन 'बाबा' आपसे मिलना चाहते थे। बाद में 'बाबा' ने हमसे कहा कि ''अटलजी को उनसे मिलने के लिए कहिए।'' अब आप जरूर बाबा से मिलने कल व्हाइट फील्ड जाइए। बाबा आपकी राह देखेंगे।

सभी सदस्यों ने मुझसे पूछा कि क्या बात है कि बाबाजी आपसे मिलना चाहते हैं? क्या कारण है कि हम सबसे अधिक वे आपसे मिलना चाहते हैं? अटलजी बताने लगे कि ''वे दूसरे दिन बाबा से मिलने व्हाइट फील्ड गए और बाबा ने उनका बड़ी आत्मीयता से स्वागत किया। अपने

निकट बैठाकर उनके स्वास्थ्य आदि के विषय में पूछताछ की। उस समय अटलजी का स्वास्थ्य ठीक नहीं चल रहा था। स्वास्थ्य परीक्षण के लिए उनको अमेरिका भी जाना था। उनके मूत्राशय (किडनी) की शल्य-क्रिया होनेवाली थी। अतः वे बड़े चिंतित थे। साईंबाबा ने उनका धैर्य बँधाते हुए कहा कि "चिंता मत कीजिए, सब ठीक हो जाएगा।"

श्री सत्य साईंबाबा के दर्शन करके अटलजी लौट आए। कुछ ही दिनों के बाद अटलजी अमेरिका गए और वहाँ उनके मूत्राशय (किडनी) की शल्य-क्रिया हुई। शल्य-क्रिया सफल हुई। अटलजी ने कहा कि "जब उनको रुग्ण शय्या (स्ट्रेचर) पर लिटाकर शल्य-क्रिया कक्ष में ले जा रहे थे तब उनको सत्य साईंबाबा का अचानक स्मरण हुआ। उनको आभास हुआ कि स्वयं साईंबाबा उनके आसपास उपस्थित हैं। बाद में शल्यक्रिया होने पर अचेतावस्था में उनको विशेष अतिदक्षता कक्ष में लाकर रखा गया था। उनकी अचेतावस्था खत्म हुई और होश आने लगा तब उनको बड़ा अद्‍भुत अनुभव हुआ। उनके कक्ष में एक अवर्णनीय मंद-मंद सुगंध फैली हुई थी। स्वयं साईंबाबा निकट ही कहीं पर उपस्थित हैं ऐसा एक अद्‍भुत अनुभव हो रहा था। साईंबाबा के अस्तित्व की ऐसी अनुभूति उन्हें क्यों हो रही है, यह बात तो उनकी समझ में नहीं आ रही थी। चेतनावस्था प्राप्त होते ही साईंबाबा का स्मरण तथा उनके अस्तित्व की अनुभूति होना सचमुच एक आश्चर्यचकित करनेवाली बात ही कहनी होगी।"

अटलजी के मुख से यह बात सुनकर हम सभी आश्चर्यचकित व आनंदित हुए, क्योंकि साईंबाबा जैसी महान् विभूति की कृपा व आशीर्वाद अटलजी जैसे महान् नेता को प्राप्त होना भारतवासियों के लिए सचमुच में परम सौभाग्य की बात ही कहनी होगी। इतने में गाड़ी के चालक ने सूचना दी कि गाड़ी का पहिया बदल दिया है और गाड़ी आगे चलने के लिए तैयार है। अटलजी की बात भी पूरी हुई थी, अतः तुरंत गाड़ी में बैठकर हम सभी खारुपेटिया की दिशा में चल पड़े।

सन् 1990 की फरवरी की बात है। परमपूज्य श्री बालासाहेब देवरसजी का उत्तर प्रदेश में प्रवास था। कानपुर में सुबह कार्यकर्ताओं की बैठक में उनको हलका सा हृदयाघात हुआ। तत्काल उन्हें कानपुर सिविल अस्पताल के कॉर्डियोलॉजी विभाग के अतिदक्षता कक्ष में भर्ती किया गया था। 72 घंटे तक अतिदक्षता विभाग में ही उनकी तात्कालिक चिकित्सा करने के बाद वहाँ के चिकित्सकों ने उन्हें दिल्ली ले जाने का परामर्श दिया था।

अटलजी भी परमपूज्य बालासाहेब की बीमारी की खबर पाकर चिंतित हुए थे। वह भी दूसरे दिन कानपुर आने की तैयारी कर रहे थे, उनको यह खबर मिली कि श्री बालासाहेब को कानपुर से दिल्ली ले जाने के लिए डॉक्टरों ने परामर्श दिया है। तब अटलजी तुरंत कानपुर आने के लिए दिल्ली से निकल पड़े। यही नहीं, उन्होंने तुरंत रेल मंत्री को पूजनीय बालासाहेब की अस्वस्थ स्थिति की सूचना देकर उन्हें रेल से दिल्ली लाने की समुचित व्यवस्था करने का आग्रह किया तथा वह स्वयं दूसरे दिन कानपुर पहुँचे।

कानपुर पहुँचते ही वह परमपूज्य बालासाहेब को देखने के लिए अस्पताल पहुँच गए थे। उस दिन ही अतिदक्षता विभाग से बालासाहेब के स्वास्थ्य में सुधार को देखकर डॉक्टरों ने उनको रात की रेलगाड़ी से दिल्ली ले जाने की अनुमति भी प्रदान की। उस दिन श्री कल्याण सिंह (उस समय कल्याण सिंहजी विधायक तथा विधानसभा में विपक्षी दल के नेता थे), श्री टंडन, श्री कलराज मिश्र आदि अनेक भाजपा कार्यकर्ता भी बालासाहेबजी के स्वास्थ्य के बारे में पूछताछ

करने अस्पताल आकर गए थे।

रात को एंबुलेंस में सुलाकर बालासाहेब को कानपुर स्टेशन लाया गया। स्वयं अटलजी ने रेलवे अधिकारियों से संपर्क कर उस दिन मरुधर एक्सप्रेस को उचित प्लेटफॉर्म पर लगवाया था ताकि एंबुलेंस ठीक प्रथम श्रेणी के डिब्बे के पास, जिसमें बालासाहेब के लिए आरक्षण था, पहुँच सके। उस समय बालासाहेब को गाड़ी में चढ़ाने में भी अटलजी ने मदद की। इतना ही नहीं, वह स्वयं भी हमारे साथ दिल्ली आए। दिल्ली में पहले से ही उन्होंने ऑल इंडिया मेडिकल इंस्टीट्यूट में सारी व्यवस्थाएँ कर रखी थीं।

सुबह दिल्ली पहुँचने पर स्टेशन से सीधे ही हम सभी लोग ऑल इंडिया इंस्टीट्यूट ऑफ मेडिकल साइंस पहुँचे। वहाँ परमपूज्य बालासाहेब के लिए पहली मंजिल पर ही एक वी.आई.पी. सूट का भी आरक्षण अटलजी ने कर रखा था। अस्पताल जाते ही वहाँ के डॉक्टर्स ने आकर बालासाहेब के स्वास्थ्य परीक्षण का काम शुरू किया। शाम को अटलजी फिर से मिलने आए। तब मैंने देखा कि अटलजी स्वयं वहाँ के वार्ड-बॉय, नर्सेस, डॉक्टर्स व अन्य कर्मचारियों से सहज रूप से बातें कर रहे हैं। सभी आकर उनको अभिवादन कर रहे हैं। सबसे उनका अच्छा परिचय भी है। कुछ एक को तो वे नाम से भी जानते हैं। बाद में पता चला कि अटलजी का अस्पताल में अनेक बार आना-जाना होता है। इस सरकारी अस्पताल की जो परामर्शदात्री समिति थी उसके अटलजी एक सदस्य भी थे। अत: वहाँ की स्थिति, परिस्थिति, व्यवस्थापक व कर्मचारियों और डॉक्टरों से भी उनका अच्छा संपर्क था। केवल एक बड़े नेता के नाते, अथवा केवल संसद् सदस्य या विरोधी दल के नेता के नाते से ही उन लोगों का अटलजी से संबंध नहीं था वरन् एक स्नेही परामर्शदाता, सदाशय व आत्मीयता रखनेवाले सहृदय हिताकांक्षी के नाते भी इन सभी से उनका संबंध था।

परमपूज्य बालासाहेब के स्वास्थ्य सुधार में 8-10 दिन का समय लगा। सभी प्रकार के परीक्षणों व उत्तम चिकित्सा के कारण शीघ्रता से स्वास्थ्य में सुधार हो रहा था। होली के दिन निकट आ रहे थे और उसके बाद नागपुर में प्रतिनिधि सभा की बैठक भी थी। अत: बालासाहेब के नागपुर लौटने की तीव्र इच्छा थी।

उन्होंने कहा कि अब उनको जाने की अनुमति डॉक्टर्स से जल्दी मिल जाए तो अच्छा होगा। यह बात अटलजी के भी ध्यान में आई और उन्होंने वहाँ के डॉक्टरों से पूछताछ की तथा पूज्यनीय बालासाहेबजी की इच्छा से उन्हें अवगत कराया। डॉक्टर्स ने भी कहा कि सभी प्रकार के परीक्षण हो गए हैं और रिपोर्ट्स भी अच्छी हैं इसलिए और 3-4 दिनों का विश्राम करके बालासाहेबजी नागपुर जा सकेंगे। अटलजी ने उस दिन वह बात बालासाहेबजी को भी बताई। जब तक बालासाहेब अस्पताल में भर्ती रहे, अटलजी नियमित रूप से अस्पताल आते, सभी से मिलते तथा बालासाहेब के लिए पुष्प गुच्छ भेंट करते थे, यहाँ बालासाहेब की सेवा कर रहे प्रबंधक स्वयंसेवक बंधु तथा 'सेवक वर्ग' के लिए मिठाई जरूर ले आते थे। मिठाई तो उनको भी प्रिय है।

जब अटलजी की बनाई खीर खाई

होली के एक दिन पूर्व अटलजी और आडवाणीजी दोनों ही एक साथ परमपूज्य बालासाहेब से मिलने आए थे। उनके स्वास्थ्य के विषय में पूछताछ करके तथा वहाँ उपस्थित सभी से कुशल समाचार की बातें करके करीब बीस मिनट बाद जाने के लिए जब तैयार हुए, तब मैं उनको नीचे

कार तक छोड़ने आया। सीढ़ी उतरते समय अटलजी ने सहज शब्दों में मुझसे पूछा, "कल होली का पर्व है। बालासाहेब को खीर पसंद है क्या?" मैंने उन्हें याद दिलाया कि "बालासाहेबजी को तो मधुमेह की बीमारी है, अत: उनको मीठी खीर कैसे चलेगी?" इस पर अटलजी हँसकर बोले, "अरे! मैं तो यह भूल ही गया। ठीक है, फिर कभी देखेंगे।" इस पर मैं सहज हँसते हुए बोला कि "बालासाहेब को मीठी चीजें नहीं चलतीं, लेकिन हम सभी तो हैं जो उनके साथ यहाँ रहते हैं।"

इस पर अटलजी ने फिर मुड़कर मेरी तरफ देखा और स्मित हास्य युक्त मुद्रा में अपनी मीठी बोली में बोले, "अरे हाँ, मैं तो यह बात भूल ही गया था कि आप लोग भी यहाँ पर हैं। ठीक है, कल मैं आपके लिए खीर लेकर आऊँगा।" मैंने गाड़ी में बैठते हुए आडवाणीजी से कहा, "आडवाणीजी, आपकी पुत्री के विवाह की मिठाई भी तो मिलनी बाकी है।" उस पर आडवाणीजी ने मंदस्मित करके कहा कि "हाँ, वह भी आपको मिल जाएगी।" इतनी बात करके वे दोनों वहाँ से चल पड़े।

दूसरे दिन होली थी। सर्वत्र रंग उड़ रहा था। दोपहर एक बजे स्वयं अटलजी अस्पताल आए। कपड़े गुलाल से भरे थे। चेहरे पर भी गुलाल लगा हुआ था। तेज गति से कमरे में आए। परमपूज्य बालासाहेबजी के चरण छुए। आशीर्वाद लिया और मेरे हाथों में साथ में लाया खीर का बड़ा बरतन दिया और एक मिठाई का बक्सा भी दिया और कहा कि "खीर मेरी ओर से है और मिठाई आडवाणीजी ने अपनी पुत्री के विवाह के उपलक्ष्य में भेजी है।" मैंने उनसे कहा, "आप इतना बड़ा बरतन भरकर खीर लाए हैं, इतनी कौन खाएगा?" तब वे बोले, "अरे! आप जितनी चाहें उतनी खाइए और यहाँ पर जो सभी प्रबंधक बालासाहेबजी की सेवा में हैं उनको भी खिलाइए तथा अस्पताल के जो कर्मचारी यहाँ पर सेवा करते हैं, उनको भी खिलाइए।"

मैंने सहज जिज्ञासा से प्रश्न किया, "अटलजी आप खीर तो लाए हैं, लेकिन बनानेवाला कौन है?" इस पर अपनी निश्छल शैली में उन्होंने हँसकर कहा, "और कौन बनाएगा? आपके लिए मैंने स्वयं खीर बनाई है। कैसी बनी है वह बाद में बताना?" इतनी बात करके वे जोर से हँसते हुए शीघ्रता से कमरे से बाहर आए और नीचे गाड़ी की तरफ जाने लगे। मैंने जाते-जाते उनसे पूछा, "ये बरतन कहाँ पहुँचाने हैं?" तब वे बोले, "आप चिंता मत कीजिए, मैं किसी को कल आपके पास भेजूँगा, आप उसे बरतन दे दीजिएगा।" वे चले गए, बाद में हम सभी प्रबंधक व स्वयंसेवक जो उस दिन बालासाहेब की सेवा के लिए दिन भर आते-जाते रहे तथा अस्पताल के कर्मचारी आदि ने उस खीर का आस्वाद लिया। उस खीर की मिठास आज भी अविस्मरणीय है। एक महान् साधु हृदय जननेता के हाथों से बनी स्नेहभरी मीठी खीर मैंने आज तक कभी खाई ही नहीं थी। आज उस खीर को बनानेवाले हाथ अपने देश की बागडोर सँभाल रहे हैं। ईश्वर उनको आवश्यक सामर्थ्य व प्रदीर्घ जीवन प्रदान करे, यही हमारी प्रार्थना है। उनकी इस प्रकार की सहृदयता, स्नेह तथा सदाशयता का स्मरण उस खीर के रूप में सदैव मन को आमोदित करता रहता है। यह तो मेरे लिए एक अवर्णनीय अहोभाग्य ही कहना होगा।

(लेखक राष्ट्रीय स्वयंसेवक संघ के प्रचारक थे एवं 'हिंदुस्तान समाचार' के पुनर्गठन में उल्लेखनीय भूमिका निभाई थी)

□

वे बड़े मन के बड़े आदमी

—सुमित्रा महाजन

सन् 1947 में अटलजी ने जम्मू में कार्यकर्ताओं की एक सभा संबोधित की थी और उस सभा में जो कुछ कहा वह हम सब लोगों के स्मृति पटल पर अंकित हो गया और साथ ही अंकित हो गई कार्यकर्ताओं के प्रति अपनेपन की उनकी गहरी भावनाएँ भी, ठीक वैसे ही जैसे एक परिवार का मुखिया अपने परिजनों को उनकी गलती को सुधारने के लिए समझाता है। अटलजी ने कहा था कि "हमारे लिए एक-एक कार्यकर्ता महत्त्वपूर्ण है। एक-एक कार्यकर्ता बनाने में मेहनत लगती है। देश के प्रति मैं आपकी भावनाओं को समझता हूँ। ईश्वर न करे यदि कुछ अनिष्ट हो जाता है तो हम क्या करते?" यह सब उन्होंने इतनी भावुकता और अपनेपन से कहा कि सभी आँखें नम हो गईं।

हमेशा सहज रहना उनका स्वभाव है। अभी लोकसभा चुनाव के पहले वे इंदौर आए थे। सभा संबोधित करने से पहले मंच पर मैंने उन्हें राखी बाँधी थी तो उस वक्त भी चुनाव के समय भी वे बिलकुल सहज थे। जैसे एक भाई अपनी बहन के साथ ठिठोली करता है वैसे ही कहने लगे, "अच्छा! अब आरती भी उतारोगी, मिठाई भी खिलाओगी।"

मेरे लिए क्या लाई हो

मैं खरगौन के आदिवासियों के एक समूह को उनसे मिलवाने ले गई थी। उन आदिवासियों से भी वे उतने ही प्रेम से मिले। किसी ने उन्हें पगड़ी बाँधने को कहा तो वे पगड़ी बँधवाने लगे, किसी ने अपना संगीत सुनाना चाहा तो मुग्ध होकर संगीत सुनने लगे। उसी समूह में जनसंघ के समय के अटलजी के सहयोगी एवं भैयासाहेब बड़े की लड़की भी थी, वह अटलजी की पसंदीदा चीजें बनाकर लाई थीं, मगर उन्हें देने में उसे संकोच हो रहा था। यह बात उनकी नजर से नहीं छिप सकी और उन्होंने उससे पूछ लिया कि "मेरे लिए क्या लाई हो?" और सारी सुरक्षा व्यवस्था को परे रखकर वे मजे से उसकी लाई हुई मिठाइयाँ खाने लगे। इंदौर का एक नन्हा चित्रकार चयन मेहता उन्हें कारगिल पर बनाए गए कुछ चित्र दिखाना चाहता था, उसे सिर्फ दो या तीन मिनट का समय मिला था लेकिन उससे बात करते हुए, उसके चित्र देखते हुए उन्हें समय का खयाल ही नहीं रहा, कम-से-कम बीस मिनट तक उससे बात करते रहे, उसके साथ चाय पी और फिर उसे छोड़ने दरवाजे तक आए। किसी देश का प्रधानमंत्री किसी नन्हें रचनाकार को इतना प्यार, इतना सम्मान दे तो वह अटलजी या अटलजी जैसा ही कोई हो सकता है।

जीवन का संगीत

वास्तव में वे उन बहुत थोड़े से लोगों में से हैं जो जीवन को पूरी रुचि के साथ, बहुत प्रसन्नता से जीते हैं। जिनके अंतर्मन में जीवन का संगीत गूँजता है। कभी भी यदि हम उनके घर चाय पर भी जाते हैं तो ये बिलकुल पक्का रहता है कि उनके घर पर कुछ-न-कुछ नई चीज जरूर मिलेगी। यदि और कुछ नहीं तो चाय के साथ कुछ नए व्यंजन या मिठाइयाँ होंगी और अटलजी स्वयं बिना किसी औपचारिकता के सभी लोगों को उस व्यंजन की विशेषताएँ बतलाते हुए खाने का आग्रह करते मिलेंगे। शायद उनके अंतर्मन का संगीत ही उन्हें विपरीत परिस्थितियों में भी विश्वास देता है। नितांत विपरीत परिस्थितियों में पूरी तरह से सहज और अटल रहते हुए मैंने उन्हें देखा है। जब हमारी सरकार सिर्फ एक वोट से गिरी थी तो हम सब भीतर से हिल गए, शायद कुछ विचलित तो वे भी हुए होंगे, अच्छा काम कर रही सरकार को कुछ लोगों के व्यक्तिगत स्वार्थ का शिकार बनना पड़ा था मगर फिर पूरी सहजता और विश्वास के साथ वे हम सभी लोगों से कहते हैं कि ''जो कुछ हुआ वह ईश्वर की मरजी थी, चलिए हम फिर से प्रयास करते हैं।

(लेखिका एनडीए सरकार में केंद्रीय मंत्री रही हैं)

□

जब अटलजी 'स्वदेश' के संपादक थे

—वचनेश त्रिपाठी

'भारत प्रेस' जब लखनऊ के अमीनाबाद की एक गली में स्थित था और उसके बाद जब वह सदर बाजार में स्थापित किया गया और यहाँ से 'राष्ट्रधर्म' का प्रकाशन हुआ तभी से मैं 'राष्ट्रधर्म' के लिए लिखने लगा था। इस मासिक के संपादक अटल बिहारी वाजपेयी और राजीव लोचन अग्निहोत्री थे, लेकिन प्रथम अंक में संपादक के रूप में श्री अग्निहोत्री का ही नाम प्रकाशित किया गया था। श्री अग्निहोत्री रीवा विश्वविद्यालय से संबद्ध एक महाविद्यालय के प्राचार्य थे, जो बाद में वकालत करने इंदौर चले गए थे। एक बार इंदौर बार एसोसिएशन ने उनका अभिनंदन भी किया था। श्री अग्निहोत्री काव्य-रचना, नाटककार सभी विधाओं में पारंगत प्राक्तन प्रतिभासंपन्न व्यक्ति थे। जिन दिनों वे बस्ती जिले (उत्तर प्रदेश) के जिला प्रचारक थे, अर्थात् वह समय था भारत में ब्रिटिश दासता काल का, शायद सन् 1946 की बात है मेरा उनका एक ही साथ काशी के 'संघ शिक्षा वर्ग' में द्वितीय वर्ष का प्रशिक्षण हुआ। उस शिक्षा वर्ग में जब अपने संघ संस्थापक डॉ. केशवराव हेडगेवार की पुण्य-तिथि पड़ी तो राजीव लोचन अग्निहोत्री ने वहीं डॉक्टरजी पर एक गीत लिखा था, शीर्षक था, 'लो नमस्ते, ओ उपेक्षित।' यह गीत वहाँ एक श्यामपट्ट पर जहाँ नित्य किसी-न-किसी का बौद्धिक होता था लिख दिया गया था, जिसे वहाँ प्रशिक्षण प्राप्त करने आए प्रशिक्षणार्थियों ने अपनी डायरी आदि में लिख लिया था। इत्तिफाक यह रहा कि उस शिक्षा वर्ग में राजीव लोचनजी मेरे ही वर्ग में रहे थे। उन दिनों संपूर्ण भारत में 'संघ शिक्षा वर्ग' के प्रथम और द्वितीय वर्ष का प्रशिक्षण केवल काशी में ही होता था, तृतीय वर्ष का नागपुर में। इस कारण पूरे भारत के सभी प्रांतों के प्रशिक्षणार्थी काशी में ही प्रथम तथा द्वितीय वर्ष के प्रशिक्षणार्थ आते थे। अनंतर जब संघ पर प्रतिबंध लगाया और लखनऊ के सदर बाजारवाले 'सदर प्रेस' पर सरकार ने तालाबंदी कर दी और संपादक राजीव लोचन अग्निहोत्री को गिरफ्तार करके बरेली जिला जेल में कैद कर दिया गया तो मेरी उनकी भेंटवार्ता कई महीनों तक बरेली जिला जेल में होती रही, क्योंकि पुलिस ने मुझे पहले से ही 'बालामऊ पुलिस चौकी' लूटने, जलाने के आरोप में गिरफ्तार करके जो मुकदमा चलाया, जिसमें मजिस्ट्रेट ने हरदोई जेल में ही कुरसी-मेज लगाकर मुकदमा किया था और मुझे डेढ़ वर्ष सश्रम कारावास की सजा दी थी, जबकि धारा 11 बी में 3 वर्ष की सजा दी जाती थी, परंतु पुलिस पक्ष से जो 8 गवाह गढ़े गए थे, उनमें से एक भी उस जेल की अदालत में गवाही देने न आया, इसलिए मुझे आधी सजा अर्थात् डेढ़ वर्ष की ही कैद दी गई, फिर हरदोई जेल से मेरा स्थानांतरण बरेली जिला जेल में कर दिया गया, वहीं 'राष्ट्रधर्म' के संपादक राजीव लोचन से मेरी दोबारा भेंट

हुई। उन दिनों उस जेल में फाँसी दी जाती थी।

राजीव लोचन जब रिहा हुए तो जेल में 'विद्रोही' उपनाम या कल्पित नाम से लिखी गई मेरी रचनाएँ, कविताएँ आदि प्रकाशनार्थ साथ ले गए, परंतु छपने के बाद उन पत्रों की कोई प्रति मुझे प्राप्त न हो सकी, क्योंकि मुझे तो डेढ़ वर्ष जेल में ही रहना था, राजीव लोचन तो शायद 3-4 महीने बाद रिहा कर दिए गए थे तब 'चेतना' आदि किन्हीं नामों से अन्य साप्ताहिक राजीव लोचन तथा अटलजी ने संपादित किए थे, क्योंकि 'भारत प्रेस' पर पुलिस ने ताला डाल रखा था।

अटलजी से प्रथम परिचय

राजीव लोचनजी के सिवा अटलजी से भी मेरा परिचय स्वतंत्रतापूर्व के ही वर्षों में हुआ, जब वे कानपुर में एम.ए. के छात्र थे। उन्हीं दिनों मई-जून के दो महीनों के ग्रीष्मावकाश में वे विस्तारक रूप में संघ कार्य करने मेरे आवासीय कस्बे संडीला (उत्तर प्रदेश) भेजे गए। उनके आवास तथा भोजनादि की व्यवस्था का दायित्व मुझे ही करना था। कच्चा-पक्का लोनी लगा एक कमरा मैंने अपने कब्जे में कर रखा था, वहीं मैंने उन दिनों अटलजी को दो महीने तक ठहराया था। उन दिनों अटलजी काफी दुबले-पतले से थे। चेहरे की हड्डियाँ उभरी हुई थीं—उसी बीच एक बार वे वहाँ बीमार हो गए, फिर क्या वह ज्वर टाइफायड में परिणित हो गया तो एक दोपहर जब मैं वहाँ गया तो धीरे से द्वार खोलकर देखा कि अटलजी बजाय द्वार की ओर उलटी तरफ दीवार की ओर मुँह करके बैठे हैं और हाथ नचाते हुए जाने क्या बुदबुदा रहे हैं? मैं चौंका, चिंतित हुआ कि कहीं ज्वर बिगड़कर सन्निपात का रूप तो नहीं ले बैठा, जिससे दिमाग पर कुप्रभाव पड़ता है। खैर, तभी आहट पाकर वे एकदम पलटे और अपने हाथ का कोई कागज जल्दी से फर्श पर बिछी दरी के नीचे छिपाया तो मैं और शंकित हुआ, सोचा जरूर कुछ बिगड़ा है, बुखार ही। आगे बढ़कर पूछा कि "क्या हाल हैं?" तो अपना हाथ मेरी ओर बढ़ाकर कहा, "देखिए, आज बुखार नहीं है।" मैंने देखा, हाथ सच ही ठंडा था, फिर भी पूछा कि "आप दीवार की ओर मुँह करके क्या कर रहे थे?" तो किंचित् संकोच के साथ बोले, "अरे! एक कविता लिख रहा था।" मैंने पूछा, "सुनाइए, क्या लिखा है?" तब उसी दरी के नीचे हाथ डालकर कागज निकाला, जो छिपा दिया था और पूरे ओज-आवेश के स्वर में सुनाने लगे—

"अमर आग है, अमर आग
यह नागपुर से लगी आग
ज्योतित भारत माँ का सुहाग
उत्तर-दक्षिण, पूरब-पश्चिम
दिशि-दिशि गूँजा संगठन-राम
यह अमर आग है, अमर आग"

इस लंबी कविता की आगे की दो पंक्तियाँ मुझे अपूर्व तथा बड़ी अच्छी लगी, जो ये हैं—

"जब नर वानर ने भी अपना
सस्मित-हर्षित शीश चढ़ाया…"

परंतु लंबी होने पर भी यह कविता अधूरी ही रह गई, क्योंकि मैं बीच में आकर बाधक जो बन गया था। मैंने कहा, ''और सुनाइए,'' तब उन्होंने स्वरचित 'सन् 1942' और 'ताजमहल' शीर्षक कविताएँ सुनाई थीं। इधर गत वर्षों में मुझे पता चला कि अब 'ताजमहल' शीर्षक कविता उनकी '51 कविताओं' वाली पुस्तक में नहीं है। पर मुझे आज भी उस दिन अटलजी के मुँह से सुनी उस कविता की पंक्तियाँ स्मरण आती हैं—

यह ताजमहल है! यह ताजमहल!
यमुना की रोती धार विकल
कल-कल, छल-छल
कल-कल, छल-छल
जब रोया हिंदुस्तान सकल
तब बन पाया यह ताजमहल
यह ताजमहल! यह ताजमहल!

मैं नहीं समझा कि हिंदी साहित्य जगत में 'ताजमहल' पर किसी कवि ने कभी इस ऐतिहासिक तथा मार्मिक सत्य एवं कथ्य को कविता में चित्रित-मुखरित किया हो, यद्यपि 'ताजमहल' पर 'कमलेश' आदि कवियों ने कविताएँ तो अनेक लिखी हैं। तो वह प्रथम दिन था, जब मैंने अटलजी की लिखी कई कविताएँ उन्हीं के मुख से उस छोटे से बिना किसी साज-सज्जा, बिना कुरसी-मेज या पलंगवाले खस्ताहाल कमरे में सुनीं और तब मैंने कहा कि ''अच्छा, तो आप कविता लिखते हैं।'' जल्दी ही वे दो महीने गुजर गए थे। उन दिनों 6-7 मील दूरस्थ ग्रामों में भी जो संघ शाखाएँ थीं, वहाँ मैं उन्हें अपने साथ पैदल ही ले गया था। एक बार 'सांक' नाम के ग्राम में जब अटलजी को पैदल ले गया (क्योंकि साइकिल थी ही नहीं) तो वापसी में उन्हें ज्वर हो आया, तब गाँव में एक बैलगाड़ी माँगी। उससे देर रात वहाँ से लौटना हो सका था। संघ के वे दिन ऐसे ही थे, जब हम लोग पैदल ही गाँवों में 13 मील जाते और फिर वहाँ की शाखा से 13 मील पैदल चलकर वापस आया करते थे। तब सुविधा आदि के सवाल सामने थे ही नहीं। तत्कालीन विभाग प्रचारक श्री दीनदयाल उपाध्याय भी उन ग्रामों में पैदल ही आए-गए थे। कहने का तात्पर्य यह कि खाते-पीते, भरे-पूरे परिवार के अटलजी स्वेच्छा से स्वीकृत ध्येय मार्ग में ये सब कष्ट-कठिनाइयाँ गले लगाते हुए छात्र जीवन से ही समाज कार्य करते आ रहे थे। इसी परिचय के कारण जब लखनऊ में वे दैनिक पत्र 'स्वदेश' के संपादक हुए तो उनका लिखा उन्हीं दिनों का एक कार्ड अपने यहाँ मिला जिसमें लिखा था, ''शीघ्र आइए, कार्य द्रुत गति से बढ़ाना है।'' तब पत्र से पता न चला कि 'संघ-कार्य' के अतिरिक्त भी कोई समाचार-पत्र आदि का कार्य भी होगा। लखनऊ गया तो देखा 'स्वदेश' दैनिक समाचार-पत्र प्रारंभ हो गया है और मैं उसी में कार्य करने लगा। उन दिनों 'स्वदेश' के रविवारीय पृष्ठ की सामग्री; कविता, कहानी, लेखादि मुझे ही देने होते थे। 'स्वदेश' में मेरी अनेक कहानियाँ भी छपीं। कभी 2-4 महीने में मैं घर जाने को होता तो अटलजी तुरंत कह उठते कि ''अच्छा, पहले एक कहानी देते जाइए, तब जाइए।'' होली आ रही थी। मैंने पूछा, ''क्या कथानक रहा कहानी का?'' तो अटलजी बोले, ''बस, 'रक्त-फाग' शीर्षक रहेगा

उसका।'' और मैं 'रक्त-फाग' कहानी 'स्वदेश' के लिए लिखकर अटलजी को देकर चला गया था। कभी-कभी स्वदेश में मुझे तत्कालीन सामयिक विषयों पर भी आलोचनात्मक लेख लिखने पड़ते, जिनमें मैं अपना नाम नहीं देता था, तो एक दिन अटलजी ने कहा, ''अपना नाम दे दें।'' मैंने पूछा, ''क्यों?'' तो बोले, ''हम-तुम का प्रश्न है।'' उनके कहने का मतलब था कि कहीं पाठक यह लेख उनका (अटलजी का) लिखा समझने का भ्रम न करें, तो मैं अपना नाम दे देता था। मुझे जिले के समाचार भी 'स्वदेश' दैनिक में देने होते थे। मेरे अपने ही जिले के एक बड़े, प्रतिष्ठित और प्रसिद्ध एडवोकेट थे, जो जिला 'जनसंघ' के अध्यक्ष बनाए गए, पर वे कांग्रेस से आए थे तथा उनकी वकालत में मुकदमे के वाद-पत्र पर जो 'कोर्ट-फीस' लगती थी उसमें काफी घपला बरता जाता था। वह कोर्ट फीस के रूप में 700 रुपए लेते थे, लेकिन जमा सिर्फ 70 रुपए ही करते थे, शेष 630 रुपए हड़प लिए जाते थे और अन्य पेशी पड़ने पर मोवक्किल से कहा जाता था कि कोर्ट फीस और लगेगी, 630 रुपए जमा करो। यही क्रम चलता था। वह वकील दीवानी का था तथा न्यायाधीशों से भी इसकी मेल मुलाकातें थीं। इस कारण गाँव-देहात में इसका बड़ा नाम था। इसीलिए ग्रामीण अपने मुकदमों के लिए इन्हीं के पास आते थे। प्रथम आम चुनाव आया तो वही वकील विधानसभा के लिए खड़े हुए। उनके वक्तव्य, भाषा तथा चुनाव सभा के वृत्तादि उस जिले भर से 'स्वदेश' में प्रकाशनार्थ आते रहते, परंतु मैं दो-चार चुनाव खबरें देकर शेष रद्द करके टोकरी में डाल देता था। फिर वे वकील महोदय हर खबर व भाषणादि की डबल प्रति भेजते थे, अर्थात् एक 'स्वदेश' में प्रकाशनार्थ तो दूसरी 'पाञ्चजन्य' के लिए। अत: 'पाञ्चजन्य' वाली समाचार-प्रति को भी टोकरी में डाल देता था, क्योंकि 'पाञ्चजन्य' में तो ऐसे वक्तव्य-भाषण जिले-जिले के नेताओं के छपते न थे। तभी एक दिन क्या देखा कि अटलजी दफ्तर की मेरी मेज के नीचे रद्दीवाली टोकरी में कुछ खोज रहे हैं। उसी क्षण मैं बाहर से लौटा तो मैंने पूछा कि ''क्या ढूँढ़ रहे हैं?'' अटलजी बोले, ''आपके ही जिले के एक नेता के भेजे समाचार खोज रहा हूँ।'' मैंने कहा, ''वे दोहरी प्रति भेजते हैं, बेकार आप उन्हें खोज रहे हैं।'' तो वे फिर वहाँ से हट गए। वस्तुत: वह वहाँ से हटकर कुरसी पर जा बैठे। ऐसे ही एक बार मैं घर से कई दिनों बाद लौटकर आया और 'स्वेदश' पर नजर दौड़ाई तो देखा कि उन्हीं वकील साहब के कई चुनाव समाचार 'स्वदेश' के कई अंकों में छपे हैं, मुझे उन खबरों पर नजर टिकाए देखकर अटलजी अपने आसन पर बैठे-बैठे मुसकराते हुए कह उठे, ''देखा जनाब! मैंने सोचा यही मौका है, छाप दो।'' अर्थात् मेरी अनुपस्थिति में अटलजी ने रुचि लेकर स्वयं उस जिले की, खासकर उस वकील की कुछ चुनावी खबरें खोजकर छाप दी थीं। उनकी जगह अन्य कोई संपादक होता तो नाराज तो होता ही, मुझ पर आरोप भी मढ़ता कि आप खबरें छापने में व्यक्ति के साथ भेद-भाव बरतते हैं। पर अटलजी ने कभी भी मेरे जैसे सामान्य पत्रकार या व्यक्ति के प्रति ऐसी भावना प्रदर्शित नहीं की। बड़ी बात है। अटलजी उन दिनों चुनाव दौरे में उस जिले में भी भाषण करने गए, तब उस वकील प्रत्याशी ने उन्हें अपने विशाल बँगले पर ले जाकर आवभगत भी की, बँगले में तमाम किस्म के पेड़ लगे थे। उसके उस शहर में आधा दर्जन आलीशान बँगले थे, वह 15-20 वर्ष जिला बोर्ड का अध्यक्ष रहा था। डी.एम., एस.पी. आदि अफसर उसी के बनाए बँगलों में रहा करते थे। बड़ा नाम था।

अटलजी वहाँ से लौटे तो उस नेता (वकील) की तारीफ में कहा, ''भई! आदमी तो बड़ा प्रभावी है। क्या खूब शान-शौकतवाले बँगले हैं।'' फिर नानाजी देशमुख की तरफ से मेरे लिए प्रस्ताव आया कि उसी नेता के चुनाव क्षेत्र में, जो कि मेरा आवासीय कस्बा भी पड़ता है, अत: कस्बेवालों की माँग है कि मेरा उस चुनाव में कम-से-कम चार महीने वहीं रहना यानी उस वकील के पक्ष में चुनाव प्रचार करना आवश्यक है, मैं चला जाऊँ चार मास के लिए वहाँ। वकील साहब उन महीनों में कार्य के लिए काफी रुपए भी देंगे। पर मैंने साफ इंकार कर दिया। कहा, ''रुपए की बात बेकार है। मैं उसके चुनाव प्रचार में नहीं जाऊँगा।'' अटलजी ने भी जोर दिया, कहा, ''यार, चले जाओ। घर के घर में रहोगे, पैसा भी मिलेगा और पहला चुनाव ठहरा, हार-जीत की बात निश्चित नहीं है।'' फिर भी मैंने इंकार करते हुए अपनी कलम अटलजी के सामने मेज पर रख दी, मैंने कहा, ''यह लें अपनी कलम, मैं लौट जाता हूँ, पर उसके चुनाव प्रचार में नहीं जाऊँगा।'' तब अटलजी मेरा हाथ पकड़कर बाहर जाकर टहलने लगे। कहा, ''ऐसी क्या बात है? लौट जाने को क्यों कहा? मत जाओ, मेरा-तुम्हारा तो पुराना साथ रहा है।'' अटलजी ने मुझे आश्वस्त किया और मैं चुनाव में जाकर 'स्वदेश' के संपादन में उन्हें सहयोग देता रहा। चुनाव में वह नेता हार गया और कुछ दिन बाद जनसंघ छोड़कर कांग्रेस में फिर चला गया, तब अटलजी ने मुझसे कहा, ''भई! आपका अनुमान सही निकला, वह तो पार्टी ही छोड़ गया।'' अटलजी के साथ बिताए वे दिन मुझे याद आते हैं तो सोचता हूँ कि हर मौके पर उन्होंने वही पुराने परिचय का, स्नेह का रिश्ता निभाया। वैसे मैं 'स्वदेश' दैनिक में जाने के पूर्व 'पाञ्चजन्य' में कार्यरत रहा था, फिर एक साथी जब 'स्वदेश' दैनिक से हटकर 'पाञ्चजन्य' में आए तो मैं उनकी स्थानपूर्ति हेतु 'स्वदेश' दैनिक में ही अटलजी के साथ संलग्न रहा और तब तक रहा जब तक 'स्वदेश' छपता रहा। पैसे का बड़ा अभाव था। अखबार घाटे में ही चल रहा था। उन दिनों माननीय रज्जू भैया (पूर्व संघचालक) के अपने 14 हजार रुपए प्रेस में खप गए थे, जिसकी वापसी का प्रश्न ही नहीं था। उन दिनों रज्जू भैया इलाहाबाद विश्वविद्यालय से लंबा अवकाश लेकर कई वर्षों से केवल संघ कार्य ही कर रहे थे। प्रेस के निदेशकों में थे—सर्वश्री नानाजी देशमुख, रज्जू भैया और भाऊराव देवरस। श्रीकृष्ण बलवंत पावगी प्रेस मैनेजर थे, वे भी पहले संघ के प्रचारक रहे थे। बड़े तेज स्वभाव के थे। उन दिनों 'राष्ट्रधर्म' और 'पाञ्चजन्य' के संपादन कार्य से सर्वश्री गिरीशचंद्र मिश्र, ज्ञानेंद्र सक्सेना तथा महेंद्र कुलश्रेष्ठ संबद्ध थे। महेंद्रजी भी जब 'स्वदेश' दैनिक रविवारीय पृष्ठ की सामग्री देने लगे तो उसके लिए मुझसे कहानियाँ लिखवाते थे। 'पाञ्चजन्य' में भी कहानियाँ लिखता था। आज के जाने-माने साहित्यकार, कहानीकार डॉ. महीप सिंह उन दिनों अपने भाई द्वारा कानपुर से प्रकाशित 'दशनेश' पत्रिका के लिए कहानी लेने स्वदेश कार्यालय आया करते थे। अनंतर मुंबई में वे एक फीचर सिंडीकेंट से जुड़े, वहाँ से भी उन्होंने कहानी भेजने के लिए पत्र लिखा, परंतु तब तक डॉ. महीप सिंह लेखक हो चुके थे। उन दिनों मैं यह न सोच सका था कि आगे कभी इसी लखनऊ में 'पाञ्चजन्य', 'राष्ट्रधर्म' तथा दैनिक 'तरुण भारत' का लंबे समय तक संपादक का दायित्व निभाना होगा। मेरे पास से ही 'पाञ्चजन्य' दिल्ली गया। क्योंकि आपातकालीन दमन से प्रेस की आर्थिक स्थिति जर्जर हो गई थी। उन्हीं दिनों मैंने साप्ताहिक 'तरुण भारत' का प्रकाशन प्रारंभ कर उसका भी संपादन किया।

'स्वदेश' दैनिक के प्रकाशनकाल में सर्वश्री दीनदयाल उपाध्याय, नानाजी देशमुख तथा भाऊराव देवरस सरीखी महान् हस्तियाँ एक छोटे से कमरे में फर्श पर दरी मात्र बिछाकर रहा करती थीं। अटलजी, गिरीशजी, महेंद्र कुलश्रेष्ठ, ज्ञानेंद्रजी तथा मैं अलग-अलग छोटी-छोटी पट-कुटियों या कोठरियों में रहते थे। रामलाल और शिवमंगल कहार भोजन बनाते थे, वहीं सब लोग जीमते थे। किराए का मकान था और प्रेस भवन भी किराए का ही था। उन दिनों हम लोगों ने सुना था कि रज्जू भैया की माताजी ने एक दिन कहा था कि ''रज्जू! अब तो नौकरी कर लो। पैसा नहीं रहा।'' उनके जो 14 हजार रुपए कुल जमा-पूँजी थी, वह प्रेस में ही खप गई थी। कार खड़ी रहती थी, पर भाऊराव देवरस कभी पैदल तो कभी साइकिल से ही चला करते थे। यही भाऊराव जो उन दिनों संघ के प्रांत प्रचारक थे, अटलजी के सब कुछ थे—उनके ब्रह्म-विधाता, निर्माता जो भी कहो। भाऊराव ने ही कानपुर में एल.एल.बी. की पढ़ाई कर रहे अटलजी को लखनऊ बुलाया था, फिर कभी वे एल.एल.बी. नहीं कर पाए। फिर संपादक रहते हुए भी वेतन के नाम पर एक पैसा नहीं था। केवल दो समय का सामान्य भोजन और वर्ष में दो-एक वस्त्र। मात्र इतनी गुजर-बसर पर कौन यह कार्य करेगा? पर अटलजी ने क्या 'राष्ट्रधर्म', क्या 'पाञ्चजन्य', क्या 'स्वदेश' दैनिक सभी का आवश्यकतानुसार संपादन भार वहन किया। वह समय ऐसा था कि तब तक रिक्शे आदि नहीं चलते थे, लखनऊ के उस सदर बाजार (कैंटूनमेंट) क्षेत्र में चौराहे पर ताँगे-इक्के खड़े रहते थे और इक्केवाले-ताँगेवाले आवाज लगाया करते थे, ''अमीनाबाद 6 पैसे।'' अर्थात् सदर बाजार से अमीनाबाद तक जाने का किराया 6 पैसे अर्थात् उस समय का 'डेढ़ आना'—परंतु अटलजी और मैं ये आवाजें अनसुनी करते हुए 'भारत प्रेस' या उसके समीप जो अपना किराए का आवासीय मकान था, वहाँ से पैदल ही अमीनाबाद, रकाबगंज, जहाँ अटलजी की बहन रहती थीं, चले जाते थे और पैदल ही फिर वहाँ से वापस भी आते थे, क्योंकि जेब में 6 पैसे भी नहीं होते थे। न अटलजी की जेब में और न ही मेरी जेब में। उन कई वर्षों के सैकड़ों बार का यह अनुभव है कि हमेशा हम लोग 3-4 किलोमीटर की दूरी पैदल ही तय किया करते थे। आज यदि किसी चपरासी से भी यह कहा जाए कि अमीनाबाद को सदर से पैदल डाक लानी है या ले जानी है तो वह तत्काल जबाव दे देगा कि ''बाबूजी! हमसे यह काम नहीं होगा।'' परंतु अटलजी ने कभी इस घोर अर्थाभाव की शिकायत नहीं की, कभी इसका रोना नहीं रोया। 'स्वयं स्वीकृत' जो सेवा कार्य, देश हितार्थ संपादन कार्य उन्होंने अपनाया, उसे उन कठिनाइयों, काँटों भरे रास्ते पर चलते हुए करते रहे। कभी तत्कालीन राज्यपाल (कन्हैयालाल माणिकलाल मुंशी) से भेंट करने की आवश्यकता हुई तो भी रात 8 बजे पैदल ही राजभवन चल पड़े और भेंटवार्ता करके रात साढ़े नौ बजे लौट आए। ऐसे भी अवसर आए जब स्टाफ कम रहने से या कुछ साथियों के प्रेस छोड़ जाने से कार्याधिक्य के कारण प्रातः 9 बजे से रात 9 बजे तक निरंतर प्रेस में कार्य करते थे। जब 9 बजे के बाद उठकर भोजनादि के लिए प्रेस से चले तो देखा अटलजी एकदम मौन हैं, गंभीर मौन, तो पूछ बैठा, ''क्यों, क्या बात है? चुप क्यों हैं?'' तो कोई उत्तर न देकर अटलजी अपना उत्तप्त हाथ मेरी ओर बढ़ा देते, कहते, ''देखो,'' और मैं उनका हाथ अपने हाथ में लेकर देखता तो लगता कि बहुत गरम है, जल रहा है।

फिर वे कहते, ''लगातार 12 घंटे लिखते रहने से और क्या होगा?'' फिर मौन साधे ही

ठिकाने पर पहुँचते। तेज बुखार है इसलिए भोजन नहीं करना है। बिना कुछ भी पेट में डाले बिस्तर पर जा लेटते। न कोई दवा, न इलाज। होगा बुखार, प्रात: उठकर फिर काम में जुट जाएँगे, आखिर दैनिक 'स्वदेश' अखबार का काम ठहरा। 1-2 दिन का अवकाश लेने की स्थिति भी कहाँ है। हम नहीं काम करेंगे तो कौन करेगा? इसी तरह अनेक वसंत और अनेक बरसातें आईं और गईं। जाने कितनी रातें कभी-कभी कलम घिसते ही व्यतीत हुईं, उन सबका लेखा-जोखा नहीं किया जा सकता, न किसी ने करने की कोशिश की है। ''त्वदीयाय कार्याय बद्धा कटीयम्'' बस हे प्रभु! एक तेरे ही कार्य के लिए हम कटिबद्ध होकर कार्यरत हैं, यही हमारी पूजा अर्चना है। फिर किसी कष्ट, कठिनाई या आपदा का रोना किसलिए।

गांधीजी मारे गए। संघ पर प्रतिबंध लगा। राजीव लोचन अग्निहोत्री जैसे अपने संपादक जेल पहुँच गए (जहाँ मैं भी रहा था)। 'भारत प्रेस' पर पुलिस ने ताला जड़ दिया, ऐसे दुष्काल में कई लोग घर वापस लौट गए, ऐसे कुछ मार्गदर्शक बड़े लोग भी उत्तर प्रदेश में ग्रहीत कर्तव्य कर्म छोड़कर मनचाहे स्थानों या अपने घरों में बस गए, परंतु जिसका नाम 'अटल बिहारी' है वह अटल-अचल ही रहा, उसके अपने भी माँ-बाप थे, पर वह घर नहीं लौटा। जेब में एक पैसा नहीं, न कहीं से पैसा प्राप्त करने की गुंजाइश है। जिनसे पैसा मिल सकता था वही घर लौट गए हैं, तब क्या करूँ? परंतु फिर भी अटलजी डटे रहे। उन्हीं दिनों एक सुपरिचित मराठा प्रचारक मेरे पास आए, कहने लगे, ''भाई साहब! कुछ रुपए दीजिए।'' मैंने पूछा, ''क्यों, क्या हुआ?'' ''क्या जेब कट गई?'' तो वे बोले, ''मेरे पास कुछ रुपए थे, वे अटलजी को दे आया।'' मैंने पूछा, ''क्या दे आए?'' तो उन्होंने बताया, ''मेरे पास केवल तीन ही रुपए थे, वही उन्हें दे दिए।''

इस पर मैंने टिप्पणी की, ''आप बड़ी हुंडी दे आए!'' वे बोले, ''क्या करता अटलजी की जेब में तेल के लिए भी एक पैसा न था।'' ऐसे कठिन दिन थे वे जब प्रतिबंध लगा था। प्रेस पुलिस बंदिश में था, फिर भी अटलजी न घर लौटे, न जीवन में अन्य कोई धंधा अपनाया। ''अब तो खा बैठे हैं चित्तौड़ के गढ़ की कसमें।'' फिर जाना कहाँ, पलायन कैसा!

तब कौन जानता था, सोचता था कि अटलजी राजनीति में जाएँगे और एक दिन वे देश के प्रधानमंत्री ही नहीं, विश्वमान्य नेता के रूप में उभरेंगे, विख्यात होंगे, कि उनकी कविताओं के अनुवाद विभिन्न विदेशी भाषाओं में भी होकर चर्चित होंगे।

उनकी उस युग की कुर्बानियों को कैसे अनदेखा किया जा सकता है। जबकि उन्हीं कठिन कराल दिनों में कई लोग अपने परिवार में लौटकर शादी-विवाह रचाकर गृहस्थी चलाने लगे तो कई सरकारी सेवा कार्यों में प्रवेश कर उच्चाधिकारी बन गए, किंतु एक अटल बिहारी हैं जो सदा सर्वदा हर संकटकाल में, हर कसौटी के अवसर पर अटल ही सिद्ध हुए। वे शतजीवी होकर इसी प्रकार राष्ट्रीयता, समरसता, विकास, समृद्धि और अखंडता के प्रवाह को नित नई ऊर्जा प्रदान करने में सक्षम-समर्थ हों, यही प्रभु से कामना करता हूँ।

(लेखक सुप्रसिद्ध स्तंभकार एवं 'पाञ्चजन्य' के संपादक थे)

□

वज्रादपि कठोराणि मृदूनि कुसुमादपि

—जे.आर. पावगी

प्रारंभ से ही वाजपेयीजी की ख्याति एक उदारवादी और संवेदनशील नेता की रही है। भारत जैसे विशाल देश और संसार के सबसे बड़े लोकतंत्र को अर्से से एक ऐसे नेता की तलाश थी, जिसे न केवल बहुसंख्यक हिंदुओं का विश्वास प्राप्त हो अपितु देश के अन्य समुदायों को भी सहज रूप से स्वीकार्य हो।

श्री वाजपेयी के रूप में देश को ऐसे नेता व प्रधानमंत्री की प्राप्ति स्वतंत्रता के बाद की विशिष्ट उपलब्धि है। नेहरू-गांधी परिवार का देश के प्रधानमंत्री पद पर एकाधिकार तो समाप्त हो गया, परंतु कोई ऐसा नेता सामने नहीं आ सका जिसमें सबको साथ लेकर चलने व टिके रहने की क्षमता और पर्याप्त सूझबूझ व राजनीतिक दूरदर्शिता हो। अपनी नीतियों और कार्यों के कारण पतनोन्मुख कांग्रेस के विकल्प के रूप में, देश का नेतृत्व सँभालने की दौड़ और प्रयास में आगे तो अपने को दिग्गज समझनेवाले कई नेता आए, पर वे जनता की अपेक्षाओं पर खरे नहीं उतरे और अल्प समय में ही विस्मृत होने लगे।

वाजपेयीजी मूलत: कवि, लेखक और पत्रकार हैं। वे एक संवेदनशील कवि हैं, जिनकी कविताओं में जीवन की सजीव व मार्मिक अभिव्यक्ति के साथ ओज भी है। बचपन से ही इनकी लोकप्रिय कविता 'हिंदू तन-मन, हिंदू जीवन, रग-रग हिंदू मेरा परिचय' हम सुनते और दुहराते हैं। हिंदू कितना सहिष्णु और उदार है, लेकिन निर्बल नहीं, यह अटलजी के व्यक्तित्व से ही प्रकट होता है।

अटलजी की संवेदनशीलता केवल काव्य तक ही सीमित नहीं, सामाजिक और राजनीतिक जीवन में भी प्रत्येक व्यक्ति के प्रति उनका स्नेह और आत्मीयता उनकी लोकप्रियता को और बढ़ाती है। प्रत्येक कार्यकर्ता को जो उनके संपर्क में आया, उसे वे हमेशा नाम से बुलाते हैं और कुशलक्षेम पूछते हैं। प्रधानमंत्री बन जाने के बाद भी उनमें अहंकार तो लेशमात्र भी नहीं। लखनऊ के कार्यकर्ताओं को तो उनकी इस आत्मीयता का बोध सदैव ही होता रहता है।

सशक्त लेखनी के कारण राष्ट्रीय स्वयंसेवक संघ ने वाजपेयीजी को लखनऊ से प्रकाशित 'पाञ्चजन्य' और 'राष्ट्रधर्म' के संपादन का दायित्व सौंपा। एक अत्यंत सफल पत्रकार के रूप में उन्होंने शीघ्र ही ख्याति अर्जित की। बाद में दैनिक 'स्वदेश' (लखनऊ) भी प्रारंभ कराया। पत्रकारिता और राजनीति का सदैव घनिष्ट संबंध रहा है। लोकमान्य तिलक और गांधीजी भी पत्रकार और राजनेता दोनों ही थे। पत्रकारिता से वाजपेयीजी राजनीति में आए। पहले 'जनसंघ',

फिर 'जनता पार्टी' और जनता पार्टी के विघटन के बाद भारतीय जनता पार्टी में क्रमशः शिखर पर पहुँच गए। राजनीतिक दूरदर्शिता, सूझ-बूझ और कूटनीति के ज्ञान के कारण आयु में उनसे अधिक नेता भी उन्हें अपना गुरु कहते हैं।

अटलजी के भाषण को सुनने के मोह का संवरण इन पंक्तियों का लेखक कभी नहीं कर पाया। जब वे सत्ता से दूर थे, उस समय भी अटलजी की सभा में लाखों लोग जुटते थे। ओज, तर्क और हास्य-व्यंग्य का अद्‌भुत मेल उनके भाषण में रहता है और लोग उनके भाषण को मंत्रमुग्ध होकर सुनते रहे हैं। स्वतंत्रता के पूर्व जिस तरह नेहरूजी जनआकर्षण के केंद्र थे, स्वांतत्र्योत्तर काल में वैसी ही लोकप्रियता वाजपेयीजी ने अर्जित की है।

वाजपेयीजी एक 'स्थितप्रज्ञ' नेता हैं—'न सावन हरा न भादों सूखा।' असफलता, निराशा को उन्होंने लंबे समय तक झेला, लेकिन चेहरे पर कभी मुसकान का अभाव नहीं रहा। गंभीर-से-गंभीर समस्या हो, परंतु निर्विकार भाव और मृदुहास्य उनके मुखमंडल पर झलकता है। केवल 13 दिन प्रधानमंत्री रहकर पद छोड़ते समय भी उनके चेहरे पर हताशा व निराशा का भाव नहीं दिखाई पड़ा। एक अच्छी खासी काम कर रही सरकार को जयललिता अपने स्वार्थवश अस्थिर करती रही, परंतु सत्ता का मोह त्यागकर दृढ़ता का अपूर्व प्रदर्शन करते हुए उन्होंने जयललिता के दबाव को स्वीकार नहीं किया। अप्रैल 1998 में सभी विपक्षी दलों ने एकजुट होकर षड्यंत्रपूर्वक वाजपेयी सरकार को गिराने में कोई कसर नहीं छोड़ी, फिर भी सरकार मात्र एक वोट से गिर सकी। यदि वाजपेयीजी सिद्धांतों और आदर्शों की बलि देते हुए परदे के पीछे समझौता कर लेते तो सरकार आसानी से बच सकती थी। परंतु उन्होंने ऐसा नहीं किया और पद का त्याग कर दिया, जबकि पूरा देश उन्हें ही प्रधानमंत्री के रूप में देखना चाहता था। उनकी कार्यशैली, दृढ़ता और उच्च राजनीतिक चरित्र के प्रदर्शन का परिणाम यह हुआ कि अक्तूबर, 1999 में वे प्रबल जनसमर्थन के बल पर पुनः प्रधानमंत्री बने और आज देश की बागडोर उनके सशक्त हाथों में है। रामविलास पासवान सरीखे नेता जो अपने एक वोट से उस समय सरकार को बचा सकते थे, आज उनके मंत्रिमंडल के सदस्य हैं और उनके जनता दल का कहीं पता नहीं है। कांग्रेस का सरकार बनाने व बिगाड़ने का दर्प चूर हो चुका है और लोकसभा में अब तक की सबसे कम संख्या 112 पर वह सिमट गई है। कांग्रेस का सरकारों को गिराने का खेल समाप्त हो चुका है। तेलुगुदेशम् और डी.एम.के. जो विरुद्ध पक्ष में थे, आज क्रमशः सरकार के सहयोगी हैं और सरकार में हैं। पाँच वर्ष के लिए एक स्थिर और मजबूत सरकार अटलजी के करिश्माई व्यक्तित्व के कारण ही चल रही है।

जन्म से ही पाकिस्तान आतंक का पर्याय रहा है। भारत के पाकिस्तान से तीन बड़े और अनेक सीमित युद्ध हो चुके हैं। चौथा बड़ा संघर्ष कश्मीर के कारगिल क्षेत्र में मई 1999 में पाकिस्तानी घुसपैठ के परिणामस्वरूप हुआ।

कश्मीर को लेकर पाकिस्तान स्वतंत्रता के ठीक बाद अक्तूबर, 1948 से ही प्रत्यक्ष और परोक्ष रूप से संघर्षरत है। वास्तव में पाकिस्तान की नीति ही भारतवासियों को चैन से न जीने देने की रही है। पाकिस्तान के मामले में वाजपेयीजी ने सौहार्द उत्पन्न करने के प्रयासों के साथ ही जबरदस्त दृढ़ता और शक्ति का प्रदर्शन किया है। भारत को धमकाने की नीयत से पाकिस्तान ने

चीन की सहायता से परमाणु बम बना लिया। इससे शक्ति संतुलन बिगड़ गया और भारत के लिए खतरा बढ़ गया। श्रीमती इंदिरा गांधी के प्रधानमंत्रित्वकाल में सन् 1974 में पोखरण में भारत ने परमाणु परीक्षण किया। परंतु विदेशी दबाव के चलते अगला परीक्षण करने के आदेश देने का साहस न तो इंदिराजी और न उनके बाद का कोई प्रधानमंत्री दिखा सका। परंतु इन दबावों की परवाह न कर वाजपेयीजी ने परमाणु परीक्षण का ऐतिहासिक निर्णय लिया और 11 मई, 1998 को भारत के वैज्ञानिकों ने पुनः पोखरण में परीक्षण किया। यह परीक्षण पूर्णतया सफल रहा और भारत परमाणु शक्ति संपन्न देशों की पंक्ति में आ खड़ा हुआ। इस परीक्षण से चिढ़कर अमेरिका सहित कई देशों ने भारत पर आर्थिक व अन्य प्रतिबंध लगाए। परंतु वाजपेयीजी सरकार अविचलित रही। बाद में उन देशों ने भारत की शक्ति संतुलन की आवश्यकता को समझा और ये प्रतिबंध क्रमशः तिरोहित होते गए। यह उनकी बड़ी कूटनीतिक विजय है।

भारत ने शांति प्रयासों का मार्ग फिर भी नहीं छोड़ा और शक्ति-युक्ति दोनों को चरितार्थ करते हुए वाजपेयीजी ने लाहौर की बस से यात्रा कर पाकिस्तान की ओर मित्रता का हाथ पुनः बढ़ाया। भारत-पाकिस्तान के बीच शांति का यह प्रयास अभूतपूर्व था। परंतु पाकिस्तान तो पाकिस्तान ही है। इस दौरान पाकिस्तानी सेना गुपचुप रूप से कश्मीर के कारगिल क्षेत्र में प्रवेश कर गई। जानकारी होते ही मई, 1999 में वाजपेयीजी ने असामान्य दृढ़ता का परिचय देते हुए सेना को पाकिस्तानियों को खदेड़ने का आदेश दिया। दो माह के भयंकर संघर्ष के बाद भारतीय जवानों ने अपूर्व बलिदान देकर पाकिस्तानियों को भारी क्षति पहुँचाते हुए खदेड़ दिया। भारतीय सेना की वीरता का यह गौरवपूर्ण अध्याय है जो अटलजी के नेतृत्वकाल में लिखा गया। समस्याओं से अटलजी कभी घबराते नहीं। सदैव चेहरे पर सौम्यता और मृदु हास्य और संकट के समय व्यवहार में 'न दैन्यं न पलायनम्' ऐसे अद्‌भुत व्यक्तित्व के धनी प्रधानमंत्री को पाना वास्तव में स्वतंत्रता के बाद की महान् उपलब्धि है। सूत्र रूप में 'वज्रादपि कठोराणि मृदूनि कुसुमादपि' ऐसा अपूर्व व्यक्तित्व है, माननीय अटलजी का।

□

विश्वमान्य राजनेता अटलजी

—कैलाश जोशी

यद्यपि मैंने कश्मीर आंदोलन के समय डॉ. श्यामाप्रसाद मुखर्जी के सचिव के रूप में माननीय अटलजी को दिल्ली में देखा था, किंतु उनसे मेरा प्रथम प्रत्यक्ष परिचय सन् 1956 में मंदसौर जिले के 'मनासा' नगर में हुआ। चूँकि मैं सन् 1955 में 'हाटपीपल्या' नगरपालिका का अध्यक्ष चुना गया था, इसलिए मनासा नगरपालिका के चुनाव प्रचार हेतु जाने का निर्देश मिला था। वहाँ एक दिन के लिए चुनाव प्रचार हेतु अटलजी भी आए थे, मुझे उनके साथ पूरा दिन बिताने का अवसर प्राप्त हुआ। शाम को उनका आमसभा में अत्यंत ओजस्वी भाषण हुआ जिसने मुझे पहली बार बहुत प्रभावित किया। सभा के बाद चर्चा में अटलजी ने मुझसे कहा कि "नगरपालिका संसदीय कार्यप्रणाली की प्रथम पाठशाला है, अतः राजनीति और प्रशासकीय कार्यों का अध्ययन करके प्रगति करने का भरपूर प्रयास करो।" उनके इस सुझाव से निश्चित ही मेरे मन में नव उत्साह का संचार हुआ।

इसके बाद अनेक कार्यक्रमों में अटलजी के संपर्क में आने तथा उनके विचार सुनने-समझने का अवसर मिला। उनमें से कुछ गिनी-चुनी प्रमुख घटनाओं का उल्लेख करना चाहूँगा।

विधानसभा पर सत्याग्रह

सन् 1973-74 में गुजरात और बिहार से आरंभ हुआ बाबू जयप्रकाश नारायण का आंदोलन अन्य प्रदेशों में भी आरंभ होने लगा था। उन दिनों मैं मध्य प्रदेश विधानसभा में प्रतिपक्ष का नेता था। मध्य प्रदेश में भी इस आंदोलन का सूत्रपात करने के लिए मैंने विभिन्न विपक्षी दलों की बैठक बुलाई। इस बैठक में सबकी सहमति से—मध्य प्रदेश जन संघर्ष समिति का गठन करके उसके माध्यम से प्रदेश भर में आंदोलन चलाने का निश्चय किया गया। इसी क्रम में अप्रैल 1974 में प्रदेश की जन समस्याओं को लेकर भोपाल में एक प्रदर्शन का आयोजन किया गया, जिसमें अटलजी को आमंत्रित किया। 16 अप्रैल को अटलजी ने भोपाल आकर कार्यक्रम की रूपरेखा की जानकारी ली। हमने उन्हें बताया कि प्रदर्शनकारी एक स्थान पर एकत्रित होकर आपके संबोधन के पश्चात् आपके नेतृत्व में राजभवन जाकर राज्यपाल को ज्ञापन देंगे। बाद में विधानसभा में मामला उठाकर हम मुख्यमंत्री को भी ज्ञापन देंगे। इस पर अटलजी ने कहा कि "कार्यक्रम केवल राज्यपाल को ज्ञापन देने तक सीमित नहीं रखा जाना चाहिए, बल्कि उसके पश्चात् विधानसभा पर प्रदर्शन करके गिरफ्तारी दी जाए।"

तद्नुसार प्रदर्शन के आरंभ में ही विधानसभा पर सत्याग्रह करके गिरफ्तारी देने की घोषणा की गई और अटलजी सहित सबने गिरफ्तारी दी। इसके फलस्वरूप प्रदर्शनकारियों का उत्साह तो द्विगुणित हुआ ही, साथ ही अटलजी के नेतृत्व में गिरफ्तारी देने से उसका देश भर में प्रचार भी हुआ।

आपातकाल

बाद में सन् 1975 में देश में आपातकाल लगा दिया गया और सभी राजनीतिक दलों के नेता मीसा में निरुद्ध कर दिए गए। जनवरी 1977 में लोकसभा चुनाव की घोषणा होने पर धीरे-धीरे सभी नेता जेलों से मुक्त किए जाने लगे और उनके देश भर में दौरे होने लगे। इसी क्रम में 7 फरवरी, 1977 को अटलजी का भोपाल दौरा हुआ। इस अवसर पर नगर में एक आमसभा आयोजित की गई। सभा बड़ी विशाल और प्रभावी रूप से सफल रही। उस दिन लोगों को यह कहते सुना गया कि इससे पूर्व किसी विपक्षी दल की इतनी बड़ी आमसभा नहीं हुई। इस सभा में अटलजी ने एक मार्मिक शेर से अपना भाषण आरंभ किया था, जिसने सभी श्रोताओं को द्रवित कर दिया। श्रोताओं के इस भाव से ही यह प्रकट हो गया था कि देश की जनता इस चुनाव में कांग्रेस की सरकार किसी भी मूल्य पर नहीं बनने देगी। उस दिन अटलजी ने जो शेर कहा था वह मुझे आज भी याद आ जाता है। शेर ऐसा था कि—

'बाद मुद्दत के मिले दीवाने।
कहने सुनने को हैं बहुत अफसाने॥
जरा खुली हवा में साँस तो ले लेने दो।
कब तलक रहेगी ये आजादी कौन जाने॥'

अटलजी के साथ दौरे

मैं सन् 1980 में भारतीय जनता पार्टी का प्रदेश अध्यक्ष चुना गया था। तब से सन् 1984 तक मैं दो बार इस पद पर रहा। इस अवधि में विभिन्न संगठन संबंधी कार्यों से अटलजी से मिलने या उनके साथ प्रदेश में दौरे करने के अनेक अवसर आए। प्रदेश में निश्चय किया गया कि संगठन का कार्य चलाने तथा आगामी चुनाव के लिए हर जिले में अटलजी को थैली भेंट करने के कार्यक्रम किए जाएँ। इससे जो राशि एकत्रित होगी उसे बैंक में फिक्स डिपॉजिट के रूप में जमा कर दिया जाएगा, जिससे आगामी चुनाव में उसका उसी क्षेत्र में उपयोग किया जा सके। इस योजना के अंतर्गत सन् 1980 से सन् 1984 के बीच क्रमिक रूप से लगातार दौरे चलते रहे।

इन दौरों द्वारा अटलजी का लगभग संपूर्ण प्रदेश में भ्रमण हुआ और लगभग हर कार्यक्रम में मुझे उनके साथ रहने का सौभाग्य प्राप्त हुआ। मुझे इन दौरों में लंबे समय तक साथ रहने के कारण उनके व्यक्तित्व, स्वभाव और व्यक्तिगत विचारों को निकटता से देखने और समझने का अवसर प्राप्त हुआ। उनका स्वभाव इतना निश्छल पाया कि वे छोटे-से-छोटे व्यक्ति से भी प्रेमपूर्वक मिल लेते थे। भीड़-भाड़ में चलते हुए भी जब कोई ग्रामीण नागरिक उन्हें अपनी समस्या से संबंधित ज्ञापन देते थे तो वे बिना विचलित हुए सहज भाव से उसका कागज ले लेते थे या उससे चर्चा भी कर लेते थे। ऐसे सभी राज्य शासन से संबंधित पत्र वे मुझे दे देते थे जिन

पर हम लौटकर यथोचित काररवाई करते थे। जहाँ तक कार्यकर्ताओं का संबंध है, वे यात्रा में प्रत्येक कार्यकर्ता से सहज मुसकान के साथ मिले थे। समय मिलने पर कार्यकर्ताओं की जिज्ञासा का उत्तर देते थे। पदाधिकारियों के मिलने पर उनसे संगठन की स्थिति की जानकारी भी लेते थे।

कभी-कभी ऐसे दौरों में भाग-दौड़ और उसकी थकावट के बावजूद जहाँ सभा का कार्यक्रम नहीं है, ऐसे स्थान पर भी जनता और कार्यकर्ताओं के आग्रह से परेशान हो जाते थे, किंतु इसके बावजूद भी वे अपने मंतव्य को प्रकट नहीं होने देते थे तथा उन्हें प्रेम से संतुष्ट करने का प्रयास करते थे या फिर उनके आग्रह को स्वीकार कर लेते थे।

सन् 1983 में अटलजी का जबलपुर और कटनी का दौरा था। कार से जाना था। यद्यपि बीच में कहीं कोई कार्यक्रम नहीं था, किंतु हर जगह लोगों ने उन्हें रोकने तथा भाषण करने का आग्रह किया। एक जगह अटलजी गाड़ी से नहीं उतरे, और मुझसे कहा कि "मैं ही भाषण कर आऊँ," तब मैंने उनसे कहा कि "वे मेरे भाषण से संतुष्ट नहीं होंगे चूँकि आप जननेता हैं, इसलिए ऐसी परेशानियाँ उठानी ही पड़ेंगी।" मैंने स्वयं अनुभव किया है कि यात्रा में ऐसी अनेक असुविधाओं का सामना करना पड़ता था, किंतु बिना उन्हें प्रकट किए संगठन का कार्य बढ़ाने के लिए अथक परिश्रम करने से वह नहीं हिचकिचाते थे।

इसी वर्ष मैं एक बार अटलजी के साथ ट्रेन से रायपुर जा रहा था तब गोंदिया में कार्यकर्ता स्वागत करने आए और नारे लगाने लगे। मैं सो रहा था। अटलजी ने मुझे जगाकर कहा कि "बाहर जिंदाबाद-जिंदाबाद वाले आ गए हैं जरा उनसे बात करो।" मैंने उठकर उन्हें समझाने का प्रयास किया किंतु वे कहने लगे कि "हम केवल स्वागत करने आए हैं और दर्शन करके ही जाएँगे।" अंत में अटलजी को बाहर आना ही पड़ा, तब वे माने।

जिज्ञासु अटलजी

कार की यात्रा में चलते अटलजी कभी-कभी इतने जिज्ञासु हो जाते थे कि हर छोटी-बड़ी वस्तु या घटना की जानकारी प्राप्त किए बिना नहीं रहते थे। सन् 1984 में अटलजी का 'झाबुआ' में कार्यक्रम था, जिसमें मैं उनके साथ था। उन दिनों झाबुआ जिले में पशु चरा रहे लड़कों की आदत हो गई थी कि जब कोई भी कार उधर से गुजरती थी, वे अपने मुँह पर दो अँगुलियाँ रखकर बीड़ी पीने का प्रदर्शन करके बीड़ी माँगते थे। जब हम झाबुआ से लौटकर कुक्षी जा रहे थे तब कई जगह लड़के ऐसा प्रदर्शन करते मिले, तब अटलजी से न रहा गया और उन्होंने मुझसे पूछताछ की। इस पर उनकी प्रतिक्रिया थी कि यह जिला कितना पिछड़ा हुआ है जहाँ लोगों को ऐसा जीवन जीने को विवश होना पड़ता है। कुछ दूर आगे चलने पर हमें महुए के फूल बीनतीं कुछ वनवासी लड़कियाँ दिखाई दीं।

अटलजी के पूछने पर मैंने बताया कि यह महुआ है जिसे अन्न के अभाव में लोग खाते हैं। तब अटलजी ने गाड़ी रोककर महुआ फूल देखने की इच्छा प्रकट की। गाड़ी रोकने पर वे लड़कियाँ तो अपनी टोकरियाँ लेकर डर के मारे भाग गईं, लेकिन अटलजी को हमने कुछ फूल लाकर दिखाए।

सन् 1981 में मेरे निर्वाचन क्षेत्र बागली के कार्यकर्ताओं ने क्षेत्र के मतदाताओं से चंदा

एकत्रित कर एक कार भेंट करने की योजना बनाई थी, जिसके अंतर्गत एक एंबेसेडर डीजल कार भेंट करने का कार्यक्रम रखा गया। इस कार्यक्रम में अटलजी मुख्य अतिथि के रूप में पधारे तथा श्रीमंत राजमाताजी के कर कमलों से कार की चाबी भेंट की गई। चूँकि उस दिन राजमाताजी का मौन व्रत था, अत: उन्होंने लिखित संदेश दिया। इस अवसर पर भाषण करते हुए अटलजी ने 'भारतीय जनता पार्टी अन्य राजनीतिक दलों से अलग कैसे हैं?' पर विस्तार से प्रकाश डालते हुए कार्यकर्ताओं को अपनी प्रामाणिकता और विश्वसनीयता स्थापित कर पार्टी का जनाधार बढ़ाने का आह्वान किया।

भूख हड़ताल

सन् 1982 में ग्वालियर संभाग के कार्यकर्ताओं पर राजनीतिक विद्वेष से झूठे मुकदमे चलाकर उन्हें अकारण परेशान करने की घटनाएँ घट रही थीं। पटना की केंद्रीय कार्यसमिति में इस संबंध में चर्चा हुई और पार्टी ने कड़ी काररवाई करने का निर्णय लेते हुए मुझे ग्वालियर में भूख-हड़ताल पर बैठाने का निश्चय किया। तद्नुसार मैंने 11 दिसंबर से दस दिन तक भूख-हड़ताल की। इसकी सूचना पाने पर अटलजी स्वयं ग्वालियर आए। इस प्रश्न को लेकर प्रदेश भर में अनेक स्थानों पर अनशन और धरने आरंभ हो चुके थे। अत: अटलजी ने ग्वालियर की विशाल आमसभा में घोषणा की कि यदि अनशनकर्ताओं को कुछ हो गया तो सारे प्रदेश में आग लग जाएगी।

कार्यकर्ताओं के समक्ष हारे अटलजी

सन् 1985 में घटी एक घटना को तो मैं जीवन भर नहीं भूल पाऊँगा। इस घटना से यह सिद्ध होता है कि वे साधारण-से-साधारण सर्वथा अपरिचित कार्यकर्ता की भावना और आग्रह को कितना महत्त्व देते हैं? हुआ यह कि मेरे निर्वाचन क्षेत्र में 'भमोरी' नामक गाँव है जिसकी जनसंख्या उन दिनों मात्र दो हजार के लगभग थी। यह ग्राम भारतीय जनता पार्टी का गढ़ माना जाता था और आज भी है। इस ग्राम में सहकारी समिति के नए भवन का निर्माण हुआ। जब लोगों ने पूछा कि भवन का उद्घाटन करने किसको बुलाएँगे, तो वहाँ के एक कार्यकर्ता ने जो ठेठ किसान थे, अनायास यह कह दिया कि उद्घाटन के लिए श्री अटल बिहारी वाजपेयी को बुलाएँगे। उसके बाद वे कार्यकर्ता श्री बापूजी पाटीदार मेरे पास भोपाल आए और अटलजी को आमंत्रित करने का आग्रह करते हुए अड़कर बैठ गए। मैंने उन्हें बहुत समझाने का प्रयास किया कि इस छोटे कार्य के लिए यहाँ तक आना अटलजी के लिए कदापि संभव नहीं हो सकेगा, किंतु श्री बापूजी दिल्ली चलने की हठ करने लगे। अंत में मुझे विवश होकर उन्हें साथ लेकर दिल्ली जाना पड़ा। जब वे अटलजी के पास गए तो पहले तो उन्हें सब प्रकार से समझाने का प्रयास किया गया, किंतु उन्होंने एक ही बात बार-बार दोहराई कि हम ग्रामवासियों ने यह निश्चय किया है कि उद्घाटन आपके कर कमलों से ही कराएँगे अन्य किसी से नहीं। अंत में अटलजी ने एक साधारण कार्यकर्ता के सामने हार मानकर दिसंबर में 'भमोरी' ग्राम का दौरा करके, नवनिर्मित भवन का उद्घाटन कार्य संपन्न किया।

सभी गुणों का संगम हैं अटलजी

समाज का नेतृत्व करनेवाले नेताओं में विभिन्न प्रकार के गुण होते हैं। कोई बहुत अच्छा वक्ता होता है, कोई कुशल संगठनकर्ता होता है और कोई विचारक, विधिवेता या अच्छा प्रशासनकर्ता ही होता है, किंतु अटलजी में इन सभी गुणों का संगम देखने को मिलता है। उनकी जिह्वा पर साक्षात् सरस्वती विराजमान रहती हैं। उनकी लेखनी पाठकों को झकझोर देने की क्षमता रखती है।

यह हम सभी कार्यकर्ताओं का सौभाग्य है कि हम सभी के परमप्रिय नेता अटलजी के हाथों में देश की जनता ने राष्ट्र की बागडोर सौंपी है और वे कुशलता से राष्ट्र का तीव्र गति से विकास करने के कार्य में महत्त्वपूर्ण भूमिका का निर्वाह कर रहे हैं। उन्हें विश्वमान्य राजनेता की प्रतिष्ठा प्राप्त हुई है। इस अवसर पर हम सभी परमपिता परमेश्वर से प्रार्थना करते हैं कि वह शतायु हों और भारत को प्रगति के पथ पर तीव्र गति से अग्रसर कराते हुए एक महाशक्ति के रूप में प्रतिष्ठित करने में सफल हों।

(लेखक मध्यप्रदेश के मुख्यमंत्री रहे हैं)

□

रात के बारह बजे संगीत की फरमाइश

—सुधीर फड़के

अटलजी और मेरी पहली भेंट कब हुई, यह निश्चित याद नहीं, किंतु शायद यह 35 या 40 वर्ष पुरानी बात है। नागपुर में संघ का एक कार्यक्रम था, इसमें मैंने एक गीत गाया था। अटलजी को वह गीत बहुत पसंद आया और कार्यक्रम के बाद निकट बुलाकर उन्होंने मुझसे इसकी प्रशंसा की। इस पहली मुलाकात के बाद मेरी अटलजी से कई बार भेंट हुई। उनमें से कुछ महत्त्वपूर्ण प्रसंग मुझे आज भी याद हैं। अटलजी को मराठी नाटक और सिनेमा बहुत पसंद हैं। एक बार वे मुंबई आए हुए थे, तब वेदप्रकाश गोयल और मैं उनके साथ प्लाजा थियेटर में सिनेमा देखने गए। फिल्म का संगीतकार मैं ही था। अटलजी का भोजन होना था, इसलिए मैंने अपने घर पर खाना तैयार रखने के लिए कह दिया था।

सिनेमा के बाद भोजन होते-होते रात के बारह बज गए थे। तभी अटलजी ने कहा, ''बाबूजी, (सुधीर फड़के का लोकप्रिय नाम) कुछ गाने सुनाइए।'' मैंने हारमोनियम निकाला और लगभग डेढ़ घंटे उन्हें गाने सुनाता रहा। रात के बारह बजे संगीत की फरमाइश करनेवाले ऐसे रसिक हैं अपने अटलजी।

राजनीति में रहते हुए भी अटलजी का पिंड रसिक हृदय कवि का ही है। सन् 1980 में मेरे लोकप्रिय कार्यक्रम 'गीत रामायण' का रजत जयंती उत्सव पुणे में आयोजित किया जानेवाला था। महाराष्ट्र के तत्कालीन मुख्यमंत्री शरद पवार और अटलजी इस समारोह में विशिष्ट अतिथि के रूप में आमंत्रित थे। इस बीच पवार साहब की सरकार गिर गई। मैंने उनसे कहा कि ''मुख्यमंत्री के रूप में आपको बुलाया गया था, अब आप मुख्यमंत्री नहीं हैं, फिर भी आपको कार्यक्रम में अतिथि के रूप में आना ही होगा।'' अंततः अटलजी और शरद पवार दोनों ही समारोह में उपस्थित हुए। समारोह में अटलजी का जो भाषण हुआ वह उनकी उच्च साहित्यिक समझ का शानदार नमूना था।

मेरे जीवन में एक बार अटलजी से टकराव का भी एक प्रसंग आया। अर्थात् यह संघर्ष एकतरफा ही मेरी ओर से था। विदेश मंत्री के रूप में उनका यह कथन समाचार-पत्रों में प्रकाशित हुआ था कि यदि कश्मीर विषयक संविधान की धारा 370 कश्मीर की जनता को आवश्यक हो तो उसे कायम रखा जाएगा। इसको पढ़ने के बाद मैंने तत्काल विरोधस्वरूप एक तार अटलजी को भेजा।

उनका यह कथन अराष्ट्रीय है ऐसा मैंने तार में संदेश भेजा था। इसके कुछ ही दिनों बाद

मेरी अटलजी से भेंट हुई, किंतु उन्होंने इस तार का कोई उल्लेख इस दौरान नहीं किया। मेरे उनके संबंध पूर्ववत् मित्रतापूर्ण ही रहे। वे अनेक बार मेरे घर पर भी आए। स्वातंत्र्यवीर सावरकर के जीवन पर वृतचित्र निर्माण के काम में भी उन्होंने बड़ा सहयोग किया। इसके लिए अमेरिका, इंग्लैंड जाकर व्याख्यान दिए और फिल्म निर्माण के लिए धन संग्रह में योगदान दिया।

अटलजी जब से प्रधानमंत्री बने हैं मेरी उनकी भेंट नहीं हुई। मैं अपने क्षेत्र में बड़ा हूँ तब भी इतने बड़े आदमी से बिना किसी काम के मिलना मुझे पसंद नहीं। मुझे विश्वास है कि अटलजी कितने भी बड़े पद पर पहुँचें, फिर भी वे अपने सिद्धांतों से डिगेंगे नहीं।

अटल के विषय में एक और घटना याद आती है। कई वर्ष पहले इंदापुर (महाराष्ट्र) में एक महिला को नग्न कर घुमाए जाने की निंदनीय घटना हुई थी। तब अटलजी यहाँ आए हुए थे। संयोग से मेरी उनकी भेंट हुई और इस घटना के विरोध में मैं स्थानीय प्रमुख चौराहे पर धरना देने जा रहा हूँ, यह मैंने अटलजी को बताया। अटलजी ने तत्काल ही कहा, ''मैं भी आपके साथ धरने पर बैठूँगा।'' अगले दिन अटलजी 'जनसंघ' के कार्यकर्ताओं सहित मेरे साथ धरने पर बैठे। इसका परिणाम यह हुआ कि सरकार को दोषियों के खिलाफ काररवाई करनी पड़ी।

अटल सरकार ने 'दादरा नगर हवेली' मुक्ति संग्राम में भाग लेनेवाले स्वतंत्रता सैनिकों को अधिकृत स्वतंत्रता सेनानी घोषित करके एक स्वागत योग्य कार्य किया है। इस निर्णय के फलस्वरूप इस मुक्ति संग्राम में छह माह कैद, नजरबंदी तथा भूमिगत हुए लोगों सहित नौकरियों से निकाले गए, लाठी-गोली खाकर घायल विकलांग हुए व्यक्तियों को अब पेंशन मिल सकेगी। मैं भी इस स्वतंत्रता संग्राम में एक सैनिक के रूप में सहभागी हुआ था। अटल सरकार भविष्य में भी जनहित के ऐसे ही निर्णय लेगी, ऐसा मुझे विश्वास है।

(लेखक सुप्रसिद्ध संगीतकार हैं)

□

मैं तो अपनी संख्या बढ़ा रहा हूँ

—त्रियुगीनारायण शुक्ल

यह उस समय की बात है, जब भाजपा 'जनसंघ' के नाम से जानी जाती थी। उसी समय अटल बिहारी वाजपेयी चुनावी दौरे पर सहजनवाँ आए। इस समय उन्होंने अपने भाषण में कहा कि "श्रीमती इंदिरा गांधी जनसंख्या नियंत्रण कर रही हैं और मैं अपनी संख्या बढ़ा रहा हूँ।" यह कहकर उन्होंने रामकृष्ण शुक्ल को 'जनसंघ' का सदस्य बनाया। इसी तरह अटलजी ने कहा कि "एक बार पेट्रोल की बचत के लिए इंदिरा गांधी बैलगाड़ी से संसद् भवन गई थीं। मैं पैदल संसद् भवन जा रहा था, रास्ते में देखा कि एक इक्केवाले ने अपने घोड़े के सामने सूखी घासरख उसे हरा चश्मा लगा दिया, तो मैंने पूछा भाई घोड़े को हरा चश्मा क्यों लगा रहे हो? इक्केवाले ने बताया कि घोड़े को घास हरी दिखाई देगी और वह उस घास को चाव से खा लेगा। उसी तरह से हमारी प्रधानमंत्री श्रीमती गांधी समाजवाद का हरा चश्मा पहनाकर जनता को बहला रही हैं।"

प्रधानमंत्री अटल बिहारी वाजपेयी ने कहा कि "जब किसान को मालूम चलता है कि उसका एक बैल कमजोर हो गया है तब वह कोई-न-कोई व्यवस्था कर बैल बदल देता है, परंतु हमारी सरकार 'सावधान! धीरे चलिए, पुल कमजोर है' लिख देती है। अरे भाई! जब पुल कमजोर है तो उसे रखने की क्या जरूरत है?"

□

जब मैंने उन्हें 'यस प्राइम मिनिस्टर' उपहार में दी

—ना.मा. घटाटे

श्री अटल बिहारी वाजपेयी भारत के प्रधानमंत्री हैं। इस उपलब्धि का श्रेय निश्चय ही उन हजारों ज्ञात और अज्ञात पार्टी कार्यकर्ताओं को जाता है, जिनके पाँच दशक के श्रम और समर्पण ने उन्हें इस मुकाम तक पहुँचाया।

श्री वाजपेयी राष्ट्रीय राजनीति के केंद्रीय मंच पर स्वाधीनता के परवर्ती युग में अन्य सभी नेताओं की अपेक्षा अधिक लंबे समय से विद्यमान हैं। उनका संसदीय जीवन सन् 1945 से आंरभ हुआ था और चार दशक से भी अधिक समय से वे भारतीय राजनीति को संसद् और संसद् के बाहर प्रभावित करते रहे हैं। उनका प्रत्येक सार्वजनिक कथन समाचार बन जाता है और उनके भाषण को समर्थक और आलोचक पूरे ध्यान से सुनते हैं। उनके भाषणों में काव्यात्मकता, विद्वता और सौम्यता का संगम है। उनकी जिह्वा पर सरस्वती का वास है। उनके आलोचना के प्रहार कभी भी किसी को घायल नहीं करते। राजनीति जैसे कठोर प्रतिस्पर्धी क्षेत्र में रहते हुए भी वह अजातशत्रु हैं।

अटलजी का अप्रतिम वक्तृत्व कला, प्रत्युत्पन्नमति और व्यंग्य तथा चुटकियाँ श्रोताओं को मंत्र-मुग्ध कर देती हैं। उनकी गंभीरता, धैर्य, दूरदृष्टि और तथ्यों-आँकड़ों से परिपुष्ट तर्क-शैली से मन अभिभूत हो जाता है। उन्होंने भारतीय जीवन के लगभग सभी पहलुओं को अधिकारपूर्वक उद्‌घाटित किया है। उनकी चिंता और चिंतन की परिधि में अंतरराष्ट्रीय समस्याएँ, भारत की विदेश नीति, कृषि, रक्षा, समाज-सुधार, उद्योग, शिक्षा, पंचवर्षीय योजनाएँ, केंद्र-राज्य संबंध, रेलवे, वित्त बैंकिंग, व्यक्ति, दल, अराजकता और भ्रष्टाचार का दलदल, सभी समाहित रहे हैं।

अटलजी आलोचना अथवा चेतावनी का अवसर आने पर दो टूक बातें कहने से कभी नहीं चूके। हितकर कहने के लिए सदा आग्रही रहे हैं और हित को ओझल कर 'प्रीतिकर' कहने में कभी रुचि नहीं ली। दूसरी ओर प्रतिपक्षी की तर्कसंगत बात को सहर्ष स्वीकार किया।

अटलजी का दृष्टिकोण हमेशा सकारात्मक रहा है। राष्ट्रीय हित उनके समक्ष सर्वोपरि रहा है। संसद् में वाद-विवाद का उच्च स्तर स्थापित करने और सदन की गरिमा और शिष्टाचार

की रक्षा में सदा अग्रणी रहे। उन्होंने हमेशा जनसाधारण की अपेक्षाओं को पहचाना है। उनमें विचार के संप्रेषण की अपार क्षमता है। राष्ट्र के प्रति उनकी सेवाओं को मान्यता प्रदान करते हुए भारत के राष्ट्रपति ने सन् 1992 में उन्हें 'पद्मविभूषण' अलंकरण से अलंकृत किया। सन् 1994 में प्रधानमंत्री ने उन्हें 'सर्वश्रेष्ठ सांसद सम्मान' से सम्मानित किया। उसी वर्ष 'लोकमान्य तिलक पुरस्कार' से भी पुरस्कृत किया गया।

कार्यकर्ताओं को साल-दर-साल काम के लिए प्रोत्साहित करने के मामले में वह अद्वितीय हैं। गंभीर-से-गंभीर परिस्थितियों को अपनी व्यंग्यात्मक टिप्पणियों से सहज बना देने की उनकी कला स्पृहणीय है।

राजनेता सिर्फ आज की बात सोचते हैं, जबकि राजनीति-विशारद पीढ़ियों का विचार करते हैं। अटलजी विशारदों की श्रेणी में आते हैं। यह तथ्य उनके भाषणों से असंदिग्ध रूप से स्पष्ट हो जाता है। उनके भाषणों को पढ़कर मन में यह विचार उठे बिना नहीं रहता कि काश! उनके सुझावों, चेतावनियों और प्रस्तावों पर समय रहते ध्यान दिया गया होता, तो देश इस संकटपूर्ण राजनीतिक-आर्थिक दुरावस्था में न उलझा होता।

मैं अटलजी से सन् 1957 से परिचित हूँ। वह पहली बार लोकसभा के सदस्य होकर आए थे और मैं कानून का अध्ययन करने दिल्ली आया था। उसी साल हमारी चार दशक से भी पुरानी लंबी मित्रता की शुरुआत हुई थी। एक व्यक्ति के रूप में वह अत्यंत संवेदनशील और उदारमना हैं। सहायता और सहयोग चाहनेवाले को कभी खाली हाथ नहीं लौटाते। वे बहुत कम बोलते हैं, परंतु जो बोलते हैं वह हृदय को स्पर्श करता है।

अपने पिता से अटलजी का गहरा और आत्मिक जुड़ाव रहा है। वह उनसे बेहद प्रभावित रहे हैं। अटलजी ने पिता की स्मृति को चिरस्थायी बनाने के उद्देश्य से सन् 1997 में ग्वालियर के अपने छोटे से घर में एक न्यास (ट्रस्ट) की स्थापना की है। यहाँ बच्चों के लिए पुस्तकालय और वाचनालय शुरू किया गया है। यह न्यास असहाय महिलाओं की मदद का पुण्य कार्य भी कर रहा है। न्यास के उद्घाटन के अवसर पर अटलजी ने कहा था, "मेरे पिता शिक्षा के लिए समर्पित व्यक्ति थे। वे संस्कृत के विद्वान् थे और हिंदी तथा अंग्रेजी दोनों में धाराप्रवाह बोलने में समर्थ थे। आप संक्षेप में मुझे उनका लघु संस्करण मान सकते हैं।" अटलजी इस ट्रस्ट से कितना भावनात्मक लगाव रखते हैं, इसका पता इसी बात से चलता है कि जब वह वहाँ जाते हैं, बच्चों से मिलते हैं, उनके साथ खेलते हैं, पढ़ते-पढ़ाते हैं। हालाँकि प्रधानमंत्री होने के नाते वह बहुत व्यस्त रहते हैं, फिर भी समय निकालकर वहाँ जो हैं, ट्रस्ट के काम-काज में, उसकी गतिविधियों में गहरी दिलचस्पी लेते हैं।

अटलजी के लोकसभा में आते ही उनके प्रभावशाली व्यक्तित्व का परिचय सदन में दिखाई देने लगा था। अगस्त 1965 की बात है। लोकसभा अध्यक्ष श्री अनंत शयनम् आयंगार विद्यार्थियों को संबोधित करने के लिए दिल्ली विश्वविद्यालय में आए थे। मैंने उनसे पूछा कि "संसद् में सबसे अच्छा वक्ता कौन है?" उन्होंने कहा, "दो हैं—श्री अटल बिहारी वाजपेयी हिंदी में और प्रो. हीरेन मुखर्जी अंग्रेजी में।"

विदेश नीति हमेशा से ही अटलजी का पसंदीदा विषय रहा है। इस विषय पर अटलजी

के प्रांजल हिंदी में दिए गए धाराप्रवाह भाषणों से प्रधानमंत्री जवाहरलाल नेहरू इतने अभिभूत होते थे कि वे उनके सवालों का जबाव हिंदी में ही देते थे। एक बार सदन में पंडितजी की 'जनसंघ' पर आलोचनात्मक टिप्पणी सुनते ही अटलजी ने प्रत्युत्तर में कहा, ''मैं जानता हूँ पंडितजी रोजाना शीर्षासन करते हैं। वे शीर्षासन करें। मुझे कोई आपत्ति नहीं। लेकिन मेरी पार्टी की तस्वीर उलटी न देखें।'' यह सुनना था कि पं. जवाहरलाल नेहरू सदन में ठहाका मारकर हँसने लगे।

सातवें दशक में 'भारतीय जनसंघ' का प्रभाव हर क्षेत्र में बढ़ रहा था; परंतु इसी दशक में पार्टी पर भीषण वज्राघात हुआ। पं. दीनदयाल उपाध्याय की रहस्यमय परिस्थितियों में मृत्यु हो गई। पार्टी ने अटलजी को दीनदयालजी की जगह अध्यक्ष बनाने का फैसला किया। श्रद्धांजलि भाषण में अटलजी ने कहा, ''दीनदयालजी ने ज्योति जलाई, हम उसको ज्वाला कर देंगे।'' इस उद्‌बोधन ने कार्यकर्ताओं को स्फूर्ति दी।

आठवाँ दशक भारत के इतिहास में महत्त्वपूर्ण घटनाओं के कारण याद किया जाता है। सन् 1971 में लोकसभा के चुनाव हुए। जनसंघ सांसदों की संख्या 35 से घटकर 22 रह गई। मैंने अटलजी से पूछा, ''इंदिराजी की क्या प्रतिक्रिया है?'' वे हँसकर बोले, ''अभी तो हमारी तरफ बहुत प्यार से देखती हैं।'' दिल्ली में जनसंघ पाँचों सीट हार गई थी। उसके तुरंत बाद दिल्ली नगर निगम के चुनाव थे। चुनाव प्रचार आरंभ करते हुए वाजपेयीजी ने कहा, ''आप चाहते थे कि कांग्रेस देश पर शासन करे। आपने उसे वोट दिया। अब कम-से-कम हमें झाड़ू मारने का मौका तो दीजिए।'' उनकी इस साफगोई से जनसंघ के पक्ष में हवा बँधी और लोगों ने नगर निगम में जनसंघ को बहुमत दिलवाया।

सन् 1971 में भारत-पाक युद्ध के दौरान अटलजी ने सारे देश का दौरा किया और जगह-जगह अपने भाषणों से जनता का मनोबल बढ़ाने में मदद की। 16 दिसंबर को पूर्वी बंगाल (बँगलादेश) स्वतंत्र हुआ। अटलजी एक आमसभा को संबोधित करने ग्वालियर गए। मैं भी उनके साथ था। वहाँ के निवासी और सांसद होने के कारण उनका कार्यकर्ताओं से निकट का संबंध था। जनसंघ विधायक श्री शीतला सहाय ने अपनी चिंता प्रकट की, ''अटलजी, अब तो इंदिरा गांधी विधानसभा का चुनाव तुरंत कराएँगी और इस जीत का पूरा लाभ उठाएँगी।'' अटलजी उस समय कुछ नहीं बोले। लेकिन आमसभा में कांग्रेस को चेतावनी दी, ''जवानों की चिताओं पर चुनाव की रोटी सेंकने की कोशिश न करें!''

दूसरे दिन जब सरकार ने लोकसभा में घोषणा की कि सभी पार्टियों की सहमति से युद्धविराम का निर्णय किया गया है तो अटलजी ने विरोध करते हुए कहा, ''यह शस्त्र-संधि है, युद्धविराम नहीं है।'' और पूरे आवेश में भाषण किया। श्रीमती गांधी बाद में अटलजी को सदन की लॉबी में मिलीं तो बोली, ''आप तो अभी से चुनाव के चक्कर में दिखाई देते हैं।''

सन् 1975-76 की आपात्‌स्थिति के काले डेढ़ वर्ष के दौरान अटलजी की आवाज को अवैध ताला लगाकर जेल में सींखचों के पीछे बंद कर दिया गया। बंगलौर में अटलजी की गिरफ्तारी के बाद मैं उनसे मिलने गया था। उस समय वहाँ उनके साथ सर्वश्री आडवाणीजी, श्यामनंद मिश्र और मधु दंडवते भी नजरबंद थे। अटलजी को जेल के कपड़ों में देखकर मुझे

अजीब सा लगा। हठात मेरे मुँह से निकला, ''यह क्या है?''

अटलजी के चेहरे पर चिरपरिचित मृदु मुसकान तैर आई। बोले, ''बस, इंदिरा गांधी कपड़े पहनाएगी, इंदिरा गांधी खाना खिलाएगी। हम अपनी जेब से कानी कौड़ी भी खर्च नहीं करेंगे।''

मैंने अटलजी को बताया कि नजरबंदी और आपात्स्थिति को चुनौती देने के लिए बंदी प्रत्यक्षीकरण (हैवियस कार्पस) याचिका का मसविदा तैयार किया गया है, लेकिन विरोधी दलों के बीच इस विषय पर मतभेद है कि हमें न्यायालय जाना चाहिए या नहीं। कुछ नेताओं का कहना है कि न्यायालय का द्वार नहीं खटखटाना चाहिए, क्योंकि सन् 1942 में भी ऐसे हालात से सामना होने पर यही नीति अपनाई गई थी।

''यह सन् 1942 नहीं, सन् 1975 है।'' अटलजी ने तलखी के साथ कहा। फिर बोले, ''हम एक स्वतंत्र देश के नागरिक हैं। न्यायपालिका हमारी है। अगर हम आज न्यायालय के द्वार नहीं खटखटाएँगे तो कल को न्यायाधीशों को यह कहने का अवसर मिल सकता है कि आप फरियाद तो करते, हम आपके साथ न्याय करते। इसलिए हमें न्यायपालिका को कसौटी पर रखकर देखना चाहिए। यह न्यायालय की भी अग्नि परीक्षा है।''

अटलजी सामूहिक निर्णय में विश्वास करते हैं। किसी भी सार्वजनिक मुद्दे पर व्यक्तिगत राय भले ही कुछ रखते हों, निर्णय वही मानते रहे हैं जिस पर सब मिल-जुलकर पहुँचे हों। उस दिन न्यायालय में जाने की बात पर सहमति व्यक्त करने के तुरंत बाद बोले, ''इस संदर्भ में मैं आडवाणीजी, श्याम बाबू, दंडवतेजी और अन्य नेताओं से भी विचार-विमर्श करूँगा।''

संयोग से अटलजी द्वारा विचार-विमर्श के बाद सभी ने न्यायालय में जाने का निर्णय लिया। उन सभी की ओर से बंदी प्रत्यक्षीकरण याचिकाएँ कर्नाटक उच्च न्यायालय में दाखिल कर दी गईं। एक परंपरा स्थापित हो गई। देखते-ही-देखते लगभग सभी उच्च न्यायालयों में हजारों याचिकाएँ दाखिल कर दी गईं।

एक के बाद एक उच्च न्यायालय ने निर्णय दिया कि अवैध और अनीतिपूर्ण नजरबंदी को हर हाल में चुनौती दी जा सकती है। लेकिन उच्चतम न्यायालय के पाँच वरिष्ठ न्यायाधीशों ने 4:1 के अनुपात से नौ उच्च न्यायालयों के निर्णयों को पलटकर निकृष्टतम निर्णय दिया। उसने जहाँ एक ओर 'न्याय' को ही कलंकित किया, वहीं दूसरी ओर उससे लोकतंत्र की मूल भावना के विपरीत संप्रभु जनता गुलाम बन गई और सेवक (सरकार) स्वामी बन गए।

सन् 1977 के ऐतिहासिक चुनाव के बाद भारतीय जनसंघ के जनता पार्टी में विलय का प्रस्ताव कार्यकर्ताओं के गले नहीं उतर रहा था। अटलजी ने कार्यकर्ताओं को समझाया, ''आपात्काल के घोर अँधेरे में जनसंघ का दीपक रोशनी का केंद्र था। अब सूर्योदय हो गया है, दीपक बुझाने का समय आ गया है।''

जनता सरकार में अटलजी विदेश मंत्री थे। उनके कार्यकाल में भारत के पड़ोसी देशों से संबंधों में अभूतपूर्व सुधार हुआ। इसका कारण समझना सरल है। जब वे पाकिस्तान गए तो उन्होंने कहा, ''अब हिंदुस्तान पाकिस्तान को सिर्फ हॉकी के मैदान में हराएगा।'' वर्षों से लटका हुआ सलाल प्रश्न हल किया। बँगलादेश के साथ 'फरक्का गंगा जल बँटवारा समझौता' संपन्न हुआ। नेपाल यात्रा के दौरान कहे गए उनके शब्द सुनकर कौन भारतीय या नेपाली

अभिमान की भावना से नहीं भर उठेगा। अटलजी ने कहा था, ''दुनिया में कोई दो देश इतने निकट नहीं हो सकते जितने भारत और नेपाल हैं। इतिहास ने, भूगोल ने, संस्कृति ने तथा धर्म ने, नदियों ने हमें बाँधा है।''

संयुक्त राष्ट्र संघ के सामने 'वसुधैव कुटुंबकम्' का सर्वोच्च आदर्श रखा। जनता सरकार के आकस्मिक पतन के बाद विदेश नीति पर बातचीत करते समय उन्होंने मुझसे कहा था, ''यदि मुझे पूरी अवधि का अवसर मिलता तो शायद भारत-चीन का सीमा संघर्ष और पाकिस्तान के साथ हमारा विवाद समाप्त हो जाता।''

आठवें दशक के अंतिम वर्षों में श्रीमती गांधी की सरकार फिर से बनी और अटलजी विपक्ष में बैठे। उत्तर प्रदेश में हरिजनों पर अत्याचार की घटना हुई। अटलजी ने उन क्षेत्रों की पदयात्रा करने का फैसला किया। मैंने उनसे पूछा, ''आपकी यात्रा कितने दिन चलेगी?'' अटलजी बोले, ''जब तक लक्ष्य नहीं मिलता, तब तक यात्रा करेंगे।''

मैं सन् 1971 से अटलजी के हर चुनाव में प्रचारक रहा हूँ। उनके लिए चुनाव में काम करना मेरे लिए प्रसन्नता का विषय रहा है। सन् 1991 के लोकसभा चुनावों में अटलजी लखनऊ से उम्मीदवार थे। उत्तर प्रदेश विधानसभा के चुनाव भी साथ ही होने थे। अटलजी की जीत निश्चित है, ऐसा उनके प्रतिद्वंद्वी भी मान रहे थे। इसलिए अन्य पार्टियों के विधायकी के उम्मीदवार मतदाताओं से आग्रह कर रहे थे कि आप ऊपरवाला (लोकसभा का) वोट अटलजी को भले ही दे देना, लेकिन नीचेवाला (विधानसभा का) वोट हमें देना।

अटलजी ने जब यह सुना तो एक आम सभा में बोले, ''अगर आप ऊपर का कुरता बीजेपी को देंगे और नीचे की धोती किसी और को तो मेरी दशा क्या होगी?'' भाजपा के कई नेता लखनऊ में प्रचार कार्य के लिए आना चाहते थे ताकि अटलजी अन्य जगह ज्यादा समय दे सकें। जब मैंने वहाँ के कार्यकर्ताओं से उनकी राय जाननी चाही तो एक कार्यकर्ता ने कहा, ''हमें तो लड्डू खाने की आदत हो गई है। आप पकौड़े क्यों खिलाना चाहते हैं।''

मेरे जीवन के कुछ उल्लेखनीय कामों में से एक काम रहा है अटलजी के संसद् में दिए गए भाषणों का संपादन करना। जब पहली बार मैंने उनके भाषणों के संकलन तैयार किए थे, तब अटलजी ने अपनी अति व्यस्त दिनचर्या में से समय निकालकर न केवल काम की प्रगति पर नजर रखी बल्कि छपने जा रहे डेढ़ हजार पृष्ठों के प्रूफ भी एक बार देखे। अटलजी के साथ काम करना एक अभूतपूर्व आनंददायक अनुभव रहा। मुझे एक रोचक घटना याद आती है। एक बार जब वह गौर से पांडुलिपि पढ़ रहे थे, मैंने कहा, ''अटलजी, इसमें ज्यादा दिमाग नहीं खपाना पड़ता।'' अटलजी ने पलटकर मुझसे पूछा, ''मुझे या तुमको?''

अटलजी के भाषणों का पहला प्रारूप 'संसद् में तीन दशक' शीर्षक से सन् 1992 में प्रकाशित हुआ। उसे तत्कालीन लोकसभा अध्यक्ष श्री शिवराज पाटिल ने लोकार्पित किया। उन दिनों अटलजी विपक्ष के नेता बन चुके थे, इसलिए मैंने अपने संपादकीय में लिखा था, 'यात्रा जारी हैं।' गैर-हिंदी भाषी लोगों की माँग पर सन् 1996 में अंग्रेजी में 'फोर डिकेड्स इन पार्लियामेंट' का भी प्रकाशन हुआ। इसका विमोचन तत्कालीन उपराष्ट्रपति माननीय श्री के.आर. नारायणन ने किया। उसकी प्रस्तावना में मैंने लिखा था कि यह यात्रा अब खत्म होने को है

और भाजपा अब राष्ट्रीय विकल्प बन चुकी है और पुस्तक के प्रकाशन के कुछ ही महीनों बाद केंद्र में भाजपा को अटलजी के नेतृत्व में पहली बार सरकार बनाने का गौरवपूर्ण अवसर मिला।

गुजराल सरकार के गिरने के बाद 25 दिसंबर, 1997 को अटलजी के जन्मदिवस पर ही आम चुनाव की घोषणा हुई। मैंने उन्हें अवसरानुकूल उपहार देने का मन बनाया। मेरे उपहार की पन्नी हटाने के बाद अटलजी देर तक हँसते रहे। मैंने उन्हें, 'यस प्राइम मिनिस्टर' पुस्तक की प्रति उपहार में दी थी। इस घटना को तीन महीने भी न बीते थे कि अटलजी फिर से देश के प्रधानमंत्री पद पर आसीन हो गए। अटलजी आज दुनिया के सबसे बड़े लोकतंत्र की नैय्या को खे रहे हैं, उसका नेतृत्व कर रहे हैं।

(लेखक सुप्रसिद्ध कानूनविद् हैं एवं अटलजी के मित्र है)

□

हू आफ्टर अटल?

—डॉ. शिवमंगल सिंह सुमन

महाकाल की ऐतिहासिक नगरी अवंतिका (उज्जैयनी), जहाँ शिक्षा प्रवाहमान है, जहाँ का कण-कण कुंभराग गाता है, जहाँ राजा विक्रमादित्य की किंवदंतियाँ लोकोक्तियाँ बन गूँजती हैं, ऐसी धार्मिक नगरी के रज कण से स्पर्श करते ही तन-मन पुलिकत-रोमांचित हो उठता है। मैं यहाँ प्रधानमंत्री श्री अटल बिहारी वाजपेयी के गुरु डॉ. शिवमंगल सिंह सुमन से मिलने आया हूँ। सुमनजी साहित्यकार हैं, शिक्षाविद् हैं, इससे एक ऑटो चालक को कोई लेना-देना नहीं है। एक-दो चालकों से पूछा, पता बताया, उसने सुमनजी को पहचानने से इंकार कर दिया। रिमझिम बारिश के बीच एक युवा ऑटो चालक मेरे पास रुका। मैंने उसे सुमनजी का नाम-पता बताया और पूछा, ''सुमनजी को जानते हो?'' उसने तपाक से प्रतिप्रश्न किया, ''वही जिनका नाम लालकिले से प्रधानमंत्री अटल बिहारी वाजपेयीजी ने लिया था? जिनकी कविता पढ़कर सुनाई थी?''

मैंने 'हाँ' में उत्तर दिया तो उसने पुलकते हुए कहा, ''बैठिए साहब! खड़े क्यों हैं? ठीक उनकी कोठी पर छोड़कर आऊँगा।'' सचमुच उसने मुझे उनकी कोठी पर ही छोड़ा। लगभग आधा घंटे की यात्रा के दौरान मैं सोच रहा था, ये है गुरु के प्रति शिष्य का सम्मान, जिसने अपने गुरु की कविता पढ़ उसे पाठ्य-पुस्तकों से निकाल जन-सामान्य के बीच चर्चित कर दिया। इससे गुरु का मान-सम्मान बढ़ा या नहीं, लेकिन शिष्य (अटलजी) के प्रति उज्जैनवासियों के हृदय में जो आदर-भाव जागृत हुआ वह अनुभव ही किया जा सकता है, शब्दों में व्यक्त नहीं। सुमनजी अस्वस्थ हैं, कमर की हड्डी में चोट के कारण उनका चलना-फिरना, उठना-बैठना कष्टसाध्य है। लेकिन जब उन्हें मेरे आने की जानकारी मिलती है तो वह छड़ी के सहारे वरांडे में आते हैं। औपचारिकताओं के पश्चात् अटलजी के छात्र जीवन से जुड़ी स्मृतियों को कुरेदा जाता है। बातचीत विक्टोरिया कॉलेज के ऐतिहासिक कवि-सम्मेलन से शुरू होती है। मेरी जिज्ञासा उसके सच को जानने की थी।

सुमनजी निःसंकोच उसकी सत्यता स्वीकारते हुए कहते हैं कि ऐसा निर्णय अटल जैसा छात्र ही ले सकता था, जो उसने लिया। वह मुसकराकर कहते हैं, लेकिन छात्र-जीवन की इस नटखटता के लिए उसने सार्वजनिक रूप से क्षमायाचना भी की। अवसर अटलजी के काव्य-संग्रह 'मेरी इक्यावन कविताएँ' के विमोचन का था। कार्यक्रम दिल्ली के सप्रू हाऊस में हुआ था। अटलजी ने कहा था, ''मुझे डॉ. सुमनजी का आशीर्वाद मिला है। एक विद्यार्थी के रूप में मैंने

उनसे प्रेरणा पाई है। कवि-सम्मेलनों में भी उनके साथ रहा। मेरी 'अमर आग' कविता उन्हीं की प्रेरणा से लिखी गई। यदि छात्र के रूप में मुझसे कभी कोई त्रुटि हो गई हो तो मैं सार्वजनिक रूप से क्षमा माँगता हूँ। भले ही अब मैं कॉलेज का छात्र नहीं हूँ, लेकिन लोकतंत्र की पाठशाला का विद्यार्थी तो हूँ ही।''

ये है अटलजी का शील! हिंदू समाज में 'रामचरितमानस' का अपना महत्त्व है। गोस्वामी तुलसीदास प्रगतिशील विचारधारा के कवि थे, उन्होंने पाँच सौ साल पूर्व जो लिखा वह आज भी प्रासंगिक है। तुलसी ने राम के चरित्र में जिस शील का समावेश किया उसी ने तो उन्हें मनुष्य से ईश्वर बनाया। अटलजी का शील, सर्जना लाजबाव है। इसीलिए उन्होंने मत भिन्नता के बाद भी गुरु-शिष्य परंपरा का निर्वाह करते हुए 15 अगस्त के अपने भाषण में लालकिले की प्राचीर से मेरा नाम लिया, मेरी कविता की पंक्तियों से पूरे राष्ट्र को गुंजायमान कर दिया।

सुमनजी बताते हैं कि अटलजी के पिता पं. कृष्ण बिहारी वाजपेयी मेरे गुरु रहे हैं। वह संस्कृत के विद्वान् थे। ब्रज और खड़ी बोली पर उनका अधिकार था। वह स्वयं कवि थे, उनकी ही प्रेरणा से मैं काव्य लेखन की ओर प्रवृत्त हुआ। ऐसे पिता के पुत्र में कई विशेषताएँ आ जाना स्वाभाविक बात है। कहते हैं कि ''होनहार बिरवान के होत चीकने पात।''

अटलजी में ये गुण छात्र जीवन से ही दिखाई देने लगे थे। जब वह छात्रसंघ सचिव थे, भाषण कला यहीं से विकसित हुई थी। उन दिनों छात्र-राजनीति के लिए ए.आई.एस.एफ. के अलावा दूसरा कोई संगठन नहीं था। अटल की विशेषता यह थी कि वह वैचारिक भिन्नता के बावजूद उन लोगों से अवश्य मिलते थे। उनका सम्मान भी करते थे। उनमें वैचारिक कट्टरता नहीं थी। जब वह ग्वालियर से कानपुर गए, वहाँ पं. दीनदयाल उपाध्याय के संसर्ग में आए तब उनमें संघ की विचारधारा प्रवाहित हुई।

अटलजी यह भलीभाँति जानते हैं कि विचारधारा विशेष को पकड़कर चल पाना आज के युग में संभव नहीं है। यदि हमें राष्ट्र की उन्नति करना है, उसे चहुँमुखी विकास के पथ पर ले जाना है तो हमें प्रगतिशील विचारधारा से जुड़ना पड़ेगा। आज वह जितने राजनीतिक दलों को साथ लेकर सरकार चला रहे हैं वह सिर्फ उनका ही बूता है और यह साहस उन्हें मिला है समदर्शिता से। काव्यात्मकता से, हालाँकि उनकी कविताएँ ओजपूर्ण हैं, संघर्षशील योद्धा की कविताएँ हैं, चुनौतियों व विद्रोह को प्रकट करती हैं, सत्य के प्रति निष्ठा और यथार्थ का सटीक चित्रण करती हैं वे। उन्होंने उन्हें गंदी राजनीति के कीचड़ में कमल की भाँति खिला रखा है।

सुमनजी कहते हैं—मैं सन् 1942 से 45 तक ग्वालियर में रहा, मिडिल से लेकर इंटर तक की शिक्षा यहीं से ली। संयोग यह है कि अटल के पिता ने मुझे पढ़ाया और मैंने अटल को। इसलिए उन्हें निकट से देखने-परखने का अवसर मुझे औरों से कहीं अधिक मिला है। अटल शुरू से ही उन्मुक्त विचारधारा के व्यक्ति रहे हैं। किसी चौखट में बँधना उन्होंने सीखा ही नहीं, इसका प्रमाण उनकी संपादकीय, लेख और भाषण हैं। उन्होंने यथार्थ से कभी मुँह नहीं मोड़ा।

वर्तमान राजनीति में अटलजी की भूमिका संबंधी प्रश्न पर सुमनजी ने दो टूक शब्दों में कहा कि ''छठे दशक में एक बात उभरकर सामने आई थी, हू इज आफ्टर नेहरू। वर्तमान राजनीतिक हालातों को देखते हुए यह बात उभर रही है कि 'हू इज आफ्टर अटल।' आज अगर अटल न

हों तो देश चलाना मुश्किल हो जाएगा। पं. नेहरू के बाद यदि कोई लोकप्रिय व्यक्ति प्रधानमंत्री बना है तो वह अटल बिहारी वाजपेयीजी हैं।''

वामपंथी विचारधारा के समर्थक सुमनजी वर्तमान राजनीति की दशा और दिशा से बेहद दुःखी हैं। वे कहते हैं कि कांग्रेस बिखर गई, सोनिया को बोलना नहीं आता, अन्य दलों का कोई जनाधार नहीं। आज पूरा देश अटलजी की ओर आशाभरी दृष्टि से देख रहा है। अटलजी को सारी शक्ति जोड़ने में लगी है, लेकिन आरक्षण उस जुड़ाव में बाधक है। नई शताब्दी शुरू हो गई है अब तो इसे हटना चाहिए, रुकना चाहिए। देश में विध्वंसात्मक शक्तियाँ सिर उठा रही हैं, कश्मीर की स्थिति बद से बदतर हो रही है। अटलजी को इन सबसे निपटने के लिए कड़े कदम उठाने चाहिए। यदि उन्हें सब ओर से सहयोग मिले तो वह उन सारी जनकांक्षाओं को पूरा कर सकते हैं जो देश चाहता है। अटलजी उस दीपक की भाँति हैं, जो अँधेरी रात से तब तक लगातार संघर्ष करता रहता है, जब तक सवेरा उसके कदम न चूम ले। अटलजी अहर्निशि काम में लगे रहते हैं। राष्ट्रकवि दिनकर के शब्दों में—

बड़ा वह आदमी
जो जिंदगी भर काम करता है!!

(लेखक सुप्रसिद्ध साहित्यकार थे)

□

उनसे मिलने पर थम सा जाता है कालचक्र

—प्रो. रामकुमार चतुर्वेदी 'चंचल'

प्रधानमंत्री श्री अटल बिहारी वाजपेयी के व्यक्तित्व पर कविता हावी है या राजनीति कहना मुश्किल होगा, लेकिन इस यथार्थ को झुठलाया नहीं जा सकता कि उनके कवि-हृदय ने उनमें मनुजता कूट-कूट कर भर दी है। परिवार, मित्र, पार्टी, देश और इनसे भी ऊपर विश्व समाज के प्रति जो वात्सल्यता उनके हृदय में है वह उन्हें राजनीति-कूटनीति से ऊपर स्थापित करती है। उनकी ऐसी ही मित्र वात्सल्यता के दर्शन होते हैं वीर रस कवि प्रो. रामकुमार चतुर्वेदी 'चंचल' के संबंधों में।

प्रो. चंचल मूलत: गुना जिले के अशोक नगर वासी हैं। 'शिवपुरी' उसकी कर्मस्थली रही है और ग्वालियर में वह दीक्षित हुए हैं। यूँ तो अटलजी चंचलजी से एक कक्षा आगे थे, लेकिन चंचलजी के प्रति उनका अनुराग ठीक वैसा ही है जैसा एक अग्रज का अनुज के प्रति होता है।

प्रो. चंचल से जब अटलजी के साथ बिताए क्षणों को लेकर उनके निवास पर चर्चा की तो वह अतीत के सागर में डूब गए और अनूठे और अनछुए संस्मरण खोजने लगे!

एक अधूरा सच

विक्टोरिया कॉलेज में आयोजित कवि-सम्मेलन-मुशायरे को लेकर काफी भ्रमपूर्ण संस्मरण हैं। मैं अपनी बात उसकी सच्चाई से शुरू करना चाहता हूँ। यह वह कवि-सम्मेलन था जिसे अटलजी ने अतिथि-कवि-शायरों के मंच पर आने से पूर्व ही समाप्त घोषित कर दिया था।

चंचलजी बताते हैं कि अंग्रेजी राज्य होने के कारण उन दिनों उर्दू भाषा का वर्चस्व अधिक था। इसलिए कवि-सम्मेलन और मुशायरा एक ही मंच पर आयोजित किया जाता था। सन् 1944-45 का सत्र था। अटलजी छात्रसंघ के उपाध्यक्ष थे और मैं सांस्कृतिक मंत्री। उन दिनों छात्रसंघ अध्यक्ष कॉलेज का प्राचार्य हुआ करता था और एक वरिष्ठ प्राध्यापक छात्रसंघ का परामर्शदाता। तत्कालीन विक्टोरिया कॉलेज के प्राचार्य एफ.जी. पीयर्स थे और परामर्शदाता प्रो. बागची थे।

वार्षिक स्नेह-सम्मेलन में यह तय किया गया कि इसका समापन कवि-सम्मेलन से किया जाए, अत: कुछ बाहर के कवियों-शायरों को आमंत्रित करने का निश्चय किया गया। इस सम्मेलन में प्रो. जॉ निसार अख्तर (उर्दू के प्रसिद्ध शायर और फिल्म गीतकार उन दिनों विक्टोरिया कॉलेज में ही उर्दू के प्राध्यापक थे।), मजाज लखनवी, तन्मय बुखारिया और शील चतुर्वेदी

को आमंत्रित किया गया था। चूँकि मजाज, जॉ निसार अख्तर और शिवमंगल सिंह सुमन (डॉ. सुमन उन दिनों डॉक्टर नहीं थे तथा कॉलेज में सिर्फ लेक्चरार थे) पीने-पिलाने में दिलचस्पी रखते थे, इस कारण इनकी महफिल सुमनजी के निवास पर ही जम गई। इधर कवि-सम्मेलन शुरू हो चुका था, स्थानीय कवियों जिनमें वीरेंद्र मिश्र, देवेंद्र नारायण वर्मा, कविरत्न पाराशर, महावीर प्रसाद 'विरही', श्रीकृष्ण वार्ष्णेय आदि मुख्य थे, अपनी रचनाएँ सुना चुके थे, लेकिन अतिथि कवि-शायरों के मंच पर आने की कोई संभावना दिखाई नहीं दे रही थी। रात्रि के दस बज चुके थे जबकि कवि-सम्मेलन शुरू होने का समय रात्रि आठ बजे था।

अटलजी ने अपने कुछ विश्वस्त साथियों को सुमनजी के घर भेजा ताकि यह ज्ञात हो सके कि अतिथि शायर कितनी देर में मंच पर आ रहे हैं। जब इन साथियों ने अटलजी को वहाँ की स्थिति के बारे में बताया तो अटलजी की भवें तन गईं। उन्होंने शीघ्र ही अपने परामर्शदाता प्रो. बागची से परामर्श किया और निर्णय लिया कि मदहोश शायरों को सरस्वती के मंच पर नहीं चढ़ने दिया जाएगा। चूँकि डॉ. सुमन भी इन शायरों के साथ थे, इसलिए हम तीनों ने 'गुरु' की इज्जत बचाने के लिए कवि-सम्मेलन स्थगित करने की सहमति बना ली। जॉ निसार अख्तर और मजाज लखनवी अच्छे शायर थे जिन्हें सुनने काफी भीड़ इकट्ठा थी। अटलजी ने कवि-सम्मेलन समाप्ति की घोषणा का दायित्व अपने ऊपर लिया और मंच पर जाकर घोषणा कर दी। उनकी घोषणा के उपरांत छात्र और उनके अभिभावक शांतिपूर्ण ढंग से उठकर चले गए।

श्री चंचल ने यहाँ यह भी स्पष्ट किया कि इस कवि-सम्मेलन में सुमित्रानंदन पंत, सूर्यकांत त्रिपाठी 'निराला' और महादेवी वर्मा को आमंत्रित नहीं किया गया था कतिपय विद्वानों ने अपने संस्मरण में इनके नाम जोड़ दिए हैं जो पूरी तरह असत्य हैं।

अटल गुरु

अटलजी छात्र जीवन में, मुख्यत: अपनी मित्रमंडली में 'अटल गुरु' के नाम से विख्यात थे। गुरु अपनी मित्रमंडली के साथ महाराज बाड़ा स्थित गोधाजी के होटल पर अकसर बैठा करते थे। यहीं से छात्र-राजनीति संचालित हुआ करती थी। यही नहीं, साहित्यिक गतिविधियों के लिए भी हम लोग यहीं इकट्ठा होते थे और जब तक 'गुरु' से भेंट नहीं हो जाती थी तब तक मन नहीं भरता था।

विक्टोरिया कॉलेज उन दिनों आगरा विश्वविद्यालय से संबद्ध था। विश्वविद्यालय स्तरीय जितनी भी प्रतियोगिताएँ थीं वह आगरा में ही होती थीं। आगरा कॉलेज में काव्य-प्रतियोगिता आयोजित होती थी। गत तीन वर्षों से हमारा ही कॉलेज प्रथम पुरस्कार जीतता आ रहा था। चौथे वर्ष जब प्रतियोगिता आयोजित की गई तो विक्टोरिया कॉलेज से हम चार युवा कवियों—श्रीकृष्ण वार्ष्णेय, वीरेंद्र मिश्र, अटल बिहारी वाजपेयी और मुझे वहाँ भेजने का निर्णय किया गया। हम चारों को गोधाजी के होटल पर मिलना था, लेकिन अटल गुरु उस दिन बाड़े नहीं पहुँचे। पंजाब मेल से हमें आगरा जाना था, हम तीनों स्टेशन पहुँचे, गुरु पहले से ही यहाँ खड़े थे। गाड़ी आई तो हम चारों एक ही डिब्बे में चढ़ गए।

डिब्बे में बैठते ही गुरु ने पूछा, ''रामकुमार बाड़े के हनुमानजी का भोग खाओगे?''

हनुमानजी के प्रसाद के लिए कौन मना करता? अटलजी ने एक डिब्बा खोला और उसमें से वह 'प्रसाद' हमें खाने को दे दिया। मुरैना पहुँचते-पहुँचते हमें उस 'प्रसाद' का मतलब समझ में आया। सिर चकराने लगा, आँखें लाल, सिर भारी, राम-राम कह के आगरा पहुँचे। अटलजी के लिए यह प्रसाद फिरोजाबाद से आता था। माजूम खाने की आदत उनकी पुरानी है। जब तक उनके पेट में 'माजूम' नहीं पहुँचता था तब तक उनमें चैतन्यता नहीं आती थी। आगरा में हम प्रतियोगियों की ठहरने की व्यवस्था सेंट जोन्स कॉलेज के छात्रावास में थी, लेकिन गुरु उक्त छात्रावास जाने की जगह अपने मित्र विद्याराम गुप्त (एडवोकेट, मुरैना), जो उन दिनों विधि के छात्र थे तथा वैश्य हॉस्टल में रहते थे, के कमरे पर गए। वहीं गुरु ने मेरा उपचार किया और दो घंटे के विश्राम के बाद मैं ठीक हो सका।

शौचालय में काव्य-पाठ

काव्य प्रतियोगिता में जाने से पूर्व अटलजी मुझे शौचालय ले गए। वहीं बैठे-बैठे अटलजी ने अपनी कविता कुछ ऊँचे स्वर में सुनानी शुरू की। कविता दमदार थी। मैंने भी वहीं बैठे-बैठे प्रशंसा की। जब उनकी कविता समाप्त हुई तो उन्होंने वहीं से आवाज लगाकर कहा, "रामकुमार, तू भी कविता सुना।" मैंने भी अपनी वही कविता सुनानी शुरू की जो प्रतियोगिता में सुनाने जा रहा था। जब मेरी कविता समाप्त हुई तो शौचालय के बाहर तालियों की आवाज सुनाई दी। हम दोनों जब शौचालय से बाहर निकले तो देखा वैश्य हॉस्टल के 50-60 छात्र हमारी कविताएँ सुनकर इकट्ठा हो गए हैं और कविता पसंद आने पर तालियाँ बजा रहे हैं। शौचालय में काव्य-पाठ और छात्रों की प्रशंसा ने हमारा उत्साह बढ़ा दिया था।

चूँकि ग्वालियर के छात्र पिछले तीन वर्षों से इस प्रतियोगिता में प्रथम आ रहे थे इस कारण आगरा विश्वविद्यालय के छात्र किसी भी कीमत पर हमें विजयी नहीं देखना चाहते थे, इसलिए उन्होंने निर्णय कर रखा था कि वे ग्वालियर के कवियों की जितनी 'हूटिंग' की जा सकती है, करें।

जब लड़कियों ने गुरु को हूट किया

आगरा कॉलेज में लड़कियों का भी हॉस्टल था। उनमें से विख्यात-कुख्यात हॉस्टल का नाम था 'डेविस हाउस'। यहाँ रहनेवाली लड़कियाँ या तो अंग्रेज थीं या वे जिन्हें पश्चिमी सभ्यता पसंद थी। यहाँ की लड़कियों ने भी तय कर रखा था कि ग्वालियर के कवियों को हूट करना है। इसलिए वे प्रतियोगिता शुरू होने के काफी पहले प्रथम पंक्ति में आकर बैठ गईं। प्रतियोगिता आरंभ हुई। वीरेंद्र मिश्र और महावीर प्रसाद विरही की जोड़ी थी, अटलजी के साथ थे कविरत्न पाराशर।

वीरेंद्र मिश्र का श्रेष्ठ साधना गीत बुरी तरह से हूट कर दिया गया। कविरत्न पाराशर हूटिंग देखकर आयोजन स्थल से ही गायब हो गए। अटलजी ने अपनी वीर रस की कविता—

नौ अगस्त सन् बयालीस का स्वर्णिम रक्त प्रभात
जली आँसुओं की कारा में काली-काली रात।

उपर्युक्त कविता सुनानी शुरू की वैसे ही प्रथम पंक्ति में बैठी लड़कियों ने प्रभात, प्रभात, प्रभात कहकर उनकी हूटिंग शुरू कर दी। गुरु आधे उखड़े, आधे जमे फिर भयंकर जमे। ग्वालियर के छात्रों को जब लगा कि आगरा के छात्र अच्छी कविता की भी हूटिंग कर रहे हैं तो उन्होंने हूटिंग करनेवालों को दबोच लिया और शांति स्थापित हुई। इस प्रतियोगिता में प्रथम पुरस्कार मुझे मिला, द्वितीय अटलजी को और तृतीय वीरेंद्र मिश्र को। चारों साल लगातार प्रथम पुरस्कार लेने के कारण ट्राफी मिली विक्टोरिया कॉलेज को।

गुरु कृपा

उस जमाने में गुरु-शिष्य संबंध आज की तरह औपचारिक नहीं थे। प्राध्यापक से लेकर प्राचार्य तक को यह मालूम होता था कि किस छात्र में क्या गुण हैं? उन दिनों मैं कवि-सम्मेलनों में अधिक जाता था इस कारण कक्षा में मेरी उपस्थिति कम हो गई थी। वार्षिक परीक्षा में शामिल होने के लाले पड़ गए थे, लेकिन प्राचार्य यह जानते थे कि मैं एक कवि हूँ, इसलिए उन्होंने मुझे बुलाकर कहा कि "यदि आगरा से ट्राफी जीतकर लाओगे तो मैं तुम्हारी उपस्थिति पूरी कर दूँगा।" आगरा में जब हमने ट्राफी जीती तो हमारे प्राचार्य सहसा ही वहाँ प्रकट हो गए। हम सभी आश्चर्यचकित थे। वह कार द्वारा आगरा पहुँचे थे, सिर्फ यह देखने कि हम विजयी होते हैं या नहीं। जब उन्होंने स्वयं अपनी आँखों से ट्राफी लेते देखा तो हमें अपनी बाँहों में भर लिया। इतना ही नहीं, वे हमें अपनी कार से ग्वालियर भी लाए।

देश के श्रेष्ठ वक्ता

अटलजी की अपनी एक शैली थी। वह चाहे लिखने-पढ़ने की हो, खाने-पहनने की हो, या भाषण देने की; वे किसी की नकल करने में भरोसा नहीं रखते थे। अपनी ही शैली विकसित करते थे। भाषण देने से पूर्व वह विषय की गंभीरता को समझते थे, उसे बिंदुवार लिख लेते थे फिर सोचते थे कि इसे कहाँ से शुरू करना है और कहाँ खत्म।

अटलजी की भाषण-कला की विशेषता ही यही है कि उनके भाषण कितने भी लंबे हों, बोरियत नहीं होती, कारण साफ है कि वह अनर्गल नहीं बोलते। भाषण के दौरान यदि उन्हें हास-परिहास भी करना है तो वह भी पूर्व नियोजित होता है, इसीलिए उनके भाषणों में सरिता-सा प्रवाह होता है। उनके धाराप्रवाह बोलने के पीछे उनका शब्द सामर्थ्य है जो उन्हें हिंदी के साथ-साथ मराठी से मिला है। मराठी ज्ञान ने भी उन्हें भाषण के क्षेत्र में आगे बढ़ाया है। मैं उन्हें देश का सर्वश्रेष्ठ वक्ता मानता हूँ। कवि, छात्रनेता के बाद उनका जीवन पत्रकार के रूप में शुरू हुआ। यहाँ रहकर उन्होंने गद्य लेखन पर अपनी पकड़ मजबूत की। मौलिक चिंतन होने के कारण उसी ढंग के विचार भी उनकी लेखनी से निःसृत हुए। उनके संपादकीय लेख इसी श्रेणी के हैं जिनमें राष्ट्रीय विचारधारा स्पष्ट दिखाई देती है।

मित्र वात्सल्य

अटल गुरु भले ही किसी पद पर आसीन हो गए हों, लेकिन उनका अपने मित्रों के

प्रति भाव ठीक उसी तरह का है जैसा सन् 1944-45 में हुआ करता था। दिल्ली के सप्रू हाउस में 'संस्कार भारती' का कवि-सम्मेलन था, मैं भी आमंत्रित था, अटलजी अध्यक्षता कर रहे थे। मैं विलंब से पहुँचा। अटलजी की नजर जैसे ही मुझ पर पड़ी उन्होंने मंच से ही आवाज दी, "अरे रामकुमार! मंच पर आओ।" अध्यक्षीय भाषण देने से पहले ही उन्होंने मंच से कहा कि "इस कवि-सम्मेलन में मेरा दोस्त रामकुमार आ गया है, कविता इससे सुनना और भाषण मुझसे।" अटलजी उन दिनों मोरारजी देसाई के मंत्रिमंडल में विदेश मंत्री थे। दिल्ली के निकट बहादुरगढ़ में कवि-सम्मेलन था। अटलजी मंच पर आसीन थे। मैं यहाँ भी विलंब से पहुँचा। अटलजी ने मुझे देखा और अपने पास बुलाकर कहा, "रामकुमार, पहले भोजन कर लें।" जब मैंने उनसे कहा कि "मैं अपनी कविता सुनाने के बाद ही भोजन करूँगा।" उन्होंने मेरे कान में कहा, "चौबेजी, स्वादिष्ट खीर बनी है। देर हो गई तो खत्म हो जाएगी, पहले खा लो फिर कविता पढ़ना।" मैं कुछ जबाव दे पाता इससे पहले ही उन्होंने आयोजक को पास बुलाकर कहा, "भैया! ये चौबे हैं। पहले इसे खाना खिलाओ।"

कवि-सम्मेलन समाप्ति के बाद उन्होंने अपने साथ दिल्ली चलने की जिद की। जब मैंने आनाकानी की तो उन्होंने परिहास में कहा, "सरकारी कर्मचारी हो इसलिए मुझसे मिलने में कतराते हो।" अटलजी ने दूसरे दिन का कार्यक्रम तय कर दिया। उस दिन मॉरीशस के राष्ट्रपति सर शिवसागर रामगुलाम से भी उनका समय निश्चित था। इसलिए उन्होंने मुझे सही समय पर आने की ताकीद कर दी। जब मैंने उनसे कहा कि "मुझ जैसे कवि को एक विदेश मंत्री से मिलने नहीं दिया जाएगा तो वह सिर्फ मुसकरा भर दिए।" निश्चित समय से पूर्व अटलजी मेरा दरवाजे पर इंतजार करते रहे, सिर्फ इस भय से कि कहीं कोई सिक्यूरिटी वाला मुझे रोक न ले।

मैं उन दिनों रतलाम के महाविद्यालय का प्राचार्य था। अटलजी जनसंघ अध्यक्ष के रूप में अपने प्रत्याशी लोकेंद्र सिंह का प्रचार करने यहाँ आए थे। पैलेस रोड पर उनका भाषण था। आपातकाल का भय अभी समाप्त नहीं हुआ था। माधवराव शिंदे जो राजनीति विज्ञान के प्रोफेसर थे तथा अटलजी के सहपाठी रह चुके हैं, हम दोनों ही ने किसी को यह नहीं बताया था कि अटलजी से हमारा कोई परिचय है। लेकिन उन्हें यह ज्ञात था कि आजकल हम दोनों यहीं हैं। उन्होंने अपने कार्यकर्ताओं से कहा कि "शिंदे, चंचल मेरे दोस्त हैं, पहले उनसे मिलवाओ।" लोकेंद्र सिंह का बेटा मेरा छात्र था, उसने उन्हें बताया कि चंचलजी तो सामने ही रहते हैं। अटलजी ने तुरंत बुला लाने को कहा। शिंदे और मैं साहस कर उनसे मिलने गए। खबर मिलते ही उन्होंने सारे कार्यकर्ताओं को बाहर कर दिया और हम दोनों को आधा घंटे तक कमरे में बंद रख हास-परिहास किया।

गोरखी में अटलजी की आमसभा थी। शीतला सहाय ने उन्हें बताया कि मैं भी यहाँ हूँ तो उन्होंने डॉ. लक्ष्मीनारायण अग्रवाल को भेजकर मुझे मंच पर ही बुला लिया।

ग्वालियर के कैंसर हॉस्पिटल में कवि-सम्मेलन था। अटलजी अध्यक्षता कर रहे थे। शीतला सहाय को बुलाकर उन्होंने पूछा, "कौन-कौन कवि आ रहे हैं? शिवपुरी से चंचल को बुलाया या नहीं?" जब शीतलाजी ने मना किया तो उन्होंने जिलाधीश को फोन कर मुझे ग्वालियर भेजने को

कहा। तब जिलाधीश ने मुझे अपनी जीप से ग्वालियर भेजा। ऐसी है उनकी मित्र वात्सल्यता! अटलजी के व्यक्तित्व को यदि नापना है तो उसे दो तरह से नापा जा सकता है। नेता के रूप में और मनुष्य के रूप में। पं. नेहरू के बाद जितने भी प्रधानमंत्री आए उनमें अटलजी सर्वाधिक लोकप्रिय हैं। वह अपने विरोधी के गुणों के भी कदरदान हैं, क्योंकि उनका आचरण मनुजता का है, इसी मनुजता ने राजनीति को उन पर प्रभावी नहीं होने दिया। वह मनुज के रूप में ही ऊँचे उठे हैं। राजनीति के घटिया हथकंडों का प्रयोग उन्होंने नहीं किया। वह अब भी मित्रों-अपरिचितों से जिस स्तर पर मिलते हैं, मिलते वक्त कालचक्र थम सा जाता है।

□

उनके गण लेने पर प्रसन्न हो जाते थे स्वयंसेवक

—लक्ष्मण श्रीकृष्णराव भिड़े

माननीय अटलजी को हम लोगों ने प्रथम बार माननीय बाबासाहेब आपटे के माध्यम से जाना। श्री बाबासाहेब संपूर्ण भारत में प्रवास करनेवाले संघ के प्रथम वरिष्ठ प्रचारक थे। उनके प्रवास के समय उनके पास बैठने के प्रसंग आते थे तो वे अपने प्रवास में अनुभूत अनेक प्रसंगों का वर्णन कर सुनाते थे। उसी में संघकार्य में लगे अनेक कार्यकर्ता, विशिष्ट स्वयंसेवक, भारत के विभिन्न स्थानों का वैशिष्ट्य यह सब जानकारी मिलती थी। ऐसे ही एक प्रसंग में उन्होंने अटलजी द्वारा रचित 'हिंदू तन-मन हिंदू जीवन रग-रग हिंदू मेरा परिचय' कविता गाई थी। उसे हम लोग शाखा में, कार्यक्रमों में गाते भी थे। हिंदू जीवन का एक विशेष स्वाभिमानपूर्ण दर्शन करनेवाला, ध्येयपूर्ति की ओर अग्रसर करानेवाला व आत्मप्रचीति करानेवाला वह काव्य सभी स्वयंसेवकों को पसंद आता था। ऐसी सुंदर रचना करनेवाले कवि कोई बड़े मशहूर व्यक्ति होंगे ऐसा मन में आता था। ऐसे व्यक्ति को जानने की इच्छा भी स्वाभाविक थी। परंतु संघ में तो यह परिपाटी थी कि कवि का नामोल्लेख किए बिना ही काव्य को अपना लेना। 'वीरों का कैसा हो वसंत' या 'हमको है अभिमान देश का', 'गरजा जय जयकार क्रांतिचा' , ऐसे अनेक प्रसिद्ध कवियों के गीत भी संघ ने अपनाए हैं। परंतु कौन से काव्य के कौन रचयिता हैं? यह न तो जानने की ही किसी की इच्छा होती थी न बताने की। इसका कारण संघ प्रणेता डॉ. हेडगेवारजी के द्वारा अपने चरित्र से सर्जित प्रसिद्धि पराङ्मुखता थी। परंतु इस काव्य पर श्री बाबासाहेब आपटे भी इतने प्रसन्न थे कि वे स्वयं ही बताते थे कि जानते हो इसके कवि कौन हैं? अपना ग्वालियर का एक बाल स्वयंसेवक है। अपनी छोटी उम्र में ही उसने इतने उदात्त भावों को काव्यबद्ध किया है। बड़ा मेधावी है। नाम भी उसका 'अटल' है। एक बाल स्वयंसेवक की ही यह कृति है, यह जानकर हम सभी स्वयंसेवकों का भाव ऊँचा हो जाता था।

बाद में श्री भाऊराव देवरस ने, जो उत्तर प्रदेश के प्रांत प्रचारक थे, अपने एक प्रवास में यह सूचना दी कि 'हिंदू तन-मन हिंदू जीवन' इस प्रेरणादायी काव्य के रचयिता श्री अटल बिहारी ने संघकार्य में ही जीवन समर्पित करने का निर्णय लेकर प्रचारक के नाते कार्य करना निश्चित किया है व उन्हें संडीला में भेजा जा रहा है। यह सुनकर हम सभी को आनंद हुआ। उसके बाद

वाराणसी में जो 'संघ शिक्षा वर्ग' लगा था उसमें वे शिक्षक के नाते आए थे, एक कार्यकर्ता के नाते उनसे सभी का संबंध भी आया। 'एक कवि हृदय कार्यकर्ता शारीरिक कार्यक्रमों का शिक्षक' यह समीरण देखने को मिल रहा था, परंतु उसमें भी उनका कविहृदय अधिक प्रभावी रहता था। जिस गण पर गण लेने के लिए जाते थे उस गण के स्वयंसेवक प्रसन्न हो जाते थे। कारण उसमें शारीरिक कम और कवि कल्पना का आनंद अधिक रहता था। जो नवीन प्रयोग सिखाने की योजना रहती थी उसे 'विश्लेषण, प्रस्तुतीकरण और कार्यान्वयन' (एक्सप्लेन, डेमोन्स्ट्रेट एंड एक्स्क्यूट) इन तीनों आवश्यकताओं को सैद्धांतिक दृष्ट्यापूर्ण कर उस गण को आम के क्षण मिलते थे। बातचीत व हँसी के फव्वारे चलते थे। यह ऊपर के अधिकारी शिक्षक के ध्यान में आने पर जब तक वे इस गण पर पहुँचते थे तो अटलजी पुनः उस गण का साधारण अभ्यास लेने लगते थे तब कालांश पूर्ण हो जाता था। बाद में विनोदसभा के कार्यक्रमों में अटलजी को कविता कहने का आग्रह होता ही था। बाबासाहेब आपटे जब यह सुनते थे तो बहुत प्रसन्न होते थे। भाऊरावजी, दीनदयालजी भी मन-ही-मन प्रसन्न होते थे। इन दोनों के ध्यान में अटलजी की साहित्यिक प्रतिभा आई व उन्हीं दिनों में भाऊरावजी की दूरदृष्टि से प्रारंभ किए गए साप्ताहिक 'पाञ्चजन्य' व मासिक 'राष्ट्रधर्म' संपादकीय विभाग में स्वाभाविक ही दीनदयालजी व अटलजी के नाम आए।

अटलजी ने वचनेश त्रिपाठी आदि अपने सहयोगियों के साथ उस पद को बखूबी निभाया। उनके लेख व संपादकीय प्रबोधन समाज को प्रशिक्षित करने की दृष्टि से होते थे। विचारों में शुद्धता एवं पारदर्शिता होने के कारण पाठकों को आनंद देनेवाले तथा संस्कारित करनेवाले ही होते थे। बोरे का पार्टीशन, टूटी कुरसियाँ, दूरभाष की सुविधा नहीं, यातायात के लिए साइकिल, वह भी पुरानी, रहने के लिए भी अनेक को मिलकर एक कमरा, ऐसी स्थिति में स्वयं प्रसन्न रहते हुए अपने सहयोगियों को भी प्रसन्न रखना यह केवल प्रखर ध्येयनिष्ठा के आधार पर ही होता है। अटलजी की ध्येयनिष्ठा आज तक निर्विवाद है।

'पाञ्चजन्य' साप्ताहिक व 'राष्ट्रधर्म' मासिक की पाठक संख्या बढ़े व अपने साहित्य का प्रचार-प्रसार हो यह सभी चाहते थे। प्रांत के कार्यकर्ताओं की बैठक भी होती थी जिसमें साधक-बाधक विचार रखे जाते थे। ऐसी ही कानपुर में होनेवाली कार्यकर्ताओं की बैठक में कार्यकर्ताओं में 'पाञ्चजन्य' के विषय में टीका, सराहना करते हुए विचार रखे। बाद में भाऊरावजी ने अटलजी से 'संपादक' के नाते उत्तर देने को कहा। अटलजी खड़े हुए व अपने लहजे में उन्होंने कहना प्रारंभ किया कि "आप सब बंधुओं ने अपने विचार रखे और खरी-खोटी भी सुनाई। परंतु मुझे ये बताइए कि आप चाहते तो हैं कि अच्छी कहानियाँ, अच्छी कविताएँ, अच्छे लेख 'पाञ्चजन्य' में छपे परंतु यह कैसे हो यह भी आपने सोचा है? आपकी ओर से न कोई सहायता होती है, न कोई लेख भेजा जाता है। अकेला अटल क्या करेगा? कविता भी लिखेगा, लेख लिखेगा, संपादकीय लिखेगा, क्या-क्या करेगा? इसका उत्तर मुझे दीजिए। 'पाञ्चजन्य' ठीक चलने लगेगा।"

अटलजी की यही विशेषता ध्यान में आती है कि वे जिस समुदाय में जैसी बात जितने शब्दों में कहनी है वह वे अत्यंत चुने हुए प्रभावी शब्दों में कह सकते हैं, कहते हैं। सन् 1951 के बाद उन्हें 'भारतीय जनसंघ' में भाग लेने के लिए कहा गया। उस समय भारतीय जनसंघ के जन्मदाता डॉ. श्यामाप्रसाद मुखर्जी का उन्होंने उनकी अंतिम यात्रा तक साथ दिया यह सभी को विदित है।

इसके बाद उनका राजनीतिक जीवन प्रारंभ होता है। थोड़े ही दिनों में देश के उच्च वक्ता ही नहीं प्रमुख नेता भी माने-जाने लगे। विशेषत: चुनावों के दिनों में उनके भाषणों के लिए होड़ लगती व हजारों की संख्या में भीड़ होने लगती। ऐसे ही चुनावों के दौर में उनका लखनऊ में भाषण हो रहा था। भाऊरावजी के साथ हम लोग भी भाषण सुनने के लिए गए थे। पीछे भीड़ में खड़े होकर सुन रहे थे। अटलजी मंच से अपने लहजे में बोल रहे थे। उसमें देश की परिस्थिति, भारतीय जनसंघ की नीतियाँ एवं विपक्ष के विचार की विफलता आदि विषयों को अनेक कहानी-किस्से सुनाते हुए प्रभावी ढंग से रख रहे थे। तब तक पास से ये शब्द सुनाई पड़े, ''राजनारायण, बच्चा बोलता तो बहुत अच्छा है। जरूर नेता बनेगा।'' हमने मुड़कर देखा कि ये शब्द कौन बोल रहे हैं तो देखकर आश्चर्य हुआ। डॉ. राममनोहर लोहिया राजनारायणजी के कंधे का सहारा लेकर खड़े थे और ये प्रशंसोद्गार बोल रहे थे। मैंने भाऊरावजी को यह बताया तो भाऊरावजी उनके पास गए, नमस्कार किया एवं उन्हें अपने स्थान पर ले आए और हम सभी ने उनका बड़े गौरवपूर्वक परिचय कराया। तब तक अपने कुछ स्वयंसेवकों ने पास के परिचित मकान से 4-5 कुरसियाँ मगाईं व भाऊरावजी ने लोहियाजी को व उनके साथियों को उस पर अपने साथ ही बैठा लिया। ऐसा ही एक प्रसंग मिर्जापुर का है। भारतीय जनसंघ एवं कांग्रेस की सभाएँ थीं। भारतीय जनसंघ ने अपनी सभा सात बजे रखी थी तो कांग्रेस ने उसी मैदान पर सायं चार बजे पं. गोविंदवल्लभ पंत की सभा रखी थी। परंतु जैसे चुनावों में होता ही है। पंडित पंत का आगमन विलंब से अर्थात् 7 बजे हुआ। समस्या खड़ी हुई क्या हो? किसकी सभा प्रथम हो? कांग्रेस के कार्यकर्ता भारतीय जनसंघ के कार्यकर्ताओं के पास आए व समस्या का हल कैसे हो यह पूछने लगे। जनसंघ के कार्यकर्ताओं ने कहा कि ''हमारा समय तो यही निश्चित था। अटलजी भी आ गए हैं। इसलिए अच्छा हो कि हमारी सभा होने दीजिए और फिर आपकी हो।'' परंतु कांग्रेस के नेताओं ने फिर कहा, ''देखिए! पं. गोविंदवल्लभ पंत मुख्यमंत्री हैं। वैसे भी उन्हें तीन घंटों का विलंब होता जा रहा है। अत: मुख्यमंत्री पद का सम्मान रखने के लिए हमारी सभा पहले होने दीजिए। फिर अटलजी तो बाद में बोल सकते हैं।'' अटलजी से पूछा तो उन्होंने कहा, ''ठीक है! वैसे ही हो जाने दो। इससे मुख्यमंत्री पद का सम्मान भी रह जाएगा व हमें पंतजी का भाषण भी सुनने को मिलेगा। जिसका उत्तर हम अपने भाषण में दे सकेंगे।'' जनसंघ कार्यकर्ताओं ने कहा, ''अटलजी, समय वैसे ही बहुत हो गया है। कांग्रेस की सभा चलेगी तो और विलंब हो जाएगा एवं विशेषत: सायंकाल भोजन का समय होने से जनता भी घर जाना शुरू करेगी। फिर हम क्या करेंगे।'' अटलजी ने कहा, ''उसकी चिंता मत करो। वह मेरे ऊपर छोड़ दो। मैं देख लूँगा।'' तद्नुसार ही हुआ। कांग्रेस के नेता आनंद से सभास्थल पर गए व पंतजी का चुनाव भाषण हो गया। सभा समाप्त हुई तो जनता ने उठकर घर जाना प्रारंभ कर दिया। इधर जनसंघ के नेता मंच पर जोर-जोर से कह रहे थे, ''अभी जाइए मत। अब जनसंघ की सभा होगी। अटलजी आ गए हैं व शीघ्र ही उनका भाषण प्रारंभ होगा।'' परंतु जनता कहाँ मान रही थी। उसने जाना जारी रखा तो अटलजी ने स्वयं ही उठकर माइक थाम लिया व बोलना प्रारंभ किया, ''भाइयो! आपने एक पंडा का भाषण सुन लिया। अब इस दूसरे पंडे की भी तो बात सुन लीजिए। चुनाव के क्षेत्र में काशी के गंगा घाट पर जैसे पंडे होते हैं वैसे ही चुनावी गंगा में नहाने-नहलाने के लिए पंडे भी अपनी-अपनी बात

सुनाने बैठते हैं। अर्थात् जितने पंडे उतने डंडे भी लग जाते हैं और डंडों पर फिर झंडे लग जाते हैं। चुनाव में जितने पंडे उतने ही डंडे और वैसे ही झंडे।'' बस इन शब्दों को फेंकती अटलजी की आवाज जब जनता ने सुनी तो सब फिर वापस आकर बैठ गए व सभा में बैठे-ही-बैठे दस कब बज गए, पता ही नहीं पड़ा। सभा समाप्त हुई तब मंत्रमुग्ध बना समाज अपने में आया।

इसके पूर्व सन् 1948 में संघ पर प्रतिबंध लगने के कारण जब 'राष्ट्रधर्म' मासिक व साप्ताहिक 'पाञ्चजन्य' का प्रकाशन बंद हो गया था, उस समय अटलजी को वाराणसी से पत्र चलाने के लिए भेजा गया। वहाँ उनका निवास श्री राजाराम द्रविड़ के घर में था। वहाँ से ही उन्होंने 'चेतना' साप्ताहिक प्रारंभ किया। थोड़े ही दिनों में राजारामजी के घर की वृद्ध माताजी से लेकर सभी सदस्यों के साथ उनके इतने घनिष्ठ संबंध हुए कि आज भी वे उसे भूल नहीं पाते। राजारामजी व देवेंद्रस्वरूपजी का पत्रकारिता प्रशिक्षण भी उनके साथ रहने से अच्छा हो गया। 'गांडीव' के संपादक भगवानदास अरोड़ा से तथा बाबू संपूर्णानंदजी व परिपूर्णानंदजी से भी उनका अच्छा परिचय हुआ जो आगे बढ़ता ही गया। 'आज' के संपादक श्री लक्ष्मण नारायण गर्दे, श्री बापट तथा श्री मोहनलाल जायसवाल से भी उनका संबंध इन्हीं दिनों में हुआ। सभी अटलजी के व्यक्तित्व से प्रभावित थे। एक आत्मीय स्नेह का सा भाव सभी में जगा था।

आगे वे जब भारत के एक अच्छे सांसद व विपक्ष के प्रमुख नेता के रूप में पहचाने जाने लगे उस समय भी उनका ध्येयनिष्ठा का भाव उतना ही प्रखर था। एक बार वे भारतीय जनसंघ के कार्यक्रम में कानपुर आए थे। उन दिनों हम उत्तर प्रदेश के प्रांत प्रचारकों की बैठक चल रही थी। स्वाभाविक ही अटलजी समय निकालकर भाऊरावजी, बैरिस्टर नरेंद्रजीत सिंहजी, मानवीय रज्जू भैया आदि अपने कार्यकर्ताओं से मिलने आए। उस समय मा. भाऊराव ने इन्हें हम प्रचारकों की बैठक में बुलाकर 10 मिनट का समय देकर प्रबोधन करने को कहा। हम लोग सोच रहे थे कि प्रचारक की भूमिका से दूर राजनीति की उधेड़बुन में फँसे हुए अटलजी क्या बोलेंगे? परंतु ठीक 10 मिनट में ही उन्होंने 'गागर में सागर' भर दिया व इतनी समुचित बातें सबके सम्मुख रखीं कि हम सब दंग रह गए। भाऊरावजी का भी मन प्रसन्न हुआ।

अटलजी संसद् में इतने शीघ्र जनप्रिय व प्रभावी हो गए कि वे जब बोलने के लिए खड़े होते तो श्री जवाहरलाल नेहरू भी सदन में लौट आते व अत्यंत गौर से सुनते, यह अनेक सांसदों से पता चला। संसद् में जैसे वे सर्वप्रिय नेता रहे हैं वैसे ही उन्होंने संसद् में कभी भी एकांगी चर्चा नहीं की, विध्वंसात्मक भूमिका नहीं ली। सदैव राष्ट्रहित को सम्मुख रखकर समस्याओं पर पक्षातीत रचनात्मक विचार ही रखे हैं। इसीलिए वे 'सर्वोत्तम सांसद' के सम्मानपूर्ण स्थान के अधिकारी माने गए। यह राष्ट्रीय स्वयंसेवक संघ के संस्कारों का ही परिणाम है। उन संस्कारों को उन्होंने सदैव प्रकट किया है। इसीलिए वे संघ के कार्यकर्ताओं के लिए भी एक प्रिय नेता बने हुए हैं।

इसी कारण जब वे श्री मोरारजी भाई देसाई की सरकार में विदेश मंत्री बने व उनका भारत के बाहर प्रवास हुआ तब भारत के बाहर जाकर बसे हुए प्रवासी भारतीयों ने पूछा कि ''हम भारत के पुत्र हैं, परंतु अब वर्षों से बाहर रह रहे हैं। हमें उन देशों की राष्ट्रीयता भी स्वीकार करनी पड़ी है तो हम लोगों के लिए आपका क्या विचार है? क्या हम भारत के नहीं रहे? क्या भारत हमारे

लिए नहीं सोचेगा?'' अटलजी ने तुरंत उत्तर दिया, ''ऐसा क्यों विचार करते हो। तुम्हारा पासपोर्ट भले ही काला, लाल, नीला, पीला हो तुम हमेशा हमारे हो व हम तुम्हारे।'' इस एक वाक्य ने ही सभी प्रवासी-अनिवासी भारतीयों में एक विश्वास का निर्माण किया, इसी का परिणाम है कि कारगिल युद्ध के समय जब अटलजी ने आह्वान किया तो चार अरब डॉलर्स इन्हीं बंधुओं के माध्यम से सहायतार्थ आए।

अटलजी की यह विशेषता जो उन्हें अपने विपक्षियों को भी अपना बनाने में सहायक होती है, उनका भूषण बनी हुई है। जब डॉ. सुब्रह्मण्यम स्वामी भारतीय जनसंघ में थे, उस समय भी जैसी उनकी आदत है वे शीर्षस्थ नेताओं को भी अपनी टीका का लक्ष्य बनाकर अपने को बड़ा बताने का प्रयास करते हैं, वही कर रहे थे और इस कारण दोनों में दूरी निर्माण हो रही थी। उस समय जब अटलजी का न्यूजर्सी में डॉ. महेश भाई मेहता के घर आगमन हुआ था उस समय मैं डॉ. स्वामी को उनसे मिलाने ले गया। वे थोड़ी सी अनिच्छा से ही तैयार हुए थे। परंतु वहाँ हमारे पहुँचते ही अटलजी ने जिस निकटता से उनका स्वागत किया, पूछताछ की उससे बड़ा आश्चर्य हुआ। कटुता लेश मात्र भी नहीं दिख रही थी। परंतु ऐसे स्नेहपूर्ण भावों को भी डॉ. स्वामी समझ नहीं सके व वहाँ तो नहीं परंतु बाद में आज तक उन्होंने अपनी वही दूरी बनाए रखी है।

अटलजी की सफलता व कुशलता इसी से स्पष्ट प्रमाणित हो जाती है कि जो अपने को उनका विपक्षी मानते थे वे आज उनका स्वेच्छा से साथ दे रहे हैं। किसी समय भाजपा एक अछूत, अकेलेपन की पार्टी मानी जाती थी, वही आज अपने एक समय के विपक्षी दलों को अपने साथ लेकर 17 पक्षों की मिली-जुली सरकार में सफलतापूर्वक बनी हुई है। आपस के अनेक गैर-समझ दूर हो गए हैं। साथ बैठने से आगे और भी दूर होंगे, यही विश्वास लेकर अटलजी सबका सफल नेतृत्व कर रहे हैं।

अटलजी की प्रत्युत्पन्नमति भी देखने योग्य होती है। संसद् में विपक्ष के नेता के रूप में वे बोल रहे थे तो सत्तारूढ़ दल की ओर से बिना कारण प्रश्न उठाकर, नारे लगाकर उनके बोलने में बाधा डालने का प्रयत्न हो रहा था। अटलजी ने कुछ देर तक तो राह देखी व बाद में अपनी आवाज ऊँची कर कहा, ''अध्यक्ष महोदय, ये सब क्या हो रहा है, इस प्रकार की काँव-काँव ही करते रहना है तो उन्हें करने दीजिए। मैं इस काँव-काँव के बीच नहीं बोल सकता।'' परमपूजनीय गुरुजी के द्वारा उद्धृत एक श्लोक यहाँ याद आता है—''ददतु ददतु गालिर्गालिवंतो भवंतः। वयमपि तद्भावात् गालिदानेऽ समर्थर्तः।'' शायद अटलजी सत्तारूढ़ पक्ष को भी यही बताना चाह रहे थे। अटलजी के यह कहकर बैठते ही अध्यक्ष महोदय खड़े हुए व उन्होंने सत्ता पक्ष को फटकारते हुए बैठने को कहा। सदन में शांति हुई तब अटलजी बोलने के लिए खड़े हुए। इतने में किसी ने कह ही दिया, ''आपको तो इतना विचलित नहीं होना चाहिए। आप तो अटल हैं न?'' तुरंत अटलजी के शब्द आए, ''बिहारी भी तो हूँ।'' और संसद् भवन हँसी से गूँज उठा।

उसी प्रकार इस वर्ष जब प्रधानमंत्री के नाते वे राष्ट्रपति उद्बोधन पर विपक्ष की टीका का उत्तर दे रहे थे तो विपक्ष के उपनेता श्री माधवराव सिंधिया खड़े हो गए। वे कुछ बोलते उसके पहले ही अटलजी ने कहा, ''नहीं, नहीं ऐसा नहीं हो सकता। एक ग्वालियरवासी अपने ही ग्वालियरवासी का विरोध कैसे कर सकता है।'' उनसे किसी ने कहा कि ''आप ग्वालियर के

कहाँ हैं? आप तो आगरे के हैं।'' तो तुरंत अटलजी बोले, ''मैं तो अब लखनऊ का हूँ।'' और फिर हँसी गूँज उठी व सदन में स्तब्धता छा गई। अटलजी बोलने लगे।

अटलजी के व्यवहार में विभिन्न छटाएँ दिखती हैं। आनंद आता है। परंतु उन्होंने कभी भी अपने मूल संस्कारगत सिद्धांतों को नहीं छोड़ा है, बल्कि उन्हीं सिद्धांतों पर वे आगे बढ़ते चले जा रहे हैं। पोखरण का विस्फोट, अमेरिका में जाकर वहाँ की सीनेट में सी.टी.बी.टी. के संबंध की अपनी नीति स्पष्ट करना, जी-17 देशों की सम्मिलित गोष्ठी में अपना दृष्टिकोण स्पष्ट बताकर उन्हें अनुकूल बनाना, दिल्ली-लाहौर बस यात्रा का अभिनव प्रयोग कर पाकिस्तान की जनता के मन में एक नवीन आशा का निर्माण कर उन्हें अनुकूल बनाने का सफल प्रयास तथा कारगिल में व कारगिल के पश्चात् अपनी शक्ति का समुचित प्रयोग कर अमेरिका, रूस, फ्रांस, इंग्लैंड व चीन को भी भारत की ओर देखने के दृष्टिकोण में अनुकूल परिवर्तन करवाना, ये सब बातें उनके स्वभाव की 'वज्रादपि कठोराणि मृदुणि कसुमादपि', यह विशेषता प्रमाणित कर रही है। सबसे बड़ा श्रेय जो अटलजी को प्राप्त हुआ है वह यह है कि उनके इन राजनीतिक सफल कदमों के कारण संपूर्ण राष्ट्र की एकता का अनुभव समाज ने किया है। उसका मानस उच्च उदात्त हुआ है। उसका आत्मविश्वास बढ़ा है जो हम सभी के लिए गर्व का विषय ही कहा जा सकेगा। इस सबकी नींव में है उनका अपने ध्येय पर, अपने ध्येय मार्ग पर तथा स्वयं अपने ऊपर पूर्ण विश्वास और अपनी संस्कृति व श्रेष्ठ आर्य परंपरा पर अटूट श्रद्धा। 'भवानी शंकरो वंदे श्रद्धा, विश्वस रूपिणो' यह उनकी प्रणति रही है। यह उनके जीवन के अनेक प्रसंगों में से एक प्रसंग पर बहुत स्पष्ट दृष्टिगोचर होता है।

'दीनदयाल शोध संस्थान' का नाम व कार्य अब सुपरिचित है। श्रद्धेय प्रज्ञावान् दीनदयालजी के द्वारा प्रदत्त एकात्म मानव दर्शन को साकार करने का प्रण लेकर संस्थान का प्रादुर्भाव हुआ है। दीनदयालजी के अभिन्न कार्यकर्ताओं में से श्री नानाजी देशमुख व अटल बिहारी वाजपेयीजी ये ही दो नाम सामने आते हैं व संस्थान का प्रादुर्भाव भी इन दोनों के संकल्प से ही हुआ है। परमपूजनीय गुरुजी का उन्मुक्त आशीर्वाद उसे प्राप्त करने का सौभाग्य मिला है। नानाजी संस्थापक व अटलजी उसके प्रथम अध्यक्ष रहे हैं। उस कार्य की गतिमान प्रगति को संबल देने के लिए दीनदयाल कोष की योजना बनी व उसका प्रारंभ प्रथम अध्यक्ष व वर्तमान प्रधानमंत्री के करकमलों द्वारा ही होना उचित है यह सोचकर श्री नानाजी ने 18 सितंबर, 1999 को कार्यक्रम आयोजित किया।

अटलजी अपने राजनीतिक जीवन की उधेड़बुन से राहत पाने के लिए अपनों के मध्य आने को सदा इच्छुक रहते हैं व आने पर प्रकृतिस्थ भी रहते हैं। उस दिन ऐसा ही हुआ। कार्यक्रम में समय से 5 मिनट पूर्व ही पहुँचे। नानाजी ने स्वागत किया। दीप प्रज्ज्वलन से कार्यक्रम प्रारंभ हुआ। नानाजी ने स्वागत भाषण किया। उसमें उनकी अपनी धारणानुसार उन्होंने प्रतिपादन करते हुए ओछी दलगत राजनीति व शासन के वेतनभोगी कर्मचारियों पर निर्भर रहकर कार्य करने की प्रवृत्ति को आड़े हाथ लिया व कहा कि ''राष्ट्र का उत्थान करने का कार्य समाज के समर्पित कार्यकर्ता ही कर सकते हैं, राजनेता या पूँजीपति नहीं। उपेक्षित समाज की सेवा उन्हें विभिन्न आयामों में उत्थान की ओर ले जानेवाले मार्ग उपलब्ध करने से ही समर्पित कार्यकर्ता उपलब्ध होंगे। राजनीति

व शासन से यह संभव ही नहीं है।'' अटलजी अपना उद्‌बोधन देने के लिए खड़े हुए। प्रथम चरण पर ही उन्होंने दीनदयालजी की पावन स्मृति में नमन करके, उनके अविरत निरलस स्नेह व परिश्रमशील वृत्ति से कैसे वे प्रभावित हुए, दीक्षित हुए यह बताते हुए जिन्हें दीनदयाल का सहवास प्राप्त हुआ था, उनके मन को एक उच्च उदात्त अवस्था में पहुँचा दिया। अटलजी ने कहा कि पं. दीनदयालजी का चिंतन लेकर उनके स्वप्नों को साकार करने के लिए हमें प्रयत्नशील रहना है। कारण यह कार्य आवश्यक होने पर भी उतना सरल नहीं है। मुझे राजनीतिक क्षेत्र मिला है व मैं उसे लेकर आगे बढ़ रहा हूँ। उसमें भी भ्रष्टाचार, वेतनभोगी मानसिकता, आलस्य, अनास्था व अनादर ऐसे अनेक कष्टप्रद पहलू हैं जो गतिमान नहीं होने देते। इसलिए श्री नानाजी ने हमें आड़े हाथ लिया है। वह ठीक ही है। परंतु श्री दीनदयालजी की राष्ट्रशंकर की कल्पना में राष्ट्ररथ को चलाने के लिए दो मजबूत गतिमान पहिए नितांत आवश्यक माने गए हैं। वे दो पहिए हैं—शासन व समाज। ठीक है मा. नानाजी ने 'समाज का पहिया' को ठीक, सक्षम करने का दायित्व लिया है, परंतु अभी वह शैशवावस्था में ही है। टिमटिमाता दीप थोड़ी दूर तक अंधकार को दूर करता है। ऐसे ही अनगिनत दीप टिमटिमाते हुए अंधकार को दूर करने का कार्य कर रहे हैं। परंतु यह भी सत्य है कि अंधकार, टिमटिमाते दीप की क्या, तारों से भी दूर नहीं होता। अंधकार दूर करने के लिए सूर्योदय आवश्यक होता है। राष्ट्रीय अस्मिता का यह सूर्योदय राष्ट्र के सभी अंगों में अपनी प्रकाश किरण पहुँचाए, तभी यह अंधकार दूर होगा। दीनदयालजी इस राष्ट्रीय अस्मिता के सूर्य को प्रगट करने का स्वप्न सँजोए हुए थे। तद्‌नुसार कार्य में हम लोग लगे हुए हैं। परंतु लक्ष्य अभी दूर ही नहीं बहुत दूर है। अविरत, अडिग रहकर प्रयत्न करते रहना होगा। नानाजी ने समाज का पहिया सँभाला है। मैंने शासन का पहिया सँभाला है। कठिनाइयाँ हैं, खाइयाँ हैं। कभी आगे, कभी पीछे, परंतु न डिगते हुए बढ़ते ही जाना है। विश्वास रखें, दीनदयालजी का स्वप्न साकार होकर रहेगा। यह नहीं कि अटलजी शासन से ही लिपटे हुए हैं। शासन में तो अब आए हैं। इसके पूर्व विपक्ष में बैठकर विपक्ष द्वारा ध्वंसात्मक नहीं, रचनात्मक विरोध व सहयोग, परिस्थिति के अनुसार कैसे किया जाता है इसका सबक डॉ. श्यामाप्रसाद मुखर्जी व अपने अंत के वर्षों में श्री जयप्रकाश नारायण जैसे धुरीणों से सीखकर अटलजी ने उस क्षेत्र में आदर्श प्रस्तुत किया है। आज भी वे प्रतिपक्ष से यही आशा करते हैं व बार-बार उन्हें स्मरण दिलाते हैं, जिसे डॉ. मनमोहन सिंह, श्री प्रणव मुखर्जी, (स्व.) राजेश पायलट ऐसे कुछ बंधु अवश्य मान्यता देते दिखाई देते हैं।

इस दृष्टि से भाजपा के 13 दिनों के मंत्रिमंडल में जब पेच प्रसंग खड़ा हुआ उस समय 12वें दिन अटलजी परमपूज्य रज्जू भैयाजी से मिलने केशवकुंज, झंडेवाला में आए थे। संयोग से वे जब सीढ़ियाँ चढ़ रहे थे तो मैं सीढ़ियों पर ही मिला। नमस्कार आदि होने पर मैंने अटलजी से पूछा कि क्या बहुमत की संभावना है, तो तुरंत उनका अपने लहजे में उत्तर था, ''अरे कौन आता है? एक दिन रहा है। देखेंगे, नहीं तो कल मैं इस्तीफा देकर सब छोड़ दूँगा।'' इतना कहकर अटलजी ने जोर का ठहाका लगाया तथा सीढ़ियाँ चढ़कर परमपूज्य रज्जू भैया के कमरे की ओर चले गए। दूसरे दिन संसद् में अपना स्मरणीय वक्तव्य देकर जिस शान और गरिमा के साथ उन्होंने संसदीय कक्ष राष्ट्रपति भवन जाने के लिए छोड़ा वह दृश्य संपूर्ण राष्ट्र आज भी प्रत्यक्ष देख रहा हो, ऐसा स्मरण करता है। यह उनका चरित्र है। अपने ध्येय के प्रति पूर्ण समर्पित। इसीलिए उनके हृदय

के स्पंदन से काव्यरस वह निकलता है।

परमपूजनीय गुरुजी के वाराणसी के एक कार्यक्रम के पूर्व भाऊरावजी ने अटलजी से आग्रह किया था कि वह अपनी काव्य-धारा प्रवाहित करें। तभी से यह काव्य की धारा प्रवाहित हो रही है—

'आज सिंधु में ज्वार उठा है।
नगपति फिर ललकार उठा है॥'

(लेखक राष्ट्रीय स्वयंसेवक संघ के प्रचारक एवं दीनदयाल शोध संस्थान के निदेशक थे)

□

एक अजातशत्रु

—उत्तम चंद इसराणी

भारत जैसे विशाल देश का प्रधानमंत्री होना और उसमें भी अठारह दलों की सरकार के प्रमुख का कार्य निश्चित ही काँटों भरा ताज ही है। देश में आजादी के बाद काफी लंबे अर्से तक, अर्थात् सन् 1977 तक एक ही राजनीतिक दल कांग्रेस का शासन रहा और उस समय देश के प्रधानमंत्री को बहुमत की कोई चिंता नहीं रही। सन् 1977 के चुनाव के बाद जनता पार्टी के शासन में श्री मोरारजी देसाई प्रधानमंत्री बने, वे भी काँटों का ताज ही पहने हुए थे, क्योंकि जनता दल के ही कुछ नेता स्वयं प्रधानमंत्री बनना चाहते थे। इसी कारण श्री मोरारजी देसाई चैन से प्रधानमंत्री नहीं रह सके थे। श्री राजनारायण जैसे लोगों ने भीतरीघात का षड्यंत्र किया, जिस कारण मोरारजी भाई को त्यागपत्र देना पड़ा और श्री चरणसिंह प्रधानमंत्री बने, जिनके स्पष्ट शब्द थे कि वे अपने जीवनकाल में भारत के प्रधानमंत्री बनना चाहते थे और भगवान् ने उनकी इच्छा पूरी की। किंतु वे भी राजनीति के षड्यंत्रों का शिकार होकर अधिक समय प्रधानमंत्री नहीं रह सके तथा सन् 1980 में लोकसभा के मध्यावधि चुनाव होकर श्रीमती इंदिरा गांधी पुनः पदारूढ़ हुईं। श्रीमती इंदिरा गांधी को बहुमत की कोई कठिनाई नहीं रही।

श्री राजीव गांधी को बोफोर्स तोप सौदे के कारण विद्रोह का सामना करना पड़ा और श्री वी.पी. सिंह प्रधानमंत्री बने। परंतु वे भी अधिक समय प्रधानमंत्री नहीं रह सके।

सन् 1991 के चुनाव प्रचार में श्री राजीव गांधी की हत्या हो जाने के कारण कांग्रेस को सहानुभूति लहर का लाभ अवश्य हुआ, परंतु वह स्पष्ट बहुमत प्राप्त नहीं कर सकी। फिर भी जोड़-तोड़ की राजनीति करते हुए श्री नरसिंहाराव ने बहुमत बनाया तथा 5 वर्षों तक प्रधानमंत्री बने रहे।

श्री अटलजी पहली बार सन् 1996 में भाजपा सबसे बड़ी पार्टी होने के कारण प्रधानमंत्री तो बने, परंतु बहुमत न होने के कारण उन्हें मात्र तेरह दिन बाद त्यागपत्र देना पड़ा था और तीसरे मोर्चे के नेता के रूप में श्री देवगौड़ा प्रधानमंत्री बने, परंतु कांग्रेस का समर्थन वापस होने पर श्री इंद्रकुमार गुजराल की ताजपोशी हुई। सन् 1998 में चुनावों के बाद अटलजी दूसरी बार प्रधानमंत्री बने तो उनके ही सहयोगी दलों में से श्रीमती जयललिता के विद्रोह के कारण 13 माह बाद एक वोट से उनकी सरकार गिरी तथा अटलजी को इस्तीफा देना पड़ा।

सन् 1999 के चुनाव के पूर्व राष्ट्रीय प्रजातांत्रिक/लोकतांत्रिक गठबंधन बना तथा तीसरी बार श्री अटलजी प्रधानमंत्री बने हैं।

इस सारे इतिहास से यह जाहिर है कि गठबंधन सरकार का नेतृत्व कोई आसान बात नहीं है।

समय-समय पर अटलजी के सहयोगी दल भी आँखें दिखाने लगते हैं या गुर्राने लगते हैं, इस कारण अपना मन मसोसकर अटलजी को कार्य करना पड़ता है और यदि यह कहें कि अटलजी अपनी इच्छा से कोई कार्य नहीं कर सकते तो यह गलत नहीं है।

गठबंधन सरकारों का अनुभव भारत में वर्तमान में चल रहा है। आशा करनी चाहिए कि यह सफल होगा। परंतु यदि सौदेबाजी, मान-अपमान और छोटे-बड़े का भाव रहा तब तो विवाद खड़े होते हैं और यदि देश के प्रति समर्पण और आपसी एकता का भाव गठबंधन के दलों में रहा तो गठबंधन सरकारें भी निश्चित रूप से सफल हो सकती हैं और इसके लिए अटलजी जैसा व्यक्तित्व चाहिए।

अटलजी ने राजनीतिक जीवन में काफी उतार-चढ़ाव देखे हैं। जनता सरकार में जब वे विदेश मंत्री थे तब उन्होंने और श्री लालकृष्ण आडवाणी ने इस बात का भरसक प्रयास किया कि जनता पार्टी टूटे नहीं। परंतु कुछ विघ्नसंतोषी लोगों ने उनके ऊपर दोहरी निष्ठा का आरोप लगाते हुए जनता पार्टी को तोड़ दिया और तब भी इस प्रकार के प्रयास ऐसे कुछ लोगों द्वारा किए जा रहे हैं कि भाजपा और अटलजी का छिपा हुआ भगवा एजेंडा है और ऐसे ही लोग प्रयास कर रहे हैं कि इस बात को लेकर राष्ट्रीय लोकतांत्रिक गठबंधन भी टूट जाए।

परंतु अटलजी के व्यक्तित्व के सामने बाकी सब व्यक्ति व दल बौने दिखते हैं। अटलजी का यह व्यक्तित्व अल्प समय में नहीं बना है, उनके 'विद्यार्थी जीवन संघ' के संस्कार हैं, जिस कारण वे एक कुशल संगठक और सबको साथ लेकर चलनेवाले व्यक्ति हैं। पद की इच्छा न होने के कारण उन्होंने पहली बार सन् 1996 में बहुमत न होने से इस्तीफा दिया और दूसरी बार सन् 1998 में एक मत से सरकार चली गई तो इस्तीफा देने में विलंब नहीं किया और न ही जोड़-तोड़ की राजनीति कर अपनी सरकार को बचाने का प्रयास किया।

अटलजी का व्यक्तित्व ऐसा नहीं है कि उन्होंने अपनी पार्टी भाजपा तथा एन.डी.ए. से नेतृत्व प्राप्त करने के लिए कोई गुटबंदी का सहारा लिया हो। वास्तव में तो वे अपनी पार्टी तथा राष्ट्रीय लोकतांत्रिक गठबंधन के एक ऐसे नेता हैं जिनको अजातशत्रु कहा जा सकता है।

आर्थिक क्षेत्र में उनके हाथ बँधे हुए हैं। श्री नरसिंहाराव के जमाने में हुए विश्व व्यापार संघ के समझौतों को तोड़ना श्री अटलजी पसंद नहीं करते, क्योंकि इसमें देश की विश्वसनीयता का सवाल है, दूसरी ओर स्वदेशी जागरण मंच द्वारा उनके ऊपर आए दिन दबाव बढ़ता रहता है, परंतु ऐसे में अपने और पराए के बीच में संतुलन बनाए रखना यह अटलजी की कार्यशैली की अपार सफलता है।

इतनी सारी कठिनाइयों के होते हुए भी उन्होंने पोखरण में परमाणु परीक्षण और कारगिल का युद्ध जीतकर देश का गौरव बढ़ाया है और अमेरिका जैसे राष्ट्र को बाध्य किया है कि वह भारत के साथ मित्रता करे। आतंकवाद के विरुद्ध एक अंतरराष्ट्रीय मोर्चा बनाने की सफलता का श्रेय भी श्री अटलजी को जाता है। दुनिया के किसी भी देश को यह ईर्ष्या हो सकती है कि उसके देश का प्रधानमंत्री यदि हो तो अटलजी जैसा हो। अटलजी ने दुनिया में स्वयं के व्यक्तित्व के बजाय भारत के गौरव को बढ़ाने का ही प्रयास किया है और कवि की उस पंक्ति को साकार किया है जिसमें कहा गया है 'तेरा वैभव अमर रहे माँ, हम दिन चार रहे न रहें।'

□

वह वाणी, वह मौन!

—यशवंत इंदापुरकर

घर में संघ-'जनसंघ' का वातावरण होने के कारण बाल्यकाल से ही अटलजी हम बच्चों के 'नायक' थे। उनको देखने, मिलने, सुनने का अवसर हमारे लिए अवर्णनीय आनंद का अवसर होता था। आपातकाल की काली छाया में हुए लोकसभा चुनावों (सन् 1977) के दौरान हम बाल किशोरों की टोली ने "अटल बिहारी बोल रहा है, इंदिरा शासन डोल रहा है", "अटल बिहारी संघर्ष करो" और "देश का नेता कैसा हो" जैसे नारे गुँजाकर चुनाव प्रचार में उत्साहपूर्वक हिस्सा लिया था। इसी दौरान छत्री मैदान पर हुई उनकी आमसभा आज भी "न भूतो-न भविष्यति" लगती है, जब शहर की हर गली, हर सड़क अटलजी को सुनने छत्री मैदान की ओर मुड़ आई थी।

आपातकाल के ही दौर का प्रसंग है। मेरे पिताश्री मा.शं. इंदापुरकर बेगमगंज, रायसेन की जेल में मीसा में बंदी थे। अटलजी स्वास्थ्य कारणों से पैरोल पर छूटकर ग्वालियर आए हुए थे। सुबह सूचना आई कि अटलजी हम लोगों से मिलने घर आ रहे हैं। आसपास के परिवारों में भी यह खबर पहुँच गई थी, उनमें अधिकांश 'संघ' परिवार ही थे, सभी अटलजी से मिलने घर पर इकट्ठा हो गए। अटलजी आकर अपने सहज स्वभावानुसार सबसे अनौपचारिक पूछताछ अर्थात् बातचीत करने लगे। इस सहज बातचीत से आपातकाल का तनावपूर्ण वातावरण छटकर सहज होता जा रहा था। अटलजी ने पास ही खड़े एक छोटे से बालक से नाम पूछा, उसने बताया, "अतुल रमाकांत तारे, (आज वह स्वदेश, गुना संस्करण के संपादक हैं।) "कहाँ पढ़ते हो"—बालक ने विद्यालय का नाम बताया 'सरस्वती संघ!' एक समाजसेवी संस्था द्वारा इस नाम से एक विद्यालय का संचालन किया जाता था, आज भी किया जा रहा है। अटलजी ने तत्काल चुटकी ली, "अरे, तुम्हारे विद्यालय में 'संघ' है फिर भी इंदिरा गांधी ने उसे बंद नहीं किया।" बालक तो जो समझा, सो समझा पर वहाँ उपस्थित सभी अटलजी के उस कटाक्षपूर्ण व्यंग्य पर ठहाके लगा उठे।

दूसरा प्रसंग—नई दिल्ली के ही अ.भा. आयुर्विज्ञान संस्थान का है। मध्य प्रदेश में भारतीय जनसंघ और भाजपा के आधार स्तंभ रहे स्व. नारायण कृष्ण (बाबूराव) शेजवलकर वहाँ गंभीर अवस्था में उपचारार्थ लाए गए थे। पिछले दिनों में केंद्रीय गृहमंत्री श्री लालकृष्ण आडवाणी, पार्टी के तत्कालीन राष्ट्रीय अध्यक्ष श्री कुशाभाऊ ठाकरे सहित अनेक हस्तियाँ उनसे मिलने चिकित्सालय आ चुकी थी। एक दिन सुबह-सुबह संस्थान के परिसर में खाकी वर्दी की गहमागहमी बढ़ गई।

अचानक चर्चा चल पड़ी, ''पी.एम. आ रहे हैं—पी.एम. आ रहे हैं।'' सभी व्यवस्थाओं को तेजी से चाक चौबंद किया जाने लगा। कुछ ही देर में प्रधानमंत्री श्री अटल बिहारी वाजपेयी ने सदलबल अस्पताल की ऊपरी मंजिल में स्थित अतिदक्षता कक्ष में प्रवेश किया। गलियारों में खड़े मरीजों के सहयोगियों का अभिवादन स्वीकारते हुए वे शेजवलकरजी की शैय्या तक पहुँचे और उनका हाथ अपने हाथों में थाम लिया। अटलजी मौन थे और शेजवलकरजी भी कुछ कहने की अवस्था में न थे, किंतु अटलजी के बोलते नेत्रों और स्पर्श ने कुछ ही मिनटों में वह सब कुछ कह दिया जो शायद वाणी की सामर्थ्य से भी परे था। उनका मुखमंडल बता रहा था कि अपने पाँच दशकों के सहयोगी की पीड़ा देखकर अटलजी द्रवित हो उठे हैं। कुछ ही समय के बाद उनके मुखमंडल पर सहजता वापस लौटी और वे पास ही खड़े श्री विवेक शेजवलकर सहित अन्य परिवारीजनों से बाबूरावजी के विषय में पूछताछ करने लगे। अटलजी के मौन, उनकी वाणी के विषय में यूँ तो ढेरों प्रसंग सुने, देखे अथवा पढ़े हैं किंतु प्रत्यक्ष अनुभव के इन दो प्रसंगों की स्मृति अंतरमन में सदैव ताजा रहती है।

मध्य प्रदेश 'स्वदेश' के शिखर पुरुष तथा 'राष्ट्रीय स्वयंसेवक संघ' के तपोनिष्ठ प्रचारक श्री माणिकचंद्र वाजपेयी के 75वें जन्म दिवस को सन् 1994 में उनकी कर्मस्थली भिंड में पूरे उत्साह से 'अमृत महोत्सव' के रूप में मनाया गया था। इस अवसर पर आयोजकों ने एक स्मारिका के प्रकाशन का मन बनाया। मुझे उस स्मारिका, जिसे 'समर्पण' ना दिया गया के संपादन का सौभाग्य प्राप्त हुआ था। 'समर्पण' के लिए जिन प्रमुख हस्तियों से संदेश भेजने हेतु हमने निवेदन किया था, उनमें अटलजी प्रमुख थे। संयोग से अटलजी का शुभकामना संदेश हमें उसी दिन मिला जिस दिन भिंड में मुख्य समारोह तथा 'समर्पण' का विमोचन होना था। स्वाभाविक रूप से उस स्मारिका में हम अटलजी का संदेश प्रकाशित नहीं कर पाए, बाद में हमने यह उल्लेख करते हुए कि आपका संदेश विलंब से मिला 'समर्पण' की एक प्रतिमा अटलजी को भेजी। मेरी दृष्टि में बात समाप्त हो गई थी। किंतु कुछ ही दिनों के बाद अटलजी का एक पत्र मुझे मिला जिसमें मामाजी और अपनी घनिष्ठता, बटेश्वर में साथ खेलने-कूदने, बाबा बटेश्वरनाथ के दर्शन और जमुना स्नान के 'स्मरण' के साथ उन्होंने लिखा था कि संदेश में विलंब होने से उनकी ही हानि हुई है। 'समर्पण' के सुंदर प्रकाशन के लिए उन्होंने बधाई भी दी। इतने बड़े एवं व्यस्ततम राजनेता की यह सादगी और सहजता आज के राजनीतिज्ञों के लिए आदर्श है। सचमुच इसीलिए तो वे महान् हैं।

□

न दैन्यं न पलायनम्

—शैवाल सत्यार्थी

आपातकाल के दौरान लिखा गया यह पत्र जिसमें मर्मस्पर्शी करुणा और असामान्य शौर्य, दोनों का अद्‌भुत समन्वय है—मुझे कैसे और कहाँ से प्राप्त हुआ, इसका अब स्मरण नहीं। अस्वस्थता के कारण श्री अटलजी आयुर्विज्ञान संस्थान में भर्ती थे, वहीं से यह पत्र लिखा गया। इसी पत्र की भाव-भूमि और मन:स्थिति में ही उनकी बहुविख्यात कविता 'संकल्प' (टूट सकते हैं, मगर हम झुक नहीं सकते) का सृजन हुआ और जो 'पाञ्चजन्य' तथा देश के अन्य पत्रों में प्रकाशित हुई।

अटल बिहारी वाजपेयी
संसद् सदस्य
(लोकसभा)

आयुर्विज्ञान संस्थान
अंसारी नगर, नई दिल्ली-1
25 सितंबर, 1979

प्रिय बंधु,

आपका पत्र मिला। क्षीरसागरजी के आकस्मिक देहावसान का समाचार सुनकर गहरा धक्का लगा। शरीर कितना नश्वर है, जीवन कितना क्षणभंगुर!

गत सोलह महीने के संघर्ष-काल में और भी कार्यकर्ता हमेशा के लिए विदा हुए हैं। उनकी स्मृति हमारे हृदयों में हमेशा ताजा रहेगी। अपने आदर्शों और विश्वासों के लिए काम करते हुए, स्वाभाविक रूप से मृत्यु का वरण करनेवाले हमारे लिए प्रिय होते हैं—किंतु वे लोग तो प्रेरणादायक बन जाते हैं, जो युद्धभूमि में वीरगति को प्राप्त होते हैं। शहीद की मौत मरने का सौभाग्य सबको कहाँ मिल पाता है?

सभी काराबद्ध कार्यकर्ताओं-बहनों और भाइयों को मेरी शुभकामना व आदर दें। उनका कष्ट-सहन व्यर्थ नहीं जाएगा। काया को कैद कर या दिल को दुखाकर जो यह समझते हैं कि मुक्ति की माँग को मिटा देंगे, उन्हें हमेशा पछताना पड़ता है। पशु-बल परास्त होता है और अंतत: आत्म-बल की विजय होती है।

संकट की घड़ी में जो मित्र साथ छोड़ गए—वे घृणा के नहीं, दया के पात्र

हैं। उनकी दुर्बलता क्षम्य भले ही न हो, किंतु वह सहानुभूति अवश्य जगाती है। यह एक विचित्र बात है कि भय से भीत या लोभ से ग्रस्त होनेवालों में अधिकांश विधायक या संसद्-सदस्य हैं। साधारण कार्यकर्ता अपने स्थान पर अडिग हैं। ऐसा लगता है कि वर्तमान संसदीय राजनीति एक ऐसा सुविधावादी वर्ग तैयार करती है, जो अपने स्वार्थ पर छोटी सी चोट भी सहन नहीं कर सकता और परीक्षा की पहली आँच लगते ही भाग खड़ा होता है। ऐसे लोग इतिहास नहीं बना सकते। उलटे इतिहास को विकृत करने के प्रयत्नों में सहभागी होकर कलंक बन जाते हैं।

आगामी 21 अक्तूबर को भारतीय जनसंघ अपने जीवन के 25 वर्ष पूर्णकर लेगा। आश्रम-व्यवस्था के अनुसार 25 वर्ष बाद व्यक्ति का पारिवारिक जीवन प्रारंभ होता है। संगठन के नाते अब हमें भी राष्ट्रवाद, लोकतंत्र और सामाजिक न्याय में निष्ठा रखनेवाले सभी भारतीयों को, बिना किसी भेदभाव के एक परिवार मानकर चलना है और तदनुरूप अपने दायित्व का निर्वाह करना है। जनसंघ के संस्थापक—प्रधान डॉ. श्यामाप्रसाद मुखर्जी ने, संसद् में राष्ट्रवादी-लोकतांत्रिक गुट का गठन कर, जिस ऐतिहासिक प्रक्रिया को प्रारंभ किया था—अब उसे अंतिम रूप देने का अवसर आ गया है।

25 वर्ष के कालखंड में हमने अनेक उतार-चढ़ाव देखे हैं। प्रारंभिक विफलता ने हमें निराश नहीं किया, प्रयत्नसाध्य सफलता हमें विवेक-भ्रष्ट नहीं कर सकी। राष्ट्रीय संकट के प्रत्येक अवसर पर हम प्रथम पंक्ति में रहे। आज जबकि एक भयावह अँधेरा, हमारी अस्मिता के आलोक को निगल जाने पर तुला है—हमें ध्येयसिद्धि के लिए जीने, जूझने और आवश्यकता पड़ने पर मर-मिटने के अपने संकल्प को दोहराना होगा...न दैन्यं न पलायनम्—अर्जुन की यह दोहरी प्रतिज्ञा ही हमारा उद्घोष होनी चाहिए।

मेरे स्वास्थ्य में सुधार है—सस्नेह—सादर

भवदीय

अटल बिहारी वाजपेयी

(इसी ऐतिहासिक-पत्र के नीचे उनकी उक्त कालजयी रचना—'संकल्प'—'टूट सकते हैं, मगर हम झुक नहीं सकते' अंकित है। जो शायद कारागार में लिखी गई या आयुर्विज्ञान संस्थान में?)

मिलावट का घोल : साहित्यिक गुरु का मार्गदर्शन

अटल बिहारी वाजपेयी

6, रायसीना रोड, नई दिल्ली

12 फरवरी, 1986

प्रिय शैवालजी,

आपका 15 जनवरी, 1986 का पत्र तथा 'राष्ट्र को क्या दोगे?' शीर्षक रचना प्राप्त हुई। बहुत-बहुत धन्यवाद।

आज के संदर्भ में रचना सचमुच एक सुलगता हुआ प्रश्न प्रस्तुत करती है। अच्छा होता यदि उसमें 'मिलावट का घोल' न मिलाया जाता। मिलावट एक अपराध है। भ्रष्टाचार और रिश्वत का निर्मूलन जरूरी है, किंतु सुलगती हुई पंजाब की स्थिति के संदर्भ में—विघटन और तोड़-फोड़ की ओर इशारा करना ही काफी होता। यदि यह रचना पुरानी है, तब मुझे कुछ कहना नहीं है। कवि की दूरदृष्टि के लिए बधाई।

शुभकामनाओं के साथ—

भवदीय
अटल बिहारी वाजपेयी

परिस्थितियाँ बदलने के लिए संकल्प जरूरी

घनघोर आपातकाल! 19 अक्तूबर, 1976 की आधी रात···ग्वालियर स्टेशन के बाहर एक सफेद गाड़ी खड़ी है। ड्राइवर की सीट पर एक नौजवान और पीछे की सीट पर एक अधेड़ सज्जन, जो झुकने में भी कष्ट अनुभव कर रहे थे—कारण रीढ़ का या ऐसा ही कुछ असहनीय दर्द। उस रात किसी को अनुमान न था—न कार के बाहरवालों को न भीतरवालों को कि ड्राइवर बना बैठा युवक एक दिन विधानसभा का चुनाव लड़ेगा और पीछे बैठा व्यक्ति—इस देश का भाग्य-विधाता बनेगा।

दो लोग कार के भीतर, और हम तीन लोग कार के बाहर, भीतर श्री अटलजी और विवेक शेजवलकर, बाहर, ब-कलम खुद मैं शैवाल, हरीश जोगलेकर और रामनाथ : एक अदना सा आदमी। पूरे हिंदुस्तान में, या यूँ कहा जाए कि इतने बड़े ग्वालियर में किसी को फुरसत न थी या साहस न था कि अपने जन-नायक को विदा करने आते···'मेड-इन इंदिरा' आपातकाल जो चल रहा था—मौसम खुशगवार न था।

"इतनी रात को क्या जरूरत थी आने की, शैवाल। सुबह तो पर्याप्त चर्चा हो ही चुकी है।" अटलजी कह रहे थे। "आपका मोह ही ऐसा है, जो बार-बार अपनी ओर खींचता है।" मैंने उत्तर दिया। अटलजी ने मुसकराने की कोशिश की, शायद पीड़ा अधिक थी।

काफी देर गपशप चलती रही—देश को लेकर, हालात को लेकर, आपातकाल को लेकर···तभी रामनाथ की झपकी खुली, "मैं भी आपसे एक सवाल करना चाहता हूँ।" समय कुछ क्षणों के लिए ठहर गया था, तमाम घड़ियों के काँटे जहाँ-के-तहाँ रुक गए थे—जब एक अदना सा व्यक्ति, भावी महामात्य से प्रश्न कर रहा था।

अटलजी ने चौंककर देखा और मुसकराए, "हाँ भाई, क्या प्रश्न है तुम्हारा?"

मैं यह जानना चाहता हूँ कि यह स्थिति कब तक रहनेवाली है? सकपकाकर रामनाथ ने पूछ लिया। ओह, यह आपातकाल! तुम्हारी जिज्ञासा यही है न? इसका उत्तर तो साफ है कि जब तक आप लोग, मेरा मतलब है, देश के लोग चाहेंगे—यही स्थिति रहनेवाली है, और

जिस क्षण आप उसे समाप्त करने का संकल्प ले लेंगे—उसी क्षण यह समाप्त हो जाएगी···।

तभी ट्रेन आने की आवाज सुनाई दी। हड़बड़ाकर अटलजी कार से उतरे। सब लोग प्लेटफॉर्म पर पहुँचे, तो देखा—मालगाड़ी। फिर कुछ देर वहीं खड़े बातें करते रहे कि गाड़ी आ गई। अटलजी आगे की ओर चले। मैंने रामनाथ से कहा, "सूटकेस उठाओ।" उसने सूटकेस उठाया और आगे को भागा। उधर से गार्ड लपकता हुआ आया, "सर, आपका कंपार्टमेंट पीछे है।"

हम लोगों ने उन्हें ट्रेन में बिठाया, और अलविदा!

आदर्श पत्नी : आदर्श पति

अपनी हाजिरजबावी और विनोदी स्वभाव के लिए अटलजी विख्यात हैं। एक पार्टी में एक महिला पत्रकार—अटलजी के आज तक कुँआरे रहने के रहस्य को जानने के लिए उत्सुक थी। अपने अखबार में देने के लिए कुछ चटपटा मसाला तलाश रही थी। अटलजी तो बस अटल थे—टस-से-मस नहीं हो रहे थे। हारकर पत्रकार ने अंतिम प्रश्न दागा, "अटलजी, आप अभी तक अविवाहित क्यों हैं?" अटलजी ने चुटकी ली, "आदर्श पत्नी की खोज में!" महिला पत्रकार ने चौंककर पूछा, "क्या वह नहीं मिली?" अटलजी ने उदास स्वर में कहा, "मिली तो थी, किंतु उसे भी आदर्श पति की खोज थी।"

ओह, कवि-पुत्री

मित्रों-परिचितों को याद रखने और संबंधों का निर्वाह करने में वे अन्यतम हैं। दिल्ली में 'अखिल भारतीय विद्यार्थी परिषद्' का अधिवेशन था। अटलजी संभवत: मुख्य अतिथि थे। बेटी ऋचा उन दिनों मेडिकल कॉलेज की छात्रा थी। कमल सिंह के बाग निवासी कुमारी आराधना मिश्रा के साथ वह भी अधिवेशन में गई। आराधना ने परिचय कराते हुए अटलजी को बताया, "यह ऋचा है, शैवालजी की बिटिया।"

"ओह, कवि-पुत्री।" अटलजी ने मुसकराकर कहा। फिर वे उन्हें अपने साथ अपने निवास पर ले गए—साथ भोजन कराया, और फिर वापस छोड़ने भी आए।

वे कुछ क्षण इन बच्चियों के लिए अब अविस्मरणीय और इतिहास बन गए हैं।

दुर्लभ चित्र : दुर्लभ हस्ताक्षर

सन् 1957 का एक चित्र—कमल सिंह के बाग स्थित उनके निवास का—अटलजी कुरसी पर बैठे हैं, मैं पीछे खड़ा हूँ। खींचनेवाले हैं भाई जगदीश तोमर। आपातकाल में जब एक दिवस के लिए पैरोल पर वे ग्वालियर आए और 'कृष्ण-कृपा'—श्री नारायणकृष्ण शेजवलकर के निवास पर ठहरे, तब उन्होंने उस चित्र पर लिखा, प्रिय शैवालजी को सस्नेह—अटल बिहारी वाजपेयी, 19.10.76।

एक अंतराल पश्चात् मैंने उक्त फोटो उन्हें दिल्ली भेजा, तो उनका पत्र आया—'प्रिय शैवालजी, आपके साथ सौ रश्मि, ऋचा और चिंतन द्वारा जन्म दिवस पर भेजी हुई शुभकामनाएँ

प्राप्त हुईं। बहुत-बहुत धन्यवाद। ...उस दिन प्रो. कुंटे के कार्यक्रम में आपसे मुलाकात हुई थी—पचास साल की स्मृतियाँ झकझोर गईं...सन् 1976 का हस्ताक्षरित फोटो मिला—दुर्लभ चित्र मैं संसद् के लिए बलरामपुर से पहली बार सन् 1957 में चुनाव लड़ा था। नववर्ष की शुभकामनाओं के साथ—आपका अटल बिहारी वाजपेयी।'

फोटो सन् 1957 का, और हस्ताक्षर 19 अक्तूबर, 1976 के। अटलजी उसे 'दुर्लभ' कह रहे हैं, मैं उसे ऐतिहासिक कहूँगा।

(लेखक सुप्रसिद्ध साहित्यकार हैं)

□

राजनीति के शिखर पुरुष

—भगवतीधर वाजपेयी

भावुकता ने अटलजी को कवि बनाया, पत्रकारिता ने उन्हें चिंतक और विचारक बनाया और राजनीति ने उन्हें देश का नि:स्वार्थ सेवा का अवसर देकर न केवल असाधारण लोकप्रियता प्रदान की वरन् राजनीति के शिखर पुरुष के रूप में सम्मानित भी किया। यह गौरव उन्हें किसी की कृपा से नहीं वरन् देश के लिए उनके संपूर्ण समर्पित जीवन के कारण मिला है।

मैंने अटलजी के साथ रहकर ही पत्रकारिता सीखी। सन् 1950 के मध्य में जब लखनऊ से राष्ट्र धर्म प्रकाशन लि. ने दैनिक 'स्वदेश' का प्रकाशन प्रारंभ किया, तो अटलजी उसके संपादक थे और मैं एक उप-संपादक नियुक्त हुआ। उस समय उनकी कार्यशैली, तीक्षण बुद्धि और पैनी दृष्टि का हर समय परिचय मिलता रहा। वे पत्र में अग्रलेख तो लिखते ही थे, आवश्यकता पड़ने पर समाचारों का अंग्रेजी से हिंदी अनुवाद करने बिना किसी संकोच के सहयोगियों के साथ बैठ जाते, कंपोज की गई सामग्री का प्रूफ पढ़ते, पेज मेकअप कराते आदि। उनके अग्रलेखों में विचारों की गंभीरता और तर्कपूर्ण शैली के साथ ही भाषा का सौष्ठव और प्रवाह पढ़ने को मिलता।

यह गत शताब्दी के पाँचवें दशक का समय था। चार वर्षों पूर्व प्राप्त की गई स्वाधीनता के साथ ही विरासत में ढेरों समस्याएँ प्राप्त हुई थीं। सबसे बड़ी समस्या देश-विभाजन के समय आबादी की अदला-बदली के कारण लगे गहरे घावों की मरहमपट्टी की थी। 'स्वदेश' के माध्यम से विस्थापितों की वेदना का स्वर तो मुखरित होता ही था, देश की अन्य समस्याओं के समाधान के लिए पत्र के अग्रलेख आलोचनात्मक ही नहीं, रचनात्मक भी होते थे।

देश का नया संविधान लागू हो चुका था। व्यवस्थित आर्थिक विकास के लिए प्रथम पंचवर्षीय योजना का भी शुभारंभ हुआ। यह देश के जीवन में नए राजनीतिक, आर्थिक और सामाजिक परिवर्तन की शुरुआत थी। नए संविधान के अंतर्गत देश में लोकसभा और राज्यों की विधानसभाओं के प्रथम आम चुनाव होने थे। प्रधानमंत्री पं. जवाहरलाल नेहरू के तथाकथित सैक्यूलरवाद के कारण हिंदुओं के हितों की निरंतर उपेक्षा हो रही थी। पाकिस्तान के पश्चिमी भाग से तो प्राय: सभी हिंदू भारत आ चुके थे। तत्कालीन पूरबी पाकिस्तान से, जो आज स्वतंत्र बंगलादेश है, हिंदू बड़ी संख्या में प्रताड़ित और अपमानित होकर भारत आ रहे थे। भारत सरकार की ढुलमुल नीति से असहमत हो डॉ. श्यामाप्रसाद मुखर्जी ने नेहरू मंत्रिमंडल से त्यागपत्र दे दिया था। चूँकि वे देश की नई परिस्थितियों में हिंदू महासभा की राजनीति को प्रासंगिक नहीं मानते थे, अत: उन्होंने एक नए राजनीतिक दल के गठन की आवश्यकता अनुभव की। इस संबंध में उन्होंने 'राष्ट्रीय स्वयंसेवक संघ' से परामर्श ही नहीं किया, वरन् अनुकूल

प्रतिक्रिया देखकर उससे सहयोग भी माँगा। संघ ने हिंदू संगठन के मूल कार्य को पूर्णत: अक्षुण्ण रखते हुए अपने कुछ कार्यकर्ताओं को अनुमति दी कि भारतीय जनसंघ के नाम से नए राजनीतिक दल की स्थापना में डॉ. मुखर्जी के सहयोगी बनें। संघ स्वयंसेवक देश भर में बड़ी संख्या में उपलब्ध होने के कारण विभिन्न प्रदेशों में भारतीय जनसंघ की तदर्थ इकाइयाँ सरलता से गठित हो गईं। राष्ट्रीय अध्यक्ष के रूप में डॉ. मुखर्जी ही मान्य किए गए तथा उनके नेतृत्व में भारतीय जनसंघ लोकसभा और विधानसभाओं के चुनावों में कूद पड़ा। पार्टी के लिए चुनाव परिणाम अपेक्षा से बहुत कम थे, किंतु एक उल्लेखनीय बात यह हुई कि पार्टी को लगभग चार प्रतिशत मत प्राप्त हो जाने के कारण चुनाव आयोग ने उसे राष्ट्रीय स्तर की पार्टी की मान्यता प्रदान की।

जहाँ तक अटलजी का प्रश्न है, उन्हें पार्टी में कोई दायित्व नहीं दिया गया था और न कहीं से उन्हें चुनाव लड़ाया गया था, किंतु चुनाव के दौरान उन्हें सभाओं में भाषण के लिए बुलाया जाने लगा। इस प्रकार पत्रकारिता के साथ-साथ राजनीति भी उनका कार्यक्षेत्र बनने लगा। आर्थिक परेशानियों के कारण 'स्वदेश' को चलाना असंभव जान चुनाव के बाद प्रबंधकों ने पत्र का प्रकाशन बंद कर दिया। आर्य समाज के दिग्गज नेता श्री इंद्रविद्या वाचस्पति द्वारा संचालित दैनिक 'वीर अर्जुन' अब संघ के नियंत्रण में आ चुका था। 'स्वदेश' के बंद हो जाने के बाद अटलजी को 'वीर अर्जुन' का संपादकीय दायित्व सँभालने के लिए लखनऊ से दिल्ली भेजा गया और कुछ समय के बाद मुझे भी 'वीर अर्जुन' में काम करने के लिए दिल्ली जाना पड़ा। हम दोनों वहाँ श्रद्धानंद बाजार में प्रेस के ही ऊपरी भाग में रहते थे। चुनाव हो चुके थे, अत: अब भारतीय जनसंघ को अपना संगठनात्मक ढाँचा खड़ा करने के साथ-साथ जनता के बीच में उसका प्रचार भी बढ़ाना था। इस निमित्त दिल्ली के निकटवर्ती उत्तर प्रदेश के विभिन्न स्थानों में आयोजित होनेवाली सभाओं में भाषण देने के लिए अटलजी बुलाए जाने लगे। इस प्रकार प्राय: सप्ताहांत में अटलजी जनसंघ के कार्य के लिए व्यस्त होने लगे। जनसंघ की सभाओं के कारण उनकी वक्तृत्व शैली में निरंतर निखार आता गया और उनकी छवि एक जननेता के रूप में विकसित होने लगी। आर्थिक तंगी से निरंतर जूझता 'वीर अर्जुन' भी जनवरी 1953 के अंत में बंद कर दिया गया। बस, यहाँ अटलजी के पत्रकार जीवन पर पूर्णविराम लग गया। मैं दैनिक 'युगधर्म' में काम करने दिल्ली से नागपुर चला गया, पर युवा अटलजी डॉ. श्यामाप्रसाद मुखर्जी के सचिव के रूप में उनके साथ संलग्न हो गए और इस प्रकार वे पूरी तरह राष्ट्रवादी राजनीति के लिए समर्पित हो गए। अटलजी पत्रकारिता बहुत लंबे समय तक नहीं कर पाए। यदि वे इस क्षेत्र से संलग्न रहते तो देश के श्रेष्ठतम पत्रकारों में उनकी गणना होती रहती। सन् 1948-49 में वे इलाहाबाद से प्रकाशित होनेवाले अंग्रेजी साप्ताहिक 'क्राइसिस' में काम कर चुके थे, अत: उन्होंने अंग्रेजी पत्रकारिता का भी अनुभव प्राप्त किया था। लेकिन राष्ट्रवादी राजनीति की आवश्यकताएँ इतनी प्रबल हो गईं कि एक मूर्धन्य पत्रकार होते-होते वे राजनीति के उस उच्च शिखर पर पहुँच गए हैं, जहाँ से वे राजनीति को नई दिशा दिखाते हुए देश का अत्यंत विषम परिस्थितियों में सफल नेतृत्व कर रहे हैं। उन पर देश की जनता तो मुग्ध है ही, उनकी सूझबूझ और क्षमता की सराहना सारे संसार में हो रही है। उन्होंने बड़े धैर्य और सूझबूझ के साथ न केवल देश को कारगिल सदृश संकट से बाहर निकाला है, वरन् भारत को भी संसार में एक नई शक्ति के रूप में प्रतिष्ठा दिलाई है। इसीलिए वे आज देश की आशाओं के केंद्र हैं।

□

जब भीड़ ने आल्हा छोड़ विद्रोह किया

—शिवकुमार गोयल

मेरा यह सौभाग्य रहा कि समय-समय पर मैं अटलजी के पास बैठकर उनके जीवन के अनेक रोचक संस्मरण सुनकर उन्हें अपने हृदय पटल पर अंकित करता रहा। एक दिन 2, फिरोजशाह रोड पर हम दोनों अकेले थे। मेरी 'वीर सावरकरजी' पर नई पुस्तक प्रकाशित होकर आई थी। अटलजी ने उसे देखा तो क्रांतिकारी आंदोलन, राष्ट्रीय जनचेतना के संस्मरणों में खो गए। मैंने उन्हें मूड में देखा तो पूछ लिया, ''आप भी तो सन् 1942 के आंदोलन में पकड़े गए थे। उन दिनों युवा पीढ़ी में स्वाधीनता के प्रति कैसा उत्साह था?''

अटलजी ने दोनों आँखें बंद कीं, कुछ क्षण चुप रहने के बाद बोले, ''गोयलजी, क्या पूछते हो उन दिनों की बातें। सन् 1942 में मुझे मेरे पिताजी ने ग्वालियर से सरकार विरोधी गतिविधियों में भाग न ले सकूँ, इसलिए बटेश्वर भेज दिया था। बटेश्वर, यमुना के तट पर बसा तीर्थस्थल ठहरा। शायद वह 21 अगस्त, 1942 का दिन था।''

इस क्षेत्र के लोग रामायण के पाठ की तरह आल्हा का आनंद उठाने को लालायित रहते थे। देखते-ही-देखते मुझे ढोलक की थाप व मंजीरों की गूँज ने आकर्षित किया। भागा-भागा बाजार पहुँचा तो वहाँ लोग मस्ती से आल्हा सुन रहे थे। मैं भी सुननेवालों की भीड़ में शामिल हो गया। अचानक न जाने कहाँ से तीन युवक वहाँ पहुँचे और जोरदार आवाज में बोले, ''गांधीजी तथा अन्य सैकड़ों नेताओं को पकड़कर अंग्रेजों ने जेल में ठूँस दिया है और आप लोग हैं कि आल्हा का मजा ले रहे हैं।'' आल्हा रोक दी गई। 'अंग्रेजो भारत छोड़ो' के नारों से बटेश्वर गूँजने लगा। एक जोशीले युवक ने घोषणा कर डाली, ''हमारा पावन तीर्थस्थलरूपी गाँव बटेश्वर आज से स्वतंत्र है। हम पर अंग्रेजों का राज्य नहीं है।''

युवकों से लेकर वृद्धों में इतना जोश भर गया कि सरकारी संपत्ति को क्षति पहुँचाकर अपने गाँव को 'विद्रोही' व स्वतंत्र सिद्ध करने को उतावले हो उठे। बटेश्वर में पुलिस चौकी तो थी नहीं। पास के जंगल में वन-विभाग की एक सरकारी चौकी थी। राष्ट्रीय चेतना से लबालब भरी भीड़ जंगल की ओर चल दी। वहाँ पहुँचकर चौकी की दीवार तोड़ डाली गई। वनरक्षक की कोठरी ध्वस्त कर दी गई और आगे बढ़कर भिखौली की चौकी की खिड़कियाँ उखाड़कर उन्हें आग की भेंट कर दिया गया।

अटलजी इस आँखों देखे साहसिक संस्मरण को सुनाते-सुनाते रोमांचित हो उठते हैं। वे बताते हैं, ''दूसरे ही दिन पूरे बटेश्वर गाँव को पुलिस की टुकड़ियों ने घेर लिया। लोगों को

आतंकित करने के लिए चाहे जिसे पकड़ लिया गया। गोवर्धनदास, भवानी प्रसाद, लीलाधर वाजपेयी, शोभाराम, शिवकुमार तथा ककुआ, इन छह नेताओं को गिरफ्तार कर आगरा जेल भेज दिया गया। बाद में उन्हें राजद्रोह व तोड़फोड़ के आरोप में न्यायालय से सजाएँ मिलीं।''

अटलजी कुछ देर रुककर कहते हैं, ''देश केवल अहिंसा या सत्याग्रह से ही आजाद नहीं हुआ है। वीर सावरकर, चंद्रशेखर आजाद, शहीद-ए-आजम भगतसिंह तथा न जाने कितने क्रांतिकारियों के ज्ञात-अज्ञात शहीदों के रक्त ने इसे सींचा है, तब इसे स्वाधीनता मिली है। आपने अज्ञात क्रांतिकारियों पर लिखने का संकल्प लेकर शहीदों के श्राद्ध का जो बीड़ा उठाया है, वह स्वाधीनता आंदोलन के इतिहास में निश्चय ही स्वर्णिम अध्याय जोड़ेगा।''

स्वाधीनता की पूर्व रात्रि पहरा देते बिताई

एक दिन फिर मैंने अटलजी को मूड में देखा तो पूछ बैठा, ''अपने छात्र जीवन का कोई रोमांचकारी क्षण बताएँ, उसका संस्मरण सुनाएँ।'' कुछ सोचकर उन्होंने कहा, ''मैं डी.ए.वी. कॉलेज (कानपुर) में अध्ययन करता था। भारत विभाजन की हिंसात्मक घटनाओं की चपेट से कानपुर अछूता कैसे रहता। कुछ शरारती लोगों ने कानपुर को भी हिंसा की आग में झोंकने का प्रयास किया। हम छात्र छात्रावास में इकट्ठे थे। 14 अगस्त, 1947 का दिन था। पास के एक हिंदू मोहल्ले के कुछ लोग वहाँ पहुँचे। उन्होंने कहा कि हमें पक्की खबर मिली है कि रात को हमारे आसपास के मुसलिम मोहल्लों से हमारी बस्ती पर हमला किया जाएगा। हम कुछ हट्टे-कट्टे किस्म के छात्रों ने उन्हें आश्वासन दिया, 'जाओ चैन की नींद सोओ। हम लोग रात को तुम्हारे मोहल्ले में पहरा देंगे।' मैं तथा अन्य छात्र रात भर उस हिंदू मोहल्ले में जागते रहे। शरारती लोगों को पता लग गया कि डी.ए.वी. कॉलेज के छात्र रात को वहाँ पहुँच गए हैं। वे उत्तेजक नारे लगाते रहे, किंतु उनका आक्रमण करने का साहस नहीं हुआ। रात मोहल्ले में गुजारने के कारण हम 14 अगस्त की रात को प्रधानमंत्री नेहरू के ऐतिहासिक भाषण से वंचित अवश्य रह गए।''

सरदार ने कहा, ''दो घोड़ों की सवारी नहीं कर पाओगे''

अटलजी से जब स्वाधीनता के बाद के नेताओं के बारे में बातचीत होती तो वे 'लौह पुरुष' सरदार पटेल का नाम लेते ही रोमांचित हो उठते थे। उन्होंने बताया—दिसंबर 1947 में लखनऊ में मुसलिमों की एक विराट सभा हुई थी। उस सभा में सरदार पटेल को भी बुलाया गया था, ताकि वह मुसलमानों के भय व आशंकाओं को दूर करें। बिहार के डॉ. सैयद महमूद के उत्तेजक व धमकी भरे भाषण को सुनकर सरदार पटेल का चेहरा लाल हो उठा था। सरदार पटेल ने उत्तेजक भाषणों का जबाव देते हुए स्पष्ट कहा था, ''मुसलमान पाकिस्तान का मोह छोड़कर पूरी तरह भारतीय बनकर रहें। वे दो घोड़ों पर सवारी करने का इरादा त्याग दें। जिन्हें तनिक भी पाकिस्तान से लगाव है—वे तुरंत हिंदुस्तान छोड़ दें।''

सरदार पटेल के इस दो टूक जवाब से जहाँ कट्टरपंथी मुसलिम नेताओं के चेहरे लटक गए थे वहीं राष्ट्रभक्त नागरिकों ने तालियाँ बजाकर उनके कथन का स्वागत किया था।

दूसरे का दुःख सहन नहीं

अटलजी अपने किसी आत्मीयजन के परिवार के सदस्य पर आए संकट के समय किस प्रकार द्रवित हो उठते हैं, इसका मैं स्वयं साक्षी हूँ।

'अमर उजाला' के संस्थापक-संपादक श्री डोरीलाल अग्रवाल से उनके आत्मीय संबंध रहे हैं। उन दिनों बंगाली मार्केट (नई दिल्ली) में 'अमर उजाला' का अतिथिगृह था। डोरीलालजी के पुत्र अनिल अग्रवाल उसमें ठहरे हुए थे। रात के समय वे घूमने निकले थे कि किसी अपराधी ने लूटने के उद्देश्य से उनके पेट में चाकू घोंप दिया। उन्हें घायलावस्था में इर्विन अस्पताल में भर्ती कराया गया।

मुझे पता चला तो मैं प्रकाशवीर शास्त्रीजी के साथ अनिलजी को देखने अस्पताल गया। सवेरे मैंने जैसे ही अटलजी को यह सूचना दी तो वे तुरंत तमाम कार्यक्रम स्थगित कर सीधे इर्विन अस्पताल पहुँचे। डोरीलालजी तथा उनका परिवार अटलजी की इस सहानुभूति से अभिभूत हो उठा। दूसरों के दुःख में दुःखी और सुख में सुखी होना अटलजी का स्वभाव है।

पराँठे खाने गए, पहचान लिए गए

अटलजी मूलतः स्वतंत्र पत्रकार रहे हैं, अतः पत्रकारों के प्रति उनके हृदय में आत्मीयता होना स्वाभाविक था। उन दिनों 'नवभारत टाइम्स' के दिल्ली के नगर संवाददाता अत्यंत धार्मिक प्रवृत्ति के तथा महामना पं. मदनमोहन मालवीयजी के अनुयायी पं. फतेहचंद्र शर्मा 'आराधक' थे। आराधकजी से मेरे भी अत्यंत निकट के संबंध थे। एक दिन आराधकजी ने कहा, ''अटलजी का आग्रह है कि चाँदनी चौक चलकर पराँठे खाए जाएँ।'' मैं आराधकजी के साथ अटलजी के यहाँ पहुँच गया। उनके निवास स्थान से हम कनॉट प्लेस के मिंटो ब्रिज तक पैदल-पैदल पहुँचे। वहाँ से हौजकाजी के लिए ताँगे मिलते थे। ताँगे में बैठकर हौजकाजी पहुँचे। वहाँ से बतियाते-बतियाते मालीवाड़ा होते हुए पराँठेवाली गली में जा पहुँचे।

इसी बीच अटलजी ने तौलिया सिर पर लपेट लिया था। बोले, ''जनसंघ का कोई कार्यकर्ता देख लेगा तो तमाम मजा किरकिरा हो जाएगा।'' हम आनंदपूर्वक चटपटी सब्जियों के साथ पराँठे खाने लगे। इसी बीच वास्तव में एक कार्यकर्ता ने अटलजी को पहचान लिया। ''अटलजी, आप यहाँ!'' जैसे ही उसने कहा, अटलजी भोलेपन से बोले, ''कौन अटलजी, अरे भाई, मैं तो...हूँ। आप पहचानने में गलती कर रहे हैं।'' वह बेचारा वहाँ से आगे बढ़ गया।

बाद में जब 'हिंदुस्तान समाचार समिति' की ओर से मुझे हरियाणा के चुनाव दौरे में अटलजी के साथ भेजा गया तब भी हमारे साथ पत्रकार आराधकजी थे। श्री जगदीश प्रसाद माथुर भी हमारे साथ थे। करनाल में भोज की मेज पर जब मैंने उनका पराँठेवाला संस्मरण सुनाया तो सभी हँस पड़े। अटलजी ठहाका लगाकर बोले, ''पत्रकारों को अंदर की बात बाहर नहीं बतानी चाहिए।''

'महाराज, थोड़े से रसगुल्लों से क्या होगा'

सन् 1967 में देश में गोरक्षा की प्रबल भावना के कारण भी कुछ गो-भक्त जीतकर लोकसभा में पहुँचे थे।

संत प्रभुदत्त ब्रह्मचारीजी ने नई दिल्ली के बसंत गाँव स्थित अपने आश्रम में गो-भक्त सांसदों को आशीर्वाद देने आमंत्रित किया। अटलजी, श्री रामगोपाल शालवाले, श्री हरदयाल देवगुण आदि सांसदों को ब्रह्मचारीजी ने पीला पटका गले में डालकर आशीर्वाद दिया। वहाँ इन्हें गोदुग्ध से विशेष रूप से निर्मित कराए सफेद-बंगाली रसगुल्लों से भरी एक-एक मटकी भी भेंट की। ब्रह्मचारीजी के प्रति अटलजी अगाध श्रद्धाभाव रखते थे। उनकी 'भागवती कथा' तथा अन्य साहित्य से वे प्रभावित थे। गो-हत्या बंदी आंदोलन के लिए ब्रह्मचारीजी के साथ अटलजी कई बार दौरा भी कर चुके थे।

ब्रह्मचारीजी ने जब अटलजी को पीला पटका पहनाने के बाद उनके गाल को थपथपाते हुए रसगुल्लों से भरी मटकी भेंट की तो वे भोलेपन से बोले, ''महाराज, मेरा एक मटकी से क्या होगा? इसे तो मैं एक बार में ही साफ कर डालूँगा। मुझे तो कुछ और मटकियाँ चाहिए।'' यह सुनते ही तमाम उपस्थित लोग ठहाका मारकर हँस पड़े।

यह दृश्य देखकर मुझे अटलजी की चुनावी सभाओं का वह लटका याद हो आया जब वह सुनाया करते थे, ''मैं एक परिवार में ठहरा हुआ था। रात को दूध से भरा छोटा सा गिलास मेरे सामने पेश किया गया। मैंने कहा कि जिस देश में दूध की नदियाँ बहती हों क्या उस देश में मुझे लोटे की जगह इस बच्चोंवाली गिलसिया में दूध देते आपको झिझक नहीं हो रही?''

अटलजी और साहित्यकार

अटलजी हिंदी के लिए समर्पित पुरानी पीढ़ी के साहित्यकारों के प्रति सम्मान की भावना रखते हैं। राजर्षि पुरुषोत्तमदास टंडन, निरालाजी, महादेवीजी, सुमित्रानंदन 'पंत', आचार्य महावीर प्रसाद द्विवेदी, गीता प्रेस के संस्थापक श्री हनुमान प्रसाद पोद्दार, संत प्रभुदत्त ब्रह्मचारी, हिंदी के पुरोधा पं. श्रीनारायण चतुर्वेदी, राष्ट्रकवि मैथिलीशरण गुप्त, रामधारी सिंह 'दिनकर', श्यामनारायण पांडेय, विष्णु प्रभाकर तथा डॉ. शिवमंगल सिंह 'सुमन' जैसी साहित्यिक-विभूतियों के प्रति उनके हृदय में अपार-श्रद्धा रही है। वहीं वे गोपालदास 'नीरज', रमानाथ अवस्थी, गोपाल सिंह नेपाली, डॉ. बृजेंद्र अवस्थी, काका हाथरसी जैसे कवियों की रचनाओं का भी रसास्वादन करते रहे हैं। डॉ. विद्यानिवास मिश्र के ललित-निबंध उन्हें जहाँ हमेशा प्रभावित करते रहे हैं वहीं 'धर्मयुग' के संपादक डॉ. धर्मवीर 'भारती' को वे एक आदर्श संपादक के रूप में आदर देते रहे हैं। पं. बनारसीदास चतुर्वेदी, पं. माखनलाल चतुर्वेदी, भवानी भाई जैसे आदर्श संपादकों की चर्चा के समय अटलजी भावविभोर हो उठते हैं।

सन् 1962 में चीन के आक्रमण के दौरान देश के लिए चीनियों से संघर्ष करते-करते शहीद हुए सैन्य अधिकारियों व जवानों पर जब मैंने 'हिमालय के प्रहरी' पुस्तक लिखी तो अटलजी की प्रेरणा पर ही मैं उसकी भूमिका लिखाने राष्ट्रकवि मैथिलीशरण गुप्त के पास गया था। गुप्तजी की भूमिका को पढ़कर अटलजी ने कहा था, ''गोयलजी, आपकी यह छोटी सी पुस्तक राष्ट्रकवि की भूमिका के कारण अमर हो गई है।''

साहित्यकारों का सम्मान

गांधीजी की 125वीं जयंती पर लखनऊ के राजभवन में आयोजित साहित्यकार श्री विष्णु प्रभाकर के सम्मान समारोह में अटलजी ने कहा था, ''महान् साहित्य शिल्पी श्री विष्णु प्रभाकरजी को सम्मानित करके हम अपने को सम्मानित कर रहे हैं। उनका चिंतन, दर्शन और लेखन गांधीजी के जीवन दर्शन से प्रभावित है। वे स्वयं स्वाधीनता सेनानी रहे हैं, राष्ट्रीयता की चेतना जगाते रहे हैं। यदि मैं यह कहूँ कि मैं उनके लेखन पर लट्टू हूँ तो गलत नहीं होगा।''

अटलजी वयोवृद्ध साहित्यकार तथा हिंदी के महारथी पं. श्री नारायण चतुर्वेदी की हिंदी-सेवा तथा समर्पित व्यक्तित्व से बहुत प्रभावित थे। चतुर्वेदीजी ने उत्तर प्रदेश सरकार द्वारा राजनीतिक लाभ के लिए उर्दू को दूसरी राजभाषा बनाए जाने की घोषणा के विरुद्ध हिंदी संस्थान के 'भारत-भारती' पुरस्कार को ग्रहण करने से इनकार कर दिया था। अटलजी ने बाद में चतुर्वेदीजी को जनता 'भारत-भारती' सम्मान दिलाया तथा स्वयं उनके निवास स्थान पर पहुँचकर उनके चरण स्पर्श कर आशीर्वाद लिया था।

अटलजी ने 'गीता प्रेस' (गोरखपुर) के संस्थापक महान् आध्यात्मिक विभूति भाई हनुमान प्रसाद पोद्दार की स्मृति में 23 सितंबर, 1992 को डाक टिकट जारी करने के समारोह में कहा था, ''श्रद्धेय पोद्दारजी ने भारतीय संस्कृति व धर्म के प्रचार-प्रसार के लिए जो उच्च कोटि का साहित्य प्रकाशित कराया तथा स्वयं रचा, उसे कभी भुलाया नहीं जा सकता।''

अटलजी साहित्यकारों व पत्रकारों तथा अपने पुराने सहयोगियों के अभिनंदन के लिए हमेशा तत्पर रहते हैं। 'आजाद सेवा समिति' ने प्रख्यात क्रांतिकारी लेखक पंडित वचनेश त्रिपाठी के अभिनंदन का 21 अगस्त, 1991 को 'पिलखुवा' में आयोजन किया। अटलजी इस समारोह में भाग लेने को तुरंत तैयार हो गए, वे पिलखुवा पधारे तथा सबसे पहले यहाँ की आध्यात्मिक विभूति स्व. भक्त रामशरणदासजी के ऐतिहासिक चित्र संग्रहालय का निरीक्षण करने उनके निवास स्थान पर गए। भक्तजी को उन्होंने हार्दिक श्रद्धांजलि अर्पित की। भक्तजी के पुत्रों—सर्वश्री शिवकुमार गोयल, रामकुमार गोयल, अनिरुद्ध, प्रद्युम्न, देवेंद्र एवं विजेंद्र—ने उनका हार्दिक अभिनंदन किया।

अटलजी ने वचनेश त्रिपाठी का अभिनंदन करते हुए उनके साथ 'राष्ट्रधर्म' तथा 'पाञ्चजन्य' में बिताए क्षणों की चर्चा की। उन्होंने कहा कि वचनेशजी ने ज्ञात-अज्ञात क्रांतिकारियों पर दर्जनों पुस्तकें लिखकर स्वाधीनता संग्राम के इतिहास में स्वर्णिम अध्याय जोड़े हैं। वे वास्तव में अभिनंदनीय हैं, वंदनीय हैं। इस प्रकार अटलजी साहित्यकारों व पत्रकारों के प्रति अत्यंत आत्मीयतापूर्ण भावनाएँ व संबंधों को निभाते रहे हैं।

(लेखक गत पाँच दशकों से अटलजी के अनन्य सहयोगी हैं)

□

मुंबई के अटल और अटलजी की मुंबई

—**मुजफ्फर हुसैन**

सन् 1953 की बात है, एक नवयुवक मुंबई सेंट्रल के प्लेटफॉर्म पर उतरता है। उन दिनों देहरादून एक्सप्रेस मुंबई लानेवाली एक मात्र सस्ती, सुलभ और आरामदायक गाड़ी मानी जाती थी, क्योंकि आज की तरह उसमें न तो भीड़ रहती थी और न ही कोई आरक्षण जैसी व्यवस्था थी। दिल्ली से आया एक अबोध युवक बड़े आश्चर्य से प्लेटफॉर्म पर इधर-उधर देख रहा था। इतने में एक गोरे-चिट्टे जवान ने पंजाबी लहजे में पूछा, ''क्या तुम्हारा नाम अटल बिहारी है?'' उस युवक ने बड़ी नम्रता से हाथ जोड़े और बोला, ''हाँ! मुझे अटल बिहारी कहते हैं। दिल्ली से मुझे जनसंघ के अध्यक्ष दीनदयालजी उपाध्याय ने भिजवाया है।'' बख्शीजी जो उस समय भारतीय जनसंघ, जिसे मुंबई में स्थापित हुए एक सप्ताह भी नहीं बीता था, के सर्वेसर्वा थे। युवक ने कंधे पर झोला लटका रखा था उससे कहा, ''चलो।'' बख्शीजी उस अबोध युवक को अपनी कार तक लाए। उन्हें सांताक्रूज जाना था जहाँ उनका निवास था। सड़क पर बड़ी भीड़ और आती-जाती डबल डेकर बस को देखकर युवक हैरान था। जब घर पहुँचे तो युवक ने अपनी जेब से दो रुपए का नोट निकाला और बख्शीजी के हाथों पर रख दिया, कहने लगा ''जब मैं दिल्ली से चला था तो उपाध्यायजी ने मुझे दिया था।'' बख्शीजी पूछने लगे, ''अरे! 45-50 घंटों में तुमने कुछ खाया नहीं?'' युवक ने अपना सिर नीचे कर लिया।

अटल बिहारी नामक इस युवक को बख्शीजी ने घर पहुँचते ही खाना खिलाया, लेकिन युवक बड़ा शर्मीला था, मन में न जाने क्या हिचकिचाहट थी, शायद उसने पेट भरकर खाना भी नहीं खाया। मुंबई में 'जनसंघ' की स्थापना हुई थी, उक्त अवसर पर दीनदयालजी ने अटल बिहारी नामक इस युवक को सार्वजनिक भाषण के लिए भिजवाया था। बख्शीजी भी सोच रहे थे उपाध्यायजी ने एक लड़के को मुंबई जैसी बड़ी जगह पर भिजवा दिया। संध्या समय विलेपार्ले में उनका भाषण रखा गया था। बख्शीजी ने तैयार होने के लिए कहा। अटलजी ने झोले से धोती-कुरता निकाला। बख्शीजी क्या देखते हैं उनका कुरता आस्तीन के पास से फटा है...तब बोले ''अरे, जनसंघ के मंच से फटे कुरते में भाषण करोगे?'' तब अटलजी ने शर्माते हुए कहा, ''मेरे पास एक कुरता और है।'' उसे जो निकाला तो वह गर्दन के पास से फटा था...अब क्या जबाव देते, तब सहजता से बोले, ''मैं इस पर अपना जॉकिट पहन लूँगा।'' बख्शीजी कहते हैं, ''अरे! इतनी गरमी में जॉकिट! लोग हँसेंगे।'' लेकिन अटलजी ने जॉकिट पहन लिया और भाषण करने चले गए। तिलक भवन में भाषण था। जब अटलजी बोले तो ऐसा लगा गंगा-जमुना थम गई है। उनकी

शैली, विचार और उनकी अदा पर न जाने कितने लोग मर मिटे…भाषण की समाप्ति पर बख्शीजी ने उन्हें गले लगा लिया। सब लोग अटल बिहारी वाजपेयीजी पर लट्टू हो गए। अटलजी का यह पहला भाषण आज भी अनेक मुंबईवासियों को याद है…बख्शीजी की आँखें भीगी हुई हैं…वे कुछ नहीं बोलते, इन दिनों बीमार हैं, लेकिन इस लेखक से कहते हैं, "एक-दो दिन बाद ढेर सारी बातें उस अबोध युवक के लिए करूँगा, जिसने पहला भाषण मुंबई में सन् 1953 में दिया था।"

बख्शीजी कहते हैं, "मैं अटल बिहारी को दिल्ली जानेवाली गाड़ी पर छोड़ आया।" दो दिन बाद दीनदयालजी का तार मिला, अटल बिहारी के साथ तुमने जो दस रुपए दिए थे वे मिले…बख्शीजी कहते हैं, "अरे! इस बार भी उसने रास्ते में कुछ नहीं खाया।" एक फाकामस्ती में अपने जीवन को सार्वजनिक रूप देनेवाला आज देश का प्रधानमंत्री बन गया।

अटलजी ग्वालियर में जनमे, उत्तर प्रदेश में पढ़े और दिल्ली उनकी कर्मस्थली बनी लेकिन मुंबई से नहीं पूरे महाराष्ट्र से उनको इतना प्यार और लगाव है कि वे कभी-कभी तो मराठी में बोलकर हम महाराष्ट्रीयनों को दंग कर देते हैं। मराठी पढ़ते हैं और उसकी पुस्तकें खरीदते हैं। पु.ल. देशपांडे को पढ़ने में उनको बड़ा आनंद आता है। कुछ वर्षों पूर्व मुंबई में जब मराठी साहित्य सम्मेलन संपन्न हुआ था तब साहित्य दिंडी के समय जो पालकी निकाली जाती है उसमें वे उपस्थित थे। बाद में जहाँ पुस्तकों का मेला लगा था वहाँ भी पहुँचे और पुस्तकें खरीदने में व्यस्त हो गए।

कामगार क्षेत्र के जाने-माने लेखक और आकाशवाणी से सेवानिवृत्त हुए शरद चव्हाण कहते हैं, "40 साल पहले जब अटलजी मुंबई आते थे तो आज के कत्थक भवन में ठहरते थे जहाँ मैं कार्यालय मंत्री था। दादर स्टेशन से हम उन्हें कत्थक भवन तक लाते और फिर वे स्नान करने चले जाते। यदि धोती या कुरता फटा होता तो अपने झोले से सुई-डोरा निकालकर उसे सीने बैठ जाते।" चव्हाण कहते हैं, "उन दिनों मुंबई भाजपा का कार्यालय कालबादेवी पर था। वे वहाँ शंगरीला बिस्किटवाले पित्तीजी, जो उन दिनों जनसंघ के अध्यक्ष थे, उनके साथ जाते। बच्चा बिस्किट के लिए लपकता है, शायद पित्तीजी में भी यह गुण होगा कि एक बिस्किट कंपनी वाले ने अटलजी को आधा मुंबइया बना दिया। उस समय उनके साथ कभी झमटमल वाधवानी होते तो कभी वसंत कुमार पंडित। वे वहाँ भोजन करते और फिर कहाँ कार्यक्रम में भाग लेने जाते यह कह पाना कठिन होता था। लेकिन हर पल जनसंघ का दीया जले, बस इसी उधेड़बुन में लगे रहते थे।"

मुंबई में किसी ने कह दिया कि अटलजी को रसगुल्ले बहुत पसंद हैं। उन दिनों यहाँ रसगुल्ले और गुलाबजामुन में कुछ फर्क नहीं किया जाता था। अब वे जहाँ जाते लोग गुलाबजामुन परोस देते। एक बार उनसे नहीं रहा गया, उन्होंने अपने अभिन्न मित्र (जो आज हिंदी अकादमी के अध्यक्ष हैं) श्री शशिभूषण वाजपेयी से पूछ लिया, "भाई! यह गुलाबजामुन का षड्यंत्र कैसा है?" जब भ्रम खुला तो पता लगा अटलजी गुलाबजामुन के नहीं रसगुल्ले के शौकीन हैं।

आज की युवा पीढ़ी भले ही उनकी अवेहलना करे, लेकिन महाराष्ट्र में कौन होगा जो मालती नरोने को नहीं जानता हो? अटलजी उन्हें मालती ताई कहते हैं। अटलजी के प्रधानमंत्री बनने के बाद जब मैंने मालती ताई से टेलीफोन पर संपर्क किया और पूछा, "ताई, अटलजी के बारे में कोई अनूठी घटना हो तो बताओ।" तब कहने लगीं, "सन् 1972 के शिमला समझौते के विरुद्ध हमने बड़ा भारी आंदोलन किया था। हम सब जोधपुर से बहुत दूर पाकिस्तान सीमा पर

पहुँच गए थे। वहाँ रात्रि के समय अटलजी एक गेस्ट हाउस में ऊपर के माले पर आराम कर रहे थे। हम कार्यकर्ता नीचे सोए हुए थे। रात के समय कुछ बदमाश अटलजी का अपहरण करने आए थे। हम सभी गहरी निद्रा में थे। मुंबई से मेरे साथ चार महिलाएँ भी थीं। अटलजी हमें आवाज लगा रहे थे, लेकिन हम इतनी गहरी नींद में थे कि किसी की नींद नहीं खुली। लेकिन इसका एक अच्छा नतीजा यह आया कि वे अपहरणकर्ता वहाँ से भाग गए। सवेरे मालूम हुआ कि पाकिस्तानियों ने अटलजी के अपहरण का षड्यंत्र रचा था।'' घटना सुनाते-सुनाते मालती ताई की आवाज भर्रा गई। मालती ताई अपने साथ सत्याग्रह में जानेवाली वाघ ताई, दक्षिण मुंबई की साने और अँधेरी की जोशी ताई को बरबस याद करने लगीं। अटलजी के दुश्मन कितने चौकन्ने थे और किस तरह से उनके खून के प्यासे थे? इसका वर्णन करना मालती ताई के लिए कठिन था। एक सत्याग्रह से लौटते समय लोनावाला के पास जो घटना अकस्मात् हुई थी, उसकी भी याद ताजा है। उस समय आज के पेट्रोलियम एवं रसायन मंत्री रामनाइक और विधा देशपांडे भी मौजूद थे। भाजपा के युवा नेता जयप्रकाश ठाकुर के पिताश्री की गरदन इसी घटना में आहत हुई थी।

मुंबई के भारतीय जनता पार्टी के नेताओं में अरुण साठे का बड़ा नाम है। वे इंदौर से निर्वाचित सुमित्रा महाजन के बड़े भाई हैं। जब महाराष्ट्र में अंतुले मुख्यमंत्री थे, उस समय अफगानिस्तान का मामला भड़क उठा था। अरुण साठे, शशिभूषण वाजपेयी और उनके अनेक साथियों ने मिलकर रूस और पाकिस्तान के विरुद्ध एक आमसभा का आयोजन चौपाटी पर किया था। उस सभा में अटलजी और फारूक अब्दुल्ला एक साथ बोलनेवाले थे। अंतुले ने उक्त सभा पर प्रतिबंध लगा दिया। वाजपेयीजी जयपुर में राष्ट्रीय कार्यकारिणी की सभा में उपस्थित थे।

वहाँ से वे मुंबई आनेवाले थे। उन्हें ज्यों ही मुंबई की सभा पर प्रतिबंध के बारे में जानकारी मिली उन्होंने उसी समय मुंबई समाचार भिजवाया कि डरने की जरूरत नहीं, मैं सभा में बोलने आ रहा हूँ। यदि प्रतिबंध लगा तो मैं सत्याग्रह करूँगा। अरुण साठे और उनके मित्र मुंबई उच्च न्यायालय में पहुँचे जहाँ जस्टिस पेंडसे ने उन्हें सभा करने की छूट दे दी। दूसरे दिन जस्टिस माधवन और सुजाता मनोहर की खंडपीठ ने अंतुले सरकार को खूब लताड़ा। सभा हुई और बड़े शान से हुई। अटलजी धमककर बोले, अरब सागर की लहरों में ऐसा जोश पैदा हुआ कि लोगों को टैगोर की 'काबुलीवाला' कहानी याद आ गई। भारत और काबुल के रिश्ते जीवित हो गए। ऐसा लगा गंगाधारी का कंधार फिर हमारा होनेवाला है।

शशिभूषण वाजपेयी अटलजी से सन् 1943 में कानपुर डी.ए.वी. कॉलेज में मिले थे। बंगाल के अकाल पर एक सभा थी, जिसमें अटलजी का पहला भाषण, (उस समय उनकी आयु 20 की होगी) तब सुना था। आज भी उन्हें वे शब्द याद हैं। उन्होंने कहा, ''बंगाल में हमारे आर.एस.एस. (राष्ट्रीय स्वयंसेवक संघ) के स्वयंसेवक सेवा में संलग्न हैं। संघ मलाई नहीं जो दूध की रक्षा करे, संघ दूध को ही गाढ़ा बनाना चाहता है।''

हमारे हिंदी अकादमी के अध्यक्ष शशिभूषण वाजपेयी के पास आज भी वे यादें मौजूद हैं। जब कभी वे अटलजी को धर्मवीर भारती तथा ख्वाजा अहमद अब्बास के पास लेकर जाया करते थे। सन् 1980 के भाजपा के प्रथम अधिवेशन के समय मोहम्मद अली करीम भाई छागला को लेकर वे मंच पर आए थे। अटलजी का उन्होंने परिचय जिन शब्दों में कराया था, उसे मुंबई भूली

नहीं है। छागला ने कहा था, ''अटलजी एक दिन देश के प्रधानमंत्री बनेंगे।'' आज वह क्षण आ गया है, इसलिए उन क्षणों को याद करनेवाले की आँखें भीगी हुई हैं।

मरने के लिए तो हम हैं न…?

सन् 1995 के अक्तूबर मास के प्रथम सप्ताह की बात है, भारतीय जनता पार्टी का अधिवेशन मुंबई में होने जा रहा था, तैयारियाँ प्रारंभ हो चुकीं थीं। उसकी साज-सज्जा का काम शांतिदेवजी जैसे अंतरराष्ट्रीय ख्याति के कलाकार के कंधों पर एक बार फिर था। अपनी आदत के अनुसार अटलजी मुंबई में उन तैयारियों पर एक नजर दौड़ाने दिल्ली से आए थे। इस बार शांतिदेवजी कुछ थके और उम्र के तकाजे के कारण विचलित दिखाई पड़ रहे थे। वे भाजपा के जिम्मेदार लोगों से कह रहे थे, सजावट का जो काम है वह नीचे बैठकर मैं करता रहूँगा। अब मुझमें इतनी ताकत नहीं कि 20-25 फिट की ऊँचाई पर चढ़कर काम करूँ…। थकावट भरे लहजे में शांतिदेवजी ने कहा, ''अब मैं फील्ड में मरना नहीं चाहता।'' अटलजी सुन रहे थे, ज्यों ही किसी कारणवश शांतिदेवजी उनके पास आए तो अटलजी ने उनसे कहा, ''शांतिदेव! मरने के लिए तो हम हैं न।'' बस इस एक छोटे से वाक्य ने मुझे लाजबाव कर दिया। शांतिदेवजी कहते हैं अटलजी का वह व्यक्तित्व मेरे सामने आकर खड़ा हो गया। जब मैंने आठ साल की आयु में उनको देखा था…क्या बताऊँ, दो लखनऊ के मित्र लखनवी अंदाज में एक-दूसरे से गले मिलने लगे। शांतिदेवजी ने कहा, ''अटलजी, धूप चढ़नेवाली है आप चले जाइए, सब ठीक हो जाएगा। अटलजी ने फिर धीरे से कहा, शायद किसी ने सुना या नहीं… ''जिसने केवल धूप देखी हो उसे छाया की क्या पहचान…।''

शांतिदेवजी कहते हैं कि अटलजी से संपर्क में मैं उस समय आया जब लखनऊ से 'राष्ट्रधर्म' नामक पत्रिका का प्रकाशन हुआ। हमारा घर यानी मुंबई की भाषा में खोली जो मुश्किल से 10 बाय 15 की होगी, दफ्तर से एक मील दूर थी। हम उसका किराया छह रुपए प्रतिमाह दिया करते थे। हम बहुत सारे स्वयंसेवक उसमें रहा करते थे। उसी खोली में दीनदयालजी और अटल बिहारी वाजपेयीजी भी रहा करते थे। दुनिया आज प्रधानमंत्री हाउस में अटलजी को देख रही है, लेकिन शांतिदेव तो छह रुपए किराएवाली इस खोली में अटलजी के आज भी मन-ही-मन दर्शन कर रहा है। अटलजी बोलो याद है न लखनऊ की फाकामस्ती का वह जमाना?

शांतिदेवजी सन् 1960 की बात सुनाते हैं। मुंबई गिरगाँव में अटलजी की एक नुक्कड़ सभा थी। अटलजी ने उस सभा में हमारे प्रथम राष्ट्रपति डॉ. राजेंद्र प्रसाद की आलोचना कर दी और कहा, ''देखो! राष्ट्रपति बनने से पहले उनका स्वास्थ्य कैसा था और आज कैसा हो गया है?'' उसी सभा में एक श्रोता बोल उठा, ''चुप रहिए, अपनी जबान बंद कीजिए, भारत की जनता अपने राष्ट्रपति के लिए इस प्रकार के शब्द नहीं सुनना चाहती।'' अब अटलजी दुविधा में थे, लेकिन एक पल गँवाए बिना वे बोले, ''मैं यही सुनना चाहता था, देखिए आ गया न इस देश में लोकतंत्र और निर्भीकता। यही तो हम भारतीयों के संस्कार हैं जो हमारे बुजुर्ग और चुने हुए राष्ट्रपति के विरुद्ध एक शब्द सुनना नहीं चाहते। मैं निश्चिंत हूँ अब माँ भारती हमें अवश्य आशीर्वाद देगी कि हम जागरूक हैं और लोकतंत्र की रक्षा करने में सक्षम भी। मैं यही चाहूँगा कि हर भारतीय अपने

नेता पर इसी तरह की पकड़ रखे और अपना साहस जुटाकर सच्ची और खरी बात नेता के मुँह पर कहने की निर्भीकता दिखलाए,'' उनका वाक्य समाप्त होना था कि लोग अटल बिहारी जिंदाबाद के नारे लगाने लगे और वातावरण तालियों की गड़गड़ाहट से गूँज उठा।

शांतिदेवजी कहते हैं कि अटलजी ने पहला चुनाव चंद्रभानु गुप्ता के विरुद्ध लखनऊ से लड़ा था। मैं गले में रूमाल बाँधे, कंधे पर माइक्रोफोन लटकाए लखनऊ की गली-गली में चिल्लाता, ''आज की सभा में जवानों के दिलों के बादशाह को सुनिए''सोचता था कभी यह भाषण लालकिले से सुनने को मिले''क्या पता था 45 साल बाद यह सपना साकार होनेवाला है''।''

लखनऊ में झंडेवाला पार्क आज भी मौजूद है, वहाँ सभी पार्टी के झंडे लगे रहते हैं इसलिए उसे झंडेवाला कहते हैं। बंगाल में 'नोआखाली के दंगों' की भर्त्सना करने के लिए एक विशाल सभा सभी पार्टियों ने गैर-राजनीतिक दल के आधार पर वहाँ बुलाई। लखनऊ के एक प्राध्यापक चटर्जी ने अपने भाषण में सरकार की कुछ प्रशंसा कर दी और कहा सरकार तो कर ही रही है, हमें भी अपना दायित्व निभाना चाहिए। बस इस वाक्य पर जनता बिगड़ गई। सभा में शोर-शराबा हो गया। सभा भंग होती उससे पहले एक युवक खड़ा हुआ और कहने लगा, ''''शर्म की बात है''शर्म की बात है''' पता नहीं इन दो वाक्यों में क्या जादू था कि जनता खामोश हो गई। यह वाक्य अटल बिहारी के थे, फिर तो ऐसा समाँ बँधा कि लोग हैरान रह गए। गंगा प्रवाहित होने लगी। उन्होंने चटर्जी को इतनी खरी खोटी सुनाईं कि जनता का गुस्सा उतर गया, वरना उस दिन तो चटर्जी की चटनी ही बन जाती।

जब लखनऊ में शाखा पर उपस्थिति अच्छी होती तब हम अटलजी को बुलाते, केवल इसलिए कि उनके मुख से वह सुंदर, ओजस्वी और संगीतमयी कविता सुनें''''हिंदू तन-मन, हिंदू जीवन, रग-रग हिंदू मेरा परिचय।'' अटलजी कवि तो थे, लेकिन वे इतने जबरदस्त वक्ता भी होंगे इसका पता तो बहुत दिनों बाद चला। जनसंघ बन जाने के बाद श्यामाप्रसाद मुखर्जी का प्रथम परिचय अटलजी ने ही दिया था, उनके इस भाषण से दीनदयालजी इतने प्रभावित हुए कि उन्होंने वहीं घोषणा कर दी कि श्यामाप्रसादजी के निजी सचिव के रूप में अटलजी ही काम करेंगे। अटलजी को क्या पता था कि 23 जून, 1953 एक ऐसा मनहूस दिन भी आएगा जब श्यामाप्रसाद मुखर्जी की लाश उन्हें कश्मीर से लेकर आनी पड़ेगी''! भाऊरावजी देवरस को उद्धरित करते हुए शांतिदेवजी कहते हैं कि 'राष्ट्रधर्म' के प्रथम अंक में अटलजी की वह पहली कविता 'हिंदू तन-मन, हिंदू जीवन' यह कहकर प्रकाशित की थी कि इस कविता के लिए ही तो यह अंक प्रकाशित कर रहा हूँ। समता नगर की डिजाइन बनाते समय अनेक लोग अटलजी से स्वहस्ताक्षर ले रहे थे, शांतिदेवजी खुशियों से छलकती आँखों के बीच भर्राई आवाज में बोले, ''मैंने कहा, अटलजी मेरे लिए भी कुछ लिख दो,'' तो उन्होंने लिखा, ''मेरे प्रिय शांतिदेव को।''

महानगर मुंबई का कौन व्यक्ति होगा जो अटलजी और मधु देवलेकर के रिश्तों को नहीं पहचानता हो। मधुजी को प्रिय और अपनत्व भरे शब्दों में पुकारनेवाले अटलजी मुंबई में उनके साथ अनेक वसंत और पतझड़ में शामिल रहे हैं। दोनों की कहानी सुख-दुःख का मिलन है। हिंदी कवि सुमित्रानंदन पंत के शब्दों में कहूँ तो''''अविरत दुःख भी उत्पीड़न, अविरत सुख भी उत्पीड़न, यह साँझ उषा का आँगन, चिर हास अश्रुमय आनन रे इस मानव जीवन का''!''

मधु देवलेकर अटलजी के हर सम्मेलन में, हर अधिवेशन में और हर छोटे-बड़े कार्यक्रम में उनकी छाया बनकर साथ रहा करते थे। सन् 1980 का समता नगर का अधिवेशन जब बांद्रा में हो रहा था उस समय छागलाजी को लेकर जब मधुजी आए तो मंच पर अटल बिहारी उनका स्वागत करने खड़े हो गए। ख्वाजा अहमद अब्बास बीमार थे, उनसे मिलने वे मधुजी को लेकर गए। डॉ. धर्मवीर भारती से मिले बिना तो अटलजी की मुंबई यात्रा अधूरी रहती। ख्वाजा अहमद अब्बास ने कहा था, ''अटलजी, आपमें और मेरे विचारों में कितना ही अंतर हो, लेकिन हम दोनों अखंड भारत के चहेते हैं। आओ एक बार फिर सिंधु के पवित्र तट पर 'भारत माता की जय' से आकाश को गुंजित कर दें।'' भालजी पेंढारकर की याद में लता मंगेशकर के साथ वे कोल्हापुर गए थे, उनके रिश्ते कौन नहीं जानता। कोई कलाकार सांगली का हो या सतारा का, कोल्हापुर के साहूजी महाराज की प्रशंसा उनके मुख पर रहती। 'ज्ञानेश्वरी' उनकी चहेती पुस्तकों में से एक है। नाटक और फिल्मों के शौकीन अटलजी की अपनी एक निराली दुनिया है। सन् 1972-73 में वी. शांताराम की 'पिंजरा' फिल्म को देखने वे विशेष रूप से प्लाजा थियेटर में आए थे।

जब्बार पटेल का नाटक 'उंबरठा' देखने वे दादर टीटी स्थित ब्राडवे पर पहुँचे जहाँ उनके साथ श्री रामनाइक और श्री वामनराव परब भी थे। इस नाटक में महिला के शोषण को बड़े मार्मिक अंदाज में मंचित किया गया है। सुधीर फड़के की फिल्मों और गीत रामायण के दीवाने अटलजी के जो विचार हैं, उस पर तो एक अलग से आलेख तैयार करना पड़ेगा। उन्होंने 'सूरज का सातवाँ घोड़ा' नेहरू सेंटर में देखा है। इटालियन क्लासिक फिल्म 'बाइसिकिल थीफ', जयवंत दलवी का मराठी नाटक 'पुरष', जिसमें नाना पाटेकर की भूमिका अटलजी को कितना प्रभावित करती है, यह तो केवल उनसे सुनने में ही मजा आता है। पु.ल. देशपांडे की 'फुलराणी' और 'कौंडी' उनके मानस पटल पर अंकित है। विद्याधर गोखले के नाटकों के बड़े भारी रसिया हैं। हर नाटक और फिल्म में उनके साथ रहनेवाले नांदगाँवकर का कहना है कि कभी-कभी तो नाटक और फिल्म के चक्कर में उनका कवि-सम्मेलन भी उपस्थिति के बिना रह जाता है। नांदगाँवकर इस मामले में बड़े सौभाग्यशाली हैं जो अटलजी के साथ रहकर बड़े निकट से उनके इस चाव का रसास्वादन करते हैं।

सन् 1955 में कल्याण के उस जनसंघ अधिवेशन की याद दिलाते हुए आबा कनरेजी उन क्षणों के बारे में बताते हैं जब उन्होंने अटलजी को प्रातः पाँच बजे कुएँ से पानी खींचते हुए और स्नान का आनंद लेते हुए देखा था। दीनदयालजी की तरह अपनी धोती को सुखाना एक रोजमर्रा का काम था।

अंत में बात कहूँगा शशिभूषण वाजपेयीजी की। जब वे समता नगर, मुंबई के सन् 1980 के अधिवेशन में अटलजी और आडवाणीजी को मुसलिम बुद्धिजीवियों से मिलाने धर्मवीर भारती के घर ले गए थे। वहाँ राही मासूम रजा, जावेद अख्तर और फिरोज अशरफ सहित लगभग 20 लोग मौजूद थे। भारत-पाकिस्तान की बात चल निकली। तब फिरोज अशरफ ने कहा कि पिछले दिनों मेरी फूफी भारत आई थीं, वह जाते समय हमारे आँगन से कुछ मिट्टी खोदकर पाकिस्तान ले गईं। राही मासूम रजा ने कहा कि पाकिस्तान पर कोई हमला करे इसकी चिंता कभी हिंदुस्तानी मुसलमान नहीं करता, उसे केवल अपने उन निर्दोष रिश्तेदारों और भाई-बहनों की चिंता होती है

जो पाकिस्तान में असुरक्षित हैं। समय और परिस्थितियों ने उन्हें धकेल दिया वरना कौन अपना घर छोड़ने को तैयार होगा? अटलजी और आडवाणीजी ने जब इस प्रकार की कहानियाँ सुनीं तो उनकी पलकें भीग गईं। लेकिन इसका हल किसके पास है आज तक कोई नहीं जानता···अटलजी आप एक बार लालकिले से कह दीजिए हम प्रेम की गंगा बहाएँगे जिसमें सांप्रदायिकता धुल जाएगी, माँ भारती एक होगी, हम सबको आशीर्वाद देगी और सारा भारत अखंड भारत के गीत गाता रहेगा। आओ सुजलाम् सुफलाम् कहें, सुखदाम् वरदाम् कहें···!

(लेखक राष्ट्रवादी स्तंभकार हैं)

□

हमारे गटनायक थे अटलजी

—मधुकर शिंखेड़कर

'हमारे गटनायक अब प्रधानमंत्री हैं। ये बात सुनकर पूरे शरीर में रोमांच हो उठता है, खुशी होती है। अब पता नहीं उन्हें हमारी याद आती भी है या नहीं।' भावुकता से भरे शिवपुरी निवासी श्री मधुकर शिंखेड़कर से जब अटलजी के साथ बिताए गए क्षणों के संस्मरण सुनाने को कहा तो वह अतीत की यादों में डूब गए।

श्री शिंखेड़कर ने बताया कि वर्तमान प्रधानमंत्री सन् 1941 में हमारी शाखा के गटनायक थे। उन्होंने ही हमें नया बाजार, ग्वालियर स्थित शाखा में स्वयंसेवक बनाया था। उन दिनों हमारा परिवार देशपांडे का बाड़ा नया बाजार में रहता था। सन् 1941 में जब अटलजी नया बाजार राममंदिर के लिए गटनायक होकर मेरे पिता स्व. श्री सखाराम शिंखेड़कर के पास आए तथा अपने दोनों बच्चों को शाखा भेजने को कहा तो मेरे पिताजी ने मुझे व मेरे भाई सुधाकर को सहर्ष ही ले जाने की अनुमति दे दी! श्री शिंखेड़कर के अनुसार जब वह शाखा गए तब उनकी उम्र 10-11 वर्ष की रही होगी। अटलजी ने सन् 1942 में स्वतंत्रता आंदोलन में भाग लिया और नए बाजार चौराहे पर गिरफ्तारी दी। गिरफ्तार सभी स्वयंसेवक बालक ही थे। सिर्फ अटलजी की उम्र 15-16 वर्ष रही होगी। सन् 1943 में पिताजी का तबादला शिवपुरी हो गया। इस कारण पूरे परिवार को यहाँ आना पड़ा। यहाँ भी संघ की गतिविधियाँ कम नहीं हुईं।

अटलजी शुरू से ही अच्छे वक्ता रहे हैं, इसीलिए वह बौद्धिक देने शिवपुरी भी आया करते थे। शिवपुरी के ही वसंत बक्षी को भी अटलजी ने ही स्वयंसेवक बनाया था। अटलजी सन् 1947 में लखनऊ चले गए थे। डॉ. नेवासकर भी इसी शाखा में आते थे। हम सभी कच्ची-पहली के साथी हैं। गांधी हत्या कांड के बाद सन् 1950 में अटलजी ने सत्याग्रह किया था तथा जेल गए थे!

□

तीन पीढ़ियों के आदर्श

—विक्रम वर्मा

पं. जवाहरलाल नेहरू के बाद वर्तमान प्रधानमंत्री श्री अटल बिहारी वाजपेयी ही एकमात्र ऐसे राजनेता हैं जिन्होंने दल विशेष की परिधि से बाहर निकलकर राष्ट्रीय और अंतरराष्ट्रीय स्तर पर छवि निर्मित की है। बीच में श्री लालबहादुर शास्त्री उभरे थे, किंतु वे अधिक समय तक काम नहीं कर सके। इस दृष्टि से लंबे काल तक शून्यता के बाद श्री वाजपेयी ने अपने कृतित्व और व्यक्तित्व से यह शून्यता भरने का काम किया है। उनके कारण भारत की साख अंतरराष्ट्रीय स्तर पर काफी बढ़ी है।

श्री वाजपेयी के पूर्व देश में छोटे-छोटे हितों की राजनीति चालू हो गई थी, जिसके कारण देश में राष्ट्रीय नेतृत्व नहीं उभर पा रहा था। अटलजी ने आकर राजनीति को व्यापक आधार दिया। शून्य को भरा, विभिन्न राजनीतिक विचारधाराओं को एक मंच पर लाकर राष्ट्रीय हित संवर्धन किया। देश की जनता तो श्री वाजपेयी को पहले से ही मानती थी, अब राजनीति में मतभेद माननेवाले भी यह मानने लगे हैं कि पं. नेहरू के बाद अंतरराष्ट्रीय मंच पर पहले कभी भारत को इतना सम्मान नहीं मिला।

नेहरूजी का यद्यपि विश्व के सभी नेता आदर करते थे, किंतु उनका झुकाव रूस की ओर अधिक था। उस समय यूरोप और अमेरिका के देशों के साथ हमारे संबंध उतने प्रभावकारी नहीं बन सके थे, जितने आज अटलजी के समय में स्थापित हुए हैं। उन्होंने उस कमी को दूर किया है। उससे भी आगे बढ़कर अंतरराष्ट्रीय जगत में सद्भाव का वातावरण निर्मित हुआ है। पहली बार किसी एक विषय पर रूस, अमेरिका, फ्रांस, इंग्लैंड, जापान और ऑस्ट्रेलिया जैसे देश एकमत होकर भारत द्वारा उठाए गए कदमों का स्वागत करने में तत्पर हैं। यह सर्वमान्यता की स्थिति पहली बार निर्मित हुई।

अटलजी देश में पहले प्रधानमंत्री हैं जिन पर पक्षपात का आरोप नहीं लगता। भाजपा की बात तो छोड़िए, भाजपा से असहमत लोग भी यह आरोप नहीं लगाते। संसदीय लोकतंत्र में वर्षों विपक्ष के नेता रहने के बाद भी व्यक्तिगत संबंधों में उन्होंने कभी खटास नहीं आने दी। आलोचना में भी राष्ट्रीय हित सर्वोपरि रखने के कारण कभी अप्रिय स्थिति निर्मित नहीं हुई। उन्होंने राजनीति में मर्यादित आचरण की नई दिशा तय की। उसी का परिणाम है कि आज प्रधानमंत्री के रूप में श्री वाजपेयी काम कर रहे हैं तो सभी दलों के नेताओं में उनके प्रति आदर का भाव बना हुआ है। श्री अटल बिहारी वाजपेयी तीन पीढ़ियों के नेता के रूप में हमारे सामने हैं। हमसे पूर्व के नेता

भी अटलजी से प्रेरणा लेते थे और वह पीढ़ी उनके सम्मोहक नेतृत्व से ओतप्रोत थी। हमारी पीढ़ी के तो वे आदर्श हैं ही और आगे आनेवाली पीढ़ी को भी वे उतने ही आकर्षक और प्रेरणापुंज लगते हैं। ऐसा बिरला ही कोई नेता होता है जो तीन पीढ़ियों को नेतृत्व दे सकता हो।

सन् 1967 से मैं भारतीय जनसंघ के मंचों से प्रतिवर्ष कहीं-न-कहीं उनके साथ दौरा करने का सौभाग्य पाता रहा हूँ। दौरों में जब कभी कार से एक स्थान से दूसरे स्थान पर जाना होता तो वह यात्रा काफी कष्टप्रद होती थी। तमाम कमियों के बाद भी वे न तो अपने कष्टों की परवाह करते थे और न उन्हें छोटे-छोटे स्थानों पर जाने में संकोच होता था। वे सहज भाव से उसे स्वीकारते थे। उन्हें कुक्षी के सब्जी मार्केट में सभा करने पर किंचित भी संकोच नहीं हुआ तो दौरों में कहीं भी यहाँ तक कि ढाबों पर खाना खाने में भी उन्होंने ऐतराज नहीं किया।

सन् 1977 में लोकसभा के चुनाव के दौरान धार के ढाबे पर हम दोनों ने एक साथ खाना खाया और खाचरोद की सभा में भाषण देने वे ताँगे पर बैठकर पहुँचे और बड़ी प्रसन्नता से यह यात्रा की।

(लेखक मध्यप्रदेश विधानसभा में विपक्ष के नेता रहे हैं)

□

जिसका कद सबसे ऊँचा

—यशवंत सिन्हा

(पूर्व वित्तमंत्री, भारत सरकार)

यह हम सब देशवासियों का परम सौभाग्य है कि आजादी की स्वर्ण जयंती के इस पुनीत वर्ष में देश की बागडोर एक ऐसे आदमी के हाथ में है, जिसे भारतीय राजनीति का एक लंबा अनुभव प्राप्त है, जो चार दशकों से भी अधिक समय तक संसद् की शोभा बढ़ाता रहा है और वर्तमान राजनीतिक परिदृश्य में जिसका कद सबसे ऊँचा और छवि बिलकुल स्वच्छ है।

निष्पक्ष अखबार किसी भी स्वतंत्र राष्ट्र की जीवंत चेतना की धड़कन होता है और विश्वसनीयता इसकी सर्वोपरि पूँजी। हमें उम्मीद है कि आपका यह 'अमृत अटल' राष्ट्रीय स्तर पर राष्ट्र चेतना और स्वावलंबी भावना को पुनर्जीवित करेगा। हम आपके अखबार के निरंतर उज्ज्वल भविष्य और विस्तार की शुभकामना करते हैं।

□

यह देश का सौभाग्य

—सुरेश पी. प्रभु
(पूर्व केंद्रीय ऊर्जा मंत्री, भारत सरकार)

मुझे प्रसन्नता है कि स्वदेश द्वारा राष्ट्रीय स्तर पर 'अमृत अटल' निकाला जा रहा है। मैं निजी रूप से अटलजी से यद्यपि अधिक नहीं मिला हूँ, फिर भी सार्वजनिक स्वरूप में मैंने उन्हें एक बहुआयामी एवं निश्छल व्यक्तित्व का धनी पाया है। इस देश का सौभाग्य है कि अटलजी जैसा प्रधानमंत्री उसे मिला है। एक कुशल राजनीतिज्ञ होने के नाते जहाँ उन्होंने देश की बागडोर अपने हाथ में ली है, वहीं दूसरी ओर साहित्यिक प्रतिभा भी उनमें खूब निखरकर आई है। उनके कविता संग्रह से भी देश को एकजुट रखने और प्रांतीय एवं भाषायी भेदभाव से परे रहने का संदेश हमें मिलता है। आशा है कि स्वदेश का यह ग्रंथ पत्रकारिता के चरम उत्कर्ष एवं उपलब्धियों को पाने में समर्थ होगा और अपनी सुदृढ़ और अटल कीर्ति स्थापित करेगा।

□

छात्रों ने उन्हें 'लैंप' भेंट किया

—डॉ. शंकर पुणतांबेकर

बहुत कम लोग ऐसे दिखाई देते हैं जो सामान्यत्व और असामान्यत्व का विलक्षण मिश्रण होते हैं। हम इनके बारे में कहने को बाध्य हो जाते हैं—कितना असामान्य और इतना सामान्य हमारे जैसा अथवा कितना सामान्य और इतना असामान्य संतों जैसा, अटल बिहारी वाजपेयी ऐसे ही लोगों में से एक हैं। वे आज देश के प्रधानमंत्री हैं। संसद् में चालीस वर्ष विरोधी पक्ष की भूमिका निभाने के बाद इस पद पर पहुँच सके हैं। वे जिस भारतीय जनता पार्टी के हैं, उस पर नित्य सांप्रदायिक और फासिस्ट होने का लाँछन लगाया जाता रहा है।

हमारे यहाँ राजनीति पोलो का खेल है, उन लोगों का जिनके पास घोड़े हैं—अमीरी के घोड़े, खानदान के घोड़े, सत्तासीन बाप-दादों के घोड़े। अटल बिहारी वाजपेयीजी के पास घोड़ा नहीं था। वे उन लोगों में से भी नहीं थे जो सुख से ऊबकर राजनीति में उतरते हैं अथवा उन लोगों में से भी नहीं जिन्हें राजनीति में रहकर देश नहीं अपने आपको बनाना होता है। पद और वंश से तो व्यक्तित्व को गरिमा प्राप्त हो जाती है, पर पद और वंश को व्यक्तित्व से गरिमा बहुत कम लोग दे पाते हैं। देश का प्रधानमंत्री पद विभूषित करनेवाले ऐसे व्यक्तियों में तीस वर्ष पूर्व के लालबहादुर शास्त्री का और आज अटल बिहारी वाजपेयीजी का नाम ले सकते हैं। अटलजी को तो किसी का आशीर्वाद भी नहीं रहा। उनका कोई गॉडफादर नहीं था। उनका पूर्णत: सेल्फ मेड व्यक्तित्व है। राजनीति में चरित्र और मेधा कम ही दिखाई पड़ते हैं। मेधा यदि दिखाई पड़े तो वह कूटनीति में परिणित हो जाती है। अटलजी चरित्र और मेधावाले व्यक्ति हैं। उनकी मेधा यदि कूटनीति बनी भी तो स्वहित में नहीं राष्ट्रहित में बनी। याद आते हैं ग्वालियर के वे दिन सन् 1941-45 जब अटलजी विक्टोरिया कॉलेज में पढ़ते थे। वे छात्रसंघ के जनरल सेकेट्री पद के लिए खड़े होते थे और इतने लोकप्रिय थे कि सहज चुनाव जीत जाते थे।

जनरल सेकेट्री—जी.एस. केवल सोशल गैदरिंग के लिए नहीं होता था। वह छात्रों की शिकायतें सुनता और कॉलेज अधिकारियों की सहायता से उन्हें दूर करने का प्रयास करता। गरीब छात्रों की फीस माफ करवाना, विद्यार्थी सहायक संघ से पुस्तकें दिलाना, स्कॉलरशिप मंजूर कराना ये महत्त्वपूर्ण काम भी इसके जिम्मे थे। वह विश्वयुद्ध का समय था। आज से पचपन साल पहले ग्वालियर जैसे बड़े शहर में भी घर-घर बिजली नहीं थी। बिजली जैसे कार थी—बड़े घरों की चीज, सो रोशनी मिट्टी के तेल पर ही निर्भर थी और विश्वयुद्ध के उस विकटकाल में मिट्टी का तेल दुर्लभ था, राशन की दुकान से सीमित कोटे में मिलता था। छात्रों को इससे बड़ी दिक्कत

होती थी, विशेष रूप से परीक्षा के दिनों में। मुझे याद है अटलजी ने छात्रसंघ के किसी अधिकारी देशराज की सहायता से छात्रों के लिए मिट्टी के तेल का विशेष कोटा बिना किसी आंदोलन के मंजूर करा लिया था। छात्रों की खुशी का ठिकाना नहीं था। अंधों को जैसे आँखें मिल गई थीं। उस वर्ष के सोशल गैदरिंग के फनी प्राइज डिस्ट्रीब्यूशन में एक वर्ष एक लड़की को प्राइज में मूँछें घोषित हुईं। लड़की के होठों पर कुछ-कुछ बाल थे, लड़की को शायद इसकी भनक लग गई थी, वह इस कार्यक्रम में आई ही नहीं। विशाल मंच से जो कॉलेज की इमारत के सामने के दूर तक फैले प्रांगण के मध्य भाग में बना था, लड़की का नाम दो-तीन बार मूँछें दिखाकर पुकारा गया, तो छात्रों से खचाखच भरा आँगन तालियों की आवाज से गूँज उठा, पर लड़की जो हम छात्रों के लिए परी थी, भीड़ में से प्रकट नहीं हुई।

लड़की के नाम मूँछों की घोषणा छात्रसंघ के इतिहास में एक बड़ी घटना बन गई। उन दिनों छात्रसंघ का अध्यक्ष प्रिंसिपल की ओर से प्रोफेसरों में से नामजद होता था। अध्यक्ष प्रोफेसर ने मूँछों की घोषणा पर एतराज किया। इसे एक अभद्र घटना बताया और इसके लिए जी.एस. यानी अटलजी को जिम्मेदार ठहराया। काफी दिनों तक अध्यक्ष और अटलजी में चखचख चलती रही। छात्रों ने ही अंततः स्वीकार कर लिया कि उनकी ओर से ऐसी गुस्ताखी नहीं होनी चाहिए थी। इस एपिसोड का महत्त्वपूर्ण पहलू यह था कि लड़की ने, कहने को तो वह बड़े बाप की बेटी थी पर अपनी ओर से कोई शिकायत पेश नहीं की थी। अटलजी ने भी खेद व्यक्त किया कि ऐसा कुछ नहीं होना चाहिए था, पर उन्होंने छात्रों के जायज अधिकारों पर अधिकारियों का अंकुश का विरोध किया···डटकर विरोध किया, जिसका नतीजा यह हुआ कि आगे से छात्रसंघ का अध्यक्ष छात्रों में से ही चुना जाने लगा और अगले वर्ष अटलजी ही छात्रसंघ अध्यक्ष चुने गए। अटलजी ने जो संघर्ष किया उससे छात्रसंघ को अधिक अधिकार मिले जिनका निर्वाह उन्होंने अध्यक्ष के नाते पूरी शिष्टता और जिम्मेदारियों के साथ किया।

सोशल गैदरिंग में अध्यक्ष और जी.एस. सर्वेसर्वा। पैसे खाने की पूरी गुंजायश। पर जब-जब अटलजी जी.एस. या अध्यक्ष रहे पैसे के मामले में उनका दामन हमेशा साफ रहा। गैदरिंग के प्रमुख अतिथि के रूप में नित्य किसी ऊँचे व्यक्ति को आमंत्रित किया जाता। मुझे याद है कि एक वर्ष राहुल सांस्कृत्यायन आए थे। ऐसे अवसर पर अटलजी जब भाषण करते तो बाहर के मेहमान भी मंत्रमुग्ध हो जाते थे। अटलजी कविता पाठ भी करते थे। मंच पर उनका कविता पाठ मुग्धकारी होता था। वे जब बी.ए. अंतिम वर्ष में थे, उसी वर्ष (1944-45) डॉ. शिवमंगल सिंह 'सुमन' हमारे कॉलेज में हिंदी के प्राध्यापक नियुक्त हुए थे। 'सुमन' पहले से ही कवि रूप में हिंदी-जगत को ज्ञात थे। वे उस जमात **द्वारा** गीतकारों में से थे जो अपने को दीन-हीनों की आवाज कहते हैं। उन्हीं दिनों इनका एक संग्रह प्रकाशित हुआ था, जिसका शीर्षक था—'जीवन के गान'। अब इस संग्रह में आवाज श्रमिकों-खेतिहरों की और स्वयं कवि की जिंदगी राजकुमार-सी। 'सुमन' जी का व्यक्तित्व भी एकदम आकर्षक और मुग्धकारी था। इसी विरोध (कांट्रास्ट) को देखते हुए अटलजी ने 'सुमनजी' पर एक व्यंग्यात्मक कविता लिखी थी जो उसी वर्ष कॉलेज मैगजिन में हिंदी-विभाग के प्रथम पृष्ठ (ओपनिंग पेज) पर छपी थी। 'सुमनजी' के लिए यह अवश्य ही गौरव की बात है कि अटलजी उनके कैरियर के फर्स्ट बैच के छात्र थे।

कॉलेज इमारत की दाहिनी ओर पिछले विंग में एक बड़ा सा कुआँ था—पता नहीं यह अब है या नहीं। इस कुएँ की मुँडेर पर बैठ फ्री पीरियेड्स में हम छात्र प्रायः गपशप लड़ाया करते थे। अटलजी भी कई बार होते। वार टाइम था, सो वार की बातें भी निकल आतीं। स्वतंत्रता-आंदोलन की बातें भी चल पड़तीं। कई बार हम लोग जिम्मेदार नागरिक की तरह गंभीर हो उठते थे—क्या भारत को युद्ध में अंग्रजों का साथ देना चाहिए? अंग्रेज क्या सचमुच अपने वचन का निर्वाह करेंगे कि युद्ध की समाप्ति पर भारत को स्वतंत्रता दे दी जाएगी? आदि। उन्हीं दिनों वेंडेल विल्की की पुस्तक 'वन वर्ल्ड' प्रकाशित हुई थी। अमेरिकी लेखक की यह पुस्तक करीब-करीब सभी ने पढ़ी थी। इस पुस्तक पर भी हमने एक बार जमकर चर्चा की थी। हम अपने भावी कैरियर के बारे में भी यहाँ बोलते। हम जिंदगी में क्या बनेंगे, क्या बन पाना हमारे ही हाथ है? एंबिशन हो, पर वह डिसिप्लिंड एंबिशन होना चाहिए। हमें अटलजी की इस तरह की बातें खूब अच्छी लगतीं। अपने सामान्य से लिबास में वे हमें 'सिंपल लिविंग और हाई थिंकिंग' की प्रतिमूर्ति लगते।

मुझे याद है एक बार ग्रेटनेस पर बात चल पड़ी थी। वे बोले थे—ग्रेटनेस क्या नाम और प्रसिद्धि में ही है? बड़ा लेखक, बड़ा खिलाड़ी, बड़ा नेता, बड़ा अभिनेता, बड़ा विजेता महान् होता ही है, ऐसा नहीं। विजेता की दृष्टि से ही विचार करें तो विजयी औरंगजेब क्या महान् है और परास्त दारा क्या महान् नहीं है? दारा, राणाप्रताप, पृथ्वीराज चौहान अपनी पराजयों में भी कितने महान् हैं। सवाल मिशन का है—जय-पराजय का नहीं। फिर व्यक्ति छोटा हो या बड़ा उसे यह देखना है कि औरों के लिए उसमें कितनी उदारता है, संवेदनशीलता है और वह स्वयं कितना खुला मस्तिष्क है। बातें तो सभी इस प्रकार की करते हैं, पर उनकी कथनी और करनी में अंतर होता है, इसीलिए वे महान् नहीं बन पाते। आज विचार करता हूँ तो देखता हूँ, अटलजी में महानता के बीज कैसे आरंभ से ही पड़ गए थे। तब हमने कभी नहीं सोचा था कि अटलजी राजनीति में जाएँगे। हम जानते थे कि वे प्राध्यापक बनेंगे। कानपुर से राजनीतिशास्त्र में प्रथम श्रेणी में एम.ए. कर आने के बाद (सन् 1947) में उन्हें ऑफर भी आया था। उनकी नियुक्ति उज्जैन के माधव कॉलेज़ में हो गई थी, पर वे नियुक्ति ग्वालियर के विक्टोरिया कॉलेज में ही चाहते थे। वे प्राध्यापकों में आते तो एक ऊँचे कवि बनते···विचारोत्तेजक क्रांति कवि।

यह विशेष बात है आज जब भारतीय राजनीति झूठ, मक्कारी, भ्रष्ट, स्वार्थपरकता, जातिवाद, भाई-भतीजावाद, धनवाद के दलदल से सराबोर है, उस दशा में अटलजी उससे अछूते रहे हैं। उनकी राजनीति, राजनीति बनाम राष्ट्रनीति नहीं है, वह राष्ट्रनीति का ही पर्याय है। ऐसा नहीं कि कुएँ की मुँडेर पर हम जगत की गंभीर बातें ही करते, इनमें लाइट मूड की बातें भी होतीं। चुटकुलेबाजी भी। उन दिनों बी.ए. फाइनल की कक्षा में पढ़नेवाला एक ऐसा छात्र था जो कहते हैं कि बी.ए. की परीक्षा में 14 बार अनुत्तीर्ण हो चुका था। आज मैं उसका नाम भूल रहा हूँ। उसकी पर्सनेलिटी और ठाट-बाट ऐसे कि प्रोफेसर लगे। वह फर्राटेदार अंग्रेजी में ऐसा भाषण देता दुनिया के किसी भी विषय पर···सैक्स पर भी कि सुननेवाला दाँतों-तले अँगुली दबाए कह उठे—क्या वह प्रति वर्ष बी.ए. में फेल होता है। उसका भाषण सुन हम लोग हँसी से लोटपोट हो उठते थे। अटलजी भी। छात्रसंघ के चुनाव के दौरान अटलजी पोस्टर चिपकाने में कभी देखे न गए हों, हाँ, चुनाव की समाप्ति पर उन्हें हटाने के अभियान में वे नित्य आगे रहे। शायद आज भी विक्टोरिया कॉलेज के

रिकॉर्ड में इस अभियान के छाया चित्र मौजूद हों। शुरुआत के जमाने में कॉलेज के प्रिंसिपल भारत के जाने-माने शिक्षाविद् एफ.जी. पियर्स थे। वे भी इस अभियान में हिस्सा लेते। बुरे को बुरा कहने और निर्भीक हो उसे लोगों के सामने उजागर करने में अटलजी कभी पीछे नहीं रहे। इसका प्रमाण विक्टोरिया कॉलेज का कवि-सम्मेलन है। ऐसी कितनी ही बातें हैं कॉलेज के दिनों की, जो अटलजी के सुथरे चरित्र और सोच का परिचय देती हैं। इनके व्यक्तित्व की अपनी गंध थी। इस बारे में मैं एक छोटी, लेकिन उतनी ही ऊँची बात सुनाना चाहता हूँ। छात्रसंघ के चुनाव के दौरान जहाँ पोस्टर लगाए जाते, बैनर ताने जाते, वहाँ केनवेसिंग कार्ड भी बाँटे जाते जो विजिटिंग कार्ड की साइज के होते। उम्मीदवार सुगंधित बनाने के लिए अपने कार्डों पर सेंट छिड़कते थे। अटलजी ने कभी सेंट नहीं छिड़का। एक बार लड़की-लड़कों के झुंड में अटलजी के कार्ड को लेकर एक लड़की का कमेंट था, अटलजी के कार्ड को सेंट की जरूरत ही नहीं, स्वयं उनके नाम में सेंट है। आज सोचता हूँ यह सही है कि 'पूत के पाँव पलने में दिखते हैं।'

□

अटलजी ने निमंत्रण स्वीकारा

—लक्ष्मीनारायण मालपानी

ग्वालियर के लाडले सपूत अटलजी शुरू से ही सरल और सादगीपूर्ण जीवन व्यतीत करते हैं। अपने छात्र जीवन में भी वह इतने ही सरल थे। काव्य-प्रेमी होने के नाते जो भी उन्हें काव्य-पाठ के लिए आमंत्रित करता था—वह समय निकालकर वहाँ पहुँचने का प्रयास अवश्य करते थे। 29 अप्रैल, 1945 में श्री माहेश्वरी नवयुवक संघ की ओर से एक वृहद कवि-सम्मेलन आयोजित किया गया था। मैं इस कवि-सम्मेलन का संयोजक था। अध्यक्षता जयाजी प्रताप के संपादक रामचंद्र श्रीवास्तव 'चंद्र' ने की थी। इसमें महानगर के अधिकांश कवि रामकुमार चतुर्वेदी चंचल, जगदंबा प्रसाद त्यागी, देवेंद्र नारायण वर्मा, शांतिस्वरूप चाचा, राजनारायण बिसारितया सहित 25 कवियों ने स्वीकृति दे दी थी। जब अटलजी को ये नाम बताए गए तो उन्होंने भी कवि-सम्मेलन में आने की सहर्ष स्वीकृति प्रदान की थी। माहेश्वरी समाज नवयुवक संघ ने कवि-सम्मेलन के पश्चात् हिंदी साहित्य सभा के लिए धनराशि भी भेंट की थी। इस अवसर पर देवेंद्रनारायण वर्मा, राजनारायण बिसारिया व श्री कौल 'अभागा' को रजत पदक से सम्मानित भी किया गया था।

□

बटेश्वर का 'अटला' लोकतंत्र का महानायक

—लोकेंद्र पाराशर

एकदम शांत और निश्छल भाव से बहती यमुना मैया की धारा और किनारे पर एक ऐसी बस्ती, जिसके किसी भी घर के दरवाजे तक पहुँचना सुगम नहीं, अत्यंत दुर्गम परिस्थितियों में बसे इस गाँव का नाम है 'बटेश्वर'। यूँ तो भारत गाँवों का ही देश है, लेकिन बटेश्वर को किसी गिनती के क्रम में शामिल कर नहीं गिना जा सकता, बल्कि इसका उल्लेख करने के लिए इतिहास को अंत तक कुरेदने की जितनी पिपासा चाहिए, उतनी ही वर्तमान क्षितिज पर प्रस्फुटित होती किरण के रंगों को परखने की वैज्ञानिक शक्ति की जरूरत है। इस किरण का नाम है श्री अटल बिहारी वाजपेयी। इतिहास में भगवान् श्रीकृष्ण के पितामह शूरसेन की राजधानी रही। यह धरा आज तक धन्य है। कितनी अद्‌भुत और चमत्कृत है इस गाँव की वह मिट्‌टी जिस पर कबड्‌डी और कुश्ती के करतब दिखानेवाला 'अटला' बनाम 'अटलू' बनाम 'अटलिया' आज देश का प्रधानमंत्री है, यानी लोकतांत्रिक प्रणाली का महानायक।

पैतृक ग्राम

गाँव में पहुँचते ही हमारी सबसे पहले इच्छा हुई अटलजी का पैतृक निवास देखने की। गाँव के तमाम लोग इकट्‌ठा हो गए और घर दिखाने चल दिए। अत्यंत दुर्गम से रास्ते पर वे हमें लेकर गए, लग रहा था कि बीहड़ में जा रहे हैं, तभी सामने एक खंडहर दिखाई दिया। गाँववाले बोले कि यही है उनका घर। हमें विश्वास ही नहीं हुआ कि देश के प्रधानमंत्री के निवास की ऐसी दुर्दशा भी हो सकती है। हमारे सामने उभरे प्रश्न का उत्तर गाँववालों ने दिया। वे बोले, ''हमने अटला सों दिल्ली जाइकें कही थी, कै अपने घर कों तो बनवाई देओ, तौ वे कहन लगे, सारा देश मेरा घर है, मुझे सारे देश को बनाना है।'' गाँववालों को भले ही अटलजी का उत्तर सही नहीं लगा हो, लेकिन राजनीति में शुचिता और राष्ट्र के प्रति उनके चिंतन और कर्तव्य को उनके शब्दों ने स्पष्ट कर दिया। वे संकुचित भाव रखते तो अपने घर को भव्य बनवा देते फिर वहाँ कोई बड़ा आयोजन कराकर दुनिया में अपने वैभव और सत्ता का प्रदर्शन करते, जैसा कि आज के राजनीतिक वातावरण में आम होता जा रहा है।

प्रधानमंत्री अटल बिहारी वाजपेयीजी का नाम आते ही बटेश्वर गाँव के आदमी की छाती चौड़ी हो जाती है। एक से पूछा कि अटलजी बचपन में कैसे थे? तो तमाम एक साथ बोल पड़ते हैं, ''हम बतावेंगे, हम बतावेंगे''। हमने चुना एक वृद्ध महिला को, जो इसी गाँव की बेटी है।

वे आज 80 वर्ष की हैं। चलने-फिरने में एकदम असहाय सी, खबर पहुँची कि कोई अटलजी के बारे में बात करने आया है, मानो इस महिला के पंख लग गए, वह पलक झपकते प्रकट हो गई। ''अम्मा, बताइए अटलजी बचपन में कैसे थे?'' गोमतीदेवी नामक वृद्धा की आँखों के सामने मानो बचपन की अठखेलियाँ हिलोरें लेने लगीं। बोली, ''बेटा, तब पाप नहीं हतो, हम सिग मौड़ी-मौड़ा जमुनाजी में संग-संग हनावते (नहाते थे)। अटला तौ भारी ऊधमी हतो, मैं गोरी, मुन्नी, हुस्सन किलको और प्रेम बाकों खूब परेशान करते। मैंने एक बेर अटला को डुबकी लगवा दई।''

वृद्धा बताती है कि अटलजी गाँव की बकरियाँ पकड़कर उनका थन अपने मुँह में रखकर दूध पीते थे। वैसे तो वे ग्वालियर में पढ़ते थे, लेकिन छुट्टियाँ मिलते ही सीधे बटेश्वर में टिकते थे। गाँववाले कहते हैं कि भूड़ा के मैदान की कबड्डी और गोपालेश्वर घाट के स्नान को वे शायद आज भी नहीं भुला पाए होंगे। वृद्धा गोमतीदेवी कहती है, जब अटला की माँ को अपना घर लीपना होता था, तब अटला चुपचाप दबे पाँव आता और हमारे घर से गोबर उठाकर भाग जाता था। जब वह दूध लेने आता था तो पहले खुद ओक लगाकर पीता था। वे कहती हैं, ''इतनों ऊधमी हतो कै पाँचवीं कक्षा में पढ़तो तब एक बार नदी में बीच तक चलो गयो, फिर डूबन लगो, तब सरूपे दद्दा ने बचायो।'' अटलजी को अपना बचपन खूब याद है। पिछले दिनों प्रधानमंत्री बनने के बाद 6 अप्रैल, 1999 को जब वे गाँव आए तो भावविभोर हो उठे। उन्होंने तमाम लोगों को गाँव की बोली में आवाज लगाकर बुलाया। भूड़ा के मैदान पर उन्होंने ओक लगाकर ही पानी पिया। गाँववाले कहते हैं कि शायद वे एक बार फिर यमुनाजी में डुबकी लगाने का मन बना रहे होंगे।

बटेश्वर गाँव में मूलत: अटलजी के बचपन की ही यादें हैं। लेकिन यह बचपन भी कोई सामान्य बचपन नहीं था। वे मात्र 16 साल के थे। बुल्ली मुखिया की चौपाल पर 'आल्हा' चल रही थी। बात सन् 1942 की है, जब देश में स्वतंत्रता संग्राम चल रहा था। आल्हा जिन्होंने पढ़ी है, वे जानते हैं कि यह वीर रस का ठेठ ग्रंथ है। ज्यों ही आल्हा का गान अपने परवान पर पहुँचा कि वहाँ उपस्थित गबरू जवानों की भुजाएँ फड़क उठीं। आल्हा तो बंद हो गई, भाषण शुरू हो गए। गाँव के अमरनाथ दीक्षित, लीलाधर वाजपेयी, विद्याराम बाटी, शोभाराम चंद्रवंशी, भवानी प्रसाद दुबे और अटल बिहारी वाजपेयीजी अपने भाई अवध बिहारी के साथ मौजूद थे। भाषण चलते में ही बात आई, ''जो मर्द हो वो हाथ उठावे और जो जनाना हो वह नीचे रखे।'' इतना किसको सहन था? सभी ने हाथ उठाए और स्वतंत्रता संग्राम का डंका पीट दिया। सब-के-सब जंगलात कोठी पर पहुँचे, पहले वहाँ जमकर तोड़फोड़ की, फिर आग लगा दी। इसके बाद पशु अस्पताल और बिजकौली कोठी को ध्वस्त किया गया। 'वंदे मातरम्' का उद्घोष करती इस टीम ने हर हाल में देश को आजाद कराने की कसम खाई। ब्रिटिश हुकूमत को पता चला तो उसके कान खड़े हो गए। गाँववाले कहते हैं कि जिस दिन बटेश्वर में अंग्रेजी हुकूमत के खिलाफ जंग का ऐलान हुआ, उस दिन राखी का त्योहार था और 15 अगस्त तिथि थी। यह 15 अगस्त बाद में भारत का स्वतंत्रता दिवस बना, यह संयोग की बात है। खैर, अंग्रेजी हुकूमत ने एक-एक करके अटल बिहारी सहित सभी क्रांतिकारियों को गिरफ्तार कर लिया और फिर शुरू हुआ बटेश्वर गाँव

पर अत्याचार का सिलसिला। अंग्रेजों ने घरों के किबाड़ जोड़ी तक तोड़ डाले। थाली-लोटा तक समेट ले गए और गाँव पर 10 हजार रुपए का दंड थोपा गया। बाद में अटल बिहारीजी को नाबालिग होने के कारण छोड़ दिया गया। गाँव के बुजुर्ग कहते हैं कि कुकइयाँ बाबा यदि नहीं पकड़ा जाता तो एक भी क्रांतिकारी नहीं पकड़ा जाता, उसी की निशानदेही पर सब पकड़े गए। लेकिन क्या फर्क पड़ा, इस माटी पर तो गेंदालाल दीक्षित जैसे क्रांतिकारियों ने जन्म लिया था, जिन्होंने नेताजी सुभाषचंद्र बोस और महात्मा गांधी के कंधे-से-कंधा मिलाकर काम किया। अटलजी कुछ भी नहीं भूले हैं, इसी का प्रमाण है कि उन्होंने अपनी बटेश्वर यात्रा के दौरान गेंदालाल दीक्षित के नाम पर पुल बनाने की घोषणा की। गाँववालों की इच्छा है कि वन विभाग की उस कोठी को राष्ट्रीय स्मारक घोषित किया जाए, जिसे आग लगाकर बटेश्वरवासियों ने क्रांति का बिगुल बजाया था। इस गाँव से 16 स्वतंत्रता संग्राम सेनानी थे। इनमें से चार लोगों को भूत की संज्ञा दी गई थी। ये थे अटला, बिटला, लीला और भवानी। यानी कि अटल बिहारी वाजपेयी, बिटलादेवी, लीलाधर वाजपेयी और भवानी प्रसाद दुबे। ये चारों कब कहाँ क्या कर देते थे, किसी को खबर नहीं लगती थी?

इस गाँव में पहुँचने के बाद जो स्मृतियाँ सुनाई देती हैं उनसे सहज ही आभास हो जाता है कि अटलजी ने अपना बचपन सचमुच अद्‌भुत तरीके से जिया है। वे खेले तो खूब खेले, खेल में भी अव्वल रहे, फिर देश के लिए लड़े तो वह भी कच्ची उम्र की परवाह किए बगैर। वे जितने दिन भी गाँव में रहते थे, दरो-दीवार को पारकर दिलों में रहते थे। वे सबके इतने दुलारे बनकर रहे कि गाँव के लोग आज तक उन्हें अपने एकदम करीब पाते हैं। गाँववाले कहते हैं कि 'अटला' नहीं हमारा पूरा गाँव प्रधानमंत्री है। दिल्ली में हमारी बात पहले सुनी जाती है। बटेश्वर से जो भी प्रधानमंत्री आवास पहुँचता है, उसे अतिरिक्त सम्मान मिलता है। गाँव के लोग स्वयं को गौरवान्वित महसूस करते हैं तो उसका कारण भी अटलजी की सहजता और अपनत्व है। अटलजी बटेश्वर आए तब गाँव के ही एक युवक ने उनसे कहा, "चाचा, कछू करों जा गाँव के काजें।" तब अटलजी मानो मस्ती में आ गए और उस युवक के गले में हाथ डालकर बोले, "लला, कहा करें गाँम के काजें, पूरे देश में कामु ए करवे के काजें, सो लला नेक रुकि जाऊ, अभई सबु बढ़ियई करेंगे।" चरण सिंह नामक यह युवक कहता है कि "उसे लगा ही नहीं कि प्रधानमंत्री उससे बात कर रहे हैं।"

अटलजी ने उसी दिन बटेश्वर में रेल लाइन का शिलान्यास किया। बटेश्वर जो 'द्वापर युग' में सबसे बड़ा व्यावसायिक केंद्र था, उम्मीद की जा रही है कि रेल सेवा शुरू होने से यह अपनी खोई व्यावसायिक साख को पुनः प्राप्त कर सकेगा। जिस गाँव का बेटा प्रधानमंत्री बन जाए, उसके तो फिर क्या कहने? जब अटलजी का दौरा हुआ तो रातोंरात गाँव का शत-प्रतिशत विद्युतीकरण हो गया, सौर ऊर्जा संयंत्र लग गया और करीब 35 हैंडपंप खुद गए। बटेश्वर गाँव की मिट्टी अद्‌भुत है। यहाँ सदैव से ही शासक सक्रिय रहे हैं। शास्त्र कहते हैं कि 'त्रेतायुग' में शत्रुघ्न ने इस नगर की स्थापना की थी, फिर द्वापर में शूरसेन यहाँ के राजा थे। द्वापर में कंस का वध करने के बाद कृष्ण और बलराम यहीं पर आए थे। यह पता लगने पर कंस के खुसर जरासंध ने छह बार शूरसेन नगर पर आक्रमण किया, लेकिन यहाँ का बाल बाँका नहीं हुआ। बटेश्वर को जहाँ

बृज की काशी कहा जाता है, वहीं स्वयं भगवान् विष्णु ने कहा था कि बटेश्वर में दर्शन से सभी पाप नष्ट होते हैं। अतीत की ये सब बातें आज अटलजी की ओर देखते ही सटीक नजर आती हैं। अटलजी का तो पूरा बचपन यमुना में स्नान कर मंदिरों के दर्शन करते बीता है। यहाँ के रमणीक मंदिरों में एक बोटेश्वर महादेव का पिंड है। कहते हैं कि जो व्यक्ति इस पिंड को अपनी बाँहों में भर लेता है उसका समग्र कल्याण हो जाता है। प्रतिपक्ष के नेता के रूप में जब अटलजी बटेश्वर आए तो उन्होंने प्रयास किया, फिर क्या था ईश्वर ने उन पर भरपूर कृपा की। सैकड़ों लोगों ने देखा कि शंकरजी का पिंड अटलजी की बाँहों में था। यह पिंड इतना विशालकाय है कि उसे बाँहों के घेरे में लेने के लिए ईश्वरीय कृपा ही एकमात्र कारण हो सकती है, जो अटलजी पर भरपूर हुई। तब से आज तक अटलजी की प्रगति सारे देश के सामने है।

आज हम अटलजी के व्यक्तित्व का अध्ययन बटेश्वर की परछाईं में करें तो पाएँगे कि इस मिट्टी का प्रताप ही अटलजी का स्वभाव है। जिस प्रकार यहाँ यमुनाजी शांत भाव से अपने लक्ष्य की ओर बढ़ रही हैं, ठीक उसी प्रकार अटलजी को देखिए एकदम एकाग्र और शांत भाव से सत्ता का संचालन कर रहे हैं। वे जिस प्रकार की परिस्थितियों और सहयोगियों के बीच सामंजस्य बैठाकर काम कर रहे हैं, यह गुर भी शायद उन्होंने बटेश्वर गाँव की दुर्गम संरचना से सीखा। यहाँ की मिट्टी आदिकाल से ही प्रतापी शासक पैदा करती चली आई है, शायद इसी मिट्टी के कारण आज इस गाँव के निवासी सामान्य शिक्षक श्रीकृष्ण बिहारी वाजपेयी के घर में जन्मा बेटा पूरे देश का शासक है। इस गाँव के मंदिर पर बैठा वृद्ध राधाकृष्ण भले ही कहे कि बचपन में अटला को उसने बहुत पीटा है, लेकिन आज तो गाँव का यह अटला अपनी योग्यता, कार्यकुशलता और सहजता के कारण देश के करोड़ों-करोड़ लोगों की आँखों का तारा है। बटेश्वर गाँववाले कितने भाग्यशाली हैं कि उनके ही बीच का एक व्यक्ति आज विश्व के तमाम देशों में अपनी योग्यता का झंडा फहरा रहा है। यह अटलजी की तेजस्विता का ही नतीजा है कि विश्व मंच पर उनके लिए एक अलग और आदरणीय स्थान बना हुआ है। बटेश्वरवासियों ने हमसे आते-आते कहा, "अटलजी सों कहियो कि वे जुग-जुग जिएँ।" हम भी यही दुआ करते हैं कि वे शतायु हों।

(लेखक 'स्वदेश' (ग्वालियर) के संपादक हैं)

□

अखबार निकालना टेढ़ी खीर

—जयकिशन शर्मा

सन् 1977 के लोकसभा चुनाव में जनता पार्टी प्रत्याशी श्री नारायणकृष्ण शेजवलकर के लिए छत्री मैदान में आयोजित आमसभा को संबोधित करने श्री अटल बिहारी वाजपेयी ग्वालियर आए थे। नई सड़क स्थित श्री शेजवलकर के निवास पर पत्रकार वार्ता थी। पत्रकार वार्ता समाप्त होने के बाद अटलजी ने मुझे रोक लिया और वे बगलवाले कमरे में ले गए। ग्वालियर से प्रकाशित होनेवाले अखबार इसी कमरे में मँगाए और ग्वालियर के राजनीतिक माहौल पर चर्चा करने लगे। वे शहर के अखबारों पर नजर जमाए प्रश्न पूछते थे और मैं उनके प्रश्नों का उत्तर दे रहा था।

अखबार निकालना टेढ़ी खीर

अखबारों में स्वदेश भी था। उन्होंने उसे हाथ में उठाया और देखते ही कहा, ''ये क्या है?'' मैं उनके पहले प्रश्न का उत्तर देते ठिठक गया। उन्होंने 'स्वदेश' मेरे सामने रखते हुए कहा, ''क्या इसमें छपी खबरों को पढ़ा जा सकता है?'' मैंने जबाव दिया, ''शीर्ष और फोटो तो आप देख ही सकते हैं।'' अटलजी ने पलटकर कहा, ''इसे कौन पढ़ता होगा?'' मैंने जबाव दिया, ''इसे पाठक पढ़ते हैं, आजकल इसकी प्रसार संख्या बढ़ रही है और हमारे पास इतने पैसे नहीं हैं कि हम इसकी माँग के अनुसार प्रसार संख्या बढ़ा सकें।'' अटलजी ने कहा, ''मैं इसके टाइप के बारे में पूछ रहा हूँ, क्या इसे बदलने के लिए भी पैसे नहीं हैं?'' मैंने जबाव में सिर हिलाते हुए कहा, ''हाँ, इसके लिए भी पैसे नहीं हैं। टाइप बदलने के लिए आगरा में टाइप फाउंड्री में पुराना टाइप भेज दिया है, लेकिन वहाँ से लाने के लिए पैसे नहीं हैं।'' अटलजी ने कहा, ''तो पैसे का इंतजाम क्यों नहीं करते?'' मैंने कहा कि ''जब टाइप बदलने का ऑर्डर दिया था, तब आपातकाल था, लेकिन आपातकाल में ढील दिए जाने के साथ ही चुनाव की घोषणा हो गई और 'स्वदेश' की माँग बढ़ गई, जो पैसा टाइप बदलवाने के लिए रखा था, वह कागज लाने में खर्च हो गया है तब दोहरी समस्या है और सवाल यह है कि पहले टाइप बदला जाए या बढ़ती प्रसार संख्या के लिए कागज खरीदा जाए? फिलहाल कागज खरीदकर प्रसार संख्या बढ़ाने का निर्णय लिया है।'' अटलजी ने कहा, ''तो जनता पार्टी के नेताओं से पैसा क्यों नहीं लेते। इनका प्रचार कर रहे हो तो इनसे पैसा लो।'' मैं चुप रह गया। अटलजी ने स्व. गंगाराम बांदिल को आवाज दी। वे तुरंत ही आ गए। अटलजी ने 'स्वदेश' उनके सामने रख दिया और पूछा कि ''क्या आप इसमें प्रकाशित खबरें पढ़ सकते हैं?'' गंगारामजी अवाक् थे। वे समझे कि माजरा क्या है? इससे पहले अटलजी

ने कहा कि ''यदि आज 'स्वदेश' का टाइप नहीं बदला तो मेरी आमसभा रद्द समझो।''

गंगारामजी के चेहरे पर दिसंबर की सर्दी में पसीने की परतें उभर आईं। अटलजी ने गंगारामजी के चेहरे को पढ़ते हुए कहा, ''मैंने यह इसलिए कहा, क्योंकि छत्री मैदान में जितने लोग आएँगे, उतने ही तो मेरा भाषण सुन पाएँगे, जो नहीं आ पाएँगे उन्हें तो मेरा भाषण दूसरे दिन 'स्वदेश' ही पढ़ाएगा। भिंड, मुरैना एवं गुना जिले में भी हम चुनाव लड़ रहे हैं। वहाँ के लोगों तक मेरे विचार कैसे पहुँचेंगे? 'स्वदेश' वाले तो मेरा भाषण इसी टाइप में छाप देंगे जिसे पाठक चश्मा पहनकर भी नहीं पढ़ पाएँगे, तब मेरे भाषण देने और 'स्वदेश' में इस टाइप के रहते उस भाषण के छपने का क्या मतलब है? ठीक है आप पर चुनाव का बोझ है, लेकिन इस बोझ में से आप 'स्वदेश' को कैसे अलग कर रहे हैं। चुनावी लड़ाई की घटना सन् 1984 में हुए लोकसभा चुनाव की है, जब श्री अटल बिहारी वाजपेयी को भाजपा ने ग्वालियर से प्रत्याशी घोषित किया था। अटलजी नामांकन पत्र दाखिल करने रात को ही आ चुके थे। प्रातः ग्यारह बजे उन्हें गोरखी स्थित जिलाधीश कार्यालय में नामांकन पत्र दाखिल करने जाना था। वे श्री नारायणकृष्ण शेजवलकर के निवास पर ठहरे थे। सुबह सात बजे अचानक चौकीदार ने खबर दी कि श्री राजेंद्र शर्मा ने मुझे अपने निवास पर शीघ्र ही बुलाया है—शेजवलकरजी के यहाँ जाना है। तुरंत ही मैं तैयार होकर राजेंद्रजी के निवास पर पहुँचा—वे तैयार थे और हम दोनों शेजवलकरजी के निवास पर पहुँचे। वहाँ अटलजी के साथ आडवाणीजी को बैठे देखकर मैं थोड़ा चौंका, क्योंकि हमने श्री अटलजी के आने की खबर ही अखबार में प्रकाशित की थी, आडवाणीजी क्या अटलजी के साथ ही आए थे? और आए थे, तो फिर अखबार में उनके आगमन की खबर कैसे रह गई? मैं इस उधेड़बुन में ही था कि अटलजी के इस कथन ने कि ''मैं कोटा से चुनाव नहीं लड़ूँगा।'' मेरा ध्यान भंग किया। अटलजी कह रहे थे—लालजी! मैं दो संसदीय सीटों से चुनाव नहीं लड़ूँगा और चुनाव लड़ूँगा तो सिर्फ ग्वालियर से।

अटलजी का यह कथन उस कक्ष में गूँज उठा था, क्योंकि सभी मौन थे। संक्षिप्त खामोशी को तोड़ते हुए आडवाणीजी ने कहा कि ''आपके दिल्ली से ग्वालियर रवाना होने के बाद मुझे यह जानकारी मिली कि ग्वालियर संसदीय सीट से कांग्रेस श्री माधवराव सिंधिया को प्रत्याशी घोषित करने जा रही है।'' रात को ही मैंने अन्य सहयोगियों विशेषकर श्री भैरों सिंह शेखावत से बात की और उन्होंने कहा कि ''कोटा संसदीय क्षेत्र से अटलजी को मैदान में उतारा जा सकता है। वे निश्चिंतता से पूरे देश में चुनाव प्रचार कर सकेंगे। हम सभी की इच्छा है कि आप कोटा से चुनाव लड़ें।'' अटलजी ने कहा, ''माधवरावजी को मैंने बता दिया है कि मैं ग्वालियर से चुनाव लड़ रहा हूँ।'' उन्होंने मुझे शुभकामनाएँ देते हुए कहा कि ''वे गुना से ही चुनाव लड़ेंगे।'' श्री आडवाणी ने कहा कि ''हो सकता है माधवरावजी गुना से ही चुनाव लड़ना चाहते हों, लेकिन यदि राजीव गांधी ने उन्हें ग्वालियर से चुनाव लड़ने को बाध्य किया तो वे यहीं से चुनाव लड़ेंगे।'' अटलजी ने बगैर क्षण खोए कहा, ''तब तो मैं सिर्फ ग्वालियर से चुनाव लड़ूगा। यदि मैंने आपकी सलाह मानते हुए कोटा से भी चुनाव लड़ने का निर्णय किया वो माधवरावजी के चुनाव मैदान में आने के बाद राजमाता मुझसे कहेंगी कि ग्वालियर से अब मैं चुनाव लड़ूँगी। चूँकि मैं दो चुनाव क्षेत्रों से नामांकन पत्र भर चुका होऊँगा और राजमाताजी के आग्रह को टालना बहुत मुश्किल

होगा। मैं किसी भी कीमत पर माँ-बेटे के मनमुटाव को सड़क की लड़ाई नहीं बनने दूँगा। मैं नहीं चाहूँगा कि भाजपा को माँ-बेटे के बीच दरार डालनेवाली पार्टी के रूप में बदनाम किया जाए। लालजी! आप सुन लें सिर्फ ग्वालियर से ही चुनाव लड़ने का मेरा अंतिम निर्णय है।''

आडवाणीजी का चेहरा सुर्ख लाल हो गया था। चश्मे के भीतर से झाँकती आँखों की कोरों पर आँसुओं की बूँदें चमकने लगी थीं। अटलजी सामने दीवार पर विचारमग्न गंभीर मुद्रा में देख रहे थे और हम सभी मौन इन दोनों नेताओं के चेहरे पर उभरते भावों को पढ़ने की कोशिश कर रहे थे। सच है इस युग में किसी ने भी चित्रकूट में भगवान् राम और भरत के बीच भेंट नहीं देखी, लेकिन वह दृश्य 'राम-भरत संवाद' के रूप में मन मस्तिष्क में अंकित हो गया। अटलजी और आडवाणीजी के बीच गुटबंदी की सुर्ख खबरें पढ़ते समय बरबस वह दृश्य उभर आता है।

(लेखक 'स्वदेश' (ग्वालियर) के संपादक रहे हैं)

□

केशवकुल कमल

—नरसिंह जोशी

बात सन् 1940 की है। अटलजी और मैं वी.सी. हाईस्कूल (बलवंत राव भैया की कोठी) में 10वीं कक्षा में पढ़ते थे। एक दिन भोंसले मिलीटरी स्कूल के संस्थापक डॉ. बा.शि. मुंजे स्कूल पधारे। डॉ. मुंजे 'हिंदू महासभा' के नेता थे। हिंदू महासभा का प्रयत्न था कि हिंदुओं को अधिकाधिक संख्या में सेना में भरती होना चाहिए। राजनीति का हिंदूकरण और हिंदुओं का सैनिकीकरण यह सावरकरजी का मंत्रघोष था। डॉ. मुंजे सैनिकीकरण नीति में विशेष रुचि लेते थे। भोंसले मिलीटरी स्कूल की स्थापना भी इसी दृष्टि से हुई थी। ग्वालियर के महाराजा जीवाजीराव के निमंत्रण से डॉ. मुंजे ग्वालियर पधारे थे। वे राजकीय अतिथि थे। भोंसले मिलीटरी स्कूल हेतु दान प्राप्त करने के लिए वे आए थे। संभवत: राज्याधिकारियों के संकेत से डॉ. मुंजे के भाषण शालाओं में आयोजित थे। 'जिसकी फौज उसका' राज यह डॉ. मुंजे का नारा था। हाईस्कूल में डॉ. मुंजे के साथ डॉ. परचुरे और निवृत्त सेनाधिकारी श्री विष्णुपंत फड़के भी आए थे। डॉ. मुंजे के भाषण के पूर्व शाला की ओर से श्री अटलजी का (हिंदी संकाय) और मेरा (मराठी संकाय) स्वागत भाषण हुआ। संभवत: 5–5 मिनट हम बोले थे। अटलजी का वह संक्षिप्त भाषण आज मुझे पोखरण परमाणु परीक्षण का बीज प्रतीत होता है।

कूटनीतिज्ञ

पोखरण परमाणु परीक्षण यह केवल भाजपा के विचारों का अथवा राष्ट्रीय जनतांत्रिक गठबंधन के साझे घोषणा–पत्र का ही परिणाम नहीं था, अपितु प्रधानमंत्री अटल बिहारी वाजपेयी के अपने स्वयं के चिंतन का भी परिणाम था। संभवत: सन् 1971–72 में एक बार शेजवलकरजी के मकान पर परमाणु परीक्षण की बात निकल पड़ी थी और अटलजी से मैंने पूछा था कि अणु के छोटे–बड़े प्रकल्प जब चल ही रहे हैं तो विस्फोट का आग्रह क्यों? तो तपाक से अटलजी ने कहा था कि "भई! बिना विस्फोट किए यह कैसे माना जाए कि हमने जो मसाला तैयार किया है, वह सही है?" अपने सार्वजनिक भाषणों में भी अटलजी अणुबम की चर्चा बराबर करते ही आ रहे थे। जैसे ही उनको अनुकूल अवसर मिला, अपने विचार को क्रियान्वित करते हुए अटलजी ने पोखरण परमाणु परीक्षण संपन्न कराया। परीक्षण के जो अंतरराष्ट्रीय परिणाम होंगे उनके बारे में भी अटलजी ने अनुमान लगा ही लिए थे। इसी कारण अमेरिका तथा अन्य राष्ट्रों ने प्रतिक्रियास्वरूप भारत के विरुद्ध प्रतिबंध—विशेषत: आर्थिक प्रतिबंध लगाए तो अत्यंत दृढ़ता के साथ अटलजी ने सामना

किया और सफल सामना किया। आपातकाल के पश्चात् जब जनता पार्टी की सरकार बनी तो अटलजी विदेश मंत्री बनाए गए। पहले विदेश मंत्री और फिर तीन बार प्रधानमंत्री। विदेश मंत्री और प्रधानमंत्री दोनों ही दायित्वों की पूर्ति हेतु कूटनीतिज्ञ होना आवश्यक है। विदेशों के साथ व्यवहार में विदेशों की नीति, उनकी बोलचाल और उनके व्यवहार को दृष्टिगत रखते हुए कूटनीति का प्रयोग आवश्यक ही होता है। पोखरण परमाणु परीक्षण के कारण अमेरिका की प्रक्षुब्ध प्रतिक्रिया का मुख्य कारण परीक्षण का गोपनीयता रही, यह तो अब सभी जानते हैं, मानते हैं और इस गोपनीयता का पूर्ण श्रेय अटलजी को ही है। उनकी कूटनीतिज्ञता के कारण ही वे विपक्ष के नेता होते हुए भी तत्कालीन प्रधानमंत्री श्री नरसिंहाराव ने उनके नेतृत्व में भारतीय प्रतिनिधिमंडल को जेनेवा भेजा। विभिन्न देशों के प्रतिनिधियों को, विशेष रूप से पाकिस्तानी प्रतिनिधियों को अत्याधिक आश्चर्य हुआ। अटलजी के शब्दों में, ''जेनेवा न जाता तो पाक को पटकनी न दे पाता।''

अटलजी जब प्रधानमंत्री बने तो अमेरिका के राष्ट्रपति बिल क्लिंटन ने शुभकामना देते हुए कहा कि ''भारत और अमेरिका के संबंधों को सुदृढ़ बनाने के लिए आपकी गहरी प्रतिबद्धता से मैं भलीभाँति परिचित हूँ। मेरी भी यही भावना है और मैं आपके साथ सहकार्य करने के लिए उत्सुक हूँ।'' परंतु भारत और अमेरिका के संबंधों को केवल सुदृढ़ बनाने के लिए अटलजी प्रतिबद्ध नहीं थे, अपितु वे चाहते थे कि अमेरिका के साथ भारत के संबंध न केवल सुदृढ़ हों अपितु भागीदारी के—बराबरी के संबंध हों तथा भारत का स्वाभिमान भी बना रहे और दूरगामी परिणामों का अनुमान लगाते हुए अटलजी ने पोखरण परमाणु परीक्षण संपन्न कराया। आज सारा विश्व अनुभव कर रहा है कि परमाणु परीक्षण से लेकर न केवल कारगिल संघर्ष तक, अपितु बिल क्लिंटन की भारत यात्रा तक अटलजी की कूटनीति प्रभावी रही है। आज अमेरिका और क्लिंटन ऐसे स्थान पर खड़े हो गए हैं, जहाँ से वे अपने पुराने मित्र पाकिस्तान का समर्थन किसी भी कीमत पर और दबी जुबान से भी नहीं कर सकते। न कश्मीर के मुद्दे पर और न ही आतंकवाद के मुद्दे पर।

अद्वितीय प्रधानमंत्री

स्वतंत्र भारत में संसदीय लोकतंत्र के इतिहास में श्री अटलजी अद्वितीय प्रधानमंत्री हैं और वस्तुतः इस दृष्टि से उनका नाम स्वर्णाक्षरों में लिखा जाना चाहिए। सन् 1952 के प्रथम लोकसभा चुनाव से लेकर कांग्रेस निरंतर सत्ता के रथ में विराजमान होकर ही चुनाव लड़ती रही। सन् 1952 के चुनाव से ही भारतीय जनसंघ और डॉ. श्यामाप्रसाद मुखर्जी का प्रयत्न रहा कि सक्षम विपक्ष खड़ा हो तथा विपक्ष बहुमत में आता है तो फिर विपक्ष का नेता सत्तापक्ष की बागडोर थामे। स्वस्थ लोकतंत्र का चित्र यही होता है। परंतु स्वतंत्र भारत में विषम परिस्थिति ही बनी रही। 'रावण रथी विरथ रघुवीरा।' यही संग्राम का स्वरूप रहा। परंतु धीरज न खोते हुए,अधीर न होते हुए अटलजी के नेतृत्व में पहले जनसंघ और फिर भाजपा धर्मरथ के आश्रय से चुनाव लड़ते रहे। अटलजी लोकसभा में विपक्ष के नेता बने और फिर अनुकूल परिस्थिति आते ही आज का विपक्ष का नेता, कल का प्रधानमंत्री इस लोकतंत्रात्मक व्यवस्था के अनुकूल वे प्रधानमंत्री पद पर अभिषिक्त हुए। संसदीय लोकतंत्र में विपक्ष का अस्तित्व आवश्यक और अपरिहार्य है। इस दृष्टि से विगत 50 वर्षों में भारतीय जनसंघ और फिर भाजपा को योजनापूर्वक सक्षम विपक्ष के रूप में अटलजी के नेतृत्व

में संगठित किया। अन्य सभी दलों ने राज्यों में सत्ता प्राप्ति का लक्ष्य अपने सामने रखा। कांग्रेस का यह दायित्व था कि जब-जब उसे सत्ताच्युत किया गया, सक्षम विरोधी दल के रूप में उसे आदर्श प्रस्तुत करना चाहिए था, परंतु सत्ता में पहुँचने के लिए कांग्रेस को छटपटाहट होती ही रहती है, वह केवल सत्ता में विराजमान दल को गिराने की राजनीति ही खेती रहती है। इस दृष्टि से संसदीय लोकतंत्र के स्वस्थ और रचनात्मक विकास के लिए डॉ. श्यामाप्रसाद मुखर्जी और अटलजी का सोच यथार्थ सिद्ध हुआ है।

भारतमाता के इस सपूत सांसद के पाँव तो पलने में ही देखे गए थे। इस दृष्टि से श्री अटलजी का यथार्थ गौरव करनेवाला सन् 1966 में लिखा हुआ पूजनीय श्री गुरुजी (सरसंघचालक) का पत्रांश यहाँ उद्धृत करना समीचीन होगा। 27 जुलाई, 1966 को पुणे के कार्यकर्ता को इस विषय में श्री गुरुजी ने लिखा कि "भारतीय संसद् में जिनके हाथों में सत्ता नहीं है, उनके विचार सुनने की जनता में उत्सुकता कम ही थी।" स्वस्थ लोकतंत्र के विकास की दृष्टि से यह विघातक था। क्रमश: यह अवस्था परिवर्तित हो रही है। यह शुभ लक्षण है, परंतु वैसा अनिष्ट वायुमंडल होते हुए भी जिनके भाषण विचारों, जानकारी, संतुलन तथा उत्कट देशप्रेम की लगन की दृष्टि से श्रवण मनन करने योग्य होते थे, होते हैं उनमें प्रथम स्थान स्व. डॉ. श्यामाप्रसाद मुखर्जी को देना होगा। उनके बाद आचार्य कृपलानी, श्री ह.वि. कामथ प्रभृति पुराने प्रथितयश नेताओं ने अपने भाषणों से संसद् की काररवाई में चैतन्य निर्माण किया। उन श्रेष्ठ पुरुषों से आयु में छोटे होकर भी विद्वत्ता, विचार, भाषा सौष्ठव, आलोचना करते समय भी गांभीर्य और संतुलन रखने की सतर्कता आदि सभी दृष्टि से श्री अटल बिहारी वाजपेयी ने अपनी छाप छोड़ी है तथा अपनी अनन्य असाधारण प्रतिभा तथा राष्ट्रभक्ति उत्कृष्टता से अभिव्यक्त की है। संसदीय प्रणाली में वे अल्प समय में उच्च स्थान प्राप्त करेंगे, ऐसे लक्षण उनमें दिखते हैं।

केशव कुल कमल

अटलजी सन् 1939-40 से संघ के स्वयंसेवक हैं। फिर प्रचारक भी बने। उत्तर प्रदेश में श्री भाऊराव देवरस और श्री दीनदयाल उपाध्याय से आत्मीय संबंध रहा। उनकी कविताएँ स्वयंसेवक आज तक गुनगुनाया करते हैं। 'हिंदू तन-मन, हिंदू जीवन, रग-रग हिंदू मेरा परिचय' तो बार-बार गूँजती ही रहती है। अटलजी की कविताएँ माननीय सुदर्शनजी से सुनने में विशेष आनंद आता है। अटलजी प्रारंभ से ही बुद्धि और भावना का अद्भुत सामंजस्य होने के कारण विवादास्पद हिंदू और विवादास्पद स्वयंसेवक रहे हैं। अभी कुछ दिनों पूर्व अपनी कविताओं के बारे में बोलते हुए अटलजी ने कहा कि "हिंदू के बारे में भी मेरी कविता है। पर वह सांप्रदायिक हिंदू के बारे में नहीं है। वह सेकुलर हिंदू है, और विवाद का मूल यही है। वे उदारवादी हिंदू हैं। सात्विक प्रवृत्ति के हिंदू हैं। अपना उदार हिंदुत्व वे संघ में देखते रहे हैं और इसलिए संघ उनकी दृष्टि में जहाँ राष्ट्रीय है वहाँ हिंदूसभा सांप्रदायिक। उनकी इस सेकुलर मानसिकता के कारण ही उनके बारे में बार-बार संघ से पटरी न बैठने की बात उड़ती रहती है। बार-बार इस प्रकार की बात उड़ती है तो उसके पीछे कुछ तथ्य तो होगा ही। सन् 1955 की एक घटना है। श्री वसंतराव ओक को संघ जनसंघ से पृथक् किया गया था। श्री ओक के साथ जनसंघ से बाहर निकलने वाले स्वयंसेवकों

का एक गुट बिजनौर जिले में था। श्री ऋषिजी उस गुट के प्रमुख थे। सन् 1955 में हिंदूसभा के कार्य के लिए मैं बिजनौर जिले में ही था। स्वाभाविक श्री ऋषिजी के साथ अपनी पटती रही। बैठकों में, सभाओं में हम साथ रहते। तब इस गुट का यह कहना था कि बहुत शीघ्र अटलजी भी बाहर निकलेंगे। परंतु अटलजी उस समय और न आज तक बाहर निकले। सन् 1965 से 73 तक 8-9 वर्ष मैं जनसंघ में रहा। बलराजजी और अटलजी का संघर्ष भी देखा। बलराजजी फिर बाहर भी निकल गए। बलराजजी अटलजी के बारे में कुछ भी बोलने में संकोच नहीं करते थे। परंतु अटलजी मौन रहते। मैंने अनुभव किया कि श्री दीनदयाल उपाध्याय के प्रभाव के कारण, अपनी सात्विक और पारदर्शी प्रकृति के कारण और संघ के संस्कारों के कारण अटलजी जहाँ के तहाँ जमे हैं, रमे हैं। एक मनोवैज्ञानिक कारण भी हो सकता है। आखिर जाएँ तो जाएँ कहाँ? विचार और आचार दोनों ही दृष्टि से जो संघ जनसंघ—भाजपा में वे अनुभव करते आ रहे हैं, उसकी अपेक्षा ठीक विपरीत घटनाएँ सामने रोज ही तो दिखती हैं। न अनुशासन है, न प्रेम है और न ही निष्ठा। रोज ही पार्टियाँ टूटती हैं। गुट बनते रहते हैं। आपस का संघर्ष—यादवी—चलता ही रहता है। सामने के उस दृश्य के विपरीत यहाँ अनुशासन है, प्रेम है, निष्ठा है। केशव के आजीवन तप की यह पवित्रतम धारा है। भरपूर नहीं कोटि हृदयों में इसकी धारा प्रबल है। जनता पार्टी में जब दोहरी निष्ठा का प्रश्न उठा और संघ से संबंध विच्छेद के लिए कहा गया तो अटलजी ने स्पष्ट-दो टूक शब्दों में कहा कि ''उनके हमारे पुराने संबंध हैं। उनसे हम अलग कैसे हो सकते हैं?'' वस्तुतः जनता पार्टी टूटे यह उनकी इच्छा नहीं थी। जनसंघ को पूर्ण विलीन करते हुए—वापस लौटने का पुल तोड़कर—वे सबको साथ लेकर जनता पार्टी में सम्मिलित हुए थे। जनता पार्टी टूटने का उनको दुःख हुआ। पर संघ से संबंध विच्छेद कैसे संभव था? आपातकाल में वे बंदी थे। संघ पर प्रतिबंध लगा। तो वे छटपटाए-तिलमिलाए।

अनुशासन के नाम पर, अनुशासन का खून
भंग कर दिया संघ को, कैसा चढ़ा जुनून
कैसा चढ़ा जुनून, मातृपूजा प्रतिबंधित
कुलटा करती केशव-कुल की कीर्ति कलंकित।
यह कैदी कविराय-तोड़ कानूनी कारा
गूँजेगा भारतमाता की जय का नारा।

संघ का अर्थ है मातृपूजा। संघ का प्रमुखतम कार्यक्रम है प्रतिदिन मातृपूजा। संभवतः विश्व में और निश्चित रूप से भारत में प्रतिदिन मातृपूजा करनेवाला एकमात्र संगठन यही केशवकुल कीर्ति है। अटलजी केशवकुल कमल हैं और कमल पानी में है भी तथा पानी से अलग भी है।

(लेखक 'विश्व हिंदू परिषद्' के राष्ट्रीय महामंत्री रहे हैं)

□

किसी और दल के पास नहीं ऐसा नेता

—डॉ. गौरीनाथ रस्तोगी

'श्री अटल बिहारी वाजपेयी की हस्तरेखाएँ विलक्षण हैं। उनकी भाग्यरेखा चंद्र पर्वत से प्रारंभ होकर सीधे हथेली के छोर तक जाती है, जो उनकी नेतृत्व क्षमता की परिचायक तथा शासक होने की प्रबल संभावना को दर्शाती है। वाजपेयीजी एक महान् नेता हैं। भारत की गंभीर और जटिल समस्याओं का हल निकालने की उनमें अद्वितीय क्षमता है। जन समाज से सीधा संपर्क प्रस्थापित करने का उनमें अनन्य गुण है। भारत के लिए उनका व्यक्तित्व अत्यंत महत्त्वपूर्ण है। उनका जन्म इस देश पर शासन करने तथा भारत का कल्याण करने हेतु ही हुआ है। हम देशवासी उनकी उपेक्षा नहीं कर सकते, क्योंकि उनका विभूतिमत्व राष्ट्र के लिए अपरिहार्य है। श्री वाजपेयी के इस चमत्कारिक व्यक्तित्व के कारण ही मैं भाजपा का समर्थक हूँ और परमपिता परमात्मा से सदैव उनकी कुशलक्षेम की प्रार्थना करता हूँ।'

उपर्युक्त उद्‍गार देश के एक प्रमुख भविष्यवक्ता श्री बेजान दारुवाला ने प्रधानमंत्री श्री वाजपेयी से विगत 16 जुलाई को एक साक्षात्कार करने के उपरांत अभिव्यक्त किए और निसंकोच शब्दों में उन्होंने कहा कि "श्री वाजपेयी एक पूर्ण पुरुष हैं तथा सकल विघ्न निवारणकर्ता गणपति गणेशजी सदा-सर्वदा उनके साथ हैं।"

अनेक प्रबुद्ध व्यक्तियों को श्री दारुवाला के उपयुक्त वाक्य अतिशयोक्तिपूर्ण प्रतीत हो सकते हैं। फिर भी यह स्वीकार करना पड़ेगा कि विद्यमान कालखंड में उनके अद्वितीय एवं चमत्कारिक व्यक्तित्व से समानता रखनेवाला अन्य कोई राजनेता संपूर्ण देश में किसी भी राजनीतिक दल के पास नहीं है। यही कारण है कि कल तक उनका मुखर विरोध करनेवाले अनेक वरिष्ठ राजनेता आज राष्ट्रीय जनतांत्रिक गठबंधन के अंतर्गत उनके नेतृत्व में कार्य करने में गौरव का अनुभव कर रहे हैं।

राष्ट्रीय स्वयंसेवक संघ की पृष्ठभूमि से अग्रसर होनेवाले तथा प्रथमत: भारतीय जनसंघ और तदुपरांत भारतीय जनता पार्टी का नेतृत्व करने के आधार पर सामान्यतया जनसाधारण में ही नहीं, अपितु बुद्धिजीवियों में भी यह प्रबल धारणा बनी हुई थी कि श्री वाजपेयी पाकिस्तानी विरोधी हैं और वे उसे नेस्तनाबूद करना चाहते हैं, लेकिन सन् 1977 में जनता पार्टी की मोरारजी देसाई सरकार में विदेश मंत्री के रूप में उन्होंने संसार के सभी राष्ट्रों के साथ सुमधुर संबंध प्रस्थापित करने के साथ-साथ पाकिस्तान सहित सभी पड़ोसी देशों से अत्यंत निकट और गहरे संबंध कायम करने का सफल प्रयास किया था। इस दृष्टि से पार-पत्र या पासपोर्ट प्रणाली का सरलीकरण करके जनप्रतिनिधियों को सत्यापन करने का अधिकार देने की जो व्यवस्था उन्होंने प्रारंभ की उससे भारतीय नागरिकों के

लिए विदेश यात्रा विशेषकर पाकिस्तान और पश्चिमी एशिया के इसलामी देशों की यात्रा कर पाना अत्यंत सुगम हो गया तथा उसकी सराहना आज तक इस राष्ट्र में रहनेवाला इसलाम मतावलंबी समाज करता है। जनता पार्टी के पच्चीस मास के कालखंड में अटलजी के प्रयासों से नेपाल, भूटान, पाकिस्तान सहित अरब जगत के साथ मैत्री संबंध अत्यंत सुदृढ़ हुए, जिससे लाखों की संख्या में भारतीय नागरिक आजीविका हेतु खाड़ी के देशों में जा सके तथा विदेशों में भारत की स्थिति सम्मानपूर्ण बन सकी। इसके अतिरिक्त इस संपूर्ण कालखंड में वाजपेयीजी ने अनवरत रूप से संसार के विभिन्न राष्ट्रों की राजकीय यात्राएँ कर वहाँ के राजनेताओं के साथ भारत के न केवल प्रगाढ़ मधुर संबंध प्रस्थापित किए अपितु अंतरराष्ट्रीय जगत में भारत के व्यापार को बढ़ावा देकर अरबों रुपए की विदेशी मुद्रा इस राष्ट्र को अर्जित कराई।

अटलजी ने अप्रैल 1998 में प्रधानमंत्री पद का उत्तरदायित्व सँभालते ही राष्ट्र के अणु वैज्ञानिकों को हरी झंडी देकर 11 मई, 1998 को पोखरण में दूसरा सफल आण्विक विस्फोट करवाकर संपूर्ण विश्व को आश्चर्यचकित कर दिया था। इस द्वितीय सफल परमाणु परीक्षण के उपरांत भारत न केवल अमेरिका, रूस, ब्रिटेन, फ्रांस और चीन के साथ-साथ संसार में परमाणु शक्तिसंपन्न एक गौरवशाली महान् राष्ट्र बन गया है, अपितु अब विश्व से परमाणु बमों का उन्मूलन करने से संबंधित नि:शस्त्रीकरण वार्ताओं में साधिकार रूप से भगा लेने की सम्मानजनक स्थिति भी उसने प्राप्त कर ली है।

इतना ही नहीं, पोखरण विस्फोट की घटना को लेकर जब अमेरिकी राष्ट्रपति बिल क्लिंटन ने सितंबर 1998 की अपनी पूर्व निर्धारित राजकीय यात्रा विरोधस्वरूप स्थगित कर दी तब भी श्री वाजपेयी उससे विचलित नहीं हुए और अंततः अपने इस विरोध और अंतरराष्ट्रीय प्रतिबंधों की पूर्ण निस्सारता को हृदयंगम कर मार्च 2000 में अमेरिकी राष्ट्रपति बिल क्लिंटन को स्वयं भारत की राजकीय यात्रा करने पर विवश होना पड़ा। अत: प्रधानमंत्री का पोखरण विस्फोट के संबंध में यह कथन अत्यंत महत्त्वपूर्ण है जिसमें उन्होंने कहा है कि "हममें से हर एक का मस्तक उस दिन उन्नत हुआ, सीना चौड़ा हुआ...क्योंकि उस दिन पोखरण में केवल अणु ऊर्जा का ही नहीं, राष्ट्र की ऊर्जा का भी प्रकटीकरण हुआ था।"

इतिहास साक्षी है कि पाकिस्तान द्वारा भारत की पीठ में छुरा घोंपने के इस गर्हित और शर्मनाक प्रयास का जबरदस्त प्रत्युत्तर भारत ने अपने 'विजय अभियान' (ऑपरेशन विजय) द्वारा सफलतापूर्वक दिया। कारगिल युद्ध भारत-पाकिस्तान के पारस्परिक संबंधों की दृष्टि से ही नहीं, अपितु अंतरराष्ट्रीय राजनीति में भारत की स्थिति की दृष्टि से इसलिए अत्यंत महत्त्वपूर्ण और निर्णायक है कि यह पहला अवसर है जब किसी गंभीर संकट अथवा युद्ध में भारत ने युद्ध के मैदान के साथ-साथ कूटनीतिक मोर्चे पर भी जबरदस्त सफलता प्राप्त करने का अद्वितीय कीर्तिमान प्रस्थापित किया है। श्री वाजपेयी के कुशल निर्देशन में भारत ने अमेरिकी राष्ट्रपति बिल क्लिंटन द्वारा भारत के प्रधानमंत्री को अमेरिका बुलाने के आमंत्रण को न केवल नामंजूर कर दिया, अपितु संयुक्त राष्ट्र संघ के महासचिव कोफी अन्नान को भी दो टूक शब्दों में चेतावनी दे दी कि भारत कश्मीर मसले का अंतरराष्ट्रीयकरण नहीं होने देगा। इसलिए यदि संयुक्त राष्ट्र संघ अपने पर्यवेक्षक भेजना चाहता है तो वह उन्हें पाकिस्तान भेजे, भारत की भूमि में उन्हें प्रवेश नहीं करने दिया जाएगा।

प्रश्न उठता है कि क्या इसी प्रकार की दृढ़ता का परिचय भारत के राजनीतिक नेतृत्व द्वारा सन् 1947, 1965 और सन् 1971 के युद्धों के दौरान और उनके उपरांत होनेवाली शांतिवार्ताओं में दिया गया था? यदि ऐसा किया गया होता तो कारगिल युद्ध प्रारंभ करने का दुस्साहस पाकिस्तान का कट्टरवादी वर्ग कभी नहीं कर पाता। अपनी इस विफलता से खिन्न पाकिस्तान अब भारत में आतंकवादी गतिविधियों को बढ़ावा देकर अपनी खीझ मिटाने का प्रयास कर रहा है। परंतु इसमें संदेह नहीं कि पाकिस्तान को इस मोर्चे पर भी मुँह की खानी पड़ेगी, क्योंकि कारगिल में किए गए विश्वासघात के उपरांत श्री वाजपेयी के नेतृत्व में भारत ने उसके प्रति जिस प्रकार की व्यूह रचना की है उसके अंतर्गत वह पाक के साथ उस समय तक कोई वार्ता करने को तैयार नहीं है जब तक पाकिस्तान अपने द्वारा संचालित भारत के विरुद्ध अघोषित युद्ध अथवा आतंकवाद को लगाम नहीं लगा देता। इतना ही नहीं, प्रधानमंत्री श्री वाजपेयी ने पाकिस्तान को स्पष्ट शब्दों में यह चेतावनी भी दी है कि पाकिस्तान युद्ध करने के पूर्व यह तय कर ले कि इस बार वह अपना कौन सा भाग खोना चाहता है। पहले की तीन लड़ाइयों में वह भारत की फौज से पिटता रहा है।

इसमें कोई संदेह नहीं कि श्री वाजपेयी के नेतृत्व में भारत किसी भी अंतरराष्ट्रीय दबाव के समक्ष घुटने टेकने का गर्हित पाप कभी नहीं कर सकता था, इसीलिए प्रधानमंत्री अटलजी ने स्पष्टतम शब्दों में यह घोषणा कर रखी है कि "भारत को खरीद सके ऐसा कोई माई का लाल अब तक पैदा नहीं हुआ है और न ही भारत में ऐसा कोई कपूत पैदा होगा जो इस महान् देश को बेच सके।...हमारा देश एक है और अपने पैरों पर दृढ़ता के साथ खड़ा है। यह सरकार भी एक सुदृढ़ समृद्धशाली और स्वावलंबी राष्ट्र के निर्माण में लगी है। इसलिए उसके फैसले पर किसी को संदेह नहीं होना चाहिए। हम किसी भी विदेशी दबाव के आगे नहीं झुकेंगे।"

इसी भाँति वामपंथी बुद्धिजीवियों और विपक्षी दलों द्वारा उनके तथा अन्य भाजपा नेताओं में मतभेद रचने का षड्यंत्र करनेवालों को प्रकारांतर के जबाव देते हुए वे कहते हैं कि "जब मुझे उदार विचारवाला कहा जाता है तब लोग यह भूल जाते हैं कि विचारों की यह व्यापकता और उदारता दीनदयालजी की देन है।"

सर्वाधिक महत्त्वपूर्ण तथ्य है कि सफलता की ऊँचाइयों पर पहुँचकर भी श्री वाजपेयी के पैर आज भी धरा पर हैं। इसीलिए वे असंदिग्ध वाणी में कहते हैं, "लाखों स्वयंसेवकों के परिश्रम, समर्पण, कष्ट-सहन, त्याग से आज का यह दिन देखने को मिला है। जो आज हमारे साथ नहीं है, उन सबको अपनी विनम्र श्रद्धांजलि अर्पित करता हूँ और जो स्वयंसेवक आज साथ हैं, उन्हें मैं यह आश्वासन देता हूँ कि मुझसे ऐसा कोई कार्य नहीं होगा, जिससे संघ की धवल कीर्ति पर कोई धब्बा लग सके।"

अत: अंत में श्री दारुवाला की भावनाओं को ही अभिव्यक्त करते हुए सुप्रसिद्ध न्यायविद्, अर्थशास्त्री एवं अमेरिका में भारत के राजदूत रह चुके नानी ए. पालखीवाला का यह कहना अधिक उपयुक्त है कि "प्रधानमंत्री पद के लिए अटलजी से बेहतर कोई उम्मीदवार नहीं है। इनके नेतृत्व में भारत विकास के नए आयाम प्राप्त करेगा, यह मुझे विश्वास है।"

(लेखक सुप्रसिद्ध लेखक हैं)

□

कहिए सुकुलजी महाराज!

—श्रीनिवास शुक्ल

स्मृति के वातायन से झाँककर अपने अतीत, व्यतीत को देखने पर अनेक चित्र उभरते हैं,उनमें से मेरे छात्र जीवन का एक अनहोना चित्र है, जिसमें एक पिता-पुत्र मेरे सहपाठी हैं। सन् 1945 की बात है। मैंने डी.ए.वी. कॉलेज, कानपुर में विधि कक्षा (प्रथम) और एम.ए. (हिंदी) में प्रवेश लिया। श्री अटल बिहारी वाजपेयी और उनके पूज्य पिता श्रद्धेय श्रीकृष्ण बिहारी वाजपेयी ने भी इसी कॉलेज में उसी समय प्रवेश लिया।

उनके प्रवेश-प्रसंग में एक रोचक घटना उल्लेखनीय है। वाजपेयी (श्रीकृष्ण बिहारीजी) डी.ए.वी. कॉलेज के तत्कालीन प्राचार्य श्री कालिका प्रसाद भटनागर के कक्ष में प्रवेशार्थ पहुँचे और बोले, "महोदय! क्या मैं भीतर आ सकता हूँ?" भटनागरजी ने एक भरे-पूरे प्रौढ़ व्यक्ति को देखकर संभवत: यह अनुमान लगाया कि ये महाशय कोई नौकरी की खोज में आए हैं और तत्काल उत्तर दिया, "नहीं। यहाँ कोई रिक्त स्थान नहीं है।" वाजपेयीजी दृढ़तापूर्वक बोले, "महोदय, अभी तो सत्रारंभ है। इतने शीघ्र सारे स्थान भर गए हैं? आश्चर्य है।" भटनागरजी ने पूछा, "आपका क्या प्रयोजन है?" वाजपेयी ने कहा, "श्रीमानजी, मैं विधि छात्र के रूप में प्रवेशार्थी हूँ।" भटनागरजी मुसकराए, बोले, "आइए, स्थान है, आपको प्रवेश मिलेगा, अवश्य मिलेगा।"

जहाँ तक मुझे याद है श्री अटलजी ने विधि कक्षा एवं एम.ए. अर्थात् दोनों में प्रवेश लिया और उनके पिताश्री ने केवल विधि में ही प्रवेश लिया। कुछ दिन पिता-पुत्र एक साथ विधि कक्षा में उपस्थिति देते रहे। फिर यथासंभव अटलजी को कुछ अटपटा सा लगा हो पिता-पुत्र के सह-पठन में, इसलिए उन्होंने विधि कक्षा से मुक्ति ले ली और मात्र एम.ए. का अध्ययन करते रहे। डी.ए.वी. छात्रावास के जिस खंड में मैं रहता था, उसी में श्रीकृष्ण बिहारीजी रहते थे। अटलजी इसी छात्रावास के अन्य खंड में रहते थे।

अटलजी के पिताजी ग्वालियर में शिक्षा अधिकारी थे और सेवानिवृत्त होने पर उन्होंने विधि का अध्ययन किया। उनका व्यक्तित्व बड़ा आकर्षक और प्रभावी था। रक्ताभ, लाल मुखमंडल, स्फीत भाल, हिममंडित हिमालय जैसे सिर पर रजतवर्णी केशपुंज उनके व्यक्तित्व की विशालता और भव्यता के परिचायक थे। सदा मुक्त हास का निर्झर उनके मुख से झरता रहता था। वे बड़े विनोदी स्वभाव के थे।

अटलजी ऐसे अनूठे पिता के अनूठे पुत्र हैं। एक ओजस्वी कवि की छवि पूर्व से ही उनके नाम के साथ जुड़ी आई थी। डी.ए.वी. छात्रावास में एक कवि-गोष्ठी का आयोजन हुआ, उसमें अटलजी

विचार परिवार के प्रिय अटलजी

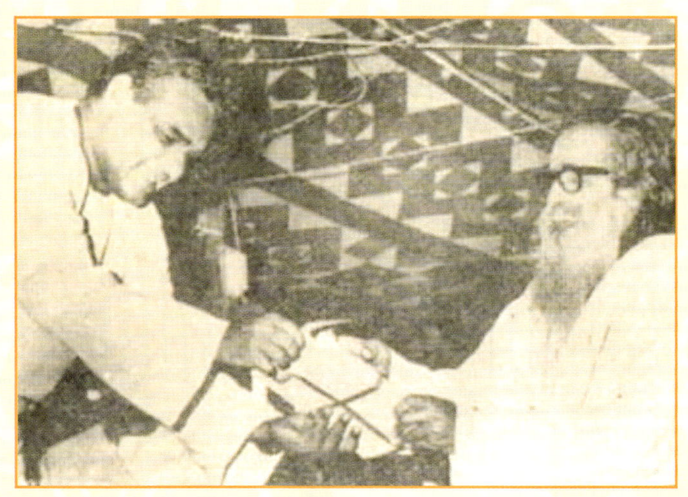

शोध संस्थान

IVE MEETING
Delh

स्मृती मंदिर
खुला रहने का समय
• कृपया •
१)जूते चप्पल बाहर -
निकालकर रखें
२)घास (हरियाली) पर-

श्री अटल बिहारी बाजपेयी
कृत
गठबंधन की राजनीति
प्रभात प्रकाशन
श्री अटल बिहारी बाजपेयी
डॉ. ना.मा.

TOWARDS GLOBAL TOGETHERNESS

XECUTIVE MEETING
98
ELHI , APRI
, 1998

सुरक्षा पर कांग्रेस और कम्युनिस्टों की घुटना-टेक नीति के विरुद्ध भाजपा

प्रभात प्रकाशन, दिल्ली

यदि छुआछूत पाप नहीं है
साहब देवरस

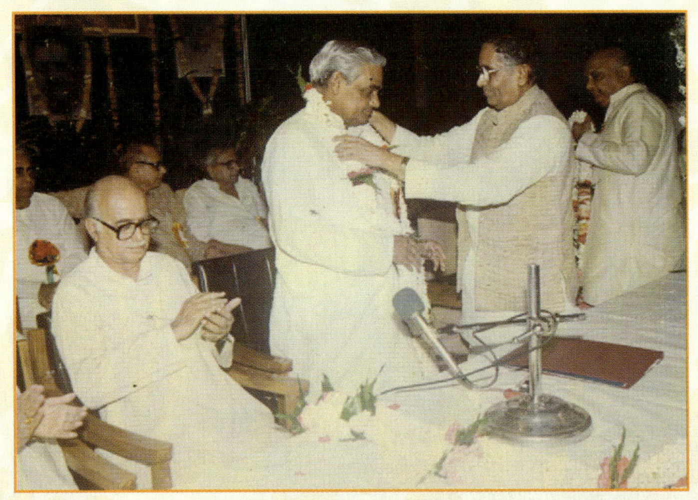

परिजनों के साथ

अन्य भारतीय राजनेताओं व विशिष्टजनों के साथ

TASK FORCE
MICROIRRIGATION

पार्टी

चारु चन्द्र की चंचल किरणें
खेल रही हैं जल-थल में,
स्वच्छ चाँदनी बिछी हुई है
अवनि और
श्रद्धेय अटल

स्वदेश भवन

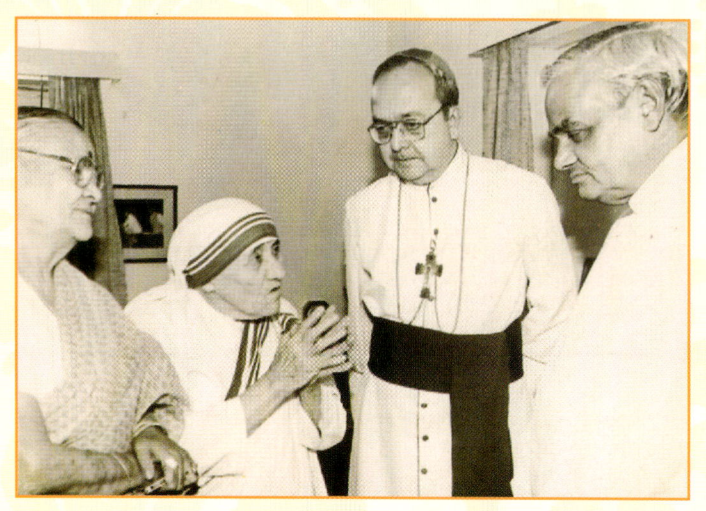

विदेशी राजनेताओं के साथ

द्वितीय प्रवासी भारतीय दिवस
MINISTRY OF EXTERNA
GOVERNMENT OF
FICCI

MAHATMA
GANDHI
STREET

विभिन्न मुद्राएँ

विवेकानन्द

ANI

अमर
जवान

मेरा कुटुम्ब है।"
- कल्पना चावला

ने जिस भाव-मुद्रा में तन्मयता से काव्य-पाठ किया उससे उनकी कथित कवि-छवि सार्थक हुई और वे सबके चहेते हो गए।

एक ओजस्वी कवि होने के साथ अटलजी ओजस्वी वक्ता भी हैं। इस तथ्य के लक्षण प्रारंभ से ही लक्षित होने लगे थे। इसका एक उदाहरण स्मरण आता है। डी.ए.वी. कॉलेज में एक बार भाषण प्रतियोगिता का आयोजन किया गया। इसी कॉलेज का एक अन्य मेधावी छात्र गणेश प्रसाद था। वह भी अच्छा वक्ता था। भाषण प्रतियोगिता में भागीदार छात्रों में अंततः ये दो छात्र अर्थात् अटलजी और गणेश प्रसाद प्रतियोगिता के लिए शेष रहे। एक-एक कर दोनों के भाषण हुए। दोनों के भाषण बड़े प्रभावी रहे, किंतु अटलजी की वक्तृत्व शैली, विषय-प्रतिपादन और भावोन्मेष ने बाजी मार ली। अटलजी प्रतियोगिता में श्रेष्ठ वक्ता के रूप में निरूपित किए गए।

छात्रावास के निकट गंगाजी के किनारे राष्ट्रीय स्वयंसेवक संघ की दयानंद शाखा लगती थी। मैं तथा अटलजी इस शाखा के नियमित स्वयंसेवक रहे हैं। मुझे जहाँ तक स्मरण है सन् 1946 में लखनऊ में संघ के किसी कार्यक्रम में प.पू. श्रीगुरुजी पधारे थे। उसमें मैं भी गया था। अटलजी उपस्थित थे। उस कार्यक्रम में अटलजी ने अपनी कविता 'हिंदू तन-मन हिंदू जीवन, रग-रग हिंदू मेरा परिचय' का पाठ किया था। कविता सुनकर सभी मंत्रमुग्ध हो गए थे। प.पू. गुरुजी ने अटलजी की पीठ ठोककर सराहना की थी।

जिस छात्र गणेश प्रसाद के साथ अटलजी की भाषण प्रतियोगिता हुई थी वह साम्यवादी विचारधारा का था। अटलजी उसके साथ प्रायः उठते-बैठते देखे जाते थे। तिलक हॉल पुस्तकालय भी प्रायः जाते थे। कभी-कभार मित्रों के बीच बातचीत के तारतम्य में प्रसंग-विशेष को लेकर अटलजी द्वारा साम्यवादी विचार-विमर्श का स्वराभास किसी मित्र को हुआ हो यह संभव है।

इस पर यह ज्वलंत चर्चा का विषय बन गया कि अटलजी कम्युनिस्ट हो गए हैं जबकि वास्तविकता से इसका दूर-सुदूर का भी कोई संबंध नहीं था। अटलजी निष्ठापूर्वक संघ से जुड़े थे और सतत् रूप से आज तक संघ से अटूट भाव से जुड़े हैं।

यद्यपि जनता शासन में (सन् 1977-78) कतिपय राजनीतिक पक्षों ने दोहरी सदस्यता का प्रश्न उछालकर जो भी चाहा हो, किंतु अटलजी और उनके सहयोगियों ने संघ से अपने संबंधों को गर्व के साथ स्वीकार किया और इसमें कोई अनौचित्य न होने का उद्घोष किया। भले ही सत्ता चली जाए।

इसी प्रकार गुजरात सरकार द्वारा शासकीय कर्मचारियों को संघ की शाखाओं में जाने तथा संघ के कार्यक्रमों में भाग लेने की छूट देने संबंधी आदेश पर विपक्षी दलों ने हाय-तौबा मचाकर भाजपा के नेतृत्व में गठित केंद्र सरकार के सामने संकट उपस्थित करना चाहा। इस समय भी अटलजी ने स्पष्ट शब्दों में कहा कि "संघ एक सांस्कृतिक, सामाजिक संगठन है और गुजरात सरकार द्वारा लिए गए निर्णय में केंद्र को हस्तक्षेप करने का कोई कारण नहीं है।"

इस प्रसंग में भी संघ के प्रति अटलजी की असंदिग्ध निष्ठा का प्रमाण मिलता है। फिर भी विपक्ष के गर्हित राजनीतिक उद्देश्य का उफान पूर्व सरसंघचालक प.पू. रज्जू भैया के इस वक्तव्य के ठंडे छींटे ने शांत कर दिया कि संघ अपनी शक्ति और पुरुषार्थ के बल पर खड़ा है और गतिशील है। वह शासन की कृपा का मुखापेक्षी न कभी रहा है और न ही है।

इस प्रकार समय-असमय जब-जब संघ के साथ अटलजी के संबंधों को लेकर छद्म-धर्म

निरपेक्षतावादियों द्वारा अनर्गल प्रलाप किया गया तब संघ के प्रति अपनी निष्ठा को निर्भयता के साथ मुखर करके उन्होंने इन तत्त्वों को सही उत्तर दिया है।

इस प्रकार डी.ए.वी. कॉलेज, कानपुर में अध्ययनकाल में सन् 1947 तक मेरा तथा अटलजी का साथ रहा। भारतीय जनसंघ के निर्माण काल (सन् 1951-52) में भारतीय जनसंघ के प्रथम कानपुर अधिवेशन (सन् 1953) में, जनसंघ के अखिल भारतीय अधिवेशनों में सन् 1957 तक तो चलते-फिरते उनसे मेरी भेंट होती रही, किंतु सन् 57 के पश्चात् मुझे संघ का एकनिष्ठ कार्यकर्ता मानकर संघ के भिन्न-भिन्न दायित्व सौंपे जाने लगे और इस प्रकार जनसंघ से मेरा संबंध छूट सा गया और अटलजी से भेंट होने के संयोग भी न्यून हो गए। हजारों-लाखों के जनसमूह में कहीं दूर से जब तब उनके ओजस्वी भाषण सुनने का आनंद अवश्य मिलता रहा, किंतु भेंट-लाभ नहीं। जैसी संभावनाएँ थीं, उसी के अनुरूप अटलजी का व्यक्तित्व दिनोंदिन नभस्पर्शी ऊँचाइयाँ नापता चला गया। श्री अटलजी 80-90 के दशक में छतरपुर भी तीन-चार बार आ चुके हैं, किंतु हर बार प्राय: चुनाव संबंधी सभा में।

इसलिए अपनी मर्यादा को दृष्टि में रखते हुए मैं मंच पर नहीं पहुँचा। हाँ, एक-दो बार माल्यार्पण हेतु मुझे बुलाया गया और मैं पहुँचा भी, चुनाव सभा संबोधित करने के पश्चात् वे प्राय: तत्काल वापस चले गए। इस प्रकार यहाँ आने पर भी उनसे भेंटवार्ता होने का संयोग नहीं बना। फिर अटलजी के अति महत्त्वपूर्ण श्रेणी के व्यक्ति हो जाने के कारण तथा उन पर आए गुरुतर दायित्वों से उद्भूत समस्याओं एवं निरंतर व्यस्तताओं के कारण मैंने और अधिक निकटता उनके साथ नहीं बढ़ाई तथा एक मित्र के कर्तव्य-बोध का निर्वाह करते हुए उन्हें कभी संकोच में नहीं डाला। आत्मीय संबंधों के अक्षुण्ण बनाए रखने का विशेष गुण अटलजी में है। इस परिप्रेक्ष्य में एक उदाहरण का उल्लेख कर देना उचित समझता हूँ। 20 सितंबर, 1998 को ललितपुर-सिंगरौली रेलवे लाइन का शिलान्यास करने के निमित्त अटलजी का खजुराहो आगमन हुआ। देश के प्रधानमंत्री के नाते उनकी सुरक्षा-व्यवस्था, अधिकारियों द्वारा समुचित रोक-टोक, सीमित प्रवेश आदि जैसी चौकसी। हवाई अड्डे पर अटलजी का स्वागत करनेवालों की पंक्ति में मैं भी एक था। वायुयान से उतरकर स्वागतकर्ताओं के निकट आते ही अटलजी ने लपककर मुझसे हाथ मिलाया और अपनी चिर-परिचित शैली में बोले, ''कहिए सुकुलजी महाराज! ठीक-ठाक।'' मुझे अत्यंत आनंद मिश्रित आश्चर्य हुआ कि इतने लंबे अंतराल के पश्चात् भेंट होने का संयोग आने पर भी वे भूले नहीं और उसी लहजे में बोले-मिले जिस प्रकार अध्ययनकाल में कानपुर में बोलते-मिलते थे। वे अपनी इसी गुणवत्ता के कारण सभी अपनों-परायों को आत्मीयता के स्नेह-सूत्र में बाँधे हुए हैं।

ये संस्मरण लिखते समय मुझे दैनंदिनी (डायरी) लेखन का महत्त्व अनुभव होता है। मैंने कभी डायरी नहीं लिखी। यह न्यूनता आज खटक रही है। यदि डायरी लिखी होती तो अधिक आत्मविश्वास के साथ अनेक प्रसंगों को अधिक सांगोपांग प्रामाणिकता के साथ प्रस्तुत कर सकता। 50-55 वर्ष पूर्व के प्रसंगों को धूमिल स्मृति के आधार पर प्रस्तुत किया है फिर भी ये प्रामाणिकता से दूर नहीं हैं।

(लेखक महाकौशल प्रांत के संघचालक थे)

□

अपने अटलजी

—रामलाल दीक्षित

भारतीय जनसंघ का प्रथम अखिल भारतीय वार्षिक अधिवेशन कानपुर, उत्तर प्रदेश के फूलबाग में हुआ था। डॉ. श्यामाप्रसाद मुखर्जी, पं. मौलिचंद्र शर्मा, त्रिपुरा के महाराज पं. दीनदयाल उपाध्याय प्रभृति जनसंघ के तत्कालीन नेता मंचासीन थे। परम पूजनीय श्रीगुरुजी की प्रेरणा से डॉ. मुखर्जी ने जनसंघ की स्थापना की थी और गुरुजी ने पं. दीनदयाल उपाध्याय एवं अटलजी को सहयोग हेतु उन्हें समर्पित कर दिया था, ऐसा सभी कार्यकर्ताओं को बताया गया था। परंतु मंच पर अपने अटलजी का अभाव देखकर कार्यकर्ता व्यथित और निराश थे। तभी व्यवस्थाओं में व्यस्त 'अपने अटलजी' को देखकर उन्हें प्रसन्नता हुई। मैं भी उस समय कक्षा ग्यारह का छात्र था और श्री राणाप्रताप सिंहजी जो भौरैया तहसील के प्रचारक थे, उनके साथ ही इस अधिवेशन में जाने का मुझे सौभाग्य मिला था। अधिवेशन जैसे महत्त्वपूर्ण अवसर पर अटलजी की अनुपस्थिति कार्यकर्ताओं को उद्वेलित कर देती थी। सभी उन्हें 'अपने अटलजी' संबोधन से ही संबोधित करते थे। डॉ. रमानाथ त्रिपाठी भी उस समय अधिवेशन की व्यवस्थाओं में संलग्न थे। उन्होंने ही हमें यह रहस्य बताया था। अब वे दिल्ली विश्वविद्यालय से सेवानिवृत्त होकर दिल्ली में ही निवास कर रहे हैं। उसी समय से अटलजी की छवि जननेता की बन रही थी।

अटलजी के भाषण में मानो जादू ही है। उनकी वाणी अत्यंत प्रभावोत्पादक है। कानपुर एस.डी. कॉलेज के प्रांगण में संघ का 'शिक्षा वर्ग' था। लेखक भी शिक्षार्थी के नाते उसमें सम्मिलित हुआ था। संभवत: सन् 1956-57 रहा होगा। बौद्धिक वर्ग के कार्यक्रम में सभी स्वयंसेवक बंधु एकत्र थे। परम पूजनीय श्री गुरुजी के आगमन की प्रतीक्षा थी। जैसे ही गुरुजी मंचासीन हुए अटलजी गीत प्रस्तुत करने के लिए खड़े हुए। बौद्धिक के पूर्व गीत की परंपरा है। अटलजी ने गीत प्रस्तुत किया। मैंने देखा कि गीत का लय और अटलजी के स्वर ने ऐसा जादू किया कि सभी स्वयंसेवकों की आँखों से आँसू निकल आए। प.पू. श्रीगुरुजी भी आँसुओं के प्रवाह को न रोक पाए। संभवत: 'गीत लो नमस्ते ओ उपेक्षित' था।

उत्तर प्रदेश का कार्यकर्ता उस समय उनकी वाणी पर मोहित था। उनकी वाणी के जादुई चमत्कार से लोग उन्हें सुनने के लिए खिंचे चले आते थे। बालक, युवक एवं वृद्ध सभी उनके प्रशंसक थे। संसद् में भी अटलजी ने अपनी वाक्पटुता से सभी को सम्मोहित किया था। पंडित नेहरू तक उनकी प्रशंसा करते थे। उनके कौशल से अभिभूत थे। संसद् ने उन्हें सर्वश्रेष्ठ सांसद के रूप में सम्मानित किया है। सन् 1967 के आम चुनाव में ग्वालियर से भिंड तक उनकी

आमसभाओं का आयोजन हुआ था। मेहगाँव और भिंड की सभाओं में उन्होंने चूहे की कहानी सुनाई। दयार्द ऋषि ने अपनी तपस्या के बल पर पूरे चूहे को शेर बना दिया था। अब शेर बना चूहा अपने जनक को ही मारने पर आमादा था। यह देखकर ऋषि ने कहा, 'पुनर्मूषको भव' और वह शेर ऋषि के शाप से फिर चूहा बन गया। अत: इसी प्रकार आप इस कांग्रेस को भी चूहा बनाने का कार्य करें। वास्तव में इस क्षेत्र में जनता ने कांग्रेस को चूहा ही बना दिया था।

स्व. श्री संजय गांधी के निधन पर उन्होंने एक वाक्य में अपनी श्रद्धांजलि देते हुए कहा था, "क्या यह सही है? ज्वलनम् श्रेय: न च धूमायितं चिरं।" अधिक समय तक सुलगते रहने की अपेक्षा एक क्षण प्रकाश देकर बुझ जाना श्रेयस्कर है। एक स्थान पर उन्होंने कहा था, "भारतमाता की गोद सूनी हो गई है कोख सूनी नहीं हुई है।" ऐसे सूत्र वाक्यों द्वारा आपने माँ भारती के भंडार को भरा है। राष्ट्र संघ के हिंदी भाषण ने हिंदी को विश्व की भाषा ही बना दिया है।

अभी कुछ वर्ष पूर्व माननीय मामाजी (श्री माणिकचंद वाजपेयी, प्रधान संपादक 'स्वदेश') का नागरिक अभिनंदन मुरार (ग्वालियर) में संपन्न हुआ। अटलजी समारोह के मुख्य वक्ता थे। उस समय आप संसद् में नेता प्रतिपक्ष थे। भाषण चल रहा था, कुछ गंभीर बातों के पश्चात् आपने अत्यंत गंभीर होकर कहा, "मामाजी और मुझमें एक बड़ा भारी अंतर है। मैं सफाचट्ट (मूँछों पर हाथ फेरकर) और मामाजी मूँछोंवाले।" आगरा जिले में यमुना के दक्षिण पुलिन पर अवस्थित बटेश्वर ग्राम वाजपेयी लोगों का जन्म स्थान है। उसी बटेश्वर की बाल्यावस्था की एक कहानी सुनाते हुए आप बोले कि बटेश्वर में यमुना के किनारे बने मंदिरों में बड़ा अँधेरा रहता है। एक दिन मामाजी के साथ हम लोगों ने तय किया कि सबसे अँधेरे मंदिर में जाकर देखा जाए कि उसमें भूत रहता है या नहीं? रात्रि को लालटेन लेकर हम लोग मंदिर की ओर गए। साथियों में एक तैयार हुआ कि मंदिर में मैं अकेला ही जाऊँगा। तुम सब बाहर रुककर हमारी प्रतीक्षा करना, जब मैं आवाज दूँ तभी आना। सबने कहा कि यह पता कैसे चलेगा कि तुम मंदिर के अंदर तक पहुँच गए हो। तय हुआ कि ये एक कील दीवार में ठोंककर आएँगे। वह साथी जब बाहर आने लगा तो ऐसा लगा मानो उसका कुरता कोई पकड़कर खींच रहा है। वह जोर-जोर से चिल्लाने लगा। सभी लोग लालटेन लेकर मंदिर की ओर दौड़े। चारों ओर देखा कहीं कोई नहीं था। उस लड़के के कुरते की बाँह का कोना कील के साथ दीवार में ठुक गया था। जैसे ही उस लड़के को पकड़कर खींचा कील से गड़ा हुआ कुरता फटकर अलग हो गया और सब लोग बिना भूत देखे ही वापस आ गए। विनोद, हास्य एवं व्यंग्य आपके भाषण के अंग हैं।

कौन सी बात कहाँ कहनी है, यह विचार करके ही अटलजी बोलते हैं। ग्वालियर के फूलबाग में आम चुनाव की सभा थी। बहुत भीड़ थी। जयभान सिंह पवैया सांसद का चुनाव पहली बार लड़ रहे थे। उनका प्रचार करने अटलजी आए थे। श्रीमंत राजमाता का उन्होंने आदरपूर्वक स्मरण किया, परंतु तत्कालीन ग्वालियर सांसद का पूरे भाषण में एक भी बार नाम नहीं लिया। लोग चर्चा करते रहे इस भाषण की।

हर शब्द को तौल-तौल कर रखना माननीय अटलजी की विशेषता है। 'राष्ट्रधर्म' (लखनऊ) के संपादक के रूप में 'पाञ्चजन्य' के लेखक के रूप में भी हमने उनके साहित्यिक स्वरूप का परिचय प्राप्त किया है। कानपुर का अध्ययनकाल, लखनऊ का संपादककाल, साहित्य सृजन और

अभूतपूर्व श्रम के साक्षात उदाहरण हैं।

कथानक, सूक्तियाँ एवं उद्धरण अटलजी के मुख से हम सुनते ही रहते हैं। उस समय स्वयंसेवक उनकी कविताएँ सुनने का आग्रह अवश्य करते थे। निश्चित ही वे कवि, लेखक, भावुक हृदय, राजनेता, अपरिग्रही, विद्वान् तथा अद्वितीय प्रतिभा के धनी हैं। वे संगठन कौशल, कठिन परिस्थितियों में भी धैर्य से पार लगाने की क्षमता आदि गुणों के समुच्चय हैं। परमेश्वर उन्हें दीर्घायु प्रदान करे, जिससे भारत की डूबती नैय्या को उनका सफल नेतृत्व किनारे लगा सके।

(लेखक अटलजी के परिवार के निकटतम सदस्य)

□

अटल और प्रचार माध्यम

—भालचंद्र (बाबा) खानवलकर

अटल बिहारी वाजपेयीजी सर्वप्रथम मेरे साथ सन् 1940 में लक्ष्मीगंज स्थित संघ स्थान पर गए। अपने संघ प्रवेश का वर्णन करते समय वे मेरे नाम का उल्लेख करते हैं। आपातकाल में सन् 1977 के फरवरी मास में वे ग्वालियर पधारे तब मेरे घर आए थे। मैं तो मीसा में बंद था, परंतु वे घर में परिवारजनों से मिले और सायंकाल छत्री मैदान में हुई चुनाव सभा में इंदिरा गांधी की तानाशाही के उदाहरण देते समय मेरे नाम का उल्लेख किया। ग्वालियर में हिंदी साहित्य सभा द्वारा चेंबर में उनका सम्मान किया, उस समय भी उन्होंने संघ से अटूट संबंधों की बात करते समय संघ प्रवेश की घटना दोहराई और मेरा नाम लिया।

अटल बिहारी वाजपेयीजी प्रधानमंत्री बनेंगे इसका आभास लोगों को था। समाचार माध्यमों में वैसी चर्चा भी चलती रहती थी। माया ने सन् 1994 में एक अंक निकाला, जिसमें अटलजी के जीवन संबंधी सामग्री थी, उसमें उनके संबंध में मेरा पहला साक्षात्कार प्रकाशित हुआ था।

अटल बिहारी वाजपेयीजी के प्रधानमंत्री बनते ही पत्र-पत्रिकाओं में उनके संबंध में सामग्री प्रकाशन की होड़ सी लग गई। एक कुशल वक्ता और कवि इस नाते से वे अत्यंत लोकप्रिय हैं। उन दिनों में हिंदी-अंग्रेजी के अतिरिक्त बँगला व मलयालम में प्रकाशित नियत कालिकों के संवाददाता मेरे पास आए। भोपाल दूरदर्शन तथा जी.टी.वी. के लिए वीडियोग्राफी भी की गई। उस समय मुझे अटलजी की लोकप्रियता का अनुभव हुआ।

अंतरंग

प्रत्येक संवाददाता मुझसे कोई रोचक जानकारी की अपेक्षा रखता था। इसके लिए कुरेद-कुरेद कर प्रश्न पूछे जाते थे। प्राप्त जानकारी को अपने पत्र में या टी.वी. वाले अपनी नीति के अनुसार ढालकर प्रकाशित करते थे। मेरा साक्षात्कार अटलजी के संघ से संबंधों के लिए लिया जा रहा है, ऐसा मानकर मैंने अटल के ग्वालियर नगर के बौद्धिक कार्यवाह होने की, उनके तर्टेजी के प्रति आदर भाव की जानकारी दी। उन्होंने श्री तर्टेजी का छायाचित्र भी मुझसे लिया था।

'राष्ट्रधर्म' के प्रथम अंक के चित्र, उसमें प्रकाशित कविता 'हिंदू तन-मन हिंदू जीवन' के साथ के चित्र भी लिए। अटल और संघ इस विषय पर चर्चा तो सभी ने की, परंतु श्री तर्टेजी का चित्र दिल्ली के केवल एक दैनिक ने प्रकाशित किया। इससे यह स्पष्ट हो गया कि समाचार माध्यम अटल को प्रसिद्धि कुछ विशेष उद्देश्य से देता रहा और संघ की विशेषताओं का उल्लेख टालता रहा।

क्या अटलजी कम्युनिस्ट हो गए थे? यह एक सामान्य प्रश्न हुआ करता था और ऐसा कुछ नहीं था। इस उत्तर के पश्चात् भी अटल संघ से विचार भिन्नता रखते हैं, वे अन्य स्वयंसेवकों से भिन्न हैं, पत्रकार ऐसा उगलवाना चाहते रहे। अटलजी ने विवाह क्यों नहीं किया? ऐसा पूछे जाने पर वे प्रचारक थे। संघ के प्रचारक सामान्यतः अविवाहित रहते हैं, ऐसा बताए जाने पर वे कहते, "आप कुछ छुपा रहे हैं। आप जानते हैं बताना नहीं चाहते।" आदि बातें कहकर मनगढ़ंत बातें करते थे। हँसी-हँसी में वार्त्तालाप होता था। मेरे किसी वाक्य ही नहीं शब्द को लेकर भी वे कुछ भी काल्पनिक घटना छाप सकते हैं, इसकी कल्पना होने से बहुत सतर्क रहना पड़ता था।

भाजपा में आडवाणी और अटलजी के दो गुट हैं, कहकर मुझसे उसकी पुष्टि करवाने का प्रयत्न करते थे। मुझे भय बना रहता था कि कहीं ये लोग ये न छाप दें—'अटलजी के बालमित्र द्वारा भाजपा में गुट होने की पुष्टि की।' उन दिनों समाचार माध्यम के लोगों को जिससे भी अटल के संबंध में कोई जानकारी मिलने का आभास होता था, उसके पास जाया करते थे और लोग भी अटलजी से अपनी घनिष्ठता बताने के लिए सत्य घटनाओं को बढ़ा-चढ़ाकर या विकृत कर प्रस्तुत करते थे।

अटल से घनिष्ठता बताने के मोह से बड़े-बड़े नेता भी मुक्त नहीं हैं। उत्तर प्रदेश के एक मंत्री ने लखनऊ की एक घटना को अटल से जोड़ दिया—जबकि सत्य स्थिति वैसी नहीं थी। एक लोकप्रिय राष्ट्रीय हिंदी दैनिक में यह प्रकाशित हुआ। मेरे मन में विचार आया था कि संपादक के नाम पत्र लिखकर सत्य स्थिति प्रकट करूँ, परंतु सोचा कि यदि अटल से निकटता बताने से उन्हें संतुष्टि मिल रही है तो उसमें बाधक क्यों बना जाए? घटना राजनीतिक महत्त्व की नहीं थी, उससे कोई लाभ-हानि नहीं थी।

ग्वालियर के लोगों ने अपनी निकटता बताते समय ऐसी घटनाएँ बताईं जो साधारण बालक के जीवन में घटती हैं। एकाध घटना ऐसी भी थी जो न बताई जाती तो अधिक अच्छा होता, परंतु व्यक्ति अपना मोह नहीं सँवार सका और परिणाम की कल्पना किए बिना वह सबकुछ बता गया जो पूर्णतः बताने योग्य नहीं थी।

राजनीतिक प्रश्नों पर, अंतरराष्ट्रीय घटनाओं पर; जनसंघ, जनता पार्टी, भाजपा इनके दृष्टिकोण पर खुलकर चर्चा भी मुझसे कभी-कभी हुई, परंतु उन्हें लिपिबद्ध करना या उनका मेरे द्वारा उल्लेख किया जाना मीडिया को चर्चा के लिए विषय मिल सकता है इसलिए उचित नहीं है।

स्वदेश द्वारा 'अमृत अटल' का प्रकाशन हो रहा है उसके लिए मैं अपने संस्मरण लिखूँ ऐसी अपेक्षा संपादक मंडल की रही। अटल और मेरे बचपन से संबंध थे, संघ के कारण निकटता बढ़ी। कुछ स्मृतियाँ हैं भी, परंतु वह हमारे बीच की हैं पूर्णतः व्यक्तिगत-प्रकाशन योग्य नहीं। प्रचार माध्यमों ने 'एक नेक इनसान गलत समूह' में ऐसा अटल के बारे में प्रचार कर रखा है जो अटल की लोकप्रियता का प्रमाण है, परंतु संघ परिवार के साथ अन्याय है।

(लेखक अटलजी के अभिन्न मित्र एवं पीजीवी साइंस कॉलेज के प्राचार्य थे)

□

बस एक ही शब्द!

—विवेक शेजवलकर

अटलजी आज विश्व के सर्वाधिक लोकप्रिय नेता हैं। वे ग्वालियर के हैं, यहाँ के अनेक परिवारों से उनके घनिष्ठ संबंध रहे हैं। मेरा परिवार उन कुछ एक परिवारों में से है जो यहाँ उनका घर ही हुआ करता था। वे कितने सहज हुआ करते थे, यह उनकी इस अदा से समझा जा सकता है कि जब एक बार घर आने पर उन्हें याद आया कि अभी-अभी संक्रांति पर्व आया था, चौके के दरवाजे पर खड़े होकर मेरी माताजी से कहा, "वहिनी तिळगूळ द्या।" उनके इस स्नेह और ममत्व की वर्षा हम सब पर होती रही है, यह हमारा सौभाग्य ही है।

विदेश मंत्री बनने के बाद अटलजी पहली बार ग्वालियर आए थे। मैं उनको अपनी फियेट गाड़ी में सर्किट हाउस लाया। ग्वालियर में उन्होंने सरकारी गाड़ी मंजूर नहीं की थी। सर्किट हाउस में प्रवेश के समय उन्हें गार्ड ऑफ ऑनर दिया गया। अटलजी कुछेक मिनिटों बाद जब अपने कमरे से बाहर आए तब भी पुलिस के सिपाही वहीं कतारबद्ध खड़े थे। उन्हें आश्चर्य लगा, एक सिपाही से पूछा, "आज छुट्टी है, अपने बीवी-बच्चों के साथ छुट्टी नहीं मनानी है क्या?" और खुद ही कहा, "जाइए, आपकी छुट्टी हो गई।" जबरन वहाँ से सारा फोर्स वापस भेज दिया और हमारे साथ सर्किट हाउस के लॉन में आकर बैठ गए। उन बेचारे पुलिसवालों ने शायद ऐसा पहला मंत्री देखा होगा जो उनकी छुट्टी और बीवी-बच्चों की चिंता करे।

चिंता कार्यकर्ता की

छोटे-से-छोटे कार्यकर्ता के सम्मान की चिंता भी अटलजी किया करते हैं। उनके ग्वालियर प्रवास के समय मैं प्रायः उन्हें स्टेशन छोड़ने जाया करता था। गाड़ी में विलंब होने पर हम कार में ही बैठकर बातें करते रहते थे। ऐसे ही एक बार जब हम कार में बैठे थे, शैवालजी ने उन्हें कविता सुनाने का आग्रह किया, अटलजी ने आग्रह स्वीकार किया और भावविभोर होकर कविताएँ सुनाईं। ऐसा सौभाग्य कितनों ने पाया है मैं नहीं जानता। बहुत वर्ष हो गए वह शाम या रात कहूँ, मैं कभी नहीं भूल सकता, शायद शैवालजी भी नहीं भूलेंगे।

ऐसे ही एक बार स्टेशन पर कार में बैठे-बैठे अटलजी एक अपरिचित युवक से आरक्षण पर चर्चा कर रहे थे। युवक थोड़ा गुस्से में था, परंतु अटलजी सहज शांतिपूर्वक उससे बातें कर रहे थे। मुझे लगा कि वह युवक जिस बात को बार-बार जोर देकर कह रहा है अटलजी भी उसी बात को दूसरे शब्दों में कह रहे हैं। मैंने उससे कहा, "आप जो कह रहे हैं, वही तो अटलजी कह रहे हैं।"

मेरे मुँह से यह शब्द निकलते ही वह युवक तपाक से मुझसे बोला, ''आप चुप रहिए। मैं आपसे बहस नहीं कर रहा।'' मेरे आश्चर्य का ठिकाना नहीं रहा जब मैंने देखा कि उस युवक की इस धृष्टता पर जो अटलजी अब तक शांत थे, एकदम नाराज होकर बोले, ''आप कैसा बोलते हैं? यह तो कोई बात नहीं हुई। हम सब आपस में चर्चा कर रहे हैं, जाइए, अब हमें कोई बात नहीं करनी है।'' और बातचीत समाप्त हो गई। मेरे जैसे साधारण से कार्यकर्ता का छोटा सा अपमान भी अटलजी बर्दाश्त नहीं कर पाए।

उनके स्वभाव का एक पहलू मैंने उस दिन देखा था। अटलजी कितने महान् हैं, यह शायद मैं नहीं समझा पाऊँगा। उनकी महानता के अथाह सागर की थाह पाना मेरे जैसे साधारण व्यक्ति के लिए असंभव है। परंतु उनके निकट रहते हुए उनके सहज स्नेह और अपनेपन को जो मैंने अनुभव किया है उनकी इन्हीं अदाओं और भावभंगिमाओं के कायल मेरे जैसे लाखों लोग अटलजी को अपना आराध्य मानते हैं।

वह मौन स्पर्श

बात शायद तब की है जब वे कुछ समय के लिए भूतपूर्व प्रधानमंत्री हो गए थे। उनकी सुरक्षा व्यवस्था, व्यस्त कार्यक्रम आदि के रहते उनसे भेंट होना मुश्किल होता था। वे शताब्दी एक्सप्रेस से दिल्ली जानेवाले थे। स्टेशन पर रस्सियों के बेरीकेड बनाए गए थे। मैं गेट के ठीक सामने रस्सी के उस पार भीड़ में खड़ा था। अटलजी आए, मैं उन तक नहीं जा सकता था, बीच में अवरोधक था। वे मेरे सामने आए, एक क्षण ठिठके, मैंने नमस्कार किया, उन्होंने मेरे दोनों हाथ अपने हाथ में लिए, हलके से दबाए, आँखों से इशारा किया और हाथ छोड़कर आगे बढ़ गए। ढेर सारे शब्दों और लच्छेदार वार्तालाप से भी जो बात नहीं बन सकती थी वह एक क्षण के स्नेहिल स्पर्श से बन गई।

अटलजी की अदा ही निराली होती है। मैंने चुनाव लड़ा था। अटलजी का भाषण फूलबाग मैदान में हुआ था। सभी विधानसभा क्षेत्रों के उम्मीदवार एक लाइन में अटलजी का पुष्पमाला से स्वागत करने खड़े थे, मैं भी उनमें से एक था। एक-एक से स्वागत कराते वे मेरे पास आए, मुझे देखकर एक क्षण रुककर अपनी चिरपरिचित भावभंगियाँ से बोले, ''कैंडिडेट?'' मैंने उन्हें माला पहनाई और वे आगे बढ़ गए। मुझे पहली बार उस रूप में देखकर उनके मुख से निकले इन शब्दों से बड़ा आशीर्वाद मेरे लिए और कोई नहीं हो सकता था। कवि अटलजी अपने शब्दों और वाणी से अपनेपन की बात तो करोड़ों लोगों के सामने रखते ही हैं, लेकिन बिना बोले किंचित स्पर्श से, भुकृटि विभ्रम से, कभी-कभार एकाध शब्द से वे अपना ढेर सारा प्यार कैसे उड़ेलते हैं, यह मेरे जैसे अनेक जिन्हें उनके निकट रहने का सौभाग्य मिला है, अच्छी तरह जानते हैं।

उनके जीवन के यशस्वी पचहत्तर वर्ष पूर्ण होने पर मेरी तो यही शुभकामना है कि वे स्वस्थ रहें और वर्षानुवर्षों तक इस देश से भय, भूख और भ्रष्टाचार समाप्त करें और मुझ जैसे अनेक छोटे-छोटे लोगों पर अपने सहज निश्छल प्रेम की अमृतवर्षा करते रहें। सर्वशक्तिमान प्रभू से प्रार्थना है कि हमारी यह कामना पूर्ण करें, बस इतना ही।

(लेखक ग्वालियर के महापौर रहे हैं)

□

ऐसी है उनकी सादगी : श्रीकृष्ण सरल

—डॉ. उपेंद्र विश्वास

राष्ट्रीय काव्यधारा के स्तंभ रहे स्व. श्रीकृष्ण सरल मृत्यु शैय्या पर थे। मैं उनसे उनके उज्जैन स्थित निवास पर मिला था। कुशलक्षेम पूछने के बाद उन्होंने उज्जैन आगमन का प्रयोजन पूछा तो मैंने उन्हें बताया था कि प्रधानमंत्री श्री अटल बिहारी वाजपेयी के व्यक्तित्व कृतित्व पर केंद्रित 'अमृत अटल' के लिए संस्मरण प्राप्त करने हैं। अटलजी के गुरु डॉ. सुमन से इस संबंध में मिलकर आ रहा हूँ। आप भी कोई संस्मरण हो तो बताएँ? सरलजी तेज बुखार में थे, लेकिन अटलजी का नाम सुनते ही वह उठकर बैठ गए। उन्होंने पूछा कि कविता भेजी थी मिली होगी। अटलजी पर लिखी यह मेरी पहली कविता है। सरलजी फिर लेट जाते हैं। लेटे-लेटे ही बताते हैं। शिवपुरी के शिक्षाविद् और साहित्यकार श्री रामनाथ नीखरा अपनी एक पुस्तक की भूमिका लिखवाने मेरे पास आए थे। उन्हें अटलजी ने मेरे पास भेजा था। प्रसंग यूँ था कि श्री नीखराज उस पुस्तक की भूमिका अटलजी से लिखाना चाहते थे। वह अटलजी के पास गए। अटलजी ने पुस्तक का गंभीरतापूर्वक अवलोकन करते हुए नीखराजजी से कहा मैं पुस्तक की भूमिका लिख तो सकता हूँ, लेकिन यह पुस्तक के साथ न्यायसंगत नहीं होगा। आप किसी उपयुक्त साहित्यकार से इसकी भूमिका लिखवाएँ। उन्होंने अटलजी से पूछ लिया, तो आप ही बताएँ उपयुक्त साहित्यकार का नाम? अटलजी ने तुरंत मेरा नाम बताया। पता भी दिया।

(लेखक स्वदेश के पत्रकार हैं)

□

साक्षात्कार अटलजी के संघ गुरु से

—प्रशांत इंदुरकर

अंग्रेजी साप्ताहिक 'ऑर्गनाइजर' के 7 मई, 1995 के अंक में प्रकाशित अपने लेख में श्री अटल बिहारी वाजपेयी ने लिखा है कि मैं आज जो कुछ भी हूँ, वह श्री नारायण राव तर्टे के कारण हूँ। जिन नारायण राव तर्टेजी का अटलजी ने ऐसे शब्दों में सम्मान किया है, वे तर्टेजी अटलजी के गुरु रहे हैं एवं अटलजी को संघशाखा में लाने का श्रेय भी तर्टेजी को जाता है।

श्री तर्टे की आयु इस समय 86 वर्ष है। इस वृद्धावस्था में आज भी उनका पठन-पाठन एवं अध्ययन निरंतर जारी है। उनसे जब साक्षात्कार देने का निवेदन किया गया तो वे भावुक हो उठे। कुछ क्षण वे चुपचाप, दीर्घ चिंतन में लग गए। थोड़ी ही देर बाद तर्टेजी ने मौन भंग करते हुए चर्चा शुरू की। उसी अनौपचारिक चर्चा ने साक्षात्कार का स्वरूप प्राप्त कर लिया।

नारायण राव तर्टे से बातचीत

❑ **आप अटलजी से पहली बार कब मिले?**

● लगभग साठ साल पहले की घटना है। सन् 1936-37 का समय रहा होगा। नागपुर और दिल्ली में उन दिनों संघ शाखाओं का नियमित लगना आरंभ हो चुका था। लेकिन इस मार्ग पर अन्य कहीं भी शाखाएँ लगना आरंभ नहीं हुई थीं। पूर्णकालिक स्वयंसेवक के रूप में दायित्व देने का आग्रह मैंने डॉ. हेडगेवारजी से किया था। उन्होंने मुझे प्रचारक के रूप में ग्वालियर भेज दिया।

ग्वालियर के आर्य समाजी भूदेव शास्त्रीजी संघ के स्वयंसेवक बने। मैं उनके साथ ज्यादातर आर्यसमाज मंदिर में जाता रहता था। अटलजी अपने पिताजी के साथ वहाँ आया करते थे। जहाँ तक मुझे याद है यह सन् 1939 की बात होगी। एक दिन मैं और भूदेव शास्त्री आर्य समाज मंदिर में संघ शाखाओं के विषय में चर्चा कर रहे थे। उसी समय अटलजी अपने पिता श्रीकृष्ण बिहारीजी के साथ वहाँ आए। भूदेव शास्त्रीजी एवं कृष्ण बिहारीजी के मध्य औपचारिक नमस्कार के समय मैंने अटलजी की ओर देखा और उनकी जानकारी ली। तत्पश्चात् मैंने भूदेवजी से अटलजी को शाखा में बुलाने के लिए कहा। उन्होंने भी उसी समय अटलजी से अगले दिन से शाखा में आने के लिए कह दिया, वाजपेयीजी के परिवार में भूदेवजी का सम्मान होता था, इसलिए सभी राजी हो गए।

चर्चा अनुसार, दूसरे दिन ही भूदेवजी के साथ अटलजी मेरे पास आए। मैं उस समय कुछ

स्वयंसेवकों के साथ चर्चा कर रहा था। हमारी चर्चा हिंदुत्व, हिंदुओं का इतिहास, सावरकर और उनका साहित्य, छत्रपति शिवाजी, राणाप्रताप एवं सम्राट चंद्रगुप्त आदि राष्ट्रवादी विषयों पर चलता था। अटलजी ने भी हमारी चर्चाओं में हिस्सा लिया। मेरे संपर्क में आने के लगभग 7-8 दिन बाद अटलजी शाखा में आने लगे। अटलजी के अग्रज एवं अनुज बृज बिहारी तथा प्रेम बिहारी भी संघ के स्वयंसेवक बन गए।

अटलजी के पिताजी शासकीय विद्यालय में प्रधानाध्यापक थे। उन्हें अपनी नौकरी का भय था। इसलिए वे अटलजी को शाखा में जाने के लिए रोकने लगे तथा उन्होंने तीन दिन अटलजी को कमरे में बंद कर बाहर से ताला लगा दिया। लेकिन अटलजी कब रुकनेवाले थे। अगले ही दिन वे शाखा में आए तथा फिर वे नियमित शाखा में आने लगे। वहीं पर मुझे सब मामू कहने लगे।

❑ अटलजी के परिवार के बारे में एवं उनके बाल्यकाल आदि के बारे में आप कुछ बताएँगे?

● अटलजी ईसा मसीह के जन्मदिन बड़ा दिन पर 25 दिसंबर, 1924 को ग्वालियर में पैदा हुए। उनके पिता श्री कृष्ण बिहारी वाजपेयी भारतीय दर्शनशास्त्र के अध्यापक और विद्वान् थे। वे एक अच्छे अध्यापक एवं कवि तो थे ही, उन्हें गीता, भागवत, रामायण और महाभारत आदि ग्रंथ मुखाग्र थे। वे आर्यकुमार सभा के सक्रिय कार्यकर्ता थे और उस समय ग्वालियर में उनकी प्रतिष्ठा थी।

श्रीकृष्ण बिहारीजी अटलजी की प्रेरणा रहे हैं। अपने दादा श्री श्याम बिहारी लालजी एवं पिता श्रीकृष्ण बिहारीजी की काव्य प्रतिभा वंश-परंपरानुसार अटलजी के रक्त में आई है। बचपन से ही अटलजी कविता की ओर आकृष्ट थे तथा वे अपने पिता के साथ काव्य चर्चा किया करते थे।

अटलजी जब पाँचवीं कक्षा में पढ़ते थे, उस समय उन्हें भाषण देने का पहला अवसर मिला। लेकिन घबराहट में वे भाषण न दे सके। एक और अवसर पर भी उनकी यही स्थिति रही। उसके बाद उन्होंने रटकर भाषण देने का विचार ही त्याग दिया। उनकी माँ ने उन्हें 'निर्भय बनो, निर्भय रहो' की सीख दी। उसके अनुसार चलने का उन्होंने तय किया और फिर सर्वोत्कृष्ट वक्ता बन गए।

❑ अटलजी में नेतृत्व के गुण कब दिखाई दिए?

● सन् 1939 से सन् 1943 की अवधि में अटलजी मेरे संपर्क में थे। संघ की शाखा के कारण मेरा उनका संपर्क बना रहा। जब वे नवीं में पढ़ते थे, तब उन्होंने 'ताजमहल' पर एक कविता लिखी जिसमें उन्होंने ताजमहल को हिंदू कारीगरों के रक्त पर खड़ा महल बताया था। मैट्रिक पास होने के बाद अटलजी ने सन् 1941 से सन् 1945 तक तत्कालीन विक्टोरिया कॉलेज में अध्ययन किया। वे छात्र संघ के महासचिव भी चुने गए। गरीब छात्रों का शुल्क माफ कराना, उन्हें पुस्तकें उपलब्ध कराना, छात्रवृत्ति दिलवाना तथा छात्रों की अन्य अनेक समस्याएँ सुलझाने के काम अटलजी ने किए जिससे उनकी लोकप्रियता बढ़ने लगी।

द्वितीय विश्वयुद्ध के कारण उन दिनों मिट्टी का तेल मिलना कठिन हो गया था एवं छात्रों की पढ़ाई करने में काफी परेशानी होने लगी थी। अटलजी ने छात्र संघ की ओर से ग्वालियर के एक तत्कालीन शासकीय अधिकारी से भेंट कर छात्रों के लिए मिट्टी के तेल का स्पेशल कोटा मंजूर करवाया, जिससे छात्रों में वे बेहद लोकप्रिय हो गए तथा छात्रों ने मिट्टी के तेल का एक लैंप उन्हें भेंट किया।

❑ अटलजी ने विद्यार्थी अवस्था में नेतृत्व करने की क्षमता कैसे प्राप्त की?

● अटलजी अपनी विद्यार्थी अवस्था में छात्रसंघ एवं छात्रों के अधिकारों के लिए निरंतर संघर्ष करते रहे थे। छात्रों के अधिकारों पर कुठाराघात करने के हर प्रयास का उन्होंने विरोध किया। छात्रसंघ के अध्यक्ष एवं महामंत्री के रूप में उन्होंने अपनी जिम्मेदारी पूरी तरह निभाई।

विक्टोरिया कॉलेज में स्थित कुएँ पर अटलजी को उनकी मित्रमंडली घेरे रहती। वहाँ कई विषयों पर जोश-खरोश से बहस और चर्चा चलती रहती। एक बार महानता पर छिड़ी चर्चा में अटलजी ने जो विचार व्यक्त किए, वे आज भी प्रेरणादायक हैं। उन्होंने कहा था—

> ''विजयी शक्ति को ही महान् कहना गलत है। हार के बाद भी राणाप्रताप और पृथ्वीराज चौहान को हम महान् कहते हैं। बड़प्पन और महानता क्या केवल प्रसिद्धि और यश मिलने से ही साबित होती है? बड़ा लेखक, बड़ा खिलाड़ी, बड़ा अभिनेता और बड़ा विजेता ही केवल बड़े होते हैं?
>
> मनुष्य छोटा हो या बड़ा, सवाल हार या जीत का नहीं ध्येय का होता है। देखा यह जाना चाहिए कि कोई व्यक्ति दूसरों के प्रति कितना उदार है, कितना संवेदनशील है और उसकी अपनी अवधारणाएँ कितनी स्पष्ट हैं?''

नेतृत्व की क्षमता अटलजी में इस प्रकार विकसित होती गई और महानता के ये बीज उनकी महाविद्यालयीन अवस्था में यों रोपित होते गए। अटलजी की उस समय की गतिविधियाँ देखकर आभास होता था कि वे आगे जाकर प्राध्यापक और क्रांतिकारी कवि बनेंगे। कानपुर से राजनीतिशास्त्र में एम.ए. करने के बाद सन् 1947 में उन्हें उज्जैन के माधव महाविद्यालय में नियुक्ति मिली। वे ग्वालियर के विक्टोरिया कॉलेज में प्राध्यापक होना चाहते थे लेकिन यह हो नहीं पाया।

छात्रसंघ के चुनावों में पोस्टर चिपकाने का काम अटलजी ने कभी नहीं किया। लेकिन महाविद्यालय की दीवारों को साफ रखने के लिए चुनावों के बाद पोस्टर निकालने का काम वे अवश्य करते थे। विक्टोरिया कॉलेज के प्राचार्य एफ.जी. पियर्स भी अटलजी को पोस्टर निकालते देख उनके साथ पोस्टर निकालने में लग जाते थे।

❑ अटलजी में संस्कारों के दर्शन आपको कब हुए?

● सन् 1945 की एक घटना है। विक्टोरिया कॉलेज में अटलजी का बी.ए. का अंतिम वर्ष था। उस वर्ष के स्नेह सम्मेलन में कवि-सम्मेलन होना था। जिसमें प्रतिष्ठित कवियों को बुलाया गया था। कवि-सम्मेलन रात 10 बजे आरंभ होना था, लेकिन 11 बजने के बाद भी

कविगण नहीं पधारे। अटलजी ने माइक सँभाला और कवि-सम्मेलन की समाप्ति की घोषणा कर दी। अटलजी की धीर, गंभीर और दृढ़ वाणी माइक से गूँज रही थी।

''मुझे खेद है कि कवि-सम्मेलन समाप्त करना पड़ रहा है। हम विद्यार्थी ऐसे कवियों की कविता सुनना नहीं चहाते जो समय के महत्त्व को नहीं पहचानते। जिनका अपने खाने-पीने पर कोई नियंत्रण नहीं है।'' अटलजी की इस घोषणा से सब हक्के-बक्के रह गए।

❑ 'राष्ट्रधर्म' मासिक पत्रिका का आरंभ एवं अटलजी के उसमें योगदान के बारे में कुछ बताइए?

● सन् 1947 में मुझे लखनऊ के संघ कार्यालय का उत्तरदायित्व सौंपा गया था। उस समय माननीय भाऊराव देवरसजी उत्तर प्रदेश के प्रांत प्रचारक थे। उन्होंने ही मा. दीनदयालजी के मार्गदर्शन में हिंदी मासिक प्रकाशित करने एवं अटलजी तथा श्री राजीव लोचन अग्निहोत्री को संपादन कार्य सौंपने की योजना बनाई। पत्रिका का नाम 'राष्ट्रधर्म' रखा गया। अटलजी ने 'राष्ट्रधर्म' का प्रथम अंक तैयार किया और 31 अगस्त, 1947 को इसका पहला अंक प्रकाशित हुआ। अटलजी की प्रसिद्ध कविता 'परिचय' (हिंदू तन-मन, हिंदू जीवन, रग-रग हिंदू मेरा परिचय) भाऊरावजी के आग्रह पर प्रथम पृष्ठ पर प्रकाशित की गई।

'राष्ट्रधर्म' अच्छा चल पड़ा। उसके बाद 'पाञ्चजन्य' के प्रकाशन की योजना आई और उसका भी संपादक अटलजी को ही बनाया गया।

❑ गांधी हत्याकांड के समय अटलजी की भूमिका क्या रही?

● गांधीजी की हत्या का आरोप संघ के माथे मढ़ने के बाद संघ पर प्रतिबंध लगाया गया। तब अटलजी भूमिगत होकर लखनऊ से वाराणसी आ गए। वहीं उन्होंने 'चेतना' का प्रकाशन किया। फिर वे 'वीर अर्जुन' में काम करने लगे। मैं नागपुर में था और अटलजी नई दिल्ली में। मेरा उनका प्रत्यक्ष संपर्क टूट सा गया। लेकिन हमारे उनके बीच पत्र व्यवहार जारी था।

❑ इसके उपरांत अटलजी से आप कब मिले?

● मैं 'हिंदुस्थान' समाचार का काम देखने लगा था। इसकी एक बैठक सन् 1961 में अटलजी के निवास पर नई दिल्ली में हुई थी। बैठक में मा. दीनदयालजी भी मुख्य रूप से उपस्थित थे। बैठक के उपरांत जब सब चलने लगे तब अटलजी ने रुकने के लिए कहकर मुझे एक मर्दानी धोती भेंट की। अटलजी का प्रेम एवं श्रद्धा देखकर मेरी आँखों में आँसू आ गए।

❑ राजनीति और कविता, नाटक और सिनेमा के अतिरिक्त अटलजी को और किसमें रुचि है?

● अटलजी नाटक, संगीत और सिनेमा के भी शौकीन हैं। आपातकाल के बाद मैं जब 'हिंदू विश्व' का संपादक था और एक बार पुराने बाग के कार्यालय में बैठा था, अटलजी मेरे यहाँ आ धमके और बोले, ''मामू, चलो, आज बाहर जाएँगे।'' मैं उनके साथ कार में बैठ गया। हमारी

कार एक होटल पर रुकी, वहाँ हमने खाना खाया और फिर अटलजी ने कार टॉकीज पर ले जाने को कहा। हमने वहाँ एक पिक्चर देखी।

❑ अटलजी के बारे में अन्य कोई प्रसंग सुनाइए?

● सन् 1980 में मैंने दिल्ली छोड़ दी और नागपुर चला आया, इस कारण अटलजी से मिलना-जुलना बंद हो गया, लेकिन वे जब भी नागपुर आते, मुझसे मिले बिना नहीं रहते। वे मुझे फोन कर देते हैं, ''मामू, गाड़ी भेज रहा हूँ, जरूर आना।''

हिंदू विश्व का कार्यालय जब दिल्ली से वाराणसी ले जाया गया, तब दिल्ली में मेरे लिए कोई काम नहीं बचा। उन्हीं दिनों अटलजी से भेंट हुई तो अटलजी ने कहा, ''मामू, आप मेरे यहाँ रहो। अध्ययन करो और लेखन कार्य करो। मैं आपकी सारी व्यवस्था कर दूँगा।''

मैं अटलजी की सहृदयता से अभिभूत था। लेकिन मैंने कहा, ''मैं संघ प्रचारक हूँ। संघ जो आदेश देगा वैसा ही करूँगा।''

❑ अटलजी 75 वर्ष पूरे कर चुके हैं आप उन्हें क्या कहना चाहेंगे?

● 25 दिसंबर को मैंने अटलजी को एक पत्र लिखा था। उनकी एक कविता है 'टूट सकते हैं, मगर झुक नहीं सकते।' मैंने इसी कविता की पंक्तियाँ बदलकर उन्हें यूँ लिखीं—

''न झुकेंगे और न टूटेंगे।''

❑

स्वयंसेवक प्रधानमंत्री

—वि.ना. देवधर

भारतीय जनता पार्टी का स्थापना दिवस अधिवेशन बांद्रा रेक्लमेशन पर हुआ था। इसमें न्यायमूर्ति छागला आए थे। अटलजी के विषय में उन्होंने कहा था कि इतनी अधिक राजकीय लोकप्रियतावाला, फिर भी अत्यधिक सभ्य ऐसा अन्य कोई नेता नहीं है। इनके हाथों में भारत का भविष्य सुरक्षित है। न्यायमूर्ति छागला द्वारा दिए गए इस फैसले का जनता ने भी एकमत से समर्थन किया।

जनता सरकार सन् 1977 के काल में अटल बिहारी वाजपेयी विदेश मंत्री थे। पाकिस्तान सहित सभी पड़ोसी देशों का दौरा उन्होंने किया और 'गुट निरपेक्षता' की नीति का ऐसा उदाहरण प्रस्तुत किया कि विश्व भर में इसकी प्रशंसा की गई। इस दौरान उनके अनेक साक्षात्कार प्रकाशित हुए, अनेक लेख उनके विषय में लिखे गए, इन सभी में एक बात का उल्लेख विशेष तौर पर किया जाता था, वह है अटलजी की संघ पृष्ठभूमि। 'फॉरेन मिनिस्टर विथ आर.एस.एस. बैकग्राउंड' इस प्रकार का वर्णन उनके विषय में किया जाता था, इसीलिए एक बार विचार किया कि उनका यह आर.एस.एस. बॉकग्राउंड समझना जरूरी है। अटलजी डोंबिवली में एक कार्यक्रम में भाग लेने आए थे। इस अवसर का लाभ लेकर बातचीत प्रारंभ की।

साक्षात्कार

अटलजी आप अपने संघ कार्य के दिनों के बारे में जानकारी दें। आप संघ में कब से जाने लगे, कैसे जाने लगे, कहाँ-कहाँ आपकी शाखाएँ थीं? लोगों को विशेषत: संघ के हजारों स्वयंसेवकों को आज विश्व में लोकप्रिय अपने एक स्वयंसेवक बंधु के संघ प्रवेश के विषय में जानने की इच्छा है? हमारे हाथों में चाय के कप थे, बातचीत शुरू हो चुकी थी। पुरानी यादों को दुहराना हरेक को अच्छा लगता है। अटलजी भी अपवाद न थे। चाय का कप वैसे ही रखा रह गया, अटलजी की आँखें 45 साल पीछे ग्वालियर के एक मैदान पर टिक गई थीं।

'संघ के दिन' शब्द दोहराकर अटलजी बताने लगे कि सन् 1940 में मेरा शाखा से संबंध बना। मैं हाईस्कूल का छात्र था, वैसे हमारा परिवार सनातनी था, पिताजी कट्टर आर्य समाजी थे, उनकी अंगुली पकड़कर मैं आर्य समाज के अनेक कार्यक्रमों में जाया करता था। ऐसे अनेक कार्यक्रम मुझे याद हैं। साधु-संन्यासियों के भाषण बचपन से मन पर असर डालते आ रहे थे। घर पर 'वीर अर्जुन' समाचार पत्र आता था, मैं प्रारंभ से ही उसका पाठक बन गया था। स्वामी

श्रद्धानंद इस समाचार-पत्र के संस्थापक थे, उनकी विचार प्रणाली का असर इस पर था। ग्वालियर में आर्य समाज काफी क्रियाशील था, अनेक कार्यक्रम होते थे, इसमें विद्यार्थियों के लिए युवा शाखा थी। विद्यार्थियों के लिए हर रविवार कार्यक्रम होते थे। ऐसे ही एक कार्यक्रम में एक दिन स्वामी भूदेव नामक साधु आए हुए थे। कार्यक्रम की समाप्ति के बाद सबसे गपशप के दौरान उन्होंने पूछा, "क्यों भाई, शाम के वक्त क्या करते हो?" किसी ने कुछ, किसी ने कुछ जबाव दिया। सच तो यह था कि हमारा शाम का कुछ निश्चित कार्यक्रम था ही नहीं। यह बात स्वामीजी के ध्यान में आ गई और उन्होंने कहा कि कुछ नहीं करते तो संघ की शाखा में क्यों नहीं जाते? इस तरह 13-14 वर्ष की आयु में अटलजी का संघ से पहला परिचय हुआ। अटलजी ने बताया कि हमने स्वामीजी से ही पूछ लिया, संघ शाखा का मतलब क्या है और वह कहाँ होती है? स्वामीजी ने पूछताछ कर हमारे निवास के पास की शाखा का पता समझा दिया और हम शाखा में दाखिल हो गए।

ग्वालियर के लक्ष्मीगंज नामक क्षेत्र में हिंदी व मराठीभाषियों की मिली-जुली बस्ती, वहाँ हाल ही में संघ की शाखा प्रारंभ हुई थी। नागपुर से तब देश के अनेक स्थानों पर संघ कार्य करने के लिए प्रचारक भेजे गए थे। ग्वालियर में तब श्री नारायणराव तर्टे प्रचारक थे। (श्री नारायणराव तर्टे आजीवन प्रचारक हैं, उन्होंने 'हिंदुस्थान समाचार' नामक समाचार सेवा में अनेक वर्षों तक काम किया)।

प्रारंभ बिंदु नारायणराव

अटलजी पर संघ का प्रथम संस्कार इन्हीं नारायणराव तर्टे द्वारा हुआ। तर्टेजी की शाखा में पहला कदम रखने के बाद उन्होंने फिर पीछे मुड़कर नहीं देखा। इस यात्रा में सारा कृतित्व आगे अटलजी का ही है। नानाजी देशमुख, भाऊराव देवरस आदि अनेक लोगों ने उनके कृतित्व ने नेतृत्व को विकसित करने में अपनी भूमिका निभाई यह सच है, किंतु प्रारंभ बिंदु के रूप में नारायणराव तर्टे का नाम लिए बिना नहीं रहा जा सकता। पी-एच.डी. का शोध प्रबंध लिखनेवाले का भी कोई-न-कोई प्राथमिक शिक्षक होता ही है। हमारे पड़ोस में खानवलकर नामक एक महाराष्ट्रीय परिवार रहता था, उनमें से भालचंद्र खानवलकर (बाबा) संघ शाखा में जाते थे। मैं उनके साथ लक्ष्मीगंज शाखा जाने लगा। अटलजी ने बताया।

अटलजी को तत्कालीन ग्वालियर की सामाजिक परिस्थिति याद आ गई। वे कहने लगे कि ग्वालियर में मराठी भाषियों की संख्या काफी थी। उनमें और हिंदीभाषियों में एक सूक्ष्म स्पर्धा रहती थी। एक-दूसरे को लाक्षणिक नामों से पुकारने की पद्धति थी। हम मराठी लोगों को 'कढ़ीखाऊ' कहते थे, वे हमें 'रांगड़े' लोग कहते थे। पर संघ शाखा का परिणाम यह हुआ कि ये कढ़ीखाऊ और रांगड़े साथ आ गए। मुझे व्यक्तिगत फायदा यह हुआ कि शाखा आनेवाले मराठी युवकों के कारण मैं मराठी बोलने लगा, इतना ही नहीं मुझे मराठी का अच्छा अभ्यास हो गया।

बहुत सी पुस्तकें पढ़ीं, मराठीभाषियों से मेरी अच्छी मैत्री हो गई। महाराष्ट्र की सभाओं में बीच-बीच में मराठी बोलता ही हूँ, साथ ही हिंदी भाषणों में भी संत तुकाराम, ज्ञानेश्वर जैसे संतों के उद्गारों का मैं सहज उल्लेख कर सकता हूँ।

बाल्यावस्था में कौन से संघ संस्कार मिले? यह बताते हुए अटलजी कहने लगे, अनुशासन, होमवर्क यह सब तो था ही, पर मुख्य संस्कार था स्वतंत्रता की प्रेरणा का। देश स्वतंत्र होना चाहिए, इक्के-दुक्के प्रयत्नों से देश स्वतंत्र होनेवाला नहीं, उसके लिए संगठन आवश्यक है यह हमें बार-बार बताया जाता था। संघ से परिचय हुआ और साल-डेढ़ साल में ओ.टी.सी. का समय निकट आ गया। अटलजी ने सन् 1941 में प्रथम वर्ष किया। सन् 1942 में लखनऊ में द्वितीय वर्ष हुआ (ग्वालियर तब संघ रचना में उत्तर प्रदेश का भाग था, इसलिए लखनऊ में ओ.टी.सी. हुआ, अटलजी ने बताया)। सन् 1943 में उन्होंने नागपुर में तृतीय वर्ष का शिक्षण पूर्ण किया, वे तृतीय वर्ष शिक्षित स्वयंसेवक हो गए।

नागपुर के 'संघ शिक्षा वर्ग' में यादवराव जोशीजी का 'बौद्धिक वर्ग' उन्हें याद है। उनका गाया एक संघ गीत अटलजी को अच्छे से याद है। वे पूछने लगे, "भारत हिंदुस्तान है, हिंदुओं की शान है, ईश्वर का वरदान है, झंडा हिंदुस्तान का।" यह गीत याद है, यह गीत हमने यादवरावजी के मुख से सुना है। गीत पर से चर्चा चली अटलजी के काव्य की 'हिंदू तन-मन हिंदू जीवन, रग-रग हिंदू मेरा परिचय' यह अटलजी का काव्य सन् 1946-47 में देश के सभी 'संघ शिक्षा वर्गों' में स्वयंसेवकों का प्रियगीत बना हुआ था। इस गीत के शब्द में जो रग-रग हिंदू था, वह स्वयंसेवकों के लिए प्रेरक था। इस काव्य के विषय में चर्चा चल पड़ी।

अटलजी कहने लगे तब हरिवंशराय बच्चन की कविताएँ बहुत प्रसिद्ध थीं। उनके 'मधुशाला' काव्य संग्रह का बोलबाला था। उसकी एक कविता में 'मिट्टी का तन-मिट्टी का मन' यह पंक्ति है, इसी से हमारा शरीर हिंदू है, मन हिंदू है, यह विचार देखते-देखते कविता के रूप में कागज पर उतर आया। स्वयंसेवकों को तो वह बेहद पसंद आई।

अटलजी पढ़ाई के लिए कानपुर आ गए थे। इसी दौरान सन् 1942 का आंदोलन चालू हो गया। अटलजी ने इसमें भाग लिया। अटलजी ने बताया कि मैं कानपुर के डी.ए.वी. कॉलेज में था और संघ से स्वतंत्रता की प्रेरणा प्राप्त हुई थी। स्वतंत्रता आंदोलन में भाग लेने का निश्चय किया, हमारे अधिकारियों से चर्चा की, किसी ने भी मुझे रोका नहीं, उलटा प्रोत्साहन दिया। यह मैं इसलिए बता रहा हूँ कि सन् 1942 के आंदोलन के संदर्भ में संघ के विषय में अनेक भ्रांतियाँ हैं। संघ इस आंदोलन के विरोध में नहीं था। संगठन के रूप में वह इसमें सहभागी नहीं था, किंतु मेरी तरह अनेक स्वयंसेवकों ने आंदोलन में भाग लिया। मैं चार माह आगरा जेल में रहा। जेल से बाहर आने पर भी हमारा आंदोलन का काम चलता ही रहा। एक ओर कॉलेज के छात्रावास की शाखा का काम, दूसरी ओर यह जिम्मेदारी, अटलजी महाविद्यालयीन जीवन में व्यस्त हो गए। देखते-देखते सन् 1945-46 के दिन आ गए। एक ओर स्वतंत्रता की चर्चाएँ और दूसरी ओर देश के विभाजन का खतरा तेज हो गया।

देश के विभाजन की कल्पना ने मुझे बेचैन कर दिया। मुसलिम लीग के डायरेक्ट एक्शन की लपटें हम तक पहुँचने लगी थीं। ऐसे समय में संघ ने हिंदू समाज में जागरण का जो कार्य हाथ में लिया, वह मुझे बेहद महत्त्वपूर्ण लगता था। कानपुर शहर और आसपास जहाँ खतरेवाले क्षेत्र थे, वहाँ हम स्वयंसेवक जाते थे। लोगों को धीरज दिलाते, उनकी प्रतिकार क्षमता बढ़ाने का प्रयत्न करते थे। अटलजी बता रहे थे। स्वयंसेवकों को रात्रि में शाखा पर बुलाकर, खतरेवाले क्षेत्रों

में उनकी गश्त की व्यवस्था करना यह सारे काम चल रहे थे। वे तीन-चार वर्ष अत्यंत उथल-पुथल वाले थे। देश स्वतंत्र हो रहा था, किंतु यह स्वतंत्रता कहाँ तक सच्ची है, यह संभ्रम जन-जन में था, ऐसी मनःस्थिति में ही मैंने प्रचारक होने का निश्चय किया।

इस दौरान अटलजी का संघ अधिकारियों में विशेष रूप से भाऊराव देवरसजी से अधिक परिचय हुआ। अटलजी कहने लगे भाऊराव एक खुले मन के व बुद्धिनिष्ठ व्यक्ति थे, वे स्वयंसेवक को विचार करने पर प्रवृत्त करते थे। उनसे बहस करनेवाला स्वयंसेवक जब बहस समाप्त करके लौटता था, उनके ही विचारों का हो जाता था। उनकी विचार पद्धति, कार्यशैली विशिष्टता लिए हुए थी। शायद उन्हीं के कारण अटलजी प्रचारक बने। विद्यार्थी जीवन में तो उनको कम्युनिस्टों ने अपनी ओर लेने का काफी प्रयास किया। अटलजी ने बताया कि ''तब तो अपनी विद्यार्थी परिषद् नहीं थी। एक ही विद्यार्थी संगठन (स्टूडेंट फेडरेशन) था। उसी के माध्यम से छात्र आंदोलन होते थे। उन्होंने मुझे अपनी ओर खींचने का काफी प्रयास किया, किंतु मैं उनके चक्कर में नहीं आया।''

सन् 1946 में अटलजी प्रचारक बने। प्रचारक के रूप में मेरी नियुक्ति 'राष्ट्रधर्म' प्रकाशन के काम के लिए हुई। यहीं दीनदयाल उपाध्यायजी से परिचय हुआ। यही निकटता बाद में अटलजी को 'जनसंघ' की ओर खींच ले गई। 'राष्ट्रधर्म' प्रकाशन के कारण पत्रकारिता से निकट संपर्क, बाद में दिल्ली से 'वीर अर्जुन' का संपादन, डॉ. मुखर्जी के निजी सहायक के रूप में उत्तरदायित्व, आगे की उनकी जीवन यात्रा के ये सारे बिंदु अब सर्वज्ञात हैं। वे कहते हैं—प्रकाशन कार्य में मुझे भेजा गया और दैनंदिन शाखा कार्य से संपर्क कम होता गया। डॉ. मुखर्जी के आकस्मिक निधन से मैं पूरी तरह से राजनीतिक क्षेत्र में चला गया। अब तो राजनीतिक क्षेत्र में अटल बिहारी वाजपेयी का नाम एक कीर्तिमान बन चुका है। यह है उनका 'आर.एस.एस. बैकग्राउंड।'

राष्ट्रवाद, अनुशासन, होमवर्क, निष्ठापूर्वक ध्येयपूर्ति के लिए सतत् प्रयास ऐसे अनेक गुण इनका पाथेय सारे जीवन के लिए पर्याप्त हो, ऐसा अनेक स्वयंसेवकों की भाँति अटलजी को भी शाखा से प्राप्त हुआ, यह तो स्पष्ट है। विश्व भर में लोकप्रिय एक स्वयंसेवक के संघ कार्य के लिए दिनों के विषय में उन्हीं के मुख से सुनने का सौभाग्य, मेरे लिए तो वह दिन बहुत-बहुत धन्य तो था।

(लेखक प्रख्यात समाजसेवी हैं)

□

मुझे राष्ट्र के लिए कुछ जिम्मेदारियाँ पूरी करनी हैं

—आलोक तोमर

❑ आपको पता है कि लोग आपको बड़ा आदमी मानते हैं?

● ठीक है, मेरा कुछ नाम है, कुछ लोग पसंद भी करते हैं, लेकिन मैं कितना बड़ा आदमी हूँ, हूँ भी या नहीं, इस पर मैं क्या कहूँ।

❑ ग्वालियर से लखनऊ और लखनऊ से दिल्ली की यात्रा कैसी रही?

● ग्वालियर राज्य की एक छात्रवृत्ति पाकर मैं कानपुर पढ़ने गया था और यह लिखकर दे गया था कि लौटकर राज्य की नौकरी करूँगा। लेकिन फिर सामाजिक कार्यों में मेरी रुचि देखकर राज्य ने अपनी शर्त पर जोर नहीं दिया। मैं संघ परिवार के आदर्शों से काफी प्रभावित हुआ। संघ परिवार ने भी बाँहें पसारकर मेरा स्वागत किया।

लखनऊ से पहले 'राष्ट्रधर्म' निकाला फिर 'पाञ्चजन्य' और 'स्वदेश'। मैं संघ का प्रचारक नहीं था, लेकिन चूँकि संघ ने पूर्णकालिक तौर पर मुझे पत्रकार बनाया था, इसलिए लोग प्रचारक ही मानते रहे। फिर संघ के ही निर्देश पर दिल्ली आकर दैनिक 'वीर अर्जुन' का संपादक बना। उस समय अखबार बहुत बुरी हालत में था और संघ के वैचारिक सहयोगी एक बजाज साहब ने उसे अपने नियंत्रण में ले लिया था। विजय कुमार मल्होत्रा साप्ताहिक 'वीर अर्जुन' में काम करते थे।

❑ पत्रकारिता से राजनीति की तरफ आने की वजह?

● एक पत्रकार के नाते मैं श्री श्यामाप्रसाद मुखर्जी के संपर्क में आया और उनसे बहुत प्रभावित हुआ। उस समय तक वे हिंदू महासभा को सावरकर से मतभेदों के कारण छोड़ चुके थे और नेहरू मंत्रिमंडल से भी अलग हो गए थे। उनके साथ मैंने बहुत यात्राएँ कीं और जब वे बगैर परमिट के कश्मीर में दाखिल हुए (तब तक जनसंघ बन चुका था) तो उन्होंने मुझसे कहा कि दिल्ली जाकर पूरे देश को बता दो कि मैं बगैर परमिट कश्मीर चला आया हूँ।

मैं दिल्ली लौट आया और बाईस दिन बाद हिरासत में ही श्री मुखर्जी का निधन हो गया। तब मैंने तय किया कि मुझे राष्ट्र के लिए कुछ जिम्मेदारियाँ पूरी करनी हैं और मैं राजनीति में आ गया। उसके बाद का किस्सा तो जानते ही हैं कि जो होता गया सो होता गया, सोचकर कुछ नहीं किया कि ऐसा होगा तो वैसा हो जाएगा।

❑ क्या आपको कभी नहीं लगता कि आप जैसा धुनी व्यक्ति पूरा जीवन इसलिए दूसरे की धुन पर नाचता रहा कि वह राजनीति में आ गया था?

● नहीं, मैं राजनीति में न होता तो क्या करता? नौकरी करता और अब तक रिटायर हो गया होता। दूसरा विकल्प पत्रकारिता का था, लेकिन उसमें भी तो आप अपनी धुन पर कहाँ नाचते हैं? इतनी हैसियत तो मेरी कभी नहीं बन पाती कि अपना अखबार निकालता। नौकरी करता और मालिकों की धुन पर नाचता। राजनीति में मुझे खुशी है कि मैंने सही पार्टी चुनी और वहाँ आत्मीयता के बंधनों के अलावा और कोई बंधन नहीं रहा। राष्ट्रीयता का जो आदर्शवाद मेरे अंदर था, उसे मुझे नहीं लगता कि भाजपा के अलावा कहीं और इतनी अभिव्यक्ति मिल पाती।

❑ कहते तो यह भी हैं कि आपको कांग्रेस में लाने के काफी यत्न हुए?

● मुझसे सीधे-सीधे आकर कभी किसी ने कहने की हिम्मत नहीं की। वे शायद जानते थे कि अपने दल के प्रति मेरी प्रतिबद्धता किसी और तर्क से प्रभावित नहीं होनेवाली। रही लोकप्रियता की बात, तो मैं यह जानता हूँ कि पार्टी का जो वोट बैंक है, उससे ज्यादा वोट हमेशा मिलते हैं। वे भी मुझे वोट देते हैं जो पार्टी से सहमत नहीं होते। तो हो सकता है कि कुछ लोगों के मन में मेरी लोकप्रियता या आप उसे जो भी कहें, का लाभ उठाने की बात रही हो। मुझसे किसी ने नहीं कहा। कहते तो खरी-खरी सुनते।

❑ आप कह रहे थे कि वाद-विवाद प्रतियोगिता में आप जब भी जरूरत हो पक्ष बदल लेते थे और अपने विचारों से उलटा बोलकर भी जीतकर आते थे। क्या यही मुद्रा आपने राजनीति में नहीं अपनाई?

● देखिए, मेरी राय में पूर्ण सत्य से किसी का भला नहीं होता। मैं उसे अर्द्धसत्य तो नहीं कहूँगा, लेकिन सत्यांश कहीं ज्यादा होता है और कहीं कम। आज सत्य और असत्य की लड़ाई नहीं है, काला और सफेद की नहीं है, उसमें बहुत सारे शेड्स हैं। अभी कॉमनवेल्थ के सेकेट्री आए थे और उन्होंने कहा था कि "भारत के लोकतंत्र में यह अच्छी बात है कि विपक्षियों को लोग शत्रु नहीं समझते।" अपने शिवराज पाटिल भी वहाँ थे। उन्होंने कहा कि यहाँ ज्यादातर शत्रु अपने ही यहाँ होते हैं।

❑ आपकी अपनी पार्टी में भी…?

● (ठहाका…)

❑ आप जनसंघ में आए और कुल मिलाकर दस साल भी नहीं बीते होंगे कि आप पार्टी के अध्यक्ष बन गए। दीनदयाल उपाध्याय के निधन के बाद सिर्फ आपको ही उत्तराधिकारी क्यों माना गया?

● एक तो शायद राष्ट्रीय स्वयंसेवक संघ और जनसंघ के लोगों को लगा कि यह वह आदमी है जो सबको साथ लेकर चल सकता है। बलराज मधोकजी का पार्टी से कोई सैद्धांतिक मतभेद तो नहीं था। बस वे सबको साथ लेकर नहीं चलते थे और किसी-न-किसी से उनका झगड़ा चलता रहता था। वरना वे बहुत परिश्रमी नेता हैं।

❑ साथ लेकर चलने की बात पर लगता है कि असल में आप बहुत एकांतप्रेमी व्यक्ति हैं?

● एकांत मुझे अच्छा लगता है, लेकिन जो यह कहते हैं कि मैं समूह का व्यक्ति नहीं हूँ, वे शायद मेरे स्वभाव को नहीं जानते। भीड़ में मुझे बहुत आनंद आता है और उससे मैं बहुत जल्दी एकरूपता स्थापित कर लेता हूँ। मैंने कोशिश की कि मेरा अहंकार बढ़कर कभी पार्टी की सीमाओं से बाहर न चला जाए। जब मैं पार्टी अध्यक्ष बना, तो दीनदयाल उपाध्यायजी आडवाणीजी को मेरा सहयोग करने के लिए लाए।

❑ आडवाणीजी आपके निजी सहायक थे?

● (ठहाका) एक साल छोटे भी तो हैं मुझसे। जनसंघ के सांसद उत्तमराव पाटिल और मुझे एक बँगला मिला था। उसी में हम सब साथ रहते थे। मैं यों भी अकेला ही था। दीनदयालजी भी वहीं रहते थे।

❑ अकेले रहना अंतिम रूप से आपने कब तय कर लिया था?

● दिन-घड़ी-मुहूर्त निकलवाकर तो ऐसे फैसले नहीं होते। बस जिंदगी की एक दिशा बन गई और उसमें गृहस्थ होने या परिवार बसाने की जगह नहीं थी।

❑ माधवराव सिंधिया इन दिनों भारतीय जनता पार्टी के सबसे मुखर विरोधी हैं…?

● हाँ, वे तो देशद्रोही कहते हैं हमें।

❑ उनके समर्थक यह भी कहते हैं कि 'महाराज' कभी जनसंघ के सदस्य नहीं थे। लोकसभा में जनसंघ के समर्थन से जरूर जीते थे?

● यह सरासर झूठ है। आपकी जानकारी के लिए श्री सिंधिया बाकायदा जनसंघ के सदस्य बने थे और सच पूछिए तो अपनी माँ से पहले बने थे। उन्होंने बाकायदा फॉर्म भरा था। ऐसा कोई कैसे कह सकता है? राजमाता तो उन दिनों कांग्रेस छोड़कर आई थीं और सभी गैर-कांग्रेसी दलों की एकता का प्रयास कर रही थीं।

❑ फिर सिंधिया दूर क्यों चले गए?

● मूलत: तो यह उनके निजी पारिवारिक जीवन का, उनकी माँ से हुए विवाद का नतीजा था। फैलाव तब हो गया जब इमरजेंसी लगी और माधवरावजी को लगा कि टकराव का रास्ता ठीक नहीं है। वे नेपाल चले गए। मेरे तो उनसे बहुत घनिष्ठ संबंध रहे हैं और हैं। पार्टी के मामले पर किसी सैद्धांतिक मतभेद की तो बात मैंने उनसे सुनी नहीं। यह बहुत दुर्भाग्यपूर्ण है। वे पार्टी में रहते तो उनका बहुत अच्छा उपयोग होता।

❑ सिंधिया को आप लाए थे। आज वे पूरी पार्टी को देशद्रोही कहते हैं। सुब्रह्मण्यम स्वामी और सैय्यद शहाबुद्दीन को राजनीति में लानेवाले भी आप ही थे…?

● यह धारणा बहुत गलत है। मैं न स्वामी को राजनीति में लाया और न शहाबुद्दीन को। यह बात सही है कि मेरी पार्टीवाले मुझे लगातार ताने देते रहते हैं कि आप ही तो इन्हें लेकर आए थे। शहाबुद्दीन तो विदेश सेवा में थे और जब मैं विदेश मंत्री था तो एक 'अरब' देश ने उन्हें वहाँ राजदूत बनने देने से इसलिए मना कर दिया था कि उन्हें प्रगतिशील माना जाता था। फिर एक दिन मेरे पास आए और बोले कि "मैं नौकरी छोड़कर पटना जा रहा हूँ और वहीं वकालत करूँगा।" मैंने पूछा भी कि "राजनीति में आना चाहते हो क्या?" वे बोले, "नहीं।" बाद में जब जनता पार्टी की ओर से राज्यसभा के उम्मीदवारों का चुनाव हो रहा था तो कर्पूरी ठाकुर ने उनका नाम दिया। मोरारजी देसाई भी थे। मैंने भी कहा कि "हाँ, मैं इन्हें जानता हूँ। विदेश सेवा में उनका रिकॉर्ड बहुत अच्छा रहा है।" तो यह ऐसे हुआ।

❑ और सुब्रह्मण्यम स्वामी?

● उनको भी मैं नहीं लाया। वे प्रतिभाशाली आदमी हैं और राजनीति में अपने ही मन से आना चाहते थे। पार्टी के वरिष्ठ नेताओं ने उन्हें प्रोत्साहन दिया। यह एक सामूहिक फैसला था। अब यह कहना ठीक नहीं कि जितने भी 'सत्पुरुष' हैं उन्हें मैं ही लेकर आया। हालाँकि मुझे कई बार बहुत कठिनाई होती है, लेकिन मैं उस श्रेय से भी क्यों वंचित रहूँ?

❑ चुनाव सुधारों की जो हवा चल रही है, उस पर आपको क्या कहना है?

● श्री टी.एन. शेषन ने बड़ा काम किया है। पूरे चुनाव अभियान का दृश्य ही बदलकर रख दिया है। अभी मैं चुनाव अभियान से लौटा हूँ और किसी के कटआउट देखने को नहीं मिले। हाँ, शेषनजी के जरूर मिले, मतदाताओं ने लगाए थे। खर्चे में कमी हो और काले धन का चुनाव में उपयोग न हो, यह लोकतंत्र की सेहत के लिए बहुत जरूरी है। मैं तो शेषनजी की तारीफ करता हूँ।

❑ आपकी अपनी पार्टी भी चुनाव खर्चे के मामले में कम नहीं रही?

● हम लगातार कोशिश कर रहे हैं कि कम-कम से खर्चे में काम चले। लेकिन अब आप पत्रकार लोगों को भी शाही आतिथ्य चाहिए। खेल के जो नियम बन गए हैं, उनमें एकदम पार पाना मुश्किल है। लेकिन अब हालात सुधरते नजर आते हैं।

❑ आपने तो एक जमाने में माँग की थी कि चुनाव में सिर्फ वही प्रत्याशी निर्वाचित घोषित हो, जिसे कम-से-कम पचास प्रतिशत मत मिलें और प्रतिनिधि को वापस बुलाने का भी मतदाता को अधिकार हो?

● मुझे लगता है कि इस प्रस्ताव के पक्ष में कोई पार्टी नहीं है। जी हाँ, मेरी पार्टी भी नहीं। इतना बड़ा देश है और यहाँ आप राष्ट्रपति प्रणाली की तरह एक व्यक्ति को नहीं, एक सामूहिक नेतृत्व को चुन रहे होते हैं। इसलिए व्यावहारिक दिक्कतों का ध्यान रखकर इस प्रस्ताव को

गंभीरतापूर्वक लेनेवाले कम ही होंगे। मुझे तो अब भी लगता है कि अल्पमत से जीता हुआ व्यक्ति कैसे बहुमत का दावा कर सकता है। पार्टी के लिए तो यह और भी अनुचित बात है। मेरा तो कहना यह भी है कि राजनीतिक दलों को चुनाव लड़ने के लिए सरकार कोष से राशन किया हुआ धन मिलना चाहिए।

❑ **पिछले लोकसभा चुनावों के बाद आप इस बात पर चिंतित थे कि राजनीतिक कार्यकर्ताओं की बजाय संत-महात्मा और धार्मिक कार्यकर्ता चुनकर आ रहे हैं और वे संसदीय मानदंडों पर खरे नहीं उतरेंगे?**

● मुझे खुशी है कि मेरी आशंका निर्मूल निकली। लोग संसदीय नियम सीख रहे हैं और अपनी-अपनी जगह अपनी-अपनी क्षमता से काम कर रहे हैं। उन लोगों ने पार्टी का अनुशासन मानना भी शुरू कर दिया है। जब पिछला चुनाव हो रहा था तो अयोध्या का मुद्दा केंद्रीय था। उससे जुड़े लोगों को हमने उम्मीदवार बनाया था।

❑ **फिर भी आपको नहीं लगता कि संसद् का स्तर लगातार गिर रहा है?**

● अब देखिए, जनप्रतिनिधि समाज के तथाकथित शिष्ट और अभिजात वर्ग से ही आते रहें, यह तो न जरूरी है न उचित। वैसे भी आप लोग संसद् को सड़क से जोड़ने की बात कहते हैं। द्रविड़ मुनेत्र कषगम के कार्यकर्ता जब सांसद बनकर पहली बार आए थे, तो मैं खुद बड़े अचरज से उन्हें देखता था। अब यह देखकर अच्छा लगता है कि वे संसदीय मर्यादाओं और दायित्वों का पूरा पालन कर रहे हैं। बाकी हमारी पार्टी के ज्यादातर सांसद अपनी जगह पर ठीक हैं और अपने क्षेत्रों में उनकी अपनी उपयोगिता है।

❑ **मतलब अगले चुनाव में इसी तरह संत-महात्माओं की फौज उतारी जाएगी?**

● भारतीय जनता पार्टी अगला चुनाव अपने दम पर लड़ेगी और उसमें सबसे ज्यादा जोर इस बात पर होगा कि जीत सकनेवाले उम्मीदवार उतारे जाएँ। वे कोई भी हो सकते हैं। बस, उनकी निष्ठा पार्टी के कार्यक्रम और सिद्धांतों में होनी चाहिए।

❑ **फिर से अयोध्या ही केंद्रीय मुद्दा होगा?**

● कांग्रेस सरकार को घेरने के लिए हमारे पास बहुत सारे अस्त्र हैं। बेरोजगारी है, महँगाई है, राष्ट्रीय और अंतरराष्ट्रीय सुरक्षा का सवाल है, जो सबसे ज्यादा गंभीर है। संकेत है कि भारतीय जनता पार्टी को एक गंभीर और निष्कलुष विकल्प के तौर पर मतदाता की मान्यता मिल रही है। ठीक है सारे दल सत्ता की प्रतियोगिता में शामिल हैं। लेकिन उस तरह के हमारे अनुभव अच्छे नहीं हुए, जहाँ सत्ता पहले मिल जाती है और दल बाद में बनते हैं। अभी तो हम अपने दम पर चुनाव लड़ेंगे और फिर जब सरकार बनाने की बात आएगी तो गुण-दोष के आधार पर पार्टी जो फैसला करेगी वह जब होगा तब देखा जाएगा।

(आलोकजी देश के जाने-माने पत्रकार थे)

❑

मेरे भाषणों में मेरा लेखक ही बोलता है

—डॉ. चंद्रिका प्रसाद शर्मा

सन् 1994 के अंतिम महीने की पहली तारीख। लखनऊ के राजकीय अतिथिगृह का कमरा नं. एक। श्री अटल बिहारी वाजपेयी तथा तीन-चार लोग बैठे बातचीत कर रहे हैं, सभी के हाथ में लखनऊ के चौक की मक्खन मलाई की प्लेट। अटलजी धीरे-धीरे चम्मच से थोड़ी-थोड़ी मक्खन मलाई स्वाद ले-लेकर खा रहे हैं। मैं भी इस कार्यक्रम में सम्मिलित हो जाता हूँ। अटलजी से उनके संपादक-रूप का साक्षात्कार लेने का मंतव्य व्यक्त करता हूँ। एक क्षण के लिए क्षेत्र बंद कर वे कुछ सोचते हैं और कहते हैं, ''आधी शती पीछे लौटना होगा।''

बातचीत प्रारंभ होती है। अटलजी बताते हैं, छात्र जीवन से ही मेरी इच्छा संपादक बनने की थी। लिखने-पढ़ने का शौक और छपा हुआ नाम देखने का भी मोह। इसलिए जब एम.ए. की पढ़ाई पूरी की और कानून की पढ़ाई अधूरी छोड़ने के पश्चात् सरकारी नौकरी न करने का पक्का इरादा बना लिया और साथ ही अपना पूरा समय समाज की सेवा में लगाने का मन भी बना लिया, उस समय मैंने पूज्य भाऊराव देवरस के इस प्रस्ताव को सहर्ष स्वीकार कर लिया कि संघ द्वारा शीघ्र प्रकाशित होनेवाले 'राष्ट्रधर्म' के संपादन में मैं हाथ बटाऊँ। स्व. श्री राजीव लोचन अग्निहोत्री भी मेरे साथ लगाए गए। हम दोनों संपादक बने।

साक्षात्कार

लखनऊ के पुराने स्वयंसेवक श्री राधेश्याम कपूर 'राष्ट्रधर्म' के प्रकाशक बनाए गए थे। पत्र मुद्रण के लिए अवध प्रिंटिंग प्रेस चुना गया। 'राष्ट्रधर्म' के प्रथम अंक का प्रकाशन श्रावणी पूर्णिमा सं. 2004 वि. में प्रारंभ हुआ। मेरे न चाहने पर भी मा. देवरसजी के आदेश से मुझे पहले पृष्ठ पर अपनी कविता, 'हिंदू तन-मन, हिंदू जीवन' देनी पड़ी। मैं इस कविता को बीच के किसी पन्ने पर देना चाहता था, किंतु देवरसजी का प्रेमादेश मानना पड़ा। श्री शांतिदेव, जो अपने स्वयंसेवक तथा आर्ट कॉलेज के विद्यार्थी थे, उन्होंने कविता के भावों पर आधारित परिकल्पना बनाई। यह परिकल्पना बहुत आकर्षक, भावपूर्ण और गरिमायुक्त थी।

'राष्ट्रधर्म' का प्रथम अंक तीन हजार प्रतियों का छपा। उन दिनों मासिक पत्रों की इतनी अधिक प्रतियाँ बिरले पत्र ही छापते थे। तीन हजार प्रतियाँ हाथोंहाथ बिक गईं। हमें 500 प्रतियाँ और छपवानी पड़ीं। 'राष्ट्रधर्म' की लोकप्रियता से मेरा मन उत्साह से भर गया।

'राष्ट्रधर्म' के प्रथम अंक में जहाँ तक मुझे स्मरण है, पूज्य गुरुजी का लेख 'हमारा राष्ट्रवाद'

छापा था। इस अंक में आद्य शंकराचार्य का चित्र भी दिया गया था। मैंने दूसरे अंक को और अधिक आकर्षक और स्तरीय बनाने का संकल्प किया और यह अंक 6 हजार छापा गया। 'राष्ट्रधर्म' की लोकप्रियता ऐसी बढ़ी कि अगला अंक 8 हजार छपा, क्योंकि अब हाथ से चलानेवाला अपना प्रेस सदर के पोलोग्राउंड के सामने की सड़क पर लग गया था।

'राष्ट्रधर्म' के अतिरिक्त मैंने काशी में 'साप्ताहिक साधना' का भी संपादन किया। लखनऊ से प्रकाशित होनेवाले 'पाञ्चजन्य' और दैनिक 'स्वदेश' का संपादन भी मैंने किया। दिल्ली से प्रकाशित होनेवाले दैनिक 'वीर अर्जुन' और साप्ताहिक 'वीर अर्जुन' का संपादक भी मैं रहा। इन सभी पत्रों में मैंने जी-जान से जुटकर सामग्री प्रस्तुत करने का प्रयास किया। वर्तनी की भूलें न जाएँ, इसके लिए मैं बहुत सजग रहता था, क्योंकि वर्तनी की भूल पाठक के पढ़ने का मजा वैसा ही किरकिरा कर देती है जैसे दाल में कंकड़।

इसी बीच मैं अटलजी से यह पूछ बैठता हूँ कि आप अपने संपादक के रूप में हुए अनुभवों को बताने की कृपा करें।

वे कुछ क्षण विचारमग्न हो जाते हैं और कहते हैं, ''उन दिनों संपादक का कार्य बड़े दायित्व का कार्य समझा जाता था। उसके साथ प्रतिष्ठा भी जुड़ी होती थी। वेतन तथा अन्य सुविधाओं पर इतना ध्यान नहीं दिया जाता था। हम तो अवैतनिक संपादक ही रहे। केवल जरूरी खर्च भर के लिए पैसे लेते थे। सुविधाएँ नाममात्र की, किंतु विचारधारा के प्रचार का एक अद्‍भुत संतोष था।''

दैनिक-पत्र के संपादन का आनंद तो और ही है। उसका अपना अलग ही आनंद होता है। मुझे याद है, शाम से जो कार्य आरंभ होता था, वह सारी रात चलता रहता था। इस होड़ में बड़ा मजा आता था कि कौन कितनी देर रात तक समाचारों को खोजता है और उनके प्रकाशन में आगे रहता है। प्रायः प्रतिदिन भोर में जब चिड़ियाँ चहचहाने लगती थीं, तो थकान से चूर होकर खाट पर लेटते थे और ऐसी गहरी नींद आती थी कि उसका स्मरण कर इस समय भी मन पुलकित हो जाता है।

उन दिनों जो संपादक व्यावसायिक पत्रों में काम करते थे, वे स्तर और मर्यादा का ध्यान रखते थे। मालिक लोग भी उनकी स्वतंत्रता का सम्मान करते थे। अब तो सब कुछ बदल गया है। संपादक को हटाकर मालिक स्वयं प्रबंध संपादक बनकर पत्र का संपादन कर रहे हैं।

पत्रकारिता पहले कभी मिशन थी, फिर प्रोफेशन हुई और अब 'धंधा' बनती जा रही है। आगे के बदलते वक्त में वह क्या रूप लेगी? कहना कठिन है। अब प्रतिभा-संपन्न, विद्वान् और बहुज्ञ व्यक्तियों का अभाव, इस क्षेत्र में खटकनेवाली बात है।

संपादक के रूप में संपादकीय के अतिरिक्त क्या आप लेखादि भी लिखते थे?

वे कहते हैं, ''जी हाँ, साहित्यिक, सांस्कृतिक आदि विषयों पर लेख भी लिखता था। महत्त्वपूर्ण घटनाओं पर रिपोर्ट मैं स्वयं तैयार करता था। घटनास्थल पर पहुँचकर पूरा जायजा लेता था, सभी तथ्य इकट्ठा करता था और तब लिखता था।''

अटलजी! क्या आप छद्‍म नाम से भी कुछ लिखते थे?

''मुझे याद नहीं,'' इतना कहकर अतीत की कुछ स्मृतियों को बताते हुए वे कहते हैं, वे

भी क्या दिन थे। केवल अपने 'राष्ट्रधर्म', 'पाञ्चजन्य' या 'स्वदेश' ही सदैव आँखों के सामने नाचा करते थे। कितनी उत्तम, उत्कृष्ट और सुरुचिपूर्ण सामग्री पत्र में दी जाए, इसी सोच में मन लीन रहता था। प्रत्येक ताजा आनेवाला अंक अपने पूर्व के अंक से बाजी मारने के लिए होड़ करता रहता था। उसी को सँवारने में सदैव जुटा रहता था। कब भोर हुई, कब शाम हुई? इसका पता नहीं चलता था। खाया कि नहीं खाया, इसकी याद ही नहीं रहती थी। पाठकों के आए हुए प्रशंसात्मक पत्र पढ़कर भूख-प्यास मिट जाती थी। पत्र के लिए सामग्री जुटाना, प्रूफ पढ़ना, प्रारूप बनवाना, कार्टून तैयार करवाना और बंडल बाँधना आदि सबकुछ करता था। इन सभी कार्यों में जो आनंद प्राप्त होता था, वह शब्दों में नहीं व्यक्त कर सकता।

इसी बीच मैं एक और प्रश्न जड़ देता हूँ। अटलजी! जिन दिनों संघ पर प्रतिबंध लग गया था, उन दिनों फरारी में आप किस प्रकार संपादन करते थे?

"अरे भाई! उन दिनों हमारे समाचार-पत्र आदि पर तो शासन की नजर बड़ी टेढ़ी हो गई थी। इन पत्रों के कार्यालयों पर ताले जड़ दिए गए थे। पुलिस का पहरा हो गया था। मुझे इलाहाबाद भेज दिया गया। 'चाँद' का जो 'फाँसी अंक' प्रकाशित हुआ, उसमें तथा 'क्राइसिस' में मैंने कार्य आरंभ कर दिया। इन दोनों पत्रों में मैं लिखता था। बाद में काशी चला गया। वहाँ से 'चेतना' का प्रकाशन हुआ। मुझे अच्छी तरह याद है कि पंडित कमलापति त्रिपाठी के 'संसार' पत्र ने 'चेतना' का स्वागत नहीं किया था। उसने 'चेतना' के विरुद्ध बड़ी तीखी टिप्पणी की थी। मैंने उसका और तीखा उत्तर दिया। मैंने उस समय जो कुछ लिखा था, उसका भाव इस प्रकार था, संसार सुन ले कि 'चेतना' अपने निर्धारित पथ से नहीं डिगेगी। 'चेतना' का पाठकों में, विशेषकर बुद्धिजीवियों में बहुत आदर हुआ था। उसने लोगों में राष्ट्रप्रेम की लहर दौड़ा दी थी।"

पत्रों के संपादन के बाद जब आप राजनीति में आ गए तो किस प्रकार के लेखन में आपका मन रमता रहा?

"राजनीति में तो लेखन की अपेक्षा भाषण का अधिक महत्त्व रहता है। भाषणों के दबदबे ने लेखन को गौण बना दिया है, किंतु मैंने लेखन छोड़ा नहीं। कुछ-न-कुछ सदैव लिखता ही रहा और आज भी खाली समय में या तो कोई पुस्तक उठा लेता हूँ या कागज के पन्नों पर लेखनी को दौड़ाने लगता हूँ।"

संपादक के जीवन के बाद मैंने मुख्य रूप से राजनीति और संस्कृति संबंधी लेख लिखे, जो पत्र-पत्रिकाओं में छपते रहे। वैसे कविता ने मेरा साथ कभी नहीं छोड़ा और छोड़ती भी कैसे, वह तो मुझे विरासत में अपने परिवार से मिली थी। आज भी यदा-कदा मेरा साहित्यकार मन कविता लिखवा देता है।

अटलजी! आपकी लेखकीय प्रतिभा को आपकी भाषणकला ने शनैः-शनैः अपने कब्जे में कर लिया। क्या आप मेरे कथन से सहमत हैं?

"इसके विषय में मैं क्या कहूँ? ज्यों-ज्यों भाषण बढ़ते गए त्यों-त्यों लेखन कम होता गया। हाँ, यदि उसी समय उन भाषणों को लिपिबद्ध कर लिया गया होता तो वे साहित्य के अच्छे नमूने होते। तब तो टेपरिकॉर्डर का प्रचलन भी नहीं था। मेरे भाषणों में मेरा लेखक ही बोलता है, पर ऐसा नहीं है कि राजनेता मौन रहता है। राजनेता अपने विचार लेखक के समक्ष परोसता है और

लेखक पुन: विचारों को, अभ्यास के कारण पैनी अभिव्यक्ति देने का प्रयास करता है। मैं तो मानता हूँ कि मेरे लेखक और राजनेता का परस्पर समन्वय ही मेरे भाषणों में उतरता है। यह जरूरत है कि राजनेता ने लेखक से बहुत कुछ पाया है। मेरा लेखक मेरे राजनेता को वाक्संयम की मर्यादा का उल्लंघन नहीं करने देता। उसकी चौकस वर्जना के कारण ही राजनेता सदैव भाषा संयम का ध्यान रखता है। राजनेता अपने भाषण में लेखकीय अनुशासन में बँधकर चलता है।''

आज के संपादकों को आप क्या संदेश देना चाहेंगे?

''मैं कोई उपदेश देने की स्थिति में नहीं हूँ। जब पूछ ही रहे हो तो इतना कहना चाहूँगा कि संपादक को समाज के प्रति उत्तरदायी होना चाहिए और अपने प्रति सच्चा होना चाहिए। आत्मा के विरुद्ध काम नहीं करना चाहिए, लेकिन यह जरूरी है कि आत्मा को पहले जीवित रखा जाए।''

''मुझे संपादकाचार्य पं. बनारसीदास चतुर्वेदी द्वारा लिखित एक घटना का स्मरण हो रहा है। उन दिनों वे 'विशाल भारत' के संपादक थे। 'मॉडर्न रिव्यू' और 'विशाल भारत' के सर्वेसर्वा रामानंद चटर्जी महाशय थे। चटर्जी महाशय 'हिंदू महासभा' के अध्यक्ष चुने गए। पं. बनारसीदासजी को यह पसंद नहीं आया। उन्होंने 'विशाल भारत' में निर्भीकतापूर्वक अपने विचार प्रकट कर दिए। परिणाम की चिंता नहीं की। जब रामानंद चटर्जी ने यह पढ़ा तो पंडितजी को बुलवाया और कहा कि मैं उसका सम्मान करता हूँ जो कुछ आपने लिखा है। उन्होंने यह भी बताया कि किन परिस्थितियों में उन्होंने हिंदू महासभा का नेतृत्व स्वीकार किया है। उन्होंने कहा कि आप 'विशाल भारत' में मेरा स्पष्टीकरण भी छापें। पंडितजी ने सहर्ष स्पष्टीकरण छापा। अब न तो रामानंद चटर्जी जैसे प्रकाशक हैं और न पं. बनारसीदास चतुर्वेदी जैसे संपादक।''

(लेखक अटलजी के भाषणों पर केंद्रित कई पुस्तकें संपादित कर चुके हैं)

□

उनके गुणों से राजनीति में सौहार्द बढ़ा दिग्विजय सिंह

—रामभुवन सिंह कुशवाह

दिसंबर 1998 में विधानसभा चुनावों के अनपेक्षित नतीजों के बाद अपनी दूसरी पारी शुरू करते हुए मध्य प्रदेश के मुख्यमंत्री श्री दिग्विजय सिंह प्रधानमंत्री श्री अटल बिहारी वाजपेयी से भेंट करने दिल्ली गए। श्री वाजपेयी ने किंचित मजाक के मूड में पूछा, ''यह करामात कैसे कर डाली?'' मुख्यमंत्री श्री सिंह कह सकते थे कि उनकी उपलब्धियों ने उन्हें विजय दिलाई या फिर भाजपा के अंतरकलह से ऐसा नतीजा आया। यह सब न कहकर मजाक का जबाव मजाक से ही दिया। बोले, ''सब 'प्याज' की करामात है।'' अब अटलजी की बारी थी, उन्होंने कहा कि ''प्याज ठीक है, परंतु तुमने भी कहीं 'लहसुन' मिलाया होगा।'' और इसके बाद दोनों के अट्‌टहास से माहौल अत्यंत सहज हो गया।

साक्षात्कार

दो 'बड़ों' के बीच ऐसे कुछ संबंध हैं। इसकी कुछ झलक इस साक्षात्कार में मिल सकती है।

अटलजी के संबंध में मुख्यमंत्री श्री दिग्विजय सिंह के विचार एक साक्षात्कार में यूँ प्रकट हुए—

❑ मुख्यमंत्रीजी, मुझे विश्वास है कि आप मेरी इस बात से सहमत होंगे कि मध्य प्रदेश में जनमे, पढ़े, बढ़े श्री अटल बिहारी वाजपेयी इस देश के प्रधानमंत्री हैं और यह प्रदेश के लिए सौभाग्य का विषय है?

● मैं आपकी बात से एकदम सहमत हूँ कि मध्य प्रदेश में जनमे श्री अटल बिहारी वाजपेयी का प्रधानमंत्री पद पर आसीन होना प्रदेश के लिए गर्व की बात है।

❑ श्री वाजपेयी कविह्रदय तथा संवेदनशील जननेता हैं, इसका लाभ राजनीति में सौहार्द का वातावरण बनाने में मिला है। आपका अनुभव?

● किसी भी व्यक्ति के व्यक्तित्व का उसके कार्य पर अलग प्रभाव दिखता है। वाजपेयीजी

कविहृदय तथा संवेदनशील जन नेता हैं। निश्चित ही उनके विचारों और गुणों का लाभ राजनीति में सौहार्द का वातावरण निर्मित करने में मिला है। अनेक अवसरों पर उनके विचारों और उनकी कार्यप्रणाली से विपरीत परिस्थितियों को बदलने के उदाहरण मिले हैं।

❑ श्री वाजपेयी और आपके बीच लंबे संबंध रहे हैं। क्या आप दोनों जब मिलते हैं तब कुछ राजनीतिक दीवारें भी बनी रहती हैं?

● श्री वाजपेयी और मेरे अच्छे संबंध रहे हैं। मेरे और उनके बीच राजनीतिक विचारधाराओं में जरूर भिन्नताएँ हो सकती हैं, किंतु व्यक्ति और व्यक्ति के बीच जो संबंध हैं वह अपनी जगह हैं। यह तो मिलने के उद्देश्यों पर निर्भर रहता है जब हम किसी राजनीतिक विचारधाराओं के खिलाफ किसी से मिलते हैं तो स्वाभाविक है कि सबकी अपनी-अपनी राजनीतिक प्रतिबद्धता रहती है, लेकिन राजनीति से हटकर जब कोई मुलाकात होती है तो वह सौहार्दपूर्ण होती है।

❑ मुझे मालूम है कि जब आप दोनों मिलते हैं तब चारों ओर अट्टहास का वातावरण पैदा हो जाता है, ऐसा क्या कारण है?

● व्यक्ति को हमेशा खुश रहना चाहिए। प्रसन्न रहकर वह विपरीत परिस्थितियों में भी समस्याओं का हल निकालने में कामयाब होता है। अटलजी एक खुशमिजाज व्यक्ति हैं और जब-जब हम आपस में मिलते हैं तो दोनों परस्पर अपनी खुशियों को आदान-प्रदान करते हैं। हमारी प्रसन्नता के इजहार को आप अट्टहास कह सकते हैं, किंतु मैं इसे दोनों की खुशमिजाजी का प्रतीक मानता हूँ।

❑ मध्य प्रदेश के विकास में अटलजी की अभिरुचियाँ कैसी हैं?

● प्रदेश के विकास में अटलजी की अभिरुचियाँ रही हैं। आज जब वे प्रधानमंत्री हैं तब तो उनकी प्रदेश के विकास में और अधिक दिलचस्पी बढ़ी है। जब वे इस पद पर नहीं थे तब भी मैंने महसूस किया कि उन्हें प्रदेश के विकास के प्रति लगाव था।

❑ आप अटलजी को अकसर 'गुरुदेव' कहते हैं। 'गुरु' की यह कौन सी किस्म है?

● अपने से हर बड़े और बुजुर्ग व्यक्ति को मैं सम्मान की नजर से देखता हूँ और उनका आदर करता हूँ। अटलजी का जीवन सेवा के लिए समर्पित है और अपने आदर्श तथा सिद्धांतों के प्रति वे हमेशा से प्रतिबद्ध रहे हैं। उनमें एक अच्छे इनसान के गुण मौजूद हैं। उन्हें गुरुदेव का संबोधन उनके प्रति मेरा एक सम्मान भाव है।

❑ अटलजी के संबंध में आपके कोई संस्मरण हों तो अवश्य बताइएगा?

● अटलजी के साथ भेंट के कई अवसर मिले हैं और मैं हर मुलाकात में उनसे प्रभावित हूँ। ग्वालियर से उन्होंने अपना सामाजिक एवं राजनीतिक जीवन प्रारंभ किया है तो स्वाभाविक

है कि उनकी कार्यशैली के संबंध में बहुत समझने का अवसर मिला। उनके बारे में इससे बढ़कर कोई संस्मरण नहीं हो सकता कि वे एक मिलनसार व्यक्ति हैं। बातों-ही-बातों में वे अपना बना लेते हैं और उनकी वाणी में मधुरता है।

❑ अटलजी के प्रधानमंत्रित्व व्यवहार और सामान्य व्यवहार में आप कुछ अंतर पाते हैं क्या?

● प्रधानमंत्री का पद एक ऐसा पद है जिसमें उस पद पर आसीन व्यक्ति की शख्सियत का उसके आचरण और व्यवहार पर बहुत कुछ असर पड़ता है। पद और व्यक्तित्व का अटलजी अच्छे ढंग से समन्वय करते हैं।

❑ आपके प्रबल सौजन्य भाव के प्रत्युत्तर में वाजपेयीजी का व्यवहार कैसा रहता है?

● जैसा कि मैंने कहा कि व्यक्ति और व्यक्तित्व के संबंध के बीच राजनीतिक मतभेद कोई मायने नहीं रखते। आपको मेरी तरफ से इस बारे में कई उदाहरण देखने को मिले होंगे। राजनीति अपनी जगह है और परस्पर रिश्ते अपनी जगह हैं। यह सत्य है कि आप जिसके साथ जैसा व्यवहार करेंगे प्रत्युत्तर में वैसा व्यवहार आपको मिलेगा। मैं वाजपेयीजी के व्यवहार में सदैव सौहार्द और सरलता देखता आया हूँ।

❑ आप मुख्यमंत्री के कर्तव्यों से बँधे हैं तो वे प्रधानमंत्री के इस गाँठ को खोलने में पहल किसकी अधिक रहती है?

● अपने-अपने उत्तरदायित्वों के निर्वाह में मुख्यमंत्री और प्रधानमंत्री दोनों ही बँधे रहते हैं। इसे गाँठ की संज्ञा देना उचित नहीं है। किंतु मैं इतना जरूर जानता हूँ कि जब-जब हम मिले हैं, इस तरह की गाँठ हमारे बीच नहीं आई।

❑ प्रधानमंत्री के रूप में श्री वाजपेयी से आपकी कोई शिकायत?

● मुझे उनसे कोई शिकायत नहीं है, न कभी थी और न आगे कभी रहेगी। राजनीतिक मतभेद थे, हैं और रहेंगे।

❑

विश्व पटल पर उभरे बेमिसाल सितारे

—यशोधरा राजे सिंधिया

प्रधानमंत्री श्री अटल बिहारी वाजपेयी के बारे में मैंने जो समझा है, जितना भी उनका सान्निध्य मुझे प्राप्त हुआ है, उससे मैं सचमुच अभिभूत हूँ। एक समय था जब देश उन्हें सिर्फ एक कुशल वक्ता और 'राष्ट्रीय स्वयंसेवक संघ' के निष्ठावान कार्यकर्ता के रूप में जानता था। लेकिन उनके व्यक्तित्व में जो और भी असंख्य आयाम समाहित थे वे वक्त के साथ प्रस्फुटित होते चले गए। चाहे जनता पार्टी के शासनकाल में एक सर्वश्रेष्ठ विदेश मंत्री की भूमिका निभाने का मामला हो या फिर आज प्रधानमंत्री बनने के बाद उनकी कूटनीति और देशभक्ति के समुच्चय से अंतरराष्ट्रीय मंच पर भारत की ख्याति में रातोंरात हुई वृद्धि का मामला हो, अटलजी ने अपने व्यक्तित्व की छाप सारी दुनिया पर छोड़ी है।

मेरी पूज्य माताजी श्रीमंत विजयाराजे सिंधिया के साथ मुझे जब-जब अटलजी का सामीप्य प्राप्त हुआ है, मैंने सदैव ही उनसे कुछ-न-कुछ सीखा। राजमाताजी के अस्वस्थ होने से पूर्व जब भी मैंने इन दोनों शीर्षस्थ नेताओं को बैठे देखा तब राष्ट्र और संगठन पर चिंतन मनन करते ही पाया। अटलजी हमारे पूरे परिवार के लिए एक अत्यंत आदरणीय और वंदनीय नाम है। राजमाता साहेब का स्नेह उनके ऊपर किसी सगे पुत्र को मिलनेवाले स्नेह से कम नहीं है। अटलजी के साथ जब हम लोग भोजन पर बैठते थे तो कभी आभास ही नहीं होता था कि हम अलग-अलग परिवार के सदस्य हैं। अटलजी के बारे में बहुत पुरानी बातें उल्लेखित करना तो उनके समकक्ष नेताओं को ही उचित प्रतीत होगा, क्योंकि व्यक्तित्व जितना विशाल है उसके लिए मेरे पास शब्दों की कमी है। हाल ही में प्रधानमंत्री बनने के बाद अंतरराष्ट्रीय मंच पर उन्होंने जो कुछ किया है उससे मैं बेहद प्रभावित हूँ। प्रधानमंत्री बनने के बाद जब वे बस लेकर पाकिस्तान गए, तब देश के अंदर इस यात्रा को लेकर सुगबुगाहट का माहौल था। लोगों को कहीं-न-कहीं लग रहा था कि दुश्मन की तरफ अपनी ओर से दोस्ती का हाथ क्यों बढ़ाया जाए। लेकिन अटलजी ने ऐसा करके अपने बड़े मन का परिचय दिया और सारी दुनिया को यह बताया कि भारत अमन का हिमायती है। पाकिस्तान ने जब कारगिल में हरकत की, तब अटलजी की यह शांतिप्रिय छवि ही हमारे काम आई। अमेरिका और चीन जैसे देश जो सदैव पाकिस्तान की मदद करते आए हैं, कारगिल मसले पर उसी के आलोचक बन गए। तब से पाकिस्तान की आलोचना जो शुरू हुई, वह आज तक थमी नहीं है। अटलजी ने ऐसी दूर की कौड़ी चली कि आज पाकिस्तान दुनिया में अकेला पड़ गया है। अटलजी के व्यक्तित्व का ही परिणाम है कि भारत के प्रति सदैव ग्रंथि पाले रहनेवाला

अमेरिका आज हमसे संबंध बढ़ाने का उत्सुक है। रूस की मित्रता को और घनिष्ठ करना चाहता है। सभी देश भारत को भविष्य की महाशक्ति के रूप में देख रहे हैं। यही कारण है कि हाल ही में संयुक्त राष्ट्र संघ के सम्मेलन में भाग लेने गए प्रधानमंत्री अटल बिहारी वाजपेयीजी का अमेरिकी राष्ट्रपति सहित वहाँ की जनता ने जिस गर्मजोशी से स्वागत किया, वह बेमिसाल और अभूतपूर्व था। यह वही अमेरिका था जिसने भारत के परमाणु परीक्षण के बाद उस पर तमाम प्रतिबंध लगा दिए और अब यह वही अमेरिका है जो कांग्रेस अटलजी से प्रभावित होकर भारत पर लगे सभी प्रतिबंध हटाने का प्रस्ताव पारित करती है। कुल मिलाकर मेरे जैसे व्यक्ति के द्वारा अटलजी के व्यक्तित्व के बारे में लिखना सूरज को दीपक दिखाने जैसा है। मैं यही कहना चाहूँगी कि वे आज न सिर्फ भारतमाता के सच्चे सपूत हैं, बल्कि अंतरराष्ट्रीय नेतृत्व की क्षमता के साथ विश्व पटल पर उभरे एक बेमिसाल सितारे हैं।

(लेखिका ग्वालियर से भाजपा सांसद हैं)

□

वर्तमान के राजा दिलीप हैं अटलजी

—पं. रमेश उपाध्याय

भारतवर्ष में मध्य प्रदेश जिस तरह भारत का हृदयस्थल है, वैसे ही मध्य प्रदेश में ग्वालियर संभाग प्रदेश का केंद्रबिंदु है। देश का शासन सूत्र चलाने में इस क्षेत्र के लोगों का सक्रिय योगदान, बलिदान, त्याग-तपस्या आदि का सक्रिय सहयोग रहा है, और है भी। आज भी दतिया से 4 किलोमीटर दूर उत्तर-पूर्व में बहादुरपुर गाँव के पास ही अशोक च्रक और तिरंगा झंडा लगा हुआ है। जिसके नीचे एक पट्टिका है, जिस पर लिखा है 'मिडिल ऑफ इंडिया।' इस प्रकार ग्वालियर संभाग दिलवाला, ऊर्जावाला, शक्तिवाला क्षेत्र है। इस क्षेत्र ने समय-समय पर देश को अनेक महान् विभूतियाँ दी हैं। दिल्ली के तोमर राजा ग्वालियर के तँवर घार के ही निवासी थे, जिन्होंने इंद्रप्रस्थ पर अनेक वर्षों तक राज्य किया। राजा अनंगपाल तोमर पांडव वंश की आखिरी 19वीं पीढ़ी के राजा थे। इन्हीं के परवर्ती पारिवारिक राजा पृथ्वीराज चाहरपाल जिन्हें भूलवश पृथ्वीराज चौहान समझ लिया गया उनका युद्ध मोहम्मद गौरी से हुआ था, जिसमें ये विश्वासघात तथा आपसी फूट के कारण मोहम्मद गौरी से हार गए। इस प्रकार दिल्ली की किल्ली ढीली हो गई। इसके बाद तोमरवंशीय परिवार अपने मूल क्षेत्र ग्वालियर संभाग वापस आए और बागी बनकर मुगलों की नाक में नकेल डाले रहे। विगत एक हजार वर्षों से ग्वालियर दिल्ली की राज सत्ता का प्रमुख विरोधी बना रहा और समय-समय पर अपना विरोध और स्वतंत्रता दोनों का एहसास जताता रहा है।

प्रारब्ध दर्शन

स्वतंत्रता आंदोलन में अग्रणी भूमिका निभानेवाले वीरों भगतसिंह, चंद्रशेखर आजाद के साथ रामप्रसाद बिस्मिल का नाम भी अग्रणी है जो ग्वालियर संभाग के ही थे। यह स्वाभाविक गुण स्वतंत्रता के पश्चात् की लोकतांत्रिक परंपरा में भी मिसाल कायम किए हुए है। राजमाता सिंधिया से लेकर अटल बिहारी वाजपेयीजी इत्यादि सांसद अपनी स्वतंत्र अभिव्यक्ति, कार्यकुशलता और दृढ़ता के लिए आज भी जाने-माने जाते हैं। प्रधानमंत्री अटल बिहारी वाजपेयीजी का जन्म ग्वालियर में ही हुआ है।

इनकी जन्म-पत्रिका एवं उपरोक्त लोगों की उपलब्ध पत्रिकाओं के आधार पर कुछ समानताएँ मिलती हैं, जिसमें अद्भुत पराक्रम क्षमता, त्याग, दृढ़ता निष्पक्षता और उदात्त राष्ट्रवाद, राष्ट्रभक्ति के गुण जन्मत: प्रकट होते हैं। राजमाता श्रीमंत विजयाराजे सिंधिया की जन्म-पत्रिका में प्रबल

पराक्रम योग देखने लायक है। वे एक सफल नेत्री, प्रतिभासंपन्न, साहसी और समाज की दिशा और दशा सुधारने की क्रिया में निपुण तो हैं ही साथ ही बहुमुखी प्रतिभा की धनी भी हैं।

राजमाता सिंधिया की पत्रिका में कोई स्पष्ट राज योग नहीं है, किंतु उनकी पत्रिका में विपरीत राजयोग का निर्माण अवश्य हुआ है।

विपरीत राजयोग उस राजयोग को कहते हैं जिसमें 6, 8 तथा 12वें घरों के स्वामी या तो इन्हीं घरों में बैठें हों, अथवा तीनों मिलकर तीसरे, छठवें, आठवें, ग्यारहवें और बारहवें भाव में बैठे हों, राजमाता की पत्रिका में तीनों घरों के स्वामी तीसरे भाव में बैठकर विपरीत राजयोग बना रहे हैं। इस योग में उत्पन्न जातक स्वयं राजा न होकर दूसरों को राजा बनाता है और बने हुए राजाओं को बिगाड़ता भी है। इनका पराक्रम अद्‌भुत होता है। इनसे कोई शत्रुता में जीत नहीं सकता, पराभव को ही प्राप्त होगा। उपरोक्त सभी कथन राजमाता के जीवन में घटित हुए। उन्होंने केंद्र सरकार में विपक्ष की सशक्त भूमिका निभाते हुए सन् 1971 में जनसंघ के चिह्न पर लगभग 18-20 लोगों को जिताकर संसद् में भेजा था जो अपने आप में एक महान् कार्य था। तब से लेकर आज तक उनका व्यक्तित्व भारतीय जनता पार्टी को सशक्त संबल दे रहा है। दूसरी ओर श्री अटल बिहारी वाजपेयी की पत्रिका पर भी एक विहंगम दृष्टि डालें।

श्री अटल बिहारी वाजपेयी की पत्रिका में दशमभाव का स्वामी सूर्य, गुरु व बुध के साथ द्वितीय भाव में बैठा हुआ है। जब दशमभाव का स्वामी द्वितीय भाव में स्थित होता है तो ऐसा जातक, राजा, बादशाह, वजीर बनता है। खेट कौतुक कार रहीम खान-खाना ने लिखा है कि बुध और गुरु परस्पर शत्रु हैं और दोनों बुद्धि के दाता हैं जिनके साथ दशमेश सूर्य बैठा है। अत: ऐसी स्थिति में उत्पन्न जातक की बुद्धि में विरोधी स्वभाव के गुण और शासन करने के गुण समान रूप से विद्यमान रहते हैं जो श्री वाजपेयी के व्यक्त्वि में स्पष्ट रूप से दिखाई पड़ते हैं। शनि का बारहवें घर में बैठना त्यागमय जीवन जीने की प्रेरणा देता है। मंगल और राहू का नवम पंचम योग भाइयों से बिछोह, संपत्ति इत्यादि का नाश दरशाता है। अपने घर को एक संस्थान के नाम पर सरकार को दान कर देना अपने आप में उपलब्धि है। सरलता त्यागमय जीवन, कर्मठता, साहस, धैर्य एवं पराक्रम संगठन इत्यादि क्षेत्रों में वाजपेयीजी राजमाता के समकक्ष और किन्हीं क्षेत्रों में उनसे आगे भी हैं। वाजपेयीजी को प्रधानमंत्री पद पर आसीन कराने के लिए राजमाता ने ही आह्वान किया था। देश के सपूत अटल बिहारी वाजपेयीजी प्रधानमंत्री बनें, यह उनकी दिली आकांक्षा थी जो उनके सामने ही साकार हुई। राजमाता की पत्रिका में जहाँ मैदान जीतने का विशेष योग है। वहीं वाजपेयीजी की पत्रिका में उस मैदान को सुव्यवस्थित कर संचालित करने का गुण है। सबको साथ लेकर चलना वाजपेयीजी का विशेष गुण है। वाजपेयीजी की पत्रिका में नवें घर में राहु बैठा हुआ है जो उनका भाग्य उदय अचानक 29, 30, 31वें वर्षों में होना दरशाता है। श्री वाजपेयीजी ने पहला आम चुनाव बलरामपुर से सन् 1957 में लड़ा था। उस समय उनकी अवस्था 31 वर्ष की थी। इसके बाद वे उत्तरोत्तर प्रगति करते चले गए। हर दस साल बाद उनके जीवन में परिवर्तन आया। सन् 1967, 77, 87, 97 उनके जीवन के महत्त्वपूर्ण वर्ष रहे, जिनमें वाजपेयीजी को संघर्ष के बाद यश, ऐश्वर्य और पद प्राप्त हुआ। वाजपेयीजी राष्ट्रीय स्वयंसेवक संघ, जनसंघ और परिवर्तित भाजपा से संबंधित रहे हैं। उपरोक्त सभी संगठनों की विचारधारा राष्ट्रीय है। नवम भाव

में राहू होने से अनेक प्रकार के झूठे स्कैंडलों में वाजपेयीजी को घसीटा जाता है और आगे भी घसीटा जाएगा, क्योंकि नवम भाव में स्थित पापग्रह स्कैंडल योग बनाते हैं। लग्न में स्थित शुक्र, चंद्र कल्पनाशक्ति एवं विचार अभिव्यक्ति कविमय दृष्टिकोण को जन्म देते हैं। राहु की पाँचवीं दृष्टि होने के कारण कविहृदय, दार्शनिक चिंतन की धारा में गोते लगाने लगते हैं। वाजपेयीजी के साहित्य में उपरोक्त गुणों का वर्णन स्पष्टत: दिखाई देता है। वाजपेयीजी की कविता मात्र कल्पना की उड़ान न होकर एक संदेशमय आदेशात्मक आचरण की अभिव्यक्ति है और सक्रियता भी जो उनके जीवन में दिखाई देती है।

चर्तुदेश पंचमेश, शनि और गुरु का आपस में परस्पर त्रिएकादश योग होने से विचारों की मौलिकता, दूसरे के हितों की चिंता पुत्र-मित्रवत् प्रजा के लिए व्यवस्थित योजनाएँ बनाना और सक्रियता से लागू करना इनकी स्वाभाविक क्रिया के रूप में शनि और गुरु इंगित करते हैं। कवि कालिदास ने ऐसे ही राजा के रूप महाराजा दिलीप को अपने रघुवंश महाकाव्य में प्रतिपादित किया है। श्री वाजपेयी को यदि वर्तमान काल का राजा दिलीप कहें तो कोई अतिशयोक्ति नहीं होगी। सांस्कृतिक, सामाजिक चेतना का अभ्युदय वाजपेयीजी के शासन में ही प्रारंभ होगा। विश्व में अपनी सांस्कृतिक विरासत का झंडा पुन: फहराएगा। आर्थिक क्षेत्र में भी उन्नति होगी। किंतु क्रांति शांति की बड़ी बहन है। इसलिए आर्थिक उन्नति के पहले प्राकृतिक जन-धन की हानि, फसलों का नुकसान, अकाल जैसी स्थिति एवं भयंकर अफरा-तफरी और मारामारी का सामना भी वाजपेयीजी को करना पड़ेगा। इसके बाद ही शांति स्थापित होगी। सन् 1947 से लेकर सन् 1950 तक की ऐतिहासिक घटनाएँ; जैसे—रियासतों का विलीनीकरण, राज्यों का निर्माण, भूदान आंदोलन, तेलंगाना का विद्रोह, कश्मीर पर कबाइलियों का हमला, कश्मीर मुद्दा, यू.एन.ओ. ले जाना, रामजन्मभूमि विवाद, सोमनाथ मंदिर का निर्माण एवं भारत के संविधान का बनना इत्यादि मुद्दे दूसरे संदर्भ में दोहराए जा सकते हैं। इसके लिए वाजपेयीजी को मुस्तैद तथा चुस्त-दुरुस्त रहने की जरूरत है। इन सबके बावजूद भी देश का भविष्य उज्ज्वल है।

प्रधानमंत्री श्री वाजपेयी का व्यक्तित्व राष्ट्रीय अधिक है, व्यक्तिगत गौण। अभी तक जितने भी प्रधानमंत्री हुए हैं वे सब समलग्नवाले ही हुए। विषम लग्न के प्रधानमंत्री श्री मोरारजी देसाई, श्री लालबहादुर शास्त्री विशेष रूप से उल्लेखनीय हैं। ये लोग योग्य और समर्पित राजनेता होने के बाद भी अपना कार्यकाल पूरा नहीं कर पाए। देश को चाहते हुए भी वांछित योगदान नहीं दे सके।

भविष्य में भी जो प्रधानमंत्री बनेंगे वह समलग्नवाले ही होंगे। दूसरे भारतवर्ष की कुंडली में लग्न में स्थित राहू तृतीय में स्थित शनि इस ओर इंगित करते हैं कि भारत में वर्तमान लोकतंत्र परिवर्तित होगा। क्योंकि राहू और शनि वर्तमान प्रजातांत्रिक प्रणाली के विपरीत स्वभाव के ग्रह हैं। श्री वाजपेयीजी के नेतृत्व में देश के आकार में वृद्धि होगी। पाकिस्तान विखंडित होगा। विश्व में भारत अपना स्थान सम्मानजनक बनाए रखने में सफल होगा। ग्रहों के योगायोग से ऐसा स्पष्ट प्रतीत हो रहा है।

('तारापीठ' के संस्थापक एवं प्रसिद्ध ज्योतिषी, ग्वालियर)

□

उनके सीने में उनका शाइर दोस्त बैठा है

—डॉ. अली सरदार जाफरी

हिंदू-मुसलिम इत्तिहाद हमारी सबसे बड़ी जरूरत है। इसके बाद ही हम वसीतर कौमी इत्तिहाद का तसव्वुर कर सकते हैं। और हुब्बे-वतन के चमन में मुखतलिफ तहजीबों, मुखतलिफ मजहबों के फूल खिल सकते हैं। मेरे जहन में इत्तिहाद और दोस्ती का जो तसव्वुर है तो बहोत हसीन है। मैं इसकी जमालियाती फिजाँ को एक कहानी की शक्ल में बयान करने की कोशिश करूँगा।

बरसों पुरानी बात है, मैंने एक बंगाली कहानी पढ़ी थी। अब न तो कहानी का नाम याद है, न उसका उनवान, सिर्फ किरदार याद है। दुर्गा-पूजा का जमाना था। बंगाल के एक गाँव में दोपहर ढलने के बाद कुछ लड़कियाँ तालाब में नहाने जा रही थीं। रास्ते में चूड़ीवाला मिला। मनिहार की टोकरी में काँच की रंग-बिरंगी चूड़ियाँ देखकर लड़कियाँ तड़प उठीं और चूड़ियाँ पहनने के लिए बैठ गईं। मनिहार को पैसे देकर सब हँसती-खेलती तालाब की तरफ चली गईं। इनके जाने के बाद मनिहार ने देखा कि एक बड़ी-बड़ी खूबसूरत आँखों की लड़की खामोश और उदास खड़ी हुई है। उसने पूछा कि तुमने चूड़ियाँ क्यों नहीं पहनीं तो लड़की ने जबाव दिया कि मेरे पास पैसे नहीं हैं, अगर उधार दे दो तो पहन लूँगी। तुम गाँव में जाना और मंदिर के पुजारी से पैसे ले लेना। कहना कि तुमने उसकी बेटी को उधार चूड़ियाँ पहनाई हैं। वह उस पर राजी हो गया और लड़की की दोनों कलाइयों को लाल-लाल चूड़ियों से सजा दिया। वह खुशी-खुशी तालाब की तरफ चली गई और मनिहार गाँव के मंदिर की तरफ। लेकिन जब पुजारी से बात की तो उसकी हैरत की कोई इनतिहा न रही, जब पुजारी ने कहा कि ''मेरे तो कोई बेटी नहीं है। मैंने तो शादी भी नहीं की है।'' लेकिन जब मनिहार की जबान से लड़की के हुस्न की तारीफ सुनी तो चीख उठा कि ये तो दुर्गा की तसवीर है। मैंने उम्र भर उनकी पूजा की, लेकिन उन्होंने मुझे आज तक दर्शन नहीं दिए और एक अजनबी को, जिसने कभी उनकी पूजा नहीं की, दर्शन देकर खुश कर दिया। वह कहाँ गई हैं। जल्दी बताओ।

जब दोनों तालाब के किनारे पहुँचे तो सन्नाटा था। लड़कियाँ नहाकर जा चुकी थीं। पुजारी ने फिर शिकायत शुरू की—दुर्गा माँ, ये कैसी नाइनसाफी है कि तुमने अपने पुजारी को दर्शन नहीं दिए। थोड़ी देर में बीच तालाब में पानी के अंदर से दो निहायत खूबसूरत हाथ बाहर निकले, वे लाल-लाल चूड़ियों से जगमगा रहे थे।

बंगाली कहानी यहाँ खत्म हो गई। मैंने उसमें ये इजाफा किया है कि इतने में सूरज डूब

गया और गाँव की छोटी सी मसजिद से शाम की अजान की आवाज आई। मनिहार मगरिब की नमाज पढ़ने के लिए हाथ बाँधकर खड़ा हो गया। वह उत्तर प्रदेश के शहर फिरोजाबाद से चूड़ियाँ बेचने आया था। उसका नाम अब्दुल्लाह था।

और मसजिद के गुंबद पर कलश के नीचे शाम की सुर्मई और गुलाबी रौशनी में कंवल का फूल मुसकरा रहा था। ये फूल चार-पाँच हजार बरस का सफर तय करके मसजिद के गुंबद तक पहुँचा है और हिंदू, बौद्ध और मुसलिम इत्तेहादे-बाहिमी की खूबसूरत अलामत है। जमाना-ए-माकबल तारीख में ये धान के खेतों, तालाबों और झीलों में नजर आता था। फिर लक्ष्मी के बाजू की आराइश बनकर जाहिर हुआ। अजंता की दीवार पर एक बोधिसत्व के हाथ में मुसकरा रहा है।

अदब और आर्ट की दुनिया में ये पैरों, हाथों और आँखों का इस्तिआरा है। जब कंवल की शक्ल के चिरागदान बने तो कंवल चराग के मानो में इस्तिमाल होने लगा। बौद्धिविहारों से होता हुआ ये सूफियों की दरगाहों में सामने-आराइश बना और मसजिद के मेहराबों और गुंबदों को सजाने सँवारने के काम आया हुमायूँ के मकबरे का गुंबद, जिस पर कंवल का फूल नहीं है, इतना खूबसूरत नहीं है जितना ताजमहल का गुंबद या दिल्ली की जामा मसजिद के गुंबद। हिंदोस्तानी मसजिदों के गुंबद ईरान, इराक और अरब मुमालिक के गुंबदों से मुखतलिफ हैं। उनका मिजाज हिंदोस्तानी है।

मैं सोच रहा हूँ कि ये कंवल का फूल अपनी लताफत और नजाकत, पाकीजगी और शराफत के साथ मुसकराता रहेगा या न्यूक्लियर जंग के शोलों में झुलसकर राख का ढेर बन जाएगा। मैं इस खयाल से खौफजदा हूँ कि अगर खुदा-न-खासता न्यूक्लियर जंग हुई तो क्या होगा? मेरी परवरिश और तबियत ऐसे माहौल में हुई जिसमें रोजे-कयामत और यौमे-हिसाब पर यकीन ईमान का जुज्व समझा जाता है। किसी को नहीं मालूम कि कयामत कब आएगी। मगर जब आएगी तो पहाड़ धुनकी हुई रुई के गोलों की तरह हवा में उड़ जाएँगे और सूरज अपनी बुलंदी से नीचे उतरकर सवा नैजे के फासले पर आ जाएगा। मैं सोचता हूँ कि क्या न्यूक्लियर जंग इससे कम भयानक होगी।

पुराने जमाने में हुक्मराँ अपने जमाने के संतों, सूफियों और शाइरों से नसीहत हासिल करते थे। हमारे प्रधानमंत्री (अटल बिहारी वाजपेयीजी) को बाहर जाने की जरूरत नहीं है। उसके सीने में उनका शाइर दोस्त बैठा हुआ है। मैं उसकी आवाज सुन रहा हूँ—

हम जंग न होने देंगे
विश्व शांति के हम साधक हैं,
जंग न होने देंगे
हथियारों के ढेरों पर जिनका है डेरा,
मुँह में शांति, बगल में बम,
धोखे का फेरा,
कफन बेचने वालों से कह दो
चिल्ला कर

दुनिया जान गई है उनका
असली चेहरा,
हमें चाहिए शांति, जिंदगी
हमको प्यारी,
हमें चाहिए शांति, सर्जन की
है तैयारी
हमने छोड़ी जंग भूख से, बीमारी से
आगे आके हाथ बँटाए दुनिया
सारी।
हरी-भरी धरती को खूनी रंग
न लेने देंगे।
जंग न होने देंगे।

सारी इनसानियत का मुस्तकबिल अम्न और शांति से वाबस्ता है। न्यूक्लियर जंग मौत का पैगाम है। मेरा नारा रोटी और किताब है। मैं आखिर में एक बार फिर 'भारतीय ज्ञानपीठ' का शुक्रिया अदा करना चाहता हूँ और खास तौर से वजीरे-आजम का शुक्रगुजार हूँ कि उन्होंने इस जलसे में ब-नफसे-नफीस शिरकत करके जलसे की रौनक बढ़ाई है और विकार में इजाफा किया है।

(लेखक सुप्रसिद्ध शायर थे)

□

अटल कवि 'अटल'

—शांतिस्वरूप चाचा

सन् 1942 के स्वतंत्रता आंदोलन में प्रत्येक भारतवासी किसी-न-किसी रूप में लगा हुआ था, भारतीय जन-मानस में मुसलिम लीग द्वारा उठाए गए पाकिस्तान की माँग का आंदोलन भी जोरों से चल रहा था। उस समय कुछ लोगों के विचार से भारत का बँटवारा होना ठीक था, कुछ लोग अखंड भारत के समर्थक थे। अखंड भारत के समर्थन में 'हिंदू महासभा' और 'कांग्रेस' दोनों ही थे। यह बात दूसरी है कि गांधीजी को देश में खून-खराबी सहन न हुई और उन्होंने—मुसलिम लीग ने जैसा चाहा था—भारत के टुकड़े करना स्वीकार कर लिया। ऐसी राजनीतिक परिस्थितियों में साहित्यकार और कवि प्रभावित होते ही हैं। अटल बिहारी वाजपेयीजी को भी उस समय हिंदू तन-मन के उद्घोष और अखंड भारत के नारे को समाहित करती हुई उनकी काव्यधारा को प्रभावित होते हुए मैंने देखा है। मैं समझता हूँ, आज भी वे अपनी विचारों में अटल हैं।

सन् 1945 में जब माधवराव सिंधिया का जन्म हुआ था तब पुलिस विभाग द्वारा हिंदू-मुसलिम एकता के समर्थन में लिखी गई कविताओं पर पुरस्कार दिए जाने की घोषणा की गई तो उस कवि-सम्मेलन में (जो गोरखी मैदान में हुआ था) अटल बिहारी वाजपेयीजी ने सम्मिलित होना स्वीकार नहीं किया था, इसमें वीरेंद्र मिश्र प्रथम और किसी कारण से मुझे द्वितीय घोषित किया गया था। लेकिन मुझे जो रचना अटलजी ने सुनाई थी, वह शायद हम दोनों की रचनाओं से अच्छी थी।

कवि अटल एक ओजस्वी और अपनी धारा में प्रभावशाली काव्य की रचना करते थे। उनकी काव्य शैली राजनीति से प्रेरित है। मेरा अनुमान तो ऐसा है कि जब वे राजपूत बोर्डिंग हाउस में वाद-विवाद प्रतियोगिता में भाग लेते थे तब भी वह अपनी विचारधारा पर अटल रहते थे। रामगोपाल बंसल मुरैना और अटलजी की वाद-विवाद प्रतियोगिता में लोगों को बड़ा मजा आता था। अटलजी की लच्छेदार भाषणशैली हास्य विनोद के छींटे, वक्रोक्ति, अर्थ, श्लेष में भाषण इतना आनंद लाते रहे हैं कि अनायास मुसकराना पड़ जाता है और कभी-कभी अट्टहास भी सुनने को मिलता है। एक बार संसद् में वित्त मंत्री करमरकर के समय उन्होंने इसी श्लेष और यमक के रूप में भाषण देकर लोगों पर अपने वक्तव्य की अनूठी छाप छोड़ी थी। पिछले दिनों आलोकन के समारोह पर मैंने उनको आमंत्रित किया था तो उनका उत्तर था कि "दादा! वह सन् 1945-46 की बात थी, अब तो मेरा कवि भी मेरे पास नहीं है। अब तो राजनीति में इतना पड़ गया हूँ कि कविता लिखने का ध्यान ही नहीं आता। अनुपस्थित रहने के लिए क्षमा।" किंतु अब मैं सुन

रहा हूँ कि जब आपातकाल में अटल जेल में थे, तब फिर उनका कवि जागा और अनेक रचनाएँ उन्होंने जेल में लिखीं और प्रकाशकों के व्यापारिक दृष्टिकोण ने उन्हें प्रकाशित करने में श्रेय समझा। मैं जैसा पहले लिख चुका हूँ कि अटल जहाँ भाषण देने में ओजस्वी हैं वैसे ही मित्रों में वे बड़े लाड़ले रहे हैं और हँसोड़ भी। ध्यान नहीं पड़ता कि जब निरर्थक घनाक्षरी छंद ऐसे धारावाहिक सुनाते थे कि सब लोग अपने कान खड़े करके और अंत में हँसकर रह जाते जब कुछ पल्ले नहीं पड़ता। मेरे साथ इसी हँसोड़पन में एक घटना घटी जो मुझसे भुलाए न भूली जा सकी। चंद्रिका प्रसादजी चंद्र हेडमास्टर थे। कवि-सम्मेलन रात को होना था, उन्हीं के यहाँ अनेक कवि ठहरे थे। मैं तो भाँग पीता नहीं हूँ, किंतु भाई अटल ने ठंडाई के नाम पर मुझे भाँग पिला दी। रामकुमार चतुर्वेदी 'चंचल' उसमें सहयोगी थे और जब मंच पर मेरा बुरा हाल हुआ तो ये लोग सब हँस रहे थे। मैं पानी माँग रहा था, स्वाभाविक है मेरा कविता-पाठ का आनंद वैसा नहीं रहा जैसा रहना चाहिए था।

(प्रख्यात कवि, ग्वालियर)

□

यहीं से हाँ, यहीं से जिंदगी आरंभ होती है

—डॉ. पूनमचंद्र तिवारी

राष्ट्र के प्रति समर्पित जीवन का आरंभ इसी तरह होता है। यहीं से, पहली साँस से और पहली समझ से—पहली सोच से ही, महान् व्यक्तित्व एक विशेष लक्ष्य की ओर हमेशा के लिए मुड़ जाते हैं। वे हर क्षण अंगारों पर चलते हुए, अपने संकल्प को, बलिदान के राजपथ से ले जाते हैं। राम की तरह वे सोचते हैं—''न भीतोमरणास्मि केवलं दूषितो यश:''।

श्री अटल बिहारी वाजपेयी भारतीय संस्कृति, सभ्यता, धर्म, दर्शन और मानवता के पोषक सभी प्राणतत्त्वों के मूलधन हैं। उन्होंने बटेश्वर जैसे छोटे से गाँव के कच्चे, धूल भरे स्थान से अपने समय को सूर्य से, भारत के प्रधानमंत्री के शीर्ष पर जिस प्रकार तेज और गरिमा प्रदान की है, वैसा उदाहरण आज कहाँ मिलेगा? उन्होंने अपना जीवन, अपना तन-मन, अपनी सारी लौकिक और मौलिक संवेदनाएँ, अपना प्यार और श्रद्धाएँ, अपनी व्यक्तिगत इच्छाएँ तथा आकांक्षाएँ सभी कुछ राष्ट्र को समर्पित कर दी हैं। देश के सिवा उनका अपना कोई नहीं।

अटलजी प्रखर वक्ता, संप्रदाय निरपेक्ष मानसिकता, सौ प्रतिशत राष्ट्रवादी और राष्ट्रीय स्वयंसेवक संघ के सक्रिय सदस्य होकर भी नेहरू, जयप्रकाश नारायण, मोरारजी भाई, लोहियाजी, इंदिराजी, राजीवजी और वैचारिक मतभेद होते हुए भी सभी अंग्रेजों का विनयपूर्वक सम्मान करते रहे हैं।

1 मार्च, 1963 को भारत के प्रथम राष्ट्रपति बाबू राजेंद्र प्रसाद और 27 मई, 1964 को प्रधानमंत्री पं. जवाहरलाल नेहरू के निधन पर सदन में अटलजी ने जो मार्मिक श्रद्धांजलियाँ दी हैं, वे अद्‌भुत हैं, अमर विरासत हैं। 4 मार्च, 1965 को तमिलनाडु में हिंदी के विरोध में जो कुछ हुआ था उसको लेकर उन्होंने बड़ी संयत भाषा में अपनी बात रखी और कहा कि ''देश पहले, भाषा बाद में।'' 22 अप्रैल, 1964 को अटलजी ने सदन में बड़ी दृढ़ता से और तर्क के साथ संविधान के अनुच्छेद 370 को खत्म करने की बात कही। सन् 1971 में पाकिस्तानी आक्रमण के समय उन्होंने राष्ट्र की आराधना में कहा था कि ''भारत वंदन की भूमि है, यह अर्पण की भूमि है, तर्पण की भूमि है। हम जिएँगे तो इसके लिए, मरेंगे तो इसके लिए।''

अटलजी हमारे राष्ट्रीय जीवन में न केवल उल्लास हैं बल्कि साकार स्वप्न हैं। उनकी गंध पूरे विश्व तक फैली हुई है। वे एक दर्पण हैं जिसमें भारतीय संस्कृति, सभ्यता, शालीनता और राष्ट्रप्रेम की उत्कृष्ट छवि एक साथ देखी जा सकती है। उनका अनुशासन, समाज के मूल्यों का महत्त्व और मानवीय गुण उनकी हर प्रक्रिया में झलकते हैं। वे एक समुज्ज्वल राजपथ हैं, जगमगाते

आकाश हैं, अनवरत संघर्ष के प्रतीक हैं। आज भारत की आबादी 100 करोड़ से ज्यादा है। अनेक धर्म, मत, संप्रदाय और उनकी समस्याएँ हैं। उनके अविवाहित जीवन का ग्राह्य सत्य देश के प्रति संपूर्ण समर्पण है। वे पहले कवि हैं और फिर राजनेता हैं। जनता उनकी प्राणतत्त्व है।

वे कहते हैं कि "एक निमिष की बात नहीं है, चिर संघर्ष हमारा।" उनका अपना परिचय उनकी अत्यधिक प्रसिद्ध रचना में दिखाई देता है, जिसमें वे कहते हैं, "हिंदू तन-मन, हिंदू जीवन, रग-रग हिंदू मेरा परिचय।"

अटलजी राष्ट्रीय स्वयंसेवक संघ की अनमोल उपलब्धि हैं। भारत के राष्ट्रीय स्वरूप में वे सबसे बड़ी पहचान हैं। भारतीय संस्कृति के सत्यवादी हरिश्चंद्र हैं। एक ओर वे कोमल कवि, ओजस्वी वक्ता हैं, जुझारू और संघर्षप्रिय नेता हैं तो दूसरी ओर जनता के मर्यादामय आदर्श पुरुष हैं और तीसरी अभिनव चाणक्य हैं। वे एक कविता में रखते हैं कि "कुश काँटों से सज्जित जीवन। प्यार से वंचित यौवन। नीरवता से मुखरित धुवन। परहित अर्पित अपना तन भी। जीवन शत-शत आहुति में। जलना होगा, गलना होगा।" अपनी 'चुनौती के स्वर' कविता में वे रखते हैं। "एक हाथ में सृजन, दूसरे में हम प्रलय लिए चलते हैं। सभी कीर्ति ज्वाला में जलते, हम अँधियारे जलते हैं।"

चुनौतियाँ उनके सर्वोत्तम को गाती हैं। वे परहित के लिए विनम्र हैं। बुद्ध की तरह वे भी मध्यमार्गी। करुणा उनकी मार्गदर्शक है। उनका अपना श्रेष्ठ व्यक्तित्व समाज की देन है। उनका अपना दुःख उनके मौन में डूबता-उतराता है। वे असाधारण होकर भी नितांत साधारण हैं। सहज हैं। ईमानदार मन से गांधी, कर्म से नेहरू और धर्म से सभी धर्मों के समन्वयवादी हैं। उनके भाषणों में उनका व्यंग्य का पुट उनके लिए भी अभिधा है।

अटलजी ने जनता में मुसकान भरी पहचान बनाई है। उनकी मंचीय भाषा में हँसी के गुब्बारे तैरते हैं और व्यंग्य की फुहारें झरती हैं। कोई राजनेता चुभता है, दुखता है या अखरता है। अटलजी को रखने और सुनने के लिए जनता तरसती है, बाट जोहती है। देश का विभाजन, तुष्टिकरण, गांधीजी, इंदिराजी और राजीव की हत्या, भाषावार प्रांतों का पुनर्गठन, भ्रष्टाचार, घूसखोरी, जनसंख्या विस्फोट, विदेशी आक्रमण, कश्मीर और पूर्वांचल की समस्याएँ, दलाली, चारा कांड, नक्सलवाद, आतंकवाद, ऊर्जा संकट, अन्य घटनाएँ और आरक्षण एवं जातीय संघर्ष ऐसी हजार समस्याएँ आज देश को घेरे हैं। राजनीति में अपराधीकरण बढ़ गया है। राष्ट्रभाषा हिंदी की समस्या जैसी अन्य भाषायी समस्याएँ भी हैं। देश की एकता को खतरा है। विदेशी कंपनियाँ, गेट, डंकल, विश्व बैंक और अनेक दबाव अलग हैं। कारगिल जैसे युद्ध का सामना भी है। विधायक, सांसद, मंत्री और प्रशासकों का चरित्र गिरा है। शिक्षा अनैतिक हो रही है। ऐसी हजारों समस्याओं से रात-दिन जूझते हुए अटलजी को सारा देश देख रहा है। नेहरू के समय से हालात आज अधिक भयावह हैं। अटलजी जिस कौशल से, धैर्य से, समता के साथ समस्याओं से निपटते हैं, वह सब उन्हें एक महान् राजनेता की श्रेणी में सम्मान देता है। अटलजी टूट सकते हैं मगर झुक नहीं सकते। वे निष्पक्ष निर्णय लेते हैं।

अटलजी देश की तरुणाई के बलिदानी मणिदीप हैं। कहाँ बटेश्वर और कहाँ दिल्ली की अलकापुरी जैसी भव्यता, लेकिन उनके त्याग, तपस्या और मिजाज में कोई फर्क नहीं पड़ा। अभी

तक उनकी चादर मैली नहीं हुई। कोई दाग नहीं लगा। वे अजातशत्रु हैं। सबके प्रिय हैं।

लगता है कि श्री अटल बिहारी वाजपेयी का जन्म निष्प्रयोजन नहीं है। वे इस पुण्यधरा भारतवर्ष के कल्याण के लिए एक माध्यम हैं। वे अपने प्रकाश से अंधकार को दूर रखने में समर्थ हैं। 'वसुधैव कुटुंबकम' उनकी परंपरा है। अटलजी आज अंतरराष्ट्रीय ख्याति के नेता हैं। विश्व बंधु हैं। उनकी सोच की सीमाएँ अनंत हैं। वे सबसे ऊपर मनुष्य हैं। समग्रतावादी हैं।

अपनी पहचान शीर्षक कविता में वे कहते हैं—''आदमी न ऊँचा होता है न नीचा होता है। न बड़ा होता है न छोटा होता है। आदमी सिर्फ आदमी होता है।''

अटलजी के इसी मानवीय गुण ने उन्हें आज भारतीय राजनीति के शिखर पर पहुँचा दिया है। ईश्वर करे वे चिरायु हों और देश की उन्नति में सदा अग्रणी रहें। उनकी यह राष्ट्रीय यात्रा देश और काल की परिधि को लाँघे, श्लाध्य हो और वे अपने भीतर के ऋषि की बात कि ''सत्य का अनुसरण अपने आचरण से करो'' अपनी सहज जीवन पद्धति में संकल्प के साथ ढालते रहें। वे मानवीय मूल्यों के ध्वजवाहक हैं। उन्होंने तप-तप कर स्वयं को कुंदन बनाया है। उनका जीवन संघर्ष जहाँ से भी छुओ प्रतीत होता है—''यहीं से, हाँ, यहीं से जिंदगी आरंभ होती है।''

(लेखक म.प्र. के प्रसिद्ध साहित्यकार एवं अटलजी के मित्र हैं)

□

एक पाठक की दृष्टि में कविवर अटल

—डॉ. ओमप्रकाश आर्य

साहित्य सभा के हॉल में स्व. पं. हरिहर निवास द्विवेदी की मृत्यु पर शोक सभा चल रही थी, तभी अचानक माननीय अटल बिहारी वाजपेयीजी सभा की घुमावदार सीढ़ियाँ चढ़कर हॉल में प्रवेश करते हैं। सभी के मुँह से अचानक निकल पड़ा 'अटलजी'। पर अटलजी बहुत सहज थे, सौम्य थे और जो कुछ उस दिन बोला वह भी ग्वालियर के गौरव को प्रदीप्त करनेवाला था। ऐसा व्यक्ति, ऐसा कवि ही लिख सकता है—

''मेरे प्रभु!
मुझे इतनी ऊँचाई कभी मत देना
गैरों को गले न लगा सकूँ
इतनी रूखाई कभी मत देना।''

जहाँ तक शिल्प का सवाल है अटलजी की कविताओं में रस, छंद, अलंकारों का उपयोग सटीक एवं समीचीन है। कैदी कविराय की कुंडलियाँ पूर्णतः दोषरहित छंद में हैं। छंद ज्ञान अटलजी को पैतृक परंपरा से मिला है। आपने विविध छंदों का उपयोग किया है। कुछ गीत अपने आप में पृथकता के द्योतक हैं। पंतजी के समान कम शब्दों के छंद होने पर भी गेयता पूर्णतः लिए हुए है।

''झुकीं न अलकें
झपी न पलकें
सुधियों की बारात खो गई।''

कविता और साहित्य को विचारधाराओं में विशेषकर राजनीतिक विचारों में बाँटकर देखे जाने की प्रवृत्ति उचित प्रतीत नहीं होती। कवि और उसका साहित्य पूरे समाज का दर्पण होता है। समाज को अंधों के हाथी के रूप में जानना कहाँ तक उचित है। समाज में गरीब–अमीर की खाई है। समाज में सामाजिक विकृतियाँ हैं। समाज में सुकृतियों का अंबार भी है। कवि समाज का सर्वाधिक झंकृत प्रतिनिधि है। काँसे की थाली में एक कंकड भी झंकार उत्पन्न कर देता है। कवि के क्रोध, क्षमा, करुणा, दया एवं प्रेम आदि के भाव भी इसी प्रकार किसी छोटी सी घटना या अनुभूति, विकृति एवं सुकृति आदि से झंकृत होकर काव्य कृति के रूप में मुखर हो जाती है। 'माँ

निषाद प्रतिष्ठा' एक शाश्वत नियम है। प्रथम काव्य प्रणेता से चली परंपरा का निर्वाह सभी कवि और साहित्यकारों द्वारा होता आ रहा है और होता रहेगा।

कवि अटल इसके अपवाद नहीं हैं। ताजमहल विश्व के आश्चर्यों में से एक होने के साथ अनेक कवि हृदयों को आलोकित करता रहा है। अनेक प्रकार के भावों का जन्मदाता है। कवि अटल उसके सौंदर्य में छिपे शोषण और श्रम को देखते हैं। महल के कलश–श्रम के पसीने और नींव के पत्थरों के बलिदान पर खड़े होकर सौंदर्य की सराहना को पाते हैं। कवि की अधिकांश रचनाएँ इस कोटि में आती हैं।

हिरोशिमा की पीड़ा क्या कभी अपनी पीड़ा नहीं हुई है।

''किसी रात को
मेरी नींद अचानक उचट जाती है,
आँख खुल जाती है,
मैं सोचने लगता हूँ कि
जिन वैज्ञानिकों ने अणु अस्त्रों का
आविष्कार किया था,
वे हिरोशिमा–नागासाकी के
भीषण नरसंहार के समाचार सुनकर,
रात को सोए कैसे होंगे?''

कितनी सहज और असहज अनुभूति है। उन वैज्ञानिकों ने यह अनुभव किया था या नहीं, राम जाने। पर कवि अटल ने किया और अंतर्मन को आलोकित करनेवाली अनुभूति को सटीक अभिव्यक्ति दी।

कवि का जीवन राष्ट्र देवता को समर्पित है। 'इदं राष्ट्राय, इदं नमम्' के साथ कवि ने तीन से तीन सौ की कल्पना को साकार रूप देने के लिए जीवन जिया है। 'इदं न मम्' साकार रूप है कविवर अटलजी। 'हिंदू तन–मन, हिंदू जीवन, रग–रग हिंदू मेरा परिचय' यह परिचय गर्व से दिया जाता है और उतने ही गर्व से उदात्त हिंदू धर्म की भावना बताई जाती है।

''होकर स्वतंत्र मैंने कब चाहा है कर लूँ जग को गुलाम।
मैंने तो सदा सिखाया है करना अपने मन को गुलाम।
गोपाल–राम के नामों पर कब मैंने अत्याचार किए।
कब दुनिया को हिंदू करने घर–घर में नरसंहार किए।
कोई बतलाए काबुल में जाकर कितनी मसजिद तोड़ीं।
भूभाग नहीं, शत्–शत् मानव के हृदय जीतने का निश्चय।
हिंदू तन–मन, हिंदू जीवन, रग–रग हिंदू मेरा परिचय।''

व्यक्ति अनेक भाव और कार्यों का सम्मिश्रण होता है। कवि समाज का अति संवेदनशील व्यक्ति होता है। अतः कवि में अनेक भावों का समय–समय पर उफान उठता है और निकल

पड़ती है रसधारा कविता के रूप में। कवि अटल का जीवन राष्ट्र को समर्पित जीवन है। अतः राष्ट्र भाव कविता में अत्यधिक मुखर हैं।

''एक हाथ में सृजन,
दूसरे में हम प्रलय लिए चलते हैं,
सभी कीर्ति ज्वाला में जलते,
हम अँधियारे में जलते हैं।''

देश का विभाजन आज भी देशभक्तों को चुनौती देता है। अभी तक यह अस्वाभाविक विभाजन मन में कहीं खटकता है।

''दिन दूर नहीं खंडित भारत को पुनः अखंड बनाएँगे।
गिलगित से गारो पर्वत तक आजादी पर्व मनाएँगे॥''

छायावादी परंपरा में भी कुछ सुंदर अभिव्यक्तियाँ हैं—

''मन में लगी गाँठ मुश्किल से खुलती
दागदार जिंदगी न घाटों पर धुलती,
जैसी की तैसी नहीं,
जैसी हैं वैसी सही,
कबिरा की चदरिया। बड़े भाग मिलती।
नई गाँठ लगती।''

नई कविता की लहर से भी कवि अटल अछूते नहीं हैं पर धारा देश-प्रेम की है। शुद्ध स्वदेशी राष्ट्रप्रेम हर प्रयोग में परिलक्षित होता है। बिंब निर्माण भी इस प्रेम से अछूता नहीं रहा है—

''नभ की छाती को छूता सा,
कीर्ति-पुँज सा,
दिव्य दीपकों के प्रकाश में—
झिलमिल-झिलमिल
ज्योतित माँ का पूज्य भाल है।''

अटलजी का भाषा पर भारी अधिकार है। शब्द भंडार भी विशाल है। मँजे हुए कलाकार के समान उनका उपयोग करते हैं। पर सादगी में गरिमा को भर देते हैं। अटलजी आर्य समाज से प्रभावित रहे हैं। आर्य समाज (डी.ए.वी. स्कूल) नया बाजार, लश्कर का हॉल अब भी उनकी भाषण कला के प्रारंभ का साक्षी है। सत्ता की पिपासा ने लोकतंत्र का गला दबाया और देश में आपातकाल का अँधियारा छा गया। अटलजी आडवाणीजी के साथ बैंगलोर में धर लिए गए। पर उन्हें अपने निष्ठावान, कर्मठ और ईमानदार कार्यकर्ताओं पर भरोसा था। इस आशावाद की झलक

उनके काव्य में सर्वत्र दिखाई देती है।

''दाँव पर सबकुछ लगा है, रुक नहीं सकते
टूट सकते हैं, मगर हम झुक नहीं सकते।''

जुझारूपन आशावाद का पोषक है। फिर चाहे मौत से ठने कवि निर्भय है।

''देख तूफाँ का तेवर
तरी तन गई
मौत से ठन गई।
कवि को भरोसा है—
छोटे मन से कोई बड़ा नहीं होता
टूटे मन से कोई खड़ा नहीं होता।''

भारत में हिंदी काव्यधारा संतों और साधुओं के आदर्शों के रूप में बही है। दर्शन से ओत-प्रोत इस धारा ने सभी को अपने आगोश में लपेटा है। कमोवेश। कवि अटल की बानगी देखिए—

''जन्म-मरण का अविरत फेरा,
जीवन बंजारों का डेरा,
आज यहाँ, कल कहाँ कूच है,
कौन जानता, किधर सवेरा,
अँधियारा आकाश असीमित,
प्राणों के पंखों को तौलें।
अपने ही मन से कुछ बोलें।''

छंदहीन सहज कविता बरबस कविवर भवानी प्रसाद मिश्र की याद दिला देती है—

''कौरव कौन
कौन पांडव,
टेढ़ा सवाल है।
दोनों ओर शकुनि का फैला
कूट जाल है।''

(डीएवी के पूर्व प्राचार्य एवं अटलजी के परिवार के मित्र)

□

कोई कवि अटलायन लिखे

—दिनेश भारद्वाज

सन् 1955 में मेरे बचपन को भारतीय जनसंघ के युवानेता श्री अटल बिहारी वाजपेयी का पुष्पहार से स्वागत करने का सर्वप्रथम अवसर उपलब्ध हुआ था।

संभवत: देश में गैर-कांग्रेसवाद का पूर्वाभ्यास सबसे पहले उस समय 'जौरा' में प्रारंभ हुआ था। भारतीय जनसंघ और सोशलिस्ट पार्टी सहित तत्कालीन अन्य राजनीतिक दल यहाँ तक कि साम्यवादी विचारधारा भी कांग्रेस विरोध की सलिला में समाहित हो गई थी। अटलजी का सभामंच पर सभी गैर-कांग्रेसी दलों ने स्वागत किया था। मैं भी पिता श्री छोटेलाल भारद्वाज के साथ मंच पर एक किनारे बैठा हुआ था, तभी जनसंघ के तत्कालीन स्थानीय नेता श्री हरिराम गर्ग ने मेरे हाथों में एक फूलमाला देकर अपनी गोद में उठाकर अटलजी को पुष्पहार समर्पित कराया था। अटलजी ने प्रसन्नचित्त मुद्रा में मेरे माध्यम से अपने शिशु स्नेह की जो अद्‌भुत अभिव्यक्ति मुखरित की थी, वह आज मेरी आँखों में झिलमिला उठी है।

अटलजी के 'जौरा' में सन् 1945 में सर्वप्रथम आयोजित कवि-सम्मेलन में भाग लेने के संबंध में उसके संयोजक मेरे पिताश्री ने एक चर्चा में बताया था कि तत्कालीन साहित्य जगत में अटल गुरु के नाम से ख्यातिमान अटलजी ने अपनी निम्न बहुचर्चित एवं प्रशंसित कविता सुनाकर अपनी एक अलग ही छाप छोड़ी थी।

हिंदू तन-मन, हिंदू जीवन
रग-रग हिंदू, मेरा परिचय।

पार्वतीबाई गोखले विद्यालय ग्वालियर के कक्षा नौ के छात्र के रूप में सन् 1961 में राष्ट्रीय स्वयंसेवक संघ की छत्री पार्क की सायंकालीन शाखा में उक्त विद्यालय के तत्कालीन प्राचार्य श्रीधर गोपाल कुंटेजी द्वारा अपने बौद्धिक उद्‌बोधन में पूर्ण कालिक स्वयंसेवक अटलजी द्वारा अपनी भाषणकला और काव्य-पाठ की अभिव्यक्ति के परिष्करण और परिमार्जन के लिए दर्पण के सामने खड़े होकर एकांत में अभ्यास करने के उद्‌धृत उद्धरण का अनुकरण मुझे बहुत अपना लगा था। फिर तो अटलजी की आम सभाएँ सुनना जैसे मेरे लिए अपरिहार्य हो गया था। किंतु उनका काव्य-पाठ सुनने की जिज्ञासा अभी अधूरी ही थी।

आमंत्रण

सन् 1980 में भारतीय जनता पार्टी के स्थापनाकाल में मेरी सक्रिय राजनीति में कार्य करने की इच्छा जागृत हुई थी। इसलिए मैं अटलजी के तत्कालीन निवास रायसीना रोड पर उनसे मिला था। मैं अपने सद्य: प्रकाशित काव्य संग्रह 'तृष्णा से तृप्ति तक' की एक प्रति भी उन्हें भेंट करने ले गया था। 'तृष्णा से तृप्ति तक' के पन्ने पलटते हुए एक सरसरी नजर डालकर अटलजी ने कहा था, ''अरे, इसमें तो बड़े अच्छे गीत हैं, मैं इसे पढ़ूँगा।'' फिर मेरी ओर देखते हुए कहा, ''आप तो स्वयं लिख रहे हैं, कवि-सम्मेलन भी करते हैं, कुछ लोग तो पितृ-छाया में सुना, छपाकर कवि बन जाते हैं।'' और वे खिलखिलाकर हँस पड़े थे। मैं भी एक अनपेक्षित मुसकान में उलझकर रह गया था। तत्पश्चात् मैंने उनके विराट नेतृत्व में पार्टी में सक्रियता की अभिलाषा प्रकट की तो उन्होंने भारतीय जनता पार्टी के कार्य में 'युवा वर्ग' को तन्मयता से जुट जाने की महती आवश्यकता प्रतिपादित करते हुए मुझे शुभाशीष प्रदान कर भाजपा में सक्रियता के लिए प्रेरित किया था।

मुंबई में संपन्न हुए भारतीय जनता पार्टी के प्रथम राष्ट्रीय अधिवेशन में 'ऑल इंडिया लॉयर्स कॉन्फ्रेंस' का आयोजन किया गया था। विचारणीय विषयों में से एक 'इंडिपेंडेंस ऑफ जुडीशियरी' के संबंध में संचालक श्री सोली सोराबजी द्वारा प्रस्तुत प्रस्तावना के पश्चात् संशोधन आमंत्रित किए गए थे। मैंने अपना संशोधन 'इंडिपेंडेंस ऑफ जुडीशियरी विद पॉजिटिव सिक्योरिटी' होने की आवश्यकता संबंधी प्रस्तुत किया था, जिस पर मुझे अपना पक्ष समर्थन टी ब्रेक के पश्चात् प्रस्तुत करना था। बाहर वरांडे में श्री सोली सोराबजी एवं श्री राम जेठमलानी अन्यों के साथ चर्चा कर रहे थे; तभी मैं भी वहाँ पहुँच गया। उनके मेरी ओर मुखातिब होने पर मैंने उन्हें अपना परिचय देकर अपने मन की दुविधा प्रकट करते हुए हिंदी दिवस पर लिए एक संकल्प के अनुसार सार्वजनिक रूप में हिंदी में ही बोलने की अपनी प्रतिबद्धता के कारण अंग्रेजी में न बोल पाने की विवशता जताई, तो उन्होंने सहज भाव से मुझे हिंदी में बोलने के लिए प्रोत्साहित किया। जस्टिस श्री एम.सी. छागला मुख्य वक्ता के रूप में मंच पर विराजमान थे। भारतीय जनता पार्टी के नवनिर्वाचित प्रथम राष्ट्रीय अध्यक्ष श्री अटल बिहारी वाजपेयी तथा राष्ट्रीय उपाध्यक्ष राजमाता सहित प्रथम पंक्ति के नेतागण प्रथम पंक्ति में ही विराजमान थे। श्री सोराबजी ने मेरा नाम पुकारकर मेरे हिंदी में बोलने की सकारण प्रतिबद्धता की पूर्व घोषणा भी कर दी थी। देश के लगभग सभी क्षेत्रों एवं न्यायालयों के गणमान्य अभिभाषकगण की गरिमामयी उपस्थिति में संभवत: प्राथमिक न्यायालय के अभिभाषकों की भी सकारात्मक सुरक्षा के संदर्भ में जब मैंने कुछ दिनों पूर्व ही मध्य प्रदेश के तत्कालीन मुख्यमंत्री के जौरा आगमन पर अपनी माँगों के समर्थन में काले झंडों का प्रदर्शन करने पर पुलिस द्वारा अभिभाषकों पर किए गए बर्बर लाठी चार्ज का मार्मिक वृतांत सुनाया तो वहाँ शेम-शेम की आवाजें गूँजने लगी थीं। मैंने देखा कि स्वयं अटलजी और राजमाताजी ने भी शेम-शेम कहा था। आयोजन की समाप्ति पर अटलजी अपनी कार के पास लोगों से घिरे खड़े थे। मैं भी उत्सुकतावश पहुँच गया। उनकी नजर मुझ पर पड़ी तो उन्होंने कहा कि दिनेशजी! सकारात्मक सुरक्षा तो सभी क्षेत्रों की आवश्यकता बनती जा रही है, इस दिशा में भी बहुत कुछ किया जाना चाहिए और वे सभी का अभिवादन स्वीकारते हुए कार में बैठ गए।

भारतीय जनता पार्टी द्वारा वोट क्लब दिल्ली में आयोजित एक प्रदर्शन में भाग लेकर दूसरे

दिन सुबह लगभग 9 बजे मैं अटलजी से मात्र सौजन्य भेंट करने उनके निवास पर पहुँचा, तो वहाँ पूर्व से ही डॉ. सत्यनारायण जटिया (वर्तमान केंद्रीय श्रम मंत्री) अपने क्षेत्र के कार्यकर्ताओं के साथ मौजूद थे। अटलजी लॉन में ही सबसे मिल रहे थे, मुझसे भी कुशलक्षेम पूछ लिया था। वे जटियाजी के काफिले के साथ फोटोग्राफी कराने के लिए आगे बढ़ गए। मैं लॉन के किनारे पर ही खड़ा रहा। तभी अटलजी ने मुझे आवाज देकर बुलाया और जटियाजी को मेरा परिचय देकर मुझे भी फोटो में शामिल कर लिया। ग्रुप फोटो के पश्चात् अटलजी के साथ मेरा एकल फोटो हो रहा था, तभी जटियाजी के कुछ युवा साथी हमारे पीछे से झाँकने लगे, जिसका आभास होने पर अटलजी ने स्वयं बड़ी तेजी से उन्हें छिड़कते हुए व्यवस्था बनाई और अन्यों के साथ फोटोग्राफी कराई थी, जिससे उनकी कार्यकर्ताओं के प्रति आत्मीयता के साथ ही अधिकारपूर्ण अनुशासनप्रियता स्पष्टत: झलक रही थी।

कैंसर चिकित्सालय ग्वालियर में श्री शीतला सहाय द्वारा शरद पूर्णिमा पर आयोजित एक वृहद काव्य गोष्ठी में कविवर श्री अटल बिहारी वाजपेयी मुख्य अतिथि थे। संचालन का दायित्व मुझे सौंपा गया था। मंच पर अटलजी, कवि श्री रामकुमार चतुर्वेदी चंचल से गले में हाथ डालकर आत्मीयता से मिले थे। मैंने कवयित्री इंदिरा 'इंदु' (स्वर्गीय) का परिचय अटलजी से कराना चाहा तो उन्होंने सहज होकर कहा, "इनको तो हम पहले भी सुन चुके हैं।" अटलजी के आगमन से वह गोष्ठी विशाल कवि-सम्मेलन में परिवर्तित हो गई थी। हजारों श्रोताओं के मध्य अटलजी का काव्य-पाठ आयोजन का प्रमुख आकर्षण था। 26 अक्तूबर, 1984 को भारतीय जनता पार्टी के राष्ट्रीय अध्यक्ष कविश्रेष्ठ श्री अटल बिहारी वाजपेयी के कर कमलों द्वारा कविवर पं. छोटेलाल भारद्वाज प्रणीत 'सीतायन' महाकाव्य का विमोचन संपन्न हुआ था। मैंने विमोचन समारोह के संयोजक की भूमिका का निर्वाह किया था। मुरैना के झंडा चौक के खुले मैदान में लगभग बीस हजार जन समुदाय की महती उपस्थिति ने काव्यकृति के विमोचन के इस आयोजन को ऐतिहासिक भव्यता प्रदान कर दी थी। मैंने 'सीतायन' के प्रति अपनी आत्माभिव्यक्ति अपने निम्न पद्यांश में व्यक्त करते हुए कविवर श्री अटलजी से विमोचन का आग्रह किया।

संस्कृति की वरदान कथा है रामायण।
वाल्मीकि-तुलसी की मिश्रित गीतायन॥
नए क्षितिज का छोर, नया है वातायन॥
मेरी सगी बहन है युग कृति सीतायन॥

जिससे आत्मविभोर होकर अटलजी ने 'सीतायन' का विमोचन करते हुए रचयिता पं. छोटेलाल भारद्वाज को बाँहों में भरकर बधाई दी थी। तभी जन समुदाय भी आत्मविभोर होकर तालियों की गड़गड़ाहट में डूब गया था। मैंने भी अटलजी को 'तृष्णा से तृप्ति तक' भेंट करने के समय उनसे हुए उक्त संवाद को उद्धृत करते हुए उससे प्रेरित यह व्यंग्य रचना अटलजी को ही समर्पित करते हुए पढ़ी थी—

पितृ छाया में
कुछ लोग
कविता सुना, छपाकर
बन रहे हैं कवि
साहित्यिक दर्पण में
निहारते हैं छवि
कहते हुए अटलजी
हँस पड़े खिलखिलाकर
कवि पुत्र रह गया लजाकर
उसने व्यंग्योत्तर धर्मिता
इस प्रकार निभाई
अटलजी को
कवि-पुत्र होने की याद दिलाई
फिर निवेदित किया
मान्यवर,
जिस देश में
प्रधानमंत्री पद का
पुत्रोत्तरोत्तर उत्तराधिकार घोषित रहे
उसे देश में,
कवि-पुत्र ही क्यों शोषित रहे॥

कविवर श्री अटलजी ने अपने विमोचन उद्‌बोधन में अध्यक्षता कर रहे जीवाजी विश्वविद्यालय के तत्कालीन कुलपति डॉ. कृष्णकांत तिवारी को संबोधित करते हुए कहा, ''समारोह के अध्यक्ष कुलपतिजी, आप तो कुलपति बन गए, मैं तो किसी का भी पति नहीं बन सका।'' जिसे सुनकर श्रोतागण हँसते-हँसते लोटपोट हो गए थे। उन्होंने श्रोताओं को संबोधित करते हुए कहा कि ''राजनीतिक सभास्थल पर साहित्यिक आयोजन में इतनी बड़ी संख्या में आपकी उपस्थिति 'सीतायन' में वर्णित रामकथा का आकर्षण ही प्रतीत होता है।'' अटलजी ने कहा कि ''दिनेशजी मुझे बार-बार कविवर कहकर संबोधित कर रहे हैं, किंतु मैं अब कवि नहीं हूँ कवि का भूत हूँ। अब भाषण करने पड़ते हैं, इसलिए कविता नहीं हो पाती है।''

विमोचित 'सीतायन' के संबंध में अटलजी ने कहा था कि '''सीतायन' में सीता के जीवन के अनछुए पहलुओं को उजागर किया गया है।'' उन्होंने सीतायन से संदर्भित राम और सीता के चरित्रों का शास्त्रीय विवेचन करते हुए कहा कि 'सीतायन' प्रणेता पं. छोटेलाल भारद्वाज डॉ. राममनोहर लोहिया के सहयोगी रहे हैं, जिनके विचार वैशिष्टय की छाप सीतायन पर दिखाई देती है, किंतु मैं उनके इस मत से सहमत नहीं हूँ कि सीता के निष्कासन के लिए राम दोषी थे।'' अटलजी ने श्रीराम के आदर्श पुरुषोत्तम व्यक्तित्व को प्रकाशित करने के लिए अनेक शास्त्रीय प्रसंगों के उद्धरण देकर अपना दृष्टिकोण

स्पष्ट किया था। लगभग एक घंटे से अधिक समय तक अटलजी बीस हजार जन समुदाय को साहित्यिक उद्बोधन में बाँधे रहे। तत्पश्चात् लगभग आधा घंटे के उनके काव्य-पाठ ने तो जैसे जन समुदाय को सम्मोहित ही कर लिया था। उन्होंने अपनी यह शाश्वत रचना भी पढ़ी थी—

ऊँचे पहाड़ पर
पेड़ नहीं लगते
पौधे नहीं उगते
मेरे प्रभु।
मुझे इतनी ऊँचाई कभी मत देना
गैरों को गले न लगा सकूँ
इतनी रुखाई कभी मत देना।

सीतायन प्रणेता ने मंच से अपने आभार वक्तव्य में घोषित किया कि अटलजी एक दिन अवश्य ही इस देश के प्रधानमंत्री बनेंगे। तब हो सकता है कोई कवि 'अटलायन' लिखे। उनके वे शब्द आज साकार हो गए हैं।

विमोचन समारोह के पश्चात् मेरे घर पर भोजन से पूर्व हाथ-मुँह धोने अटजली आँगन तक गए तो वहाँ हमारी गाय को देखकर बोले, ''अरे! यह तो बड़ा पवित्र घर है, जिसमें गोमाता का वास है।'' मैंने उन्हें हमेशा से ही अपने परिवर में गोपालन की परंपरागत बात बताई तो उन्होंने आश्चर्य से मुझे देखते हुए कहा था कि ''अच्छा! यह तो बहुत अच्छी बात है।'' मेरी माताजी ने अटलजी के चरण स्पर्श किए तो उन्होंने कहा, ''अरे! आप पैर क्यों छूती हैं?'' तभी पिताजी ने उनसे कहा, ''आप तो हमसे एक वर्ष बड़े भाई हैं।'' अटलजी ने मुक्त हँसी बिखेरते हुए पिताजी को पुनः बाँहों में भर लिया था। मेरे दोनों पुत्रों—प्रवेश और प्रतीक—के कंधों पर अपने स्नेहिल दोनों हाथ रखकर अन्य परिवारीजनों एवं स्नेहीजनों के साथ अटलजी ने प्रसन्नतापूर्वक आत्मीयता से फोटोग्राफी कराई थी। इस प्रकार अटलजी ने मेरी तीन पीढ़ियों से स्थायी आत्मीय प्रगाढ़ता स्थापित कर ली थी। मुरैना से दिल्ली के लिए प्रस्थान करते हुए रेलवे स्टेशन पर स्थानीय पार्टी पदाधिकारियों से विमोचन के पश्चात् बचे शेष समय का पार्टी के किसी कार्यक्रम के लिए सदुपयोग नहीं कर पाने पर उन्होंने खिन्नता भी व्यक्त की थी। इस प्रकार कविवर श्री अटलजी द्वारा विमोचित 'सीतायन विमोचन समारोह' साहित्य-जगत की एक ऐतिहासिक धरोहर बन गया।

भारतीय जनता पार्टी के राष्ट्रीय अध्यक्ष के रूप में माननीय अटलजी को आम चुनावों के पश्चात् मैंने एक पत्र में चुनावों में जातिवाद और मूल्यहीनता की उभरती समस्याओं को प्रश्नांकित किया था।

अटलजी की षष्ठिपूर्ति के उपलक्ष्य में उनके प्रति एक कविता लिखकर मैंने उनके लिए प्रेषित की थी। 'चेंबर ऑफ कॉमर्स भवन' ग्वालियर में उनके अभिनंदन के शुभावसर पर मुझे उस कविता का पाठ करने का अवसर भी सुलभ हुआ था।

(साहित्यकार, गीतकार एवं सीतायन के रचियता, मुरैना)

□

कविता-राजनीति के बीच बँटा एक श्रेष्ठ कवि

—सुरेंद्र मिश्रा

राजनीति की रपटीली राहें और आपाधापी के बीच भी अटलजी का कवि मन बेचैन रहता है या नहीं, यह तो स्वयं अटलजी ही जानते होंगे, परंतु इतना अवश्य है कि अटलजी ने राजनीति में आकर साहित्य के साथ जो अन्याय किया है उसे उनका स्वयं का हृदय भी क्षमा नहीं करेगा। राजनीति ने उनकी काव्य-रस-धारा को अवरुद्ध कर दिया है। कवियों की नजर में कवि अटल कैसे हैं? इसका अंदाज इसी बात से लगाया जा सकता है कि कवि साहित्यकार उन्हें अजातशत्रु मानते हैं।

परख

ग्वालियर के प्रसिद्ध गीतकार ठाकुर सम्मान से सम्मानित कवि दामोदर शर्मा कुछ यूँ कहते हैं कि "कवि अटल ने ज्यादातर राष्ट्रभक्ति की कविताएँ लिखी हैं। यदि अटलजी राजनीति की अपेक्षा कविताएँ ही लिखते तो देश की जनता को साहित्यिक क्षेत्र में अपेक्षा से कुछ ज्यादा मिल जाता।" वे कहते हैं कि "साहित्य के प्रति अटलजी ने जो अन्याय किया है उसके लिए अटलजी से ज्यादा राजनीति दोषी है। आज की गंदी राजनीति ने अटलजी की वास्तविक छवि को दबा सा दिया है, उसे निखारने का अवसर ही नहीं मिल पा रहा है।"

कवि दामोदर शर्मा कहते हैं कि "अटलजी की विद्वता का लोहा तो जगत मानता है, परंतु निर्भीकता और राष्ट्रीयता के जो अतिरिक्त गुर उनमें हैं, उसमें से निर्भीकता समाप्त होती जा रही है।" श्री शर्मा कहते हैं कि "राजनीति समाज को कुछ नहीं दे रही। ऐसे में अकेले अटलजी क्या कर सकेंगे?" श्री शर्मा ने वर्तमान राजनीति पर कुछ इस तरह से कहा—

बाँसुरिया बिसराई ब्रज में
कर्तव्यों से बँधा कृष्ण हूँ
ओ राधिके प्राण तेरे बिन मैं
पाषाण हुआ जाता हूँ।
राजनीति के चक्रव्यूह में
महाराज श्रीकृष्ण हो गया।

वृंदावन की कुंज गली का
नटखट कान्हा यहाँ खो गया।
भोली मुसकानों के बदले
क्रूर व्यंग्य का लेख हुआ हूँ।

उर्दू के एक अन्य जाने-माने शायर नसीम रिफअत कहते हैं कि ''अटल बिहारी वाजपेयी भाषायी एकता के प्रबल समर्थक हैं। अटलजी को सभी भाषाओं के प्रति समान प्रेम है।'' उर्दू की हुमा डायजेस्ट के अप्रैल 1973 के एक अंक के साक्षात्कार में अटलजी ने कहा था कि ''जनसंघ उर्दू को एक भारतीय भाषा मानता है और उसे फलता-फूलता देखना चाहता है।'' शायर नसीम कहते हैं कि गालव ऋषि की तपोभूमि ग्वालियर में बिहारी, भारतेंदु, जांनिसार अख्तर, आनंद मिश्र, रामकुमार भ्रमर, पं. शंकर गंधर्व, हाफिज अली खाँ, उस्ताद अमजद अली, निदा फाजली जैसे कई प्रसिद्ध लोग हुए हैं, वहीं ग्वालियर की भूमि ने अटल जैसे सपूत को भी जन्म दिया है। अटलजी पर सिर्फ ग्वालियर को ही नहीं बल्कि पूरे भारत को गर्व है। वे कहते हैं कि ''अटलजी की कविताओं में उनके साहित्यिक सोच व विचारों की ऊँचाइयों का पता चलता है। उनके दार्शनिक विचार, उनके शब्दों के गूढ़ अर्थ, देशभक्ति और मानव प्रेम पर आधारित हैं जो उनकी कविताओं व साहित्य की पृथक् पहचान हैं।''

शहर के प्रसिद्ध शायर वकार कुरैशी कहते हैं कि ''फालका बाजार में एक साधारण सा व्यक्ति डलिया से सब्जी खरीदता देखा जाता था, तब ऐसा नहीं लगता था कि यह कल के भारत का कर्णधार होगा। अटलजी एक अच्छे साहित्यकार तो हैं ही, साथ ही वह एक कुशल राजनीतिज्ञ भी हैं। वह कहते हैं, ''अटलजी का जीवन विनम्रता और शालीनता से शुरू होकर आज उस मुकाम पर पहुँच गया है, जहाँ विश्व के सर्वश्रेष्ठ राजनीतिज्ञ व कर्णधार नतमस्तक होते हैं तथा स्वयं को बौना समझते हैं।''

प्रसिद्ध साहित्यकार जयंती अग्रवाल कहते हैं कि ''आज के युग में कवियों द्वारा जो कुछ भी लिखा जा रहा है या श्रोता अथवा पाठक के लिए परोसा जा रहा है उसको कविता मान लेना ही आज के युग की सबसे बड़ी विडंबना है। कवि वही श्रेष्ठ माना जाता है, जिसके सोच और लेखन में कहीं भी असमानता न हो और वह गुण अटलजी में बखूबी है। अटलजी का सोच एवं विचार उनकी प्रसिद्ध रचना 'हिंदू तन-मन, हिंदू जीवन' में स्पष्ट छलकता है।'' जयंतीजी कहते हैं कि ''अटलजी जब यह रचना पढ़ते हैं तो उनका उत्साह देखते ही बनता है।'' वह कहते हैं कि ''विभिन्न विचारधाराओंवाले गठबंधन का नेतृत्व करने के उपरांत भी उन्होंने यह स्वीकार करने में संकोच नहीं किया कि राष्ट्रीय स्वयंसेवक संघ द्वारा प्राप्त संस्कार ही मेरे जीवन की अमूल्य निधि हैं और इस निधि पर मुझे गर्व है।''

जयंतीजी कहते हैं कि ''अटलजी ने सिद्धांतों से कभी समझौता नहीं किया। उनकी कभी यह रुचि नहीं रही कि वह अपनी चेतना को आहत कर अपने मन की बात को दबाएँ। इसी साफगोई के कारण यह राष्ट्रवादी कवि विपक्ष में बैठकर भी सत्तापक्ष से ज्यादा सम्मान पाता रहा है और घोर विरोधी भी उनकी वाणी में सरस्वती का निवास बताकर उनकी प्रशंसा करते रहे हैं,

आज भी कर रहे हैं।'' वह कहते हैं कि ''एक अच्छा कवि, अच्छा इनसान अवश्य होता है। हिंदी साहित्य जगत भी यह स्वीकार कर चुका है कि अटलजी की रचनाएँ भाव-भाषा शैली और विचार से मील का पत्थर हैं, फिर उनको एक नेकदिल इनसान, न्यायप्रिय, भावुक एवं कुशल राजनेता स्वीकार करने में सभी को हर्ष का अनुभव होना ही चाहिए।''

हास्य-व्यंग्य कवि साजन ग्वालियरी का कहना है कि ''अटलजी का नाम आज राजनीति में जिस सम्मान के साथ शिखर पुरुष के रूप में लिया जाता है उसी प्रकार साहित्य जगत में भी।'' वह कहते हैं कि ''यदि अटलजी राजनीति में नहीं होते तो साहित्याकाश में सूर्य की भाँति दैदीप्यमान होते। राजनीति में अटलजी के जाने से साहित्य को बहुत क्षति हुई है, उनकी ऊर्जा का पूर्णरूपेण लाभ साहित्य जगत को नहीं मिल पा रहा है। उनकी साहित्यिक ऊर्जा कई धाराओं में बँट गई है, फिर भी अटलजी ने जितना लिखा है उससे हिंदी साहित्य की श्रीवृद्धि ही हुई है।''

□

अटलजी जैसा मैंने देखा-सुना

—जगदीश तोमर

मैंने सन् 1953 में अटलजी को महाराजबाड़े के मंच पर पहली बार देखा तब वे जनसंघ के राष्ट्रीय अध्यक्ष डॉ. श्यामाप्रसाद मुखर्जी के निजी सचिव थे और उन्हीं के साथ देश के दौरे पर निकले थे। डॉक्टर मुखर्जी, जम्मू-कश्मीर को भारत से पृथक् कर उसे एक स्वतंत्र राज्य बनाए जाने के षड्यंत्र से समूचे देश को सावधान कर रहे थे। वह देशवासियों को बता रहे थे कि हम बिना पार-पत्र जम्मू-कश्मीर की सीमा में प्रवेश नहीं कर सकते। यही नहीं, हमारे उस राज्य का मुख्यमंत्री प्रधानमंत्री कहलाता है और राज्यपाल सदर-ए-रियासत। डॉ. मुखर्जी एक देश में दो प्रधान, दो विधान और दो निशान (ध्वजा) के विरुद्ध सत्याग्रह करने श्रीनगर जा रहे थे। उधर जाते हुए वह ग्वालियर आए थे और महाराजबाड़े के मंच से उन्होंने नगरवासियों को संबोधित किया था। तब, उनसे पूर्व अटलजी बोले थे। उनका भाषण अत्यंत ओजपूर्ण और प्रभावशाली था। उसे सुनकर महाराजबाड़े पर जमा सहस्रों श्रोता मंत्रमुग्ध हो गए थे। उनका वह भाषण क्या था? किसी चंदवरदायी या भूषण का काव्य-पाठ था। और वह मुझ जैसे तमाम विद्यार्थियों के दिल-दिमाग पर छा गया था।

सन् 1957 में वह बलरामपुर उत्तर प्रदेश से लोकसभा के लिए पहली बार निर्वाचित हुए थे। उसके तीन-चार माह बाद वह ग्वालियर पधारे। तब हमारे महाविद्यालय के प्राचार्य श्रद्धेय प्रो. शंकर केशव अभ्यंकर थे और छात्रसंघ के परामर्शदाता थे प्रो. ना.वा. गोडबोले। मैं संयोग से छात्रसंघ का पदाधिकारी था। इसलिए प्राचार्य महोदय एवं परामर्शदाता सर ने मुझे बुलाया और बताया कि श्री अटल बिहारी वाजपेयी नगर में हैं, सांसद निर्वाचित हुए हैं, अपने महाविद्यालय के पूर्व छात्र हैं, इसलिए हमें उन्हें यहाँ बुलाकर उनका सम्मान करना चाहिए। मुझे उनका प्रस्ताव एवं परामर्श बहुत प्रिय लगा। अटलजी विपक्ष के सांसद थे तथा देश एवं प्रदेश में कांग्रेस सत्तारूढ़ थी। किंतु हमारे आचार्यगण अटलजी को कॉलेज में आमंत्रित कर उन्हें शाल, श्रीफल आदि भेंट कर अभिनंदित करना चाहते थे। यह मेरे लिए आश्चर्य एवं आनंद का विषय था।

और फिर अटलजी महाविद्यालय के सभाभवन में पधारे। प्राचार्य महोदय ने उनका सम्मान किया। तत्पश्चात् अटलजी ने खचाखच भरे सभा भवन में सहस्रों तरुण श्रोताओं एवं आचार्य वर्ग को संबोधित किया। उस दिन उन्होंने जो बोला, वह अधिकांश श्रोताओं को संभवत: आज भी याद होगा। उस दिन उनके भाषण का विषय था—'देश के युवजन किधर!' इस गंभीर विषय को अटलजी ने बड़े मनोरंजक ढंग से प्रस्तुत किया था। उन्होंने देश के युवाओं की स्थिति स्पष्ट करने

के लिए एक व्यंग्य चित्र के तीन भागों का उल्लेख किया। एक भाग में युवजनों की भीड़ हाथों में तख्तियाँ लिए आंदोलन मुद्रा में आगे बढ़ती हुई दिख रही थी। तख्तियों पर अंग्रेजी में लिखा था—'नो फीस' अर्थात् वे फीस नहीं देना चाहते। चित्र के दूसरे भाग में ये आक्रोशित छात्रगण ही चित्रित थे। किंतु इस चित्र में छात्रों के हाथों में थमी तख्तियों पर लिखा था—'नो अटेंडेंस' अर्थात् वे कक्षाओं में ली जानेवाली उपस्थिति से मुक्त होना चाहते थे। और तीसरे चित्र में उन आंदोलनकारियों की तख्तियों पर लिखा था—'नो एक्जामिनेशंस!' अर्थात् परीक्षाएँ समाप्त हों।

मुझे याद है कि अटलजी ने इन चित्रों को जिस भावभंगिमा के साथ प्रस्तुत किया था, और उसकी प्रस्तुति में जिस भाषा-शैली का प्रयोग किया था, उससे समस्त श्रोतागण हँसते-हँसते लोट-पोट हो गए थे और हँसी का यह सैलाब उनके भाषण के मध्य रह-रहकर आता रहा था। परंतु उनका यह भाषण एक साथ ही भीषण रूप से हास्योत्तेजक एवं विचारोत्तेजक सिद्ध हुआ। उन्होंने हमें हमारी दिशाहीनता का बोध कराते हुए आत्मनिर्माण एवं राष्ट्रीय पुनर्निर्माण की ओर बढ़ चलने के लिए प्रेरित किया था।

उन्होंने अपने भाषण में देश की राजनीति और लोकतांत्रिक व्यवस्थाओं की चर्चा की थी और उन्हें देशभक्ति से संयुक्त करने की आवश्यकता प्रतिपादित की थी। उस समय अपने संसदीय निर्वाचन के अनुभवों से भी उन्होंने छात्र-छात्राओं को पर्याप्त गुदगुदाया था। उन्होंने बताया था कि सन् 1957 के महानिर्वाचन में वह पार्टी के निर्देश पर तीन स्थानों से खड़े हुए थे और उनमें से एक स्थान पर वह हारे, दूसरे स्थान से जमानत गँवा बैठे और तीसरे स्थान से जीत गए। इस तरह एक बार में ही उन्हें हारने, बुरी तरह हारने और जीतने के अनुभव प्राप्त हो गए।

उस दिन मैंने अटलजी को दूसरी बार सुना था। भाषण के बाद चाय पर वह एकदम भिन्न व्यक्ति थे। प्राध्यापकों के प्रति अत्यंत विनम्र एवं श्रद्धापूर्ण और छात्र-छात्राओं के प्रति असीम स्नेह एवं आत्मीयता से परिपूर्ण। उस दिन से वह हम सबके लिए प्रेरणा एवं अनुकरण के विषय बन गए।

उसी दिन भाई शैवाल सत्यार्थी के साथ मैं अटलजी के कमल सिंह का बाग स्थित निवास पर पहुँचा था। तब शैवालजी ने अटलजी के साथ मेरा एक चित्र खींचा था। फोटोग्राफर के अभाव में मैंने भी शैवालजी का एक चित्र अटलजी के साथ खींचा था। यह चित्र बाद में अनेक राष्ट्रीय एवं क्षेत्रीय अखबारों में छपा और कहीं-कहीं छायाकार जगदीश तोमर के नाम के साथ!

बाद में भी अटलजी से अनेक मित्रों के साथ मिलना-जुलना होता रहा। एक बार 9-10 जनवरी, 1965 को वह शिंदे की छावनी स्थित अपने निवास पर थे। बस, कुछ मित्रों ने उनसे मिलने का कार्यक्रम बना डाला था। दोपहर के कोई 2-3 बजे होंगे। अटलजी भोजन कर विश्राम कर रहे थे, किंतु हमें मिलने आया देखकर वह मुसकराते हुए उठ बैठे। मुझे याद है कि उस दिन उन्होंने ताशकंद समझौते की आरंभिक विफलता की सूचना दी थी। बाद में हम लोगों के मँझले भैया विद्या भैया (विद्यास्वरूप गुप्त) ने हँसते हुए उन्हें एक परामर्श दे डाला, "अटलजी, आपका स्वास्थ्य दिन-ब-दिन समृद्ध होता जा रहा है। उसकी ओर भी थोड़ा ध्यान दें।"

अटलजी उनकी सलाह सुनकर ठठाकर हँस पड़े थे तब मैंने सहज ही कहा था, "जब संसदीय चुनाव आएँगे तब सब ठीक हो जाएगा।" इस पर अटलजी और जोर हँसे थे और फिर

बोले थे, ''यह ठीक रहा। समस्या भी आपने रखी और समाधान भी आपका।''

अब से कोई 10–12 वर्ष पूर्व वह मध्य भारतीय हिंदी साहित्य सभा द्वारा आयोजित साहित्यकार सम्मेलन में मुख्य अतिथि के रूप में पधारे थे। बाद में उन्होंने अपने भैया–भाभी की स्मृति में उत्कृष्ट साहित्य एवं संस्कृत भाषा के प्रोत्साहन हेतु दो पुरस्कार आरंभ कराए। उन्होंने इस निमित्त बारह–बारह हजार रुपए की दो राशियाँ भी उपलब्ध कराईं। वह धनराशि सभा के सावधि खाते में जमा है और उसके ब्याज से उक्त दोनों पुरस्कार प्रतिवर्ष प्रदान किए जाते हैं।

अटलजी ग्वालियर के सपूत हैं। उन्होंने ग्वालियर को देश और दुनिया में गौरवान्वित किया है। देश के प्रधानमंत्री होकर भी वह इस धरती को कभी नहीं भूले। ग्वालियरवासी उन्हें लेकर गर्वोन्मत हैं। यहाँ के अधिकांश जन अटलजी से संबंधित कोई–न–कोई संस्मरण या घटना प्रसंग अपने मानस में सँजोए हुए हैं। ये यादें इतनी विपुल एवं बहुवर्णी हैं कि उन सबको याद रख पाना अटलजी के लिए भी बहुत मुश्किल होगा। किंतु फिर भी उन्हें बहुत कुछ याद है। एक बार जब उनसे डॉ. श्रीधर गोपाल कुंटेजी के अमृत महोत्सव में मुख्यातिथि के रूप में पधारने हेतु अनुरोध किया गया तो उन्होंने उसे तुरंत स्वीकार किया और बोले, ''कुंटेजी वहीं नई सड़क पर ही रहते हैं न ऊपरी मंजिल में? वस्तुतः उन्हें कुछ नहीं भूला।'' ग्वालियर की बेशुमार स्मृतियाँ उनके मन में सुरक्षित हैं। यहाँ के साहित्यकारों में प्रो. रामकुमार चतुर्वेदी 'चंचल', श्रीदेवेंद्र नारायण वर्मा, श्री शैवाल सत्यार्थी आदि से उनकी समीपता आज भी कायम है। उनकी राष्ट्रभक्ति, सरलता, सहृदयता एवं उदारता से समूचा देश मुख्यतः ग्वालियर के कवि व नागरिक सम्मोहित हैं।

(हिंदी साहित्य सभा, म.प्र. के अध्यक्ष)

□

एक चुनाव ऐसा भी

—गोपाल गणेश टेंबे

मैं अटलजी का विक्टोरिया कॉलेज में सहपाठी रहा। उन दिनों कॉलेज के छात्रसंघ के चुनाव बड़ी जोरदारी से लड़े जाते थे। उन दिनों का एक चुनाव मुझे याद आ रहा है।

अटलजी 'महामंत्री' पद के चुनाव के लिए उम्मीदवार थे। उन्होंने अध्यक्ष पद के लिए देशराजसिंह नामक छात्र को खड़ा किया। उनके विरोध में एक मात्र उम्मीदवार थे चंद्रसेन कदम, जो ग्वालियर रियासत के एक बड़े सरदार श्री कदम साहब के पुत्र थे। टक्कर काँटे की थी। एक गरीब छात्र के विरुद्ध लखपति। यह चुनाव अटलजी की शान और सम्मान का प्रश्न बन गया था।

चंद्रसेन कदम ने चुनाववाले दिन एक बहुत बड़ा पंडाल लगवाया। चाय-कॉफी की व्यवस्था की। प्रचार के लिए कॉलेज की छात्राएँ लगी थीं। दूसरी ओर अटलजी ने एक पर्चा निकाला, जिसमें लिखा था 'चाँदी के चंद टुकड़ों के लिए अपना अमूल्य वोट मत बेचो।' उन्होंने 'ऐलान' किया कि यदि मेरे विरोधी उम्मीदवार को मुझसे आधे भी वोट मिलें तो मैं अपनी हार मान लूँगा और कभी चुनाव नहीं लड़ूँगा।

चुनाव परिणाम घोषित हुए। देशराजसिंह विजयी हुए। अटलजी को इतने अधिक वोट मिले कि उनकी घोषणा सार्थक हो गई। ऐसी थी अटलजी की छात्रों में लोकप्रियता।

अटलजी की कबड्डी

बात बहुत पुरानी है, जब अटल बिहारी वाजपेयीजी नया बाजार की संघ-शाखा पर जाया करते थे। यह शाखा नया बाजार में स्थित ऐतिहासिक राम मंदिर (आबा महाराज का मंदिर) के दाहिनी ओर के मैदान पर लगती थी। उसी मैदान के आधे भाग पर आजकल 'नाट्य-गृह' स्थित है। कई दिन मैं इस शाखा का मुख्य-शिक्षक रहा। मा. बाबा साहेब नातू, डॉ. दिवाकर नेवासकर, श्री बाबासाहेब खानवलकर, श्री अण्णा जोशी, श्री नाना पोतनीस, श्री प्रभाकर ठाकुर इसी शाखा की देन हैं।

उन दिनों संघ-शाखा में प्रतिदिन कबड्डी खेल हुआ करता था। मुझे कबड्डी खेलने में आनंद आता था। अच्छे कबड्डी खिलाड़ियों में मेरी गणना होती थी। अटल बिहारी भी कबड्डी-कबड्डी खेलते थे। कैसा खेलते थे। मेरे मनचक्षु पर आज भी वह दृश्य उभर आता है। खाकी निकर पहने अटल बिहारी कबड्डी-कबड्डी-कबड्डी···कहते दूसरे पाले में जाते; उस समय वे दुबले-पतले-कमजोर थे। कबड्डी खेलना नहीं आता था। जब वे 'कबड्डी' बोलते दूसरे पाले में जाते

तो दूसरे पाले के स्वयंसेवक बड़े खुश होते; वे सोचते अब आया शिकार। अब अटलजी पैर बढ़ाते तो स्वयंसेवक उन्हें आसानी से पकड़कर खींच लेते। अटलजी धड़ाम से गिरते। सभी खुशी से चिल्लाते। अटलजी की निकर कमीज मैली हो जाती। कदाचित् इस बात पर उन्हें घर पर माताजी की डाँट भी पड़ती होगी।

अटलजी दंड चलाते, लेकिन यह भी उन्हें ठीक से नहीं आया और न ही भाया। हाँ, एक प्रधानमंत्री के नाते अनेक राजनीतिक दलों का 'गठबंधन' कर, प्रशासन चलाना—यह कठिन कार्य सुचारू रूप से करना आता है। कारगिल में उन्हें पाकिस्तान को परास्त करना आता है। पोखरण अणु-विस्फोट भी कर सकते हैं। अमेरिका को संपर्क, जबाव दे सकते हैं। बस नहीं आती तो कबड्डी—आजकल राजनीति में भी कबड्डी चल रही है। लेकिन यह कबड्डी तो अटलजी खूब अच्छी खेलते हैं।

ग्वालियर संघ-शाखा के संस्थापक माननीय श्री नारायणरावजी तर्टे उपाख्य मामू—जो आजकल हेडगेवार भवन नागपुर में हैं—बड़े गर्व से कहते हैं, ''मेरी ग्वालियर शाखा का एक स्वयंसेवक आज भारत का प्रधानमंत्री है।''

कुछ दिन पूर्व जब श्री नारायणराव बहुत बीमार हो गए थे तो अटलजी उन्हें मिलने नागपुर गए थे।

कवि अटल

हम—ग्वालियर शाखा के स्वयंसेवक लखनऊ संघ शिक्षा वर्ग (ओ.टी.सी.) गए थे। मैं द्वितीय वर्ष के लिए था और अटलजी प्रथम वर्ष के लिए। उन दिनों ग्वालियर संघ की दृष्टि से उत्तर प्रदेश में सम्मिलित था। माननीय भाऊरावजी देवरस उत्तर प्रदेश के प्रांत प्रचारक थे। वर्ग में पं. दीनदयालजी, बैरिस्टर नरेंद्रजीत सिंह भी थे।

हम लोग दूसरी मंजिल के एक हॉल में थे। हॉल बड़ा था। हम लगभग 40 थे। सभी के बिस्तरे-बक्से कतार में थे। अटलजी का बिस्तरा उत्तर की ओर—मध्य खिड़की के पास दीवार से सटा था। हम दोपहर में दो घंटे विश्राम करते थे। अधिकतर स्वयंसेवक सो रहे थे। मेरा बिस्तर एक कोने में था। मैं जाग रहा था। मैं चौंक गया। अटलजी हॉल में टहलते हुए कुछ बुदबुदा रहे थे। फिर एक पैंसिल लेकर नोटबुक में लिखने लगे। फिर जोर-जोर से दोहराने लगे—

यमुना की धार विकल।
कल-कल-छल-छल प्रतिपल॥
जब रोया हिंदुस्थान सकल।
तब बन पाया यह ताजमहल॥

ये पंक्तियाँ उनकी प्रसिद्ध 'ताजमहल' नामक कविता की हैं। बाल्यावस्था से अटलजी कविताओं की रचना करते थे। शाखा में गाए जानेवाले मराठी गीतों का हिंदी में सुंदर अनुवाद भी अटलजी ने किया है।

अटलजी के पिताजी परम आदरणीय श्रीकृष्ण बिहारी लाल भी कवि थे। हिंदी के विद्वान् थे।

धन्य-धन्य श्री नाथ दयामय।
अखिल विश्व के स्वामी॥
संतन पालक-दुष्टन घातक।
भक्तन के अनुयायी॥

उनकी यह रचना रियासत के सभी स्कूलों में दैनिक प्रार्थना के रूप में गाई जाती थी।

गुरुजी के दो हाथ

सन् 1948 में संघ का अभूतपूर्व सत्याग्रह सफलतापूर्वक समाप्त हुआ। फिर परमपूज्य श्रीगुरुजी के परामर्श से डॉ. श्यामाप्रसाद मुखर्जी ने जनसंघ नामक एक राजनीतिक दल बनाया। जिसकी आवश्यकता प्रतीत हुई थी।

प.पू. श्रीगुरुजी ने कहा था, "हम सत्य पथ पर थे। गांधी वध में हमारा हाथ नहीं था। परंतु संघ स्वयंसेवकों पर अत्याचार हुए, असंख्य लोग जेल में ठूँस दिए गए। उनकी संपत्ति नष्ट की गई—और न जाने क्या-क्या किया गया? किंतु संघ ने प्रतिकार नहीं किया। चुपचाप सहते गए। तभी विचार आया सच्चाई को प्रगट करने का साहस कोई क्यों नहीं करता? समाचार-पत्र कुछ भी संघ के समर्थन में क्यों नहीं लिखते? विधासभाओं में संसद् में कोई भी सच्चाई प्रकट क्यों नहीं करता? अत: अपना भी कोई राजनीतिक दल होना चाहिए। जो कुछ हिम्मत से कह सके।" ऐसा विचार कर जनसंघ का गठन किया गया। डॉ. श्यामाप्रसाद मुखर्जी को इसका दायित्व सौंपा गया। आदरणीय श्यामाप्रसादजी ने प.पू. श्रीगुरुजी से कहा था, "मुझे संघ में से कुछ अच्छे कार्यकर्ता दो।"

तब प.पू. श्रीगुरुजी ने कहा था, "मेरे दोनों हाथ ले लो।" उनका अभिप्राय पं. दीनदयालजी और अटल बिहारीजी से ही था। ये ही थे प.पू. श्रीगुरुजी के दोनों हाथ।

कुछ दिनों में ही जनसंघ बढ़ने लगा। उनका संगठन बढ़ा, शक्ति बढ़ी। तब डॉ. श्यामाप्रसादजी ने कहा कि "यदि मेरे पास अटल बिहारी वाजपेयीजी जैसे दस-बीस तरुण होते तो मैं भारत का नक्शा ही बदल देता।"

श्री अटलजी का सोच-विचार, कार्य-पद्धति तथा संगठन कुशलता से डॉ. श्यामाप्रसादजी बहुत प्रभावित थे। साथ ही पं. दीनदयाल के गहन चिंतन और आर्थिक विश्लेषण पद्धति तथा सरल स्वभाव एवं मामूली रहन-सहन ने मुखर्जी को अत्यंत प्रभावित किया।

वक्ता

श्री अटलजी हाईस्कूल में मेरे सहपाठी थे। उन्होंने आठवीं (ग्वालियर स्टेट मिडिल परीक्षा) गोरखी से उत्तीर्ण की और ग्वालियर में एक मात्र हाईस्कूल विक्टोरिया कॉलेजिएट (वी.सी. हाईस्कूल) में भर्ती हुए। मैंने भी मराठा हाईस्कूल से मिडिल पास कर वी.सी. हाईस्कूल में प्रवेश लिया।

उन दिनों विद्यालय में हर महीने के अंत में वाद-विवाद प्रतियोगिता होती थी। अटलजी

हिंदी सेक्शन से आते और मैं मराठी सेक्शन से, मुकाबला होता, और वे वाद-विवाद में प्रथम आते। इसका एक मात्र कारण वे बचपन से ही एक प्रखर 'वक्ता' थे। उनका भाषण ओजस्वी, प्रभावी होता था। भाषा पर तो उनका अधिकार था ही।

आगे चलकर उन्होंने अनेक वाद-विवाद प्रतियोगिताएँ जीतीं। उन दिनों जीवाजी विश्वविद्यालय, विक्रम विश्वविद्यालय या अन्य कोई विश्वविद्यालय ग्वालियर में नहीं था। यहाँ के कॉलेज के छात्र आगरा विश्वविद्यालय की परीक्षाओं में ही सम्मिलित होते थे।

आगरा विश्वविद्यालय द्वारा आयोजित अंतर महाविद्यालय वाद-विवाद में भी अटलजी प्रथम आते थे। आगे चलकर अखिल भारतीय विश्वविद्यालय वाद-विवाद प्रतियोगिता में उन्होंने आगरा विश्वविद्यालय का प्रतिनिधित्व भी किया था और आज हम जानते हैं अटलजी अपनी वक्तृत्वकला के लिए भारत में ही नहीं विदेशों में भी प्रसिद्ध हैं।

(अटलजी के बालसखा एवं पूर्व प्राचार्य पा.गो. विज्ञान विद्यालय, ग्वालियर)

☐

पालने में दिखाई दे गए थे पूत के पाँव

—नरेश जौहरी

कहावत है कि पूत के पाँव पालने में दिखाई देने लगते हैं। इसी के अनुरूप अटलजी किशोरावस्था से ही अपनी ओजस्वी वक्तृता एवं काव्य सृजन के कारण लोकप्रिय हो गए थे। तत्कालीन ग्वालियर राज्य में माधव जयंती के समारोह बड़ी धूमधाम से मनाए जाते थे। इस समारोह के मंच से शानदार भाषण के बाद से ही अटलजी को एक विशिष्ट पहचान मिली। ग्वालियर में तब हिंदू महासभा का माहौल था। उस माहौल में अटलजी की कविता 'रग-रग हिंदू मेरा परिचय' बेहद लोकप्रिय हो गई थी। मुरार के गुणेशोत्सव में होनवाले कवि-सम्मेलन हों या लश्कर का कोई आयोजन अटलजी को आग्रहपूर्वक आमंत्रित किया जाता था और श्रोता उनसे 'रग-रग हिंदू मेरा परिचय' सुनाने का आग्रह करते थे। अटलजी ग्वालियर में संघ-कार्य की प्रारंभिक अवस्था से ही उससे जुड़ गए थे। मुझे स्मरण है कि सन् 1941 में ही बौद्धिक कार्यवाह का दायित्व उन्हें सौंपा गया था। किंतु संघ का कार्य तब शाखाओं तक ही सीमित था। राजनीतिक दल के रूप में केवल कांग्रेस ही थी, लेकिन सन् 1942 में गांधीजी के ब्रिटिशों के प्रति नर्म रवैए के कारण कम्युनिज्म की ओर युवा वर्ग तेजी से आकर्षित हो रहा था। विद्यार्थी परिषद् का गठन नहीं हुआ था।

छात्रों में 'स्टूडेंट फेडरेशन ऑफ इंडिया' का जोर था। संघ से जुड़े हम युवा भी सभी के विचारों को सुनने-समझने का प्रयास करते थे। अटलजी प्रारंभ से ही खुले दिमाग के युवा थे। वे संघ के पदाधिकारी होते हुए भी सभी विचारधाराओं के व्यक्तियों से मिलते-जुलते रहते थे और सभी के मध्य समान रूप से लोकप्रिय भी थे। इसका एक उदाहरण तब सामने आया जब वी.सी. हाईस्कूल से शालेय शिक्षा समाप्त कर उन्होंने विक्टोरिया कॉलेज में प्रवेश लिया। प्रवेश के साथ ही छात्रों के सभी वर्गों के बीच उन्हें छात्रसंघ का सचिव अथवा उपाध्यक्ष बनाने की बात चल पड़ी। किंतु महाविद्यालय के नियमों के अनुसार दो वर्ष तक छात्र रहा विद्यार्थी ही यहाँ छात्रसंघ में पदाधिकारी हो सकता था। अटलजी ने दो वर्ष के इस नियम का पालन करना उचित समझा, बाद में वे छात्रसंघ के सचिव बने और बहुत शक्तिशाली छात्रनेता के रूप में उभरे। उनकी सर्वव्यापी लोकप्रियता के बावजूद उनकी स्पष्टवादिता और वैचारिक दृढ़ता प्रशंसनीय थी। प्रसिद्ध साहित्यकार डॉ. शिवमंगलसिंह 'सुमन' विक्टोरिया कॉलेज में उनके गुरु थे, वे वामपंथी विचार के कवि थे। अटलजी मौका पड़ने पर उनके विचारों और जीवन के भेद को अपना निशाना बनाने से कभी नहीं चूकते थे। छात्र जीवन में अपार लोकप्रियता अर्जित कर चुके अटलजी ने सन् 1946

में स्नातक परीक्षा उत्तीर्ण कर ग्वालियर छोड़ दिया। वे आगे की पढ़ाई के लिए कानपुर गए। जहाँ वह राष्ट्रीय स्वयंसेवक संघ के तत्कालीन विभाग प्रचारक श्री हनुमंतराव गोखले के निकट संपर्क में आए। पत्रकारिता से होते हुए वे राजनीतिक क्षेत्र में सक्रिय हो गए। भारतीय जनसंघ के नेता के रूप में बाद में अनेक बार उनके साथ प्रवास का, चुनावी कार्यक्रमों में भाग लेने का मुझे अवसर मिला। अपनी शानदार भाषण शैली और खुले दिमाग के कारण वे लोकप्रिय नेता के रूप में स्थापित होते चले गए। वर्तमान गठबंधन सरकार की सफलता का सबसे बड़ा कारक अटलजी ही हैं। धुर विरोधी राजनीतिक शक्तियों के मध्य वे ही एकमात्र स्वीकार्य नेता हैं। भाजपा के राजनीतिक विरोधी भी उनके अलावा किसी को सहन करने को तैयार नहीं हैं, यह उनके विराट व्यक्तित्व का ही चमत्कार है। जनसामान्य तक सीधी पहुँच ने उनको एक महान् नेता के रूप में स्थापित किया है।

यह ठीक है कि गठबंधन की सरकार होने से भाजपा को अपने कुछ मुद्‌दे तात्कालिक रूप से छोड़ने पड़े हैं, सत्ता के साथ अनेक प्रकार की विकृतियाँ भी आई हैं, लेकिन हमें यह नहीं भूलना चाहिए कि अपनी विचारधारा के एक व्यक्ति के देश का प्रधानमंत्री बनने से हमें एक जागतिक मान्यता मिली है। हमारी ओर देखने का दुनिया का नजरिया बदला है। श्री अटल बिहारी वाजपेयी के नेतृत्व में भाजपा की यह सफलता निश्‍चित ही हमारी बहुत बड़ी उपलब्धि है।

(पूर्व मंत्री, मध्य प्रदेश शासन)

□

पत्रकार स्वतंत्र हैं

—बनवारी बजाज

बात सत्तर के दशक की है। उन दिनों मैं 'हिंदुस्थान' समाचार में संवाददाता के पद पर कार्यरत था। भोपाल में आए कुछ समय हुआ था। सन् 1970-71 में श्री अटल बिहारी वाजपेयी भारतीय जनसंघ के अध्यक्ष थे। वे यहाँ कुछ कार्यक्रम में भाग लेने आए थे। उस समय श्री कैलाश नारायण सारंग बहुत सक्रिय थे। वे सोमवारा स्थित जनसंघ के प्रांतीय कार्यालय में ही श्री कुशाभाऊ ठाकरे के साथ सपरिवार रहते थे। मैं वहाँ श्री अटलजी के कार्यक्रम 'कवर' करने पहुँचा। कार्यक्रम में जाने के लिए कुछ समय था। अत: अटलजी, सारंगजी तथा मैं प्रदेश की राजनीति पर चर्चा करते रहे। इसी बीच श्री सारंगजी ने शिकायत की, ''बजाजजी श्रीमंत राजमाताजी को केवल श्रीमती विजयाराजे सिंधिया लिखती हैं।'' उस पर श्री अटलजी ने कहा, ''यह उनकी अभिव्यक्ति की स्वतंत्रता है। आप उन पर अपनी इच्छा थोप नहीं सकते। पत्रकार स्वतंत्र है लिखने को।'' उसके बाद हम सब भेल के राम मंदिर का उद्‌घाटन करने के लिए चल दिए।

अटलजी का त्वरित निर्णय

सन् 1972 से 1978 तक ग्वालियर में मैं 'हिंदुस्थान' समाचार केंद्र में प्रमुख रूप से कार्यरत था। इन्हीं दिनों मुझे कई बार श्री अटलजी से भेंट करने का मौका मिला। एक-दो बार तो उनके घर पर जाकर मुलाकात की। जब कभी वे ग्वालियर आते तो पत्रकारों से तत्कालीन सांसद श्री नारायण कृष्ण शेजवलकर के घर पर ही भेंट करते। एक बार उनके आगमन की सूचना पर मैं, सुरेश केसरी व पुरुषोत्तम मालवीय उनसे भेंट करने श्री शेजवलकर के यहाँ पहुँचे, उन दिनों विदेशों से महँगी दर पर गेहूँ का आयात हो रहा था। हमारे किसानों को समर्थन मूल्य बहुत कम दिए जाने से किसानों ने खाद्यान्न का उत्पादन छोड़कर 'केशक्रॉप' का उत्पादन शुरू कर दिया था, इस कारण गेहूँ का रकबा कम हो गया था। अत: उनको हम लोगों ने सुझाव दिया कि ''आप सरकार से माँग करें कि वह भारत के किसानों को गेहूँ का अधिक मूल्य देकर प्रोत्साहित करें ताकि वे अधिक खाद्यान्न उत्पादन करें।'' उन्होंने तत्काल इस सुझाव को स्वीकार करते हुए कहा, ''आप यह समाचार मेरे नाम से दे सकते हैं।'' फिर उन्होंने यह बात दिल्ली में जाकर दुहराई। इससे उनके त्वरित निर्णय तथा सबसे राष्ट्र सीखने की ललक परिलक्षित होती है।

(संपादक, यू.एन.आई)

□

छोटे-बड़े सभी के साथ आत्मीय

—भाऊसाहेब पोतनीस

ग्वालियर की लक्ष्मीगंज शाखा पर एक बाल स्वयंसेवक के रूप में मैंने सर्वप्रथम अटलजी को देखा। उसके बाद विभिन्न अवसरों पर छोटे-बड़े सभी के साथ उनके आत्मीय व्यवहार और सरल सादगीपूर्ण स्वभाव ने मुझे उनके गुणों का कायल बना दिया। ऐसी ही एक घटना का मैं प्रत्यक्षदर्शी हूँ। बात काफी पुरानी है, किंतु तब अटलजी की ख्याति राष्ट्रीय स्तर पर फैल चुकी थी। महाराज बाड़े पर उनकी आमसभा का आयोजन किया गया था। ग्वालियरवासी बड़ी संख्या में अपने लाड़ले वक्ता को सुनने वहाँ एकत्रित थे। श्रोताओं में एक श्री गुरु प्रसाद टंडन थे। टंडनजी राजर्षि पुरुषोत्तमदास टंडन के सुपुत्र थे और स्थानीय विक्टोरिया कॉलेज में अटलजी के अध्यापक रह चुके थे। सादगी उनके जीवन से झलकती थी। अपने प्रिय विद्यार्थी का भाषण सुनने आए टंडनजी बाड़े पर सभामंच की सीढ़ियों के बाजू में अकेले खड़े हुए थे। जयकार और स्वागत के नारों के बीच अटलजी जैसे ही मंच पर दो-तीन सीढ़ियाँ चढ़े वैसे ही उनकी नजर टंडनजी पर पड़ी। वे सीढ़ियों से नीचे उतर आए और वहाँ खड़े टंडनजी के चरण-स्पर्श कर उनसे आशीर्वाद लिया। भरी सभा में मुख्य वक्ता की हैसियत से आए अटलजी को अपने से बड़ों के सम्मान का पूरा ध्यान था। टंडनजी गद्गद थे, उनकी आँखें भर आईं, वे अपने ऐसे शिष्य को महान् बनने का आशीर्वाद दिए बिना कैसे रह सकते थे। अटलजी का ऐसा ही स्नेहयुक्त स्वभाव सभी के प्रति रहता था। वे देश भर में गाँव-गाँव घूमते थे, फिर भी अनेक कार्यकर्ताओं को नाम से पहचानकर पुकारते थे। व्यक्ति हमेशा के लिए उनका हो जाता था।

तेरह दिन की सरकार में प्रधानमंत्री रह चुकने के बाद अटलजी ग्वालियर आए। नई सड़क पर पार्टी के वरिष्ठ नेता शेजवलकरजी से मिलने जाने का उनका पूर्व निर्धारित कार्यक्रम था। पूर्व प्रधानमंत्री के नाते सुरक्षा का पूरा तामझाम उनके आगे पीछे था। नई सड़क से उनके वाहनों का काफिला सीधे आगे बढ़ा। तभी कुछ दूर चलकर अटलजी ने अचानक हनुमान चौराहे पर अपने वाहनचालक को गाड़ी रोकने का आदेश दिया, और गाड़ी से नीचे उतरकर जीवाजीगंज मेरे निवास की ओर चल दिए। सुरक्षा में लगे जवान हक्के-बक्के रह गए। रास्ते में लोगों से मिलते-मिलाते, उनके अभिवादनों को स्वीकारते हुए अटलजी हमारे घर आए। दरअसल उनको बाबूराव शेजवलकरजी के यहाँ मेरे खराब स्वास्थ्य की जानकारी मिली और कार्यक्रम तय न होते हुए भी वह अपने कार्यकर्ता से मिलने तमाम व्यवस्थाओं को अँगूठा दिखाकर चले आए। जनसंघ और भाजपा के कार्यकर्ता के रूप में अटलजी के काफी निकट रहने का सौभाग्य मुझे मिला है। मुझको उनका

ऐसा ही अनन्य स्नेह सदा मिलता रहा है। एक बार पार्टी की राष्ट्रीय कार्यकारिणी की बैठक के लिए वे पुणे आए हुए थे। उनको जानकारी मिली कि मैं पुणे के पास विंचूर आया हुआ हूँ। एक व्यक्ति को वहाँ भेजकर उन्होंने संदेश भिजवाया कि मुझसे मिलने पुणे आओ। सन् 1984 में जब उनके विरुद्ध श्री माधवराव सिंधिया कांग्रेस के प्रत्याशी थे, तब अटलजी की हिम्मत और दृढ़ता का भी मुझे अनुभव हुआ। उनमें अपनी जीत के प्रति प्रबल विश्वास था और वे कार्यकर्ताओं को भी दृढ़ता प्रदान करते थे। इस चुनाव में दुर्भाग्यवश वे पराजित हुए, किंतु ग्वालियर के प्रति उनका प्रेम किंचित् भी कम नहीं हुआ है। मेरी दृष्टि में प्रधानमंत्री के रूप में अटलजी सर्वश्रेष्ठ हैं।

(पूर्व महामंत्री विधायक, मध्य प्रदेश, भाजपा)

□

अटल का सम्मोहन भारतीय राजनीति का शिखर

—भरतचंद्र नायक

भारतीय दर्शन में कर्म सौंदर्य की उपासना को मानव धर्म की प्रतिष्ठा दी गई है। इस मायने में जननेता अटल बिहारी वाजपेयीजी ने बीसवीं शताब्दी में कर्म उपासना का जो जीवन जिया उसने श्रीभगवद्गीता की उस उक्ति को सार्थक किया है कि जब मनुष्य खड़ा होता है तो उसका कर्म और भाग्य भविष्य को इंगित करने लगते हैं। इनसान जितनी तत्परता से कर्म में जुटता है उसका कर्म भी उतना सक्रिय होकर भविष्य के सृजन में जुट जाता है। यदि इनसान आलसी बनकर सो जाता है तो उसका कर्म और भाग्य भी अलसाकर सो जाता है। ऐसे कर्मयोगी अटलजी की निष्काम जीवन यात्रा अस्सी पड़ावों के गंतव्य तक सफलतापूर्वक पहुँच चुकी है। कुछ लोग चाँदी की चम्मच लेकर पैदा होते हैं। उन्हें महानता विरासत में मिल जाती है। गरिमा का गौरव उन पर थोप दिया जाता है। वे महानता को वंश परंपरा मानकर नए सामंतवाद को विकसित करते हैं। लेकिन अटलजी ने अभावों, दु:ख-दैन्य से अपना जीवन आरंभ किया। मानव पीड़ा का उनसे बड़ा दृष्टा कदाचित् ही दूसरा हो। यही कारण है कि वे आज राष्ट्रीय और अंतरराष्ट्रीय क्षितिज पर शिखर का स्पर्श करते हुए भी जमीन पर हैं और समाज के अंतिम व्यक्ति की पीड़ा की अनुभूति करते हुए उसका स्वर मुखरित करते हुए भारत की आत्मा का स्पंदन बन चुके हैं। उनकी इसी पीड़ा ने उन्हें कवि हृदय दिया और उनकी अंतस की पीड़ा कविता के रूप में नि:सृत हुई।

अटलजी का शैशव, किशोवय, तरुणाई और वयस्क जीवन उन संघर्षों की कहानी है जिसने मानस को बहुआयामी बनाया। उनके संकल्पों को फौलादी जज्बा दिया। उन्हें भारतीय लोक-जीवन का सामीप्य दिया और जूझते रहने, राष्ट्र की अस्मिता जगाने, सहेजने और सँवारने का पौरुष प्रदान किया। वाजपेयीजी के गीत की कुछ पंक्तियाँ उनके उदात्तभाव, फौलादी इरादों और जीवन के मर्म को इस तरह उजागर करती हैं—

टूटे हुए तारों से फूटे वासंती स्वर,
पत्थर की छाती में उग आया नव अंकुर,
झरे सब पीले पात
कोयल की कुहुक रात
प्राची में अरुणिमा की रेख देख पाता हूँ
गीत नया गाता हूँ।

अटल बिहारी वाजपेयीजी सीमाओं में नहीं बँधे। उनके परिवारीजन का स्थान बटेश्वर उत्तर प्रदेश में है। पितामह रामायण और गीता के प्रकांड विद्वान् पं. श्यामलाल ने बटेश्वर में रहकर ही अपने पांडित्य का प्रदर्शन किया। किंतु आपके पुत्र अटलजी के पिताश्री कृष्ण बिहारी वाजपेयीजी को मध्य प्रदेश ग्वालियर में बसने की सलाह दी जहाँ वे अध्यापन कार्य से जुड़े रहे। अपने पितामह के संस्कृतनिष्ठ जीवन और पिता के काव्यप्रेमी व्यक्तित्व ने अटलजी में साहित्यानुराग का अंकुर पैदा किया। अटलजी की माँ श्रीमती कृष्णादेवी ने पुत्र में राष्ट्रप्रेम के उन अंकुरों को प्रस्फुटित किया, जो अटलजी को अपने पिता की राष्ट्रीयता से ओतप्रोत कविताओं से मिले थे। अटलजी का जन्म ग्वालियर में शिंदे का छावनी स्थित उनके छोटे से मकान में 25 दिसंबर, 1924 को हुआ। उस दिन ईसु के जन्म दिवस पर जिस तरह आतिशबाजी और तोप के गोले दागे जा रहे थे, उस कर्णभेदी ध्वनि ने ही बालक अटल को शौर्य, पराक्रम, संघर्षशीलता प्रदान की और उन्होंने झुकना, पीछे मुड़ना कभी नहीं सीखा।

अटलजी के पिता भले की स्वकल्पना न करते हों कि उनका कनिष्ठ पुत्र अटल आगे चलकर भारतीय राजनीति का शिखर पुरुष होगा, परंतु ग्वालियर में अटलजी के समकालीन किशोर युवा छात्र सभी अटलजी की प्रतिभा, सूझबूझ के इतने कायल थे कि वे अटल की छाया बनकर उनके व्यक्तित्व की हर बात को परखते और उससे प्रमुदित होते थे। उनका साइकिल से ग्वालियर की लंबाई-चौड़ाई नापना, कवि-सम्मेलनों में धमा ठेलों पर चाट का रसास्वादन करना आज ग्वालियर में किंवदंती बनी हुई है।

हर व्यक्तित्व जीवन की दौड़ में भाग लेता है। छात्र, किशोर, युवा जीवन में कुछ प्रथम श्रेणी में आते हैं। कभी-कभी जीवन की दूसरी दौड़ में पिछड़ जाते हैं। अटल बिहारी वाजपेयीजी इसके अपवाद हैं। उन्होंने जीवन की हर दौड़ को तन्मयता से दौड़ा और अव्वल रहे। अटलजी ने इलाहाबाद विश्वविद्यालय में सिर्फ अंतरविश्वविद्यालयीन वाद-विवाद प्रतियोगिता ही नहीं जीती, उन्होंने नेता प्रतिपक्ष के रूप में संयुक्त राष्ट्र संघ के महाधिवेशन में भारत का पक्ष जिस तरह से रखा अमेरिका सहित पश्चिमी दुनिया और विशेष रूप से पाकिस्तान के राजनेता, कूटनीतिज्ञ दाँतों तले अँगुली दबाकर रह गए। लोकतंत्र, संसदीय प्रणाली और रचनात्मक विपक्ष की कल्पना को अटलजी ने भारतीय संसद् में ही नहीं यू.एन.ओ. में प्रमाणित किया। अटलजी आज देश के प्रधानमंत्री हैं, लेकिन इससे अधिक वह आम आदमी का स्वर, सूबों की समस्याओं के समाधान की किरण भी हैं।

अटलजी का यदि मनोवैज्ञानिक अध्ययन करें तो उनके मानस में एक ऐसा विराट तत्त्व है जहाँ राग, द्वेष, निजता, अन्यता कुछ नहीं, समग्रता है। अस्सी के दशक में अटलजी ग्वालियर से लोकसभा के प्रत्याशी बनाए गए। उन्होंने अपने प्रचार की चिंता नहीं की। अन्य क्षेत्रों का सघन दौरा कर पार्टी के जनाधर का विस्तार किया। नतीजा जब निकला अटलजी ने पराजय को शिरोधार्य किया और अपने युवा प्रतिद्वंद्वी माधवराव सिंधिया को शुभकामनाएँ देकर अपनी राह पकड़ी।

अटलजी ने पार्टी का नेतृत्व किया, संसदीय जीवन की गरिमा बढ़ाई। स्पष्ट भाषण और सच्चाई का दामन कभी नहीं छोड़ा। यही कारण है कि जब वे प्रधानमंत्री अथवा पार्टी के अध्यक्ष नहीं थे, जनमानस पर विराजमान रहे। आज भी तमाम प्रतिकूलताओं का सामना करते हुए वे जन-

जन के नायक अर्थात् लाड़ले प्रधानमंत्री हैं। अटलजी के विषय में एक बात जो बहुत दिनों तक इतिहास का तथ्य बनी रहेगी, वह यह है कि उनकी प्रगति का सोपान न तो संगठन बना और न अवसर। वह कदाचित् ऐसे सौभाग्यशाली व्यक्ति हैं जिनके बारे में गर्व से कहा जा सकता है कि उन्होंने सदैव पद और संगठन को गरिमा प्रदान की। पिछले दो लोकसभा चुनावों में भारतीय राजनीति ने यह साबित कर दिया है कि अटलजी के अपने अटल उसूल, पारदर्शी व्यक्तित्व और जनता के रागात्मक संबंध ही उनकी पूँजी हैं। यदि कहा जाए कि अटलजी आज भारतीय जन-आकांक्षाओं के पर्याय हैं तो अतिशयोक्ति नहीं होगी।

(लेखक सुप्रसिद्ध लेखक हैं)

□

विश्व पटल पर 'अटल' हस्ताक्षर

—डॉ. दिलीप मिश्र

'मिश्रजी एक दिन अटलजी अवश्य देश के प्रधानमंत्री होंगे।' उक्त कथन आचार्य गुरु प्रसादजी टंडन का है। आचार्य टंडन तत्कालीन विक्टोरिया कॉलेज में मेरे पिता स्व. हरगोविंद मिश्र के गुरु रहे हैं। आचार्यजी का घर पर आना और फिर विभिन्न विषयों पर गुरु-शिष्य संवाद उस वक्त हम बालकों के लिए रुचिकर होता था। आचार्य टंडन उस वक्त पिताजी के पास ही थे जब श्रद्धेय अटलजी विदेश मंत्री बने थे। आचार्य टंडन ने उस वक्त स्वयं को इतना गौरवान्वित अनुभव किया था जिसे शब्दों में बाँध पाना असंभव है। गुरु और शिष्य दोनों की आँखें हर्ष जल से परिपूर्ण थीं। सच आज भी यह घटना मेरी स्मृति में जस की तस है।

विश्व पटल पर स्वर्णिम हस्ताक्षर अटलजी कई मायनों में असाधारण हैं, यही असाधारणता उन्हें महामानव और महानायक बनाए हुए है। अटलजी उस उत्कर्ष का पर्याय हैं जिसे पाने के लिए इतिहास भी स्वयं लालायित रहता है।

पिताजी बतलाते थे कि उन दिनों साहित्यिक और सांस्कृतिक गतिविधियाँ निबंध, वाद-विवाद, भाषण आदि विषय अटलजी की सहभागिता के बगैर पूर्ण नहीं होते थे, सन् 1942 में पिताश्री विक्टोरिया कॉलेज छोड़कर आगरा चले गए। सन् 1943 में पिताजी द्वारा लिखित डायरी से निम्न पंक्तियाँ उद्धृत कर रहा हूँ—'युवावस्था में ही अटलजी ने वह तेज, सौम्यता-सरलता, सैद्धांतिक दृढ़ता, दीप्तिमान अन्वेषी विचारधारा, मृदु मुसकान, शालीन व्यक्तित्व पा लिया है जिसकी ललक हम युवाओं में सदैव रहती है।'

श्रद्धेय अटलजी का सादा एवं स्पष्टवादिता से परिपूर्ण जीवन संघर्षमयी रहा है। अटलजी के विद्याध्ययन और परिष्कृत साहित्य प्रेम, राष्ट्रप्रेम, स्वतंत्रता आंदोलन की ललक कुछ कर गुजरने की कोशिश के बारे में हम बच्चों ने खूब सुना है। काका शेजवलकरजी, पिताजी, मा.शं. इंदापुरकरजी की घंटों चर्चाओं ने मेरे मन पर अमिट प्रभाव डाला है, कैसा संयोग है कि लेख लिखते-लिखते ही काकाजी शेजवलकर के देहावसान का दु:खद समाचार मिला है। निश्चित ही यह उस पीढ़ी का अंत है जो आज दुर्लभ हो गई है।

पिताजी की स्पष्ट मान्यता थी कि अटलजी युवाकाल में ही माखनलाल चतुर्वेदी, मैथिलीशरण गुप्त व पंतजी की श्रेणी के कवि हो गए थे। छायावाद के प्रभाव से जब समकालीन कवि पीड़ित हो रहे थे उस समय अटलजी राष्ट्रवादी काव्य-धारा को प्रवाहमान कर रहे थे। आज भी अटलजी की कविता में एक संदेश, एक उत्थान का संकेत स्पष्ट दिखाई देता है। व्योम की व्यापकता का

अहसास, ऊँची उड़ानों का आभास, संघर्ष की क्षमता का विस्तार कवि अटलजी का काव्य कराता है। मुझे दृष्टव्य होता है एक विस्तृत कैनवास जहाँ तिमिर का अंत सूर्य कर रहा है, लालिमा और प्रकाश यत्र तत्र सर्वत्र बिखेर रहा है। असंख्य लोगों का शोषित देश जागता है और चल देता है प्रकाश के पथ पर, छाया-प्रतिछायाओं को रौंदता किसी कवि के लिए यह आसान कार्य हो सकता है, परंतु एक विलक्षण क्षमतावान नेतृत्वकर्ता के लिए उतना ही दुरूह। वह अत्यंत दुरूह हो जाता है जब सौ करोड़ लोग इस विलक्षण सूर्य की अँगुली थामकर चल रहे हों। अटलजी का संपूर्ण जीवन ही संघर्ष की गाथा है, आम आदमी के द्वंद्व को उन्होंने भोगा है, यही कारण है कि वह आम आदमी के दुःख-दर्द का आभास पूर्ण संवेदनशीलता के साथ महसूस करते हैं। अटलजी के कवि ने अटलजी को संवेदनशील हृदय बना दिया है। आघातों को सहने की क्षमता, घावों की पीड़ा को मुसकान में व्यक्त करने की प्रतिभा प्रधानमंत्री अटलजी को दी है।

तानाशाहों और तानाशाही के अटलजी घोर विरोधी रहे हैं, जेल की सलाखों ने कवि हृदय को संबल दिया। अटलजी अटलजी से कैदी कविराय हो गए। 'मैटार्मोफोसिस' की प्रक्रिया से गुजरते देश ने देखा अटलजी और अधिक तेजवान साक्षात् दिनकर हो बाहर निकले। यह बात मैं इसलिए जोर देकर कह रहा हूँ कि अटलजी का संपूर्ण जीवन संघर्षमयी रहा है, मेरे पिता न्यायमूर्ति मिश्र ने बाल्यावस्था से लेकर सन् 1982 तक का अटलजी का संघर्ष देखा और वर्तमान में हम सौ करोड़ महानायक के सतत् संघर्ष को देख रहे हैं।

कुछ लोगों के द्वारा कैदी कविराय की कुंडलियों को व्यंग्य कहना ही समालोचकों की खोखली बुद्धि का परिचायक है। यथार्थ का कड़वापन सैकरीन से कम नहीं हो जाता, सत्य-यथार्थ को हजम करने के लिए व्यापक मानसिकता व दृष्टिकोण चाहिए। दुर्भाग्य से श्रेष्ठ भारतीय काव्य की हत्या करने का श्रेय उन तथाकथित आलोचकों और समालोचकों को जाता है जिन पर आज भी लाल खुमारी चढ़ी है। अटलजी द्वारा संयुक्त राष्ट्र संघ में हिंदी में दिया भाषण करारा तमाचा नहीं था? साहित्य अकादमियों आदि जैसी हिंदी की संस्थाओं में बैठी उक्त प्रवृत्तियाँ रोज ही हिंदी का गला घोंट रही हैं, बस अभिव्यक्ति के नाम पर अनुवाद है या फिर हिंदी के नाम शब्द की जेब काटना। बरसों से हिंदी के मठाधीश और सत्ताधीश राष्ट्रीय विचारधारा वाले काव्य को पिछड़ा मानते आ रहे हैं। ऐसा प्रतीत होता है कि राष्ट्र के सरोकारों से अधिक महत्त्वपूर्ण है हिंदी में लिखी अंग्रेजी कविता। बस इसी प्रवृत्ति के लोग कैदी कविराय की कुंडलियों को व्यंग्य कहते हैं, असलियत तो यह है कि व्यंग्य वह माध्यम है जो यथार्थ को बगैर कटुता कड़वाहट के प्रकट कर दे। सत्य भी यही है। सत्य को जीना, भोगना दुष्कर है, उसकी परिणिति की भयावहता का आभास कर बहुतेरों की रूह काँप जाती है। बाजारू कविता झोलों में भरे लोग मजमे लगा सकते हैं, मजमों का आनंद भीड़ ले सकती है, परंतु बौद्धिकता के समक्ष शब्दजाल स्वयं में ही उलझे नजर आते हैं।

कविवर अटलजी उन समस्त उपकरणों से सुसज्जित हैं जो अन्यत्र देखने में नहीं आते। सादा-सरल भाषा, वैचारिक प्रवाह, स्वदेशी चिंतन और मंथन। अमर आग है—अमर आग है के उद्घोषक कविवर अटलजी की रचनाओं में राष्ट्र, राष्ट्र की परंपराएँ, उसकी संस्कृति और उसके सम्मान का विशेष आग्रह रहा है। सदैव राजनीतिक कुचक्रों के शिकार रहे अटलजी ने हर कुचेष्टा और षड्यंत्र का दमन एक-दो वाक्य कहकर किया है—

फासिस्टों को शुक्रिया
झकझोरी सरकार
कुंभकर्ण निद्रा तजी
ताल ठोक तैयार,
ताल ठोक तैयार
प्यार दलितों का उमड़ा
दसों दिशा में पुनः
कागजी घोड़ा दौड़ा॥

मध्य भारतीय हिंदी साहित्य सभा को अटलजी का सदैव स्नेह व आशीर्वाद प्राप्त रहा है। नवम् साहित्यकार सम्मेलन के अवसर पर साहित्य सभा अटलजी का सम्मान कर गौरवान्वित हो चुकी है। स्थानीय चेंबर ऑफ कॉमर्स में अटलजी ने नवम् साहित्यकार सम्मेलन के उद्घाटन भाषण में स्पष्ट तौर पर स्वीकार किया था कि "यदि वे राजनीति में नहीं आते तो साहित्यकार होते।"

कवि अटलजी की कलम ने सदैव शोषण की खिलाफत की है, कुप्रबंध, कुचेष्टाओं पर वज्राघात किया है। काव्य के माध्यम से समझाइशें दी हैं। जब समझाइशें नाकाम रहती हैं तो कवि कर्तव्य चेतावनी देता है। यही गुण राजनेता अटलजी के शासक के हैं, वे अत्यंत विनम्र हैं वहीं अत्यंत कठोर, कुल मिलाकर अटलजी मानवीय पक्षों के अधिवक्ता हैं।

नमन स्वरूप प्रस्तुत हैं कवि जगदीश तोमर की निम्न पंक्तियाँ—

भारत माँ के अटल पुजारी
अभिनंदन शत्-शत् बार तुम्हारा
तुमने व्यथा भरे मानव को
आशा संबल प्रदान किया है
हारे थके हताशजनों को
अपना निर्मल प्यार दिया है।

(प्रसिद्ध चिकित्सक, जसलोक अस्पताल)

□

मंगल भवन अमंगल हारी

—शीतला सहाय

कोई दो महीने पहले की बात है घर पर अखंड रामायण का पाठ था। मेरी छहवर्षीय नातिनी एक-एक अक्षर पढ़कर रामायण वाचन में भाग ले रही थी। हर दोहे के बाद वह 'मंगल भवन अमंगलहारी। द्रवहु सौ दशरथ अटल बिहारी' टेक कहती जाती थी। नातिनी के पास बैठे हुए एक व्यक्ति ने उसके मुँह से यह टेक सुनी। उसने दूसरे को कहा, दूसरे ने तीसरे को और इस प्रकार एक-एक करके रामायण वाचक उसके पास जाकर सुनने लगे कि वह क्या कह रही है? जब उसे कहा गया कि 'द्रवहु सौ दशरथ अजिर बिहारी है' तो उसने पूरी ताकत से कहा कि ''यह कैसे हो सकता है यह तो अटल बिहारी है?'' थोड़ी समझ की इस लड़की से जब पूछा गया कि अटल बिहारी कैसे हो सकता है? उसने जबाव दिया, ''मंगल भवन अमंगलहारी अटल बिहारी नहीं तो और कौन हो सकता है?'' उसने जोर दिया कि वह सही कहती है, जो लोग अजिर बिहारी कह रहे हैं वे गलत हैं। यह है छवि वर्तमान प्रधानमंत्री श्री अटल बिहारी वाजपेयी की। बच्चे भी यह मानने लगे हैं कि अमंगलहारी तो श्री अटल बिहारी वाजपेयी ही हो सकते हैं। आज के उनके शासनकाल ने यह प्रमाणित भी कर दिया है, जो छवि उन्होंने 13 दिन के कार्यकाल में बनाई और जो कार्य उन्होंने कुछ ही मास के कार्यकाल में किए हैं उससे जनमानस आश्वस्त हो गया है कि श्री अटल बिहारी वाजपेयी अमंगलहारी हैं।

मैं सौभाग्यशाली हूँ कि जिस संस्था विक्टोरिया कॉलेज में उन्होंने अध्ययन किया था, कुछ साल बाद मुझे भी उस संस्था में पढ़ने का अवसर मिला। छात्र संघ की गतिविधियों में सक्रिय होने के कारण जो कुछ सुनने को मिला वह किसी साधारण छात्र की छवि नहीं हो सकती और छात्र जीवन में ही अर्जित यह छवि प्रमाणित करती है कि ''होनहार विरवान के होत चीकने पात।'' सरस्वती पुत्र श्री अटलजी की वक्तृत्व कला का लोहा छात्र जीवन में ही माना जाने लगा था। उसका एक दृष्टांत है कि कॉलेज की ओर से जब आगरा विश्वविद्यालय के विभिन्न कॉलेजों में या विश्वविद्यालय के बाहर अटलजी वाद-विवाद प्रतियोगिता में भाग लेने जाते थे तो सभी प्रतिस्पर्धी आपस में चर्चा करने लगते थे कि अब प्रथम स्थान तो अटलजी को आरक्षित हो गया। हम सब द्वितीय स्थान प्राप्त करने की कोशिश करें।

आज तो वे विश्वप्रसिद्ध नेता हैं और गहनतम समस्याओं को सुलझाने में उनका सानी नहीं है। लेकिन यह स्थिति आज बनी ऐसा नहीं है। वे अपने विचारों में निश्चित एवं सुस्पष्ट प्रारंभ से ही रहे हैं। समस्या उनके सामने आते ही तुरंत वे उसका निराकरण कर देते हैं। यह बात तो उनके

संसदीय जीवन से जानी जाती है जब उन्हें कोई जवाब देना होता है तो उनकी हाजिर जवाबी देखते ही बनती है। एक बार उत्सुकतावश मैंने उनसे पूछा कि ''आपके समय छात्रों का जो स्तर वैचारिक, सांस्कृतिक, खेलकूद, अनुशासन अथवा पढ़ने-लिखने में होगा वह आज के छात्र में नहीं है,'' उन्होंने तुरंत उत्तर दिया, ''हर व्यक्ति को अपना समय ठीक नहीं लगता और वह भूत को पसंद करता है, समस्याएँ हर समय रहती हैं और बहुत हद तक समान होती हैं।''

अटल बिहारी वाजपेयीजी एक दल के सदस्य रहे हैं, परंतु सभी दलों में उनका समान सम्मान रहा है। उन्हें सभी वर्गों का प्यार मिलता रहा है। साहित्य के क्षेत्र में साम्यवादी भी उन्हें उतना ही पसंद करते हैं जितना राष्ट्रवादी। जब वे चुनाव में खड़े हुए तो कांग्रेसी भी साफ कहते थे कि वोट तो अटलजी को देंगे। सभी वर्गों ने उन्हें स्नेह दिया। इस बार का लोकसभा चुनाव तो मिसाल है। मानो सभी क्षेत्रों में भाजपा नहीं स्वयं अटलजी ही चुनाव लड़ रहे हों। अटलजी हास्य और कटाक्ष की दृष्टि से भी अपना सानी नहीं रखते। खाना चल रहा था, परसनेवाला आया, मुझे कुछ खाद्य पदार्थ परोसने लगा तो मैंने वर्जित है कहकर आगे जाने का इशारा किया। पास में ही अटलजी बैठे थे। उन्होंने खाद्य वस्तु लेते हुए मेरी तरफ मुखातिब होकर कहा, ''शीतलाजी, सकल पदारथ हैं जग माहीं। कर्महीन नर पावत नहीं।'' मैं खामोश रह गया। मेरे पास उसका कोई उत्तर नहीं था।

अटलजी का ग्वालियर प्रेम सदैव छलकता रहा है। दिल्ली की अत्यंत व्यस्तता में से वे बिना सूचना के और आने पर भी बिना किसी को बताए ग्वालियर की सड़कों पर घूमते थे। एक समय का किस्सा है। राजमाता पार्टी में आई ही थीं। उन्हें समाचार मिला कि अटलजी छाता लगाए पाटनकर बाजार से पैदल जा रहे थे तो उन्होंने मुझे टेलीफोन करके कहा कि ''कैसी पार्टी है आपकी, पार्टी के सर्वोच्च नेता ग्वालियर आते हैं और सड़कों पर पैदल घूमते हैं। क्या आप उन्हें कोई गाड़ी उपलब्ध नहीं करा सकते हैं,'' मैंने उत्तर दिया, ''राजमाताजी, आप ठीक कहती हैं। अटलजी जैसे नेता को ग्वालियर आने पर यह सुविधा मुहैया करानी चाहिए। मैंने उनसे आग्रह किया कि वे अटलजी को गाड़ी पहुँचा दें।'' थोड़ी देर बाद राजमाताजी का फिर टेलीफोन आया। ''शीतला सहाय! मैंने अटलजी को गाड़ी भेजी थी, लेकिन उन्होंने गाड़ी वापस करते हुए धन्यवाद दिया और कहा कि 'ग्वालियर में मुझे गाड़ी की आवश्यकता नहीं पड़ती।' तब मैंने राजमाताजी से कहा, ''यदि यह बात मैं आपको पहले कहता तो शायद आप नहीं मानतीं। अब आपको मालूम हो गया कि ग्वालियर में वे जनसंघ के सर्वोच्च नेता के रूप में नहीं आते, बल्कि ग्वालियर के हैं इस नाते आते हैं और जैसे ग्वालियर रहते रहे उसी तरह रहना चाहते हैं।''

अब उनका स्वास्थ्य खाने-पीने के मामले में साथ नहीं देता, लेकिन खाने-पीने के मामले में अटलजी बहुत शौकीन रहे हैं। एक बार अचानक उन्होंने मुझसे पूछा, ''शीतला सहाय! गुप्ता पेट्रोल पंप के सामने मंगोड़े बनानेवाली मौसी क्या अभी भी है?'' अटलजी मंगोड़े खाने के शौकीन थे और उन्हें मौसी के मंगोड़े बहुत पसंद थे। ग्वालियर में कहाँ कौन सी चीज बनती है, यह वे साधारण नागरिक से अधिक जानते हैं। एक बार उन्होंने मुझसे पूछा कि ''क्या बड़ी-बड़ी बालूशाही आज भी ग्वालियर में बनाई जा रही है?'' मैंने कहा, ''मैंने ऐसी बालूशाही बनते कभी नहीं देखी,'' तब उन्होंने कहा कि ''ग्वालियर में बाबा कपूर की दरगाह के पास बनती हैं।'' मेरे लिए यह नई जानकारी थी।

गुना में लोकसभा का उपचुनाव था। कृपलानी उस चुनाव में प्रत्याशी थे। मुझे अटलजी को लेकर गुना पहुँचना था। ग्वालियर से निकलते ही मैंने मोहना में हुई भौतिक प्रगति का उल्लेख करना शुरू किया था। मेरा उद्देश्य वहाँ की उस दुकान की जानकारी देना था जहाँ दहीबड़े, कचौड़ी, मावे की मिठाई बनती थी। एक-दो बार उल्लेख करते-करते मोहना आ गए। गाड़ी तेज गति से चलती रही, इस अनुमान से कि मैं गाड़ी रोकने के इरादे में नहीं हूँ, अटलजी बोले, ''लंबे समय से तुम मोहना की महिमा बखान कर रहे हो। आखिर गाड़ी रोकेगे कि नहीं?'' मैंने गाड़ी रोकी और जैन की दुकान पर उन्होंने मनपसंद खाद्य पदार्थ लिया। दुकान मालिक जैन अनुमान तो लगा रहा था कि मेरे साथ कोई-न-कोई विभूति है। उसने मेरे पास आकर संकेत में पूछा कि ''मेरे साथ कौन हैं?'' मेरे यह बताने पर कि भारत के भावी भाग्य विधाता अटल बिहारीजी हैं तो वह गद्गद हो गया, लेकिन मेरे सामने एक समस्या आ गई कि वह पैसे लेने को तैयार नहीं था। मैंने उसे समझाया कि तुम पैसे तो ले लो, लेकिन यह नोट कर लो कि आज तुम्हारे इस होटल में अटलजी पधारे हैं।

अटलजी चेहरे की रेखाओं को पढ़कर भाव भी समझ लेते हैं। झाँसी में आमसभा थी। झाँसी के कार्यकर्ताओं के आग्रह पर मैं उन्हें एरोड्रम से झाँसी ले जा रहा था। समय कम था, इसलिए गाड़ी तेज गति से ले जा रहा था, अचानक मेरे दिमाग में सुरक्षा का भाव आया और मैंने गाड़ी की गति धीमी की। यह देखकर अटलजी ने कहा, ''तुम्हारे दिमाग में क्या बात आ गई कि गाड़ी धीमी कर दी।'' अचानक मेरे मुँह से निकला कि ''जिसमें हमारा सब कुछ निहित है, वह हस्ती गाड़ी में है, अत: मुझे सुरक्षात्मक तरीके से गाड़ी चलानी चाहिए'' उन्होंने मुझसे कहा, ''झाँसी जल्दी पहुँचना है, गाड़ी चलाओ।''

सागर के निर्वाचन में मुझे अटलजी के साथ रहना था। पूर्व सूचना न होने के कारण किसी प्रकार की तैयारी नहीं की। उन दिनों बड़ी संख्या में टेलीफोन और मोबाइल नहीं थे। एक स्थान से दूसरे स्थान पर चलते हुए अटलजी ने पूछा, ''कुछ खाने को भी है।'' मैंने बात टालने की कोशिश की, वे बोले, ''साफ-साफ क्यों नहीं कहते कि इस तैयारी से नहीं आए हो।'' मैं इस अभाव के लिए शर्मिंदा हुआ और अगले स्टेशन पर ही उपलब्ध खाद्य पदार्थ लिए। अटलजी ने दूसरी बार ग्वालियर में लोकसभा का चुनाव लड़ा तो पार्टी ने मुझे डबरा निर्वाचन क्षेत्र का कार्य सौंपा। मैंने कहा कि ''मैं लश्कर पश्चिम में अधिक सक्रिय कार्य कर सकता हूँ,'' लेकिन पार्टी का निर्देश था, मैं उसी दिन डबरा चला गया। कुछ दिन बाद मैंने जनसत्ता में पढ़ा, ग्वालियर का डिस्पेच था कि अटल बिहारीजी के घोर समर्थक शीतला सहाय अपना कार्य क्षेत्र छोड़कर डबरा चले गए हैं। मैं कठिनाई में फँस गया, खंडन भी नहीं कर सकता और स्पष्टीकरण भी नहीं दे सकता था। बहरहाल डबरा में रहकर कार्य करता रहा, फिर मुझे ग्वालियर बुला लिया गया, लेकिन पूरे चुनाव में मैं 'जनसत्ता' के इस समाचार का खंडन नहीं कर सका।

(पूर्व मंत्री, मध्य प्रदेश शासन)

□

शिक्षा, संस्कार देता कृष्ण बिहारी वाजपेयी न्यास

—प्रवीण दुबे

ऐसे लोग गिने-चुने ही होते हैं जो शिखर पर पहुँचने के बाद भी अपने माता-पिता को नहीं भुलाते, इनमें भी वे लोग तो बिरले ही हैं जो अपने माता-पिता की स्मृति को चिरस्थाई बनाने के लिए कुछ ऐसा कार्य करते हैं जिससे पूरा समाज लाभान्वित हो। प्रधानमंत्री अटल बिहारी वाजपेयीजी ऐसे ही व्यक्तित्व के धनी हैं। प्रधानमंत्री जैसे शिखर पद पर पहुँचने के बाद भी उन्होंने अपने माता-पिता को नहीं भुलाया और ग्वालियर में शिंदे की छावनी स्थित अपने पैतृक निवास को पिता की स्मृति में समाज को समर्पित कर दिया। 'कृष्ण बिहारी वाजपेयी न्यास' के माध्यम से यहाँ छात्रों के लिए आधुनिक कंप्यूटर प्रशिक्षण केंद्र के अलावा बाल वाचनालय जैसी गतिविधियाँ चल रही हैं। चूँकि इस न्यास का गठन बहुत सारे समाजोन्मुखी उद्‌देश्यों को लेकर किया गया है अत: आनेवाले समय में इसके माध्यम से कई रचनात्मक कार्य किए जाएँगे।

श्रद्धांजलि पिता को पुत्र की

किसी भी महान् व्यक्ति के निर्माण में उसके माता-पिता का महत्त्वपूर्ण योगदान होता है। उनके द्वारा बचपन में डाले गए महान् संस्कारों के सहारे ही वह अपने जीवन की हर बाधा को चतुराई से पार करता है। प्रधानमंत्री अटल बिहारी वाजपेयी के जीवन में भी उनके पिता श्रीकृष्ण बिहारी वाजपेयीजी के महान् व्यक्तित्व की छाप पड़ी। श्रीकृष्ण बिहारी वाजपेयीजी के तेजस्वी व्यक्तित्व और पुरुषार्थ से ग्वालियर रियासत की पुरानी पीढ़ी के लोग भी भलीभाँति परिचित हैं। तीर्थराज बटेश्वर के एक निर्धन किंतु विद्यासंपन्न परिवार में जन्म लेकर उन्होंने अध्ययन और अध्यवसाय के बल पर अक्षय कीर्ति कमाई। खड़ी बोली और ब्रजभाषा में लिखी उनकी काव्य रचनाएँ अभी तक स्मरण की जाती हैं। उनकी लिखी ईश प्रार्थना ग्वालियर रियासत के सभी विद्यालयों में वर्षों तक गाई जाती थी। श्री वाजपेयी उच्च कोटि के वक्ता भी थे और हिंदी तथा अंग्रेजी भाषाओं पर उनका समान अधिकार था।

पिता और पुत्र के एक साथ पढ़ने का दुर्लभ दृश्य श्रीकृष्ण बिहारी वाजपेयीजी ने ही उपस्थित किया था। पद से रिटायर होने के बाद उन्होंने अपने सबसे छोटे पुत्र अटल बिहारीजी के साथ डी.ए.वी. कॉलेज, कानपुर में एल.एल.बी. कक्षा में प्रवेश लेकर सबको चमत्कृत कर

दिया था। दो वर्ष तक पिता-पुत्र छात्रावास के एक ही कमरे में रहकर विद्याध्ययन करते रहे। अपने विनोदी और हँसमुख स्वभाव के कारण श्री वाजपेयी छात्रों में बड़े लोकप्रिय थे।

श्री वाजपेयी ने पांडित्य की पूँजी पुरखों में विरासत में पाई थी। इनके पिता पं. श्यामलाल वाजपेयी अनेक वर्ष काशी में रहकर संस्कृत साहित्य तथा ज्योतिषशास्त्र का अच्छा ज्ञान प्राप्त कर गाँव लौटे थे। उनके प्रवचन सुनने मीलों दूर से श्रोता आते थे।

प्रधानमंत्री अटल बिहारी वाजपेयीजी के जीवन पर भी अपने पिता श्रीकृष्ण बिहारी वाजपेयीजी का गहरा प्रभाव देखने को मिलता है और उनमें भी पिता की तरह ही वह सारी योग्यताएँ विद्यमान हैं। ऐसे योग्य पिता की महान् संतान अटलजी ने जिस स्थान पर अपने पिता के सान्निध्य में बचपन बिताया और उनसे संस्कार प्राप्त किए उस पैतृक निवास को ही अटलजी ने अपने पिता की स्मृति में समाजोन्मुखी कार्यों के लिए समर्पित करके पूरी दुनिया के सामने एक आदर्श प्रस्तुत किया।

अटलजी ने कृष्ण बिहारी वाजपेयी न्यास का गठन करके 21 सितंबर, 1998 को शिंदे की छावनी स्थित अपने पैतृक निवास पर इस न्यास के माध्यम से संचालित होनेवाले आधुनिक कंप्यूटर प्रशिक्षण केंद्र और वाचनालय को समाज को समर्पित किया। श्रीकृष्ण बिहारी वाजपेयी 'न्यास सोसायटी अधिनियम' के तहत एक पंजीकृत ट्रस्ट है तथा इसके अध्यक्ष स्वयं अटल बिहारी वाजपेयीजी हैं। न्यास के सचिव और कोषाध्यक्ष क्रमशः अनूप मिश्रा और रंजन किशोर भट्टाचार्य हैं, जबकि न्यासी सदस्यों में राजकुमारी कौल, नमिता भट्टाचार्य, दीपक वाजपेयी और शीला घटाटे शामिल हैं।

जिन प्रमुख उद्देश्यों को लेकर अटलजी ने श्रीकृष्ण बिहारी वाजपेयी न्यास का गठन किया उसके कुछ मुख्य बिंदु इस प्रकार हैं—

- शिक्षा के क्षेत्र में कार्य करते हुए साक्षरता का प्रसार करना और पुस्तकालयों, वाचनालयों, विद्यालयों तथा प्रशिक्षण केंद्रों की स्थापना और उनका संचालन करना।
- समाज के भौतिक, बौद्धिक तथा नैतिक उत्थान के लिए विशेषतः बच्चों और महिलाओं के कल्याण के लिए कार्यक्रम आयोजित करना।
- समाज में जागृति और समरसता उत्पन्न करना, स्वास्थ्य तथा पोषण केंद्र स्थापित करना।
- ग्रंथालयों की स्थापना जहाँ छात्र-छात्राएँ अध्ययन के साथ शोध कर सकें।
- बच्चों के लिए खेलों तथा खेल प्रतियोगिताओं का आयोजन करना। इसके अतिरिक्त ट्रस्ट के उद्देश्यों में समाज के दुर्बल वर्गों के उत्थान और उनके लिए विभिन्न सुविधाएँ जुटाने के कार्य भी समाहित हैं।

इन उद्देश्यों की पहली कड़ी के रूप में अटलजी ने प्रधानमंत्री बनने के पश्चात् 21 सितंबर, 1998 को अपने पैतृक निवास की उस छोटी सी गली में स्वयं आकर बाल वाचनालय और 'महात्मा गांधी इंस्टीट्यूट ऑफ कंप्यूटर एज्यूकेशन एंड इंफॉर्मेशन टेक्नोलॉजी' नामक प्रशिक्षण संस्थान का उद्घाटन किया। पिता की स्मृति में स्थापित इन दोनों रचनात्मक गतिविधियों का लाभ पिछले दो वर्षों से ग्वालियर अंचल के लोगों को प्राप्त हो रहा है। बाल वाचनालय का संचालन पूरी तरह से महिलाओं के हाथ में है और यहाँ बच्चों की सभी शिक्षाप्रद पुस्तकें उपलब्ध हैं।

वाचनालय में बच्चों के खेलने की भी पूर्ण व्यवस्था है तथा यहाँ बच्चों के तमाम सारे खिलौने भी न्यास की तरफ से जुटाए गए हैं। यहाँ बच्चों के लिए एक आधुनिक कंप्यूटर भी लगाया गया है और यह भी बच्चों की सामान्य गतिविधियों का एक अंग है। वह वाचनालय मंगलवार को छोड़कर प्रतिदिन प्रात: 10:30 बजे से शाम चार बजे तक खुला रहता है तथा सैकड़ों की संख्या में नन्हे-मुन्हे बालक-बालिकाओं की यहाँ भीड़ लगी रहती है। इसी वाचनालय के एक भाग में बड़े लोगों के लिए भी दैनिक समाचार-पत्रों सहित विभिन्न मासिक पत्र-पत्रिकाओं के पढ़ने की व्यवस्था है, जो कि दो घंटे सुबह और दो घंटे शाम को खुलता है।

देश में कंप्यूटर के बढ़ते महत्त्व को ध्यान में रखते हुए न्यास ने यहाँ 'आधुनिक कंप्यूटर प्रशिक्षण संस्थान' की भी शुरुआत की है। 'भारतीय विद्या भवन, मुंबई' में संबद्ध इस कंप्यूटर प्रशिक्षण संस्थान में वर्तमान में वह सारी सुविधाएँ प्रशिक्षणार्थी छात्र-छात्राओं के लिए उपलब्ध कराई गई हैं जो किसी भी 'आधुनिक कंप्यूटर प्रशिक्षण संस्थान' के लिए आवश्यक होती हैं। यहाँ अभी 16 कंप्यूटरों पर प्रशिक्षण की व्यवस्था है। इसमें 15 कंप्यूटर छात्रों के लिए हैं तथा शेष एक कंप्यूटर कार्यालयीन कार्य हेतु लगाया गया है।

यह प्रशिक्षण संस्थान वर्तमान में 'ऑफिस असिस्टेंट कोर्स' के नाम से एक पाठ्यक्रम संचालित करता है। इस कोर्स को पूरा करने के बाद प्रशिक्षणार्थी कंप्यूटर संचालन में पूरी तरह दक्ष हो जाता है तथा वह किसी भी प्रकार से कार्यालयीन कार्य को कंप्यूटर से पूरा कर सकता है। तीन माह के इस पाठ्यक्रम में उन छात्र-छात्राओं को ही प्रवेश दिया जाता है जो संस्थान द्वारा आयोजित प्रवेश परीक्षा में सफल होते हैं। प्रशिक्षण पूरा करने के बाद प्रशिक्षणार्थी को भारतीय विद्या भवन की ओर से प्रमाण-पत्र भी प्रदान किया जाता है। यह प्रमाण-पत्र केवल उन्हीं छात्र-छात्राओं को दिया जाता है जो प्रशिक्षण अवधि के दौरान आयोजित परीक्षा में पास होते हैं। भारतीय विद्या भवन, मुंबई द्वारा इसी प्रकार के प्रशिक्षण संस्थान दिल्ली, कोलकाता, जयपुर, मुंबई तथा अमेठी आदि शहरों में भी संचालित किए जा रहे हैं। ग्वालियर में 'कृष्ण बिहारी वाजपेयी न्यास' को देश के इस आधुनिकतम प्रशिक्षण केंद्र की शाखा संचालित करने का श्रेय प्राप्त है।

वर्तमान में इस गांधी कंप्यूटर प्रशिक्षण संस्थान में प्रात: आठ बजे से रात्रि आठ बजे तक प्रशिक्षण की सुविधा प्राप्त है। इस दौरान यहाँ कुल छह पालियाँ लगती हैं, प्रत्येक पाली का समय दो घंटे रहता है। दो वर्षों के दौरान इस कंप्यूटर प्रशिक्षण केंद्र के माध्यम से हजारों प्रशिक्षणार्थियों ने कंप्यूटर संचालन सीखा है। आगामी समय में यहाँ कंप्यूटरों की संख्या बढ़ाकर चालीस करने की योजना है। इसके बाद इस संस्थान में कंप्यूटर शिक्षा से जुड़े कई और पाठ्यक्रम शुरू किए जाएँगे। वर्तमान में संचालित कंप्यूटर पाठ्यक्रम का प्रशिक्षण प्रदान करने के लिए यहाँ दस से अधिक योग्य कंप्यूटर शिक्षक उपलब्ध हैं।

कृष्ण बिहारी न्यास के गठन से यह बात सिद्ध होती है कि अटलजी अपने पूर्वजों के प्रति अपार आदर भाव रखते हैं। इस बात का प्रमाण इससे भी मिलता है कि कृष्ण बिहारी न्यास के गठन से पूर्व ही अटलजी ने संस्कृत के प्रकांड विद्वान अपने बाबा पं. श्याम बिहारी लाल वाजपेयी और अपने बड़े भाई कवि अवध बिहारी वाजपेयी की स्मृति में पुरस्कारों की घोषणा की थी। ग्वालियर की प्रतिष्ठित साहित्यिक संस्था मध्य भारतीय हिंदी साहित्य सभा द्वारा यह पुरस्कार प्रति

वर्ष प्रदान किए जाते हैं। पं. श्यामलाल वाजपेयी संस्कृत साहित्य पुरस्कार उस छात्र को दिया जाता है जिसने एम.ए. की परीक्षा में संस्कृत विषय में सर्वाधिक अंक प्राप्त किए हों। इसी प्रकार 'कमला-अवधेश वाजपेयी हिंदी साहित्य पुरस्कार' हिंदी की सर्वश्रेष्ठ कृति लिखनेवाले को दिया जाता है। निःसंदेह धन्य हैं अटलजी और उनके द्वारा किए गए यह कार्य जिनसे पूरा समाज प्रेरणा लेता रहेगा।

(लेखक 'स्वदेश' के पत्रकार हैं)

□

बहनों के दुलारे भाई अटल

—प्रवीण दुबे

प्रधानमंत्री अटल बिहारी वाजपेयीजी जहाँ वर्तमान में देश की करोड़ों जनता के पसंदीदा नेता हैं, वहीं उनके अपने परिवारवालों को भी इस बात का गर्व है कि उनके अपने अटलजी आज विश्व के सबसे बड़े लोकतंत्र भारत के प्रधानमंत्री हैं। इन सभी लोगों में कुछ ऐसे लोग भी हैं जिनके साथ अटलजी ने शिंदे की छावनी स्थित सँकरी गली 'कमल सिंह का बाग' में बने अपने पैतृक निवास पर बचपन और तरुण अवस्था के महत्त्वपूर्ण दिन गुजारे थे। वर्तमान में अटलजी भले ही अपनी व्यस्त दिनचर्या के कारण इनके लिए समय नहीं निकाल पाते, परंतु यह लोग उनके साथ जुड़ी बचपन की अनेक यादों और प्रसंगों को स्मरण करते हैं। इन्हीं लोगों में शामिल हैं अटलजी की तीन बहनें—श्रीमती विमला, श्रीमती कमला और श्रीमती उर्मिला। 'अमृत अटल' को लेकर जब इनसे चर्चा की गई तो इन्होंने अपने प्यारे-दुलारे भाई अटलजी के बचपन से जुड़े अनेक प्रसंग सुनाए, साथ ही यह कामना भी की कि उनके भाई इसी तरह लंबे समय तक माँ भारती की सेवा करते रहें। अटलजी के पिता की संतानों में चार पुत्र अवध बिहारी, सदा बिहारी, प्रेम बिहारी और अटल बिहारी के अलावा तीन पुत्रियाँ हैं।

बचपन

बचपन से ही सभी भाई-बहनों में बहुत प्यार था। परंतु इस प्यार के बीच में बचपन की शरारतें और आपस में लड़ाई-झगड़े भी हुआ करते थे। समय गुजरता गया और बहनों की शादी के बाद समाज की रीति-रिवाज के अनुसार तीनों बहनें अपने भाइयों से बिछुड़ गईं। समय ने और अधिक करवट बदली और काल के क्रूर हाथों ने इन तीनों बहनों से उनके तीन भाई अवध बिहारी, प्रेम बिहारी और सदा बिहारी वाजपेयी को छीन लिया। शेष रहे एक भाई अटल बिहारी वाजपेयीजी। यूँ तो अटलजी ने युवा अवस्था में बी.ए. की पढ़ाई पूरी करने के बाद से ही अपना घर छोड़ दिया था, परंतु उन्होंने कभी भी अपनी बहनों को नहीं बिसराया। चूँकि उनकी दो बहनें—उर्मिला और विमला की ससुराल ग्वालियर में ही है, अत: राखी का अवसर हो या फिर भाईदूज अथवा अन्य कोई मांगलिक अवसर, अटलजी अपनी इन बहनों के यहाँ अवश्य पहुँचते।

वर्तमान में अटलजी विश्व के सबसे बड़े लोकतांत्रिक देश भारत के प्रधानमंत्री हैं, बावजूद इसके उनका अपनी बहनों के प्रति प्रेमभाव यथावत् है वहीं उनकी बहनें अपने भाई को पल-प्रतिपल याद करती हैं और उनके यशस्वी जीवन की कामना किया करती हैं।

'अमृत अटल' के संबंध में जब अटलजी की बहनों से चर्चा की गई तो उन्होंने अपने भाई के बारे में बचपन से लेकर अभी तक के अनेक यादगार प्रसंग सुनाए। ग्वालियरवासी उनकी सबसे छोटी बहन श्रीमती उर्मिला मिश्रा कहती हैं कि अटलजी उन्हें बचपन से ही सर्वाधिक प्यार करते हैं। उन्होंने बताया कि जब वे समझदार हुईं तब अटलजी की उम्र लगभग तेरह-चौदह साल की रही होगी, उस समय प्रतिदिन शाखा जाना उनकी दिनचर्या का एक प्रमुख कार्य था। आँधी हो, तूफान हो या फिर कितना ही जरूरी कार्य क्यों न हो अटलजी शाखा जाए बिना नहीं रहते थे। कई बार तो पिताजी शाखा को लेकर काफी नाराज भी होते थे, बावजूद इसके अटलजी शाखा जाना नहीं छोड़ते थे। श्रीमती मिश्रा ने कहा कि धीरे-धीरे शाखा का प्रभाव घर के सभी बच्चों पर पड़ने लगा और घर की बच्चियाँ भी शाखा जाने लगीं। अपनी पुरानी स्मृतियों को ताजा करते हुए उर्मिला मिश्रा ने बताया कि वे भी अटलजी की तरह नियमित शाखा जाती थीं और उनकी शाखा पर लड़कियों की तकरीबन चालीस संख्या हुआ करती थी। शाखा पर ही उन्होंने दंड चलाने का खूब अभ्यास किया। हँसते हुए उन्होंने कहा कि आज भी यदि मौका पड़े तो वे अच्छी प्रकार से दंड चला सकती हैं।

श्रीमती मिश्रा ने बचपन का एक भावपूर्ण प्रसंग सुनाया। उस जमाने में लड़कियों की शादी काफी छोटी उम्र में ही हो जाया करती थी, अतः उनके पिता कृष्ण बिहारी वाजपेयी ने उनकी शादी तेरह साल की उम्र में तय कर दी। अटलजी उन दिनों लखनऊ में थे, उनको जब इसका पता चला तो वे पिताजी से बोले, "उर्मिला की उम्र तो अभी पढ़ाई की है शादी की नहीं।" परंतु पिताजी के आगे उनकी एक नहीं चली और शादी के समय तक वह यह प्रयास करते रहे कि इतनी छोटी उम्र में शादी न हो। श्रीमती मिश्रा कहती हैं कि वे लड़कियों की पढ़ाई के पक्षधर हैं और यही चाहते थे कि उनकी बहन भी खूब पढ़े।

श्रीमती मिश्रा ने बताया कि अटलजी बचपन से ही खाने-पीने के काफी शौकीन रहे। मंगोड़े उनकी सर्वाधिक प्रिय खाने की चीज है, और वे आज भी मौका मिलते ही मंगोड़े बनाने की फरमाइश मुझसे करते हैं। जब कभी वे ग्वालियर से होकर गुजरते हैं या फिर मेरा दिल्ली जाना होता है तो उनके लिए मंगोड़े ले जाना नहीं भूलती और वे भी मंगोड़े देखकर बेहद चाव से उन्हें खाते हैं। श्रीमती मिश्रा कहती हैं कि बचपन से अटलजी भइया का उनसे विशेष लगाव रहा और आज भी है। बचपन का एक प्रसंग सुनाते हुए वह कहती हैं कि एक बार राष्ट्रीय स्वयंसेवक संघ की टिफिन गोठ का कार्यक्रम तय हुआ। अटलजी को भी खाना लेकर किले पहुँचना था, घर में माँ की तबियत खराब थी अतः मैंने अटलजी के लिए खाना बनाया। चूँकि मेरी उम्र उस समय काफी कम थी अतः पूड़ी उतारते समय मैं तेल से जल गई, परंतु मैंने टिफिन तैयार कर दिया। शाम को जब अटलजी वापस लौटे और मेरे जलने की बात उन्हें पता चली तो वे काफी दुःखी हुए और अपने हाथ से दवाई लगाई।

राखी के प्रसंग याद करते हुए वह कहती हैं कि चाहे कुछ हो रक्षाबंधन के अवसर पर अटलजी से मिलना जरूर होता है। पहले जब वे प्रधानमंत्री नहीं थे तब स्वयं राखी के अवसर पर घर आते थे। तीनों बहनों को टीका करने के बाद वे कुछ-न-कुछ चीज अवश्य देते थे। एक बार जब वे विदेश मंत्री थे, बंद डिब्बों में कोई वस्तु देने के लिए लाए थे, तीनों बहनों में बहस

छिड़ गई कि कौन सा डिब्बा किसे मिलेगा? जब इसका पता अटल भैय्या को चलता तो वे बोले, ''लड़ो नहीं, सबके नाम की पर्ची डालते हैं और जो डिब्बा जिसके नाम निकलेगा उसे वही लेना होगा।'' और ऐसा ही हुआ। वर्तमान में वे प्रधानमंत्री जैसे पद पर आसीन हैं, परंतु आज भी वह रक्षाबंधन पर बहनों के लिए पूरा समय निकालते हैं।

अटलजी की एक और छोटी बहन श्रीमती कमला दीक्षित हैं। आगरा निवासी श्रीमती दीक्षित अटलजी से दो वर्ष छोटी है। यही कारण है कि उन्हें आज भी ऐसे अनेक प्रसंग याद हैं जो अटलजी और उनके बचपन की यादों को ताजा करते हैं। श्रीमती दीक्षित ने बालपन की स्मृतियों को ताजा करते हुए कहा कि वह और अटलजी बचपन में साथ-साथ खाने-पीने, खेलने के अलावा तमाम शैतानियाँ भी किया करते थे। कई बार मेरी और अटलजी की लड़ाई भी हो जाया करती थी,परंतु कुछ देर बाद दोस्ती भी हो जाती थी। बचपन का एक प्रसंग सुनाते हुए उन्होंने कहा कि हमारे शिंदे की छावनी स्थित मकान का दरवाजा गली में था, मेरी यह आदत थी कि मैं दरवाजे पर आकर काफी देर तक बैठ जाया करती थी। उधर अटलजी को मेरा दरवाजे पर बैठना पसंद न था, जैसे ही मैं दरवाजे पर आती अटलजी मुझे डाँटकर अंदर भगा दिया करते थे, वह माँ की तरह मुझसे कहते कि लड़कियों को दरवाजे पर नहीं बैठना चाहिए। इस बात को लेकर कई बार मेरी और उनकी इतनी लड़ाई होती कि माताजी को हस्तक्षेप करना पड़ता। एक बार तो उन्होंने मेरी टाँग पकड़कर अंदर खींच लिया था, इसके बाद मैं बहुत रोई, परंतु उन्होंने मुझे रोता देख मना लिया था।

बचपन की एक अन्य मजेदार घटना बताते हुए श्रीमती दीक्षित ने बताया कि बचपन में मुझे और अटलजी दोनों को ही गुलगुले काफी अच्छे लगते थे। हमारे घर में कोई मांगलिक कार्य था अत: माताजी ने दूसरे दिन पड़ोस में ही रहनेवाले एक रिश्तेदार के घर बटोने की पूड़ी और गुलगुले देने को कहा। मैं और अटलजी थाली लेकर गए चूँकि अटलजी को गुलगुले बेहद पसंद थे अत: रास्ते में उनका मन ललचा गया, उन्होंने चुपके से दो गुलगुले निकाले और खा लिए। मैं यह सब देख रही थी, वे मुझसे बोले कि दो गुलगुले तुम भी खा लो, परंतु माताजी से मत कहना, मैंने भी अटलजी के कहने पर दो गुलगुले खा लिए। जब तक पूड़ी और गुलगुले देने का स्थान आता हम दोनों लोग अधिकांश गुलगुले खा चुके थे और पूड़ियों के साथ केवल दो ही गुलगुले बचे थे। हम लोग बचे हुए गुलगुले और पूड़ी देकर घर वापस आ गए। दूसरे दिन पड़ोसवाली चाची घर आईं और हमारी माँ से बोलीं कि आजकल तुम बहुत कंजूस हो गई हो, कंजूसी में तुम बटोना देने का रीति-रिवाज तक भूल गईं। माताजी उनकी बात सुनकर चुप रह गईं, परंतु उन्हें सत्यता समझते देर नहीं लगी। उन्होंने तुरंत मुझे बुलाया और पूछा कि गुलगुले कम कैसे हो गए। मैंने अटलजी के ऊपर डाल दिया। अटलजी को भी बुलाया गया। उन्होंने कहा कि कमला ने खाए। इतना सुनते ही दोनों में लड़ाई शुरू हो गई। बाद में दोनों ने सही बात माँ को बताई।

श्रीमती कमला दीक्षित ने चर्चा के दौरान कहा कि वर्तमान में वे देश के प्रधानमंत्री हैं तथा उनकी व्यस्तताएँ काफी बढ़ गई हैं, बावजूद इसके वे अपनी बहनों का बराबर ध्यान रखते हैं। इस वर्ष रक्षाबंधन का प्रसंग सुनाते हुए श्रीमती दीक्षित ने बताया कि उन्होंने सुबह से अपने व्यस्त

कार्यक्रम के बीच बीस मिनट का समय बहनों के लिए निकाल लिया। हँसी खुशी के महौल में हम बहनों ने अटलजी के राखी बाँधी और उन्होंने पाँच सौ रुपए निकालकर दिए। जैसे ही मेरा नंबर आया मैंने हँसते हुए उनसे कहा, ''बिल क्लिंटन का क्या होगा?'' उल्लेखनीय है कि होली पर पड़नेवाली भाईदूज पर वे बिल क्लिंटन की भारत यात्रा के कारण बहनों के लिए समय नहीं निकाल सके थे। अटलजी ने तुरंत ही पाँच सौ का एक नोट और निकाला और मुझे प्रदान कर दिया। अटलजी के शादी नहीं करने संबंधी प्रश्न के जबाव में उन्होंने कहा कि शादी के लिए माताजी की तरफ से घेराबंदी की जाती थी। जब भी कोई लड़कीवाला शादी का प्रस्ताव लेकर आता अटलजी की शामत आ जाती। एक बार माताजी शादी के लिए जिद पकड़ गईं तो अटलजी बोले, ''अन्य बहुओं ने आपको कितना सुख दिया?'' यह सुनकर माताजी जब कुछ न बोलीं तो अटलजी बोले, ''अब आप अपना एक लड़का देश के लिए यह सोचकर समर्पित कर दें कि उसकी बहू भी आपको कोई सुख नहीं देगी।'' ऐसा ही एक अन्य प्रसंग सुनाते हुए उन्होंने कहा कि शशिभूषण वाजपेयी जो कि हमारे परिवार के एक सदस्य की तरह थे, उनके पिताजी ने एक बार अटलजी का हाथ देखा और बोले कि इनके सात लड़कियाँ होंगी, अटलजी ने तुरंत कहा कि जब मैं शादी ही नहीं करूँगा तो लड़कियाँ कहाँ से होंगी। अटलजी बाद में अपनी बात पर अडिग रहे और पंडितजी की भविष्यवाणी उनके दृढ़निश्चय के आगे गलत हो गई। उन्होंने बीते दिनों की याद करते हुए बताया कि अटलजी ने मेरी शादी में बहुत काम किया था। जिस समय मेरी विदा हुई मेरी ससुराल लाहौर के 'कोहाट' नामक शहर (वर्तमान में पाकिस्तान) में थी। अटलजी ही मुझे पहली बार विदा करने आए थे। विदा के समय पहले का बहुत सारा सामान मेरे साथ था। उस समय रेलगाड़ी में महिला और पुरुष अलग-अलग डिब्बों में बैठा करते थे, अतः अटलजी ने मुझे महिला डिब्बे में बिठा दिया तथा स्वयं सारे सामान के साथ आदमियों वाले डिब्बे में बैठ गए। रास्ते में मुझे भूख और प्यास लगी, परंतु सारा सामान अटलजी के पास होने के कारण मैं मन मसोसकर रह गई तथा मन-ही-मन गुस्से में भर गई। ग्वालियर आने पर अटलजी ने सामान उतारा तथा मुझसे मदद करने को कहा, परंतु मैं गुस्से में भरी थी अतः उतरते ही झगड़ा शुरू हो गया। मैंने भी कोई सामान नहीं उठाया। घर आते ही अटलजी ने माँ से शिकायत की। मैंने भी रास्ते में सारा सामान अपने पास रखनेवाली बात माँ को बताई। माँ ने दोनों को समझाया तथा थोड़ी देर चली नोंकझोंक के बाद अटलजी शांत हो गए।

अटलजी बचपन से ही साहित्यकार और संपादक बनने के इच्छुक थे। वे घर में रखी साहित्यिक किताबों को बड़े चाव से पढ़ते थे। यहाँ तक कि जब इसके लिए उन्हें डाँट पड़ती तो वे छुपकर किताबें पढ़ते थे। इससे जुड़ा हुआ एक प्रसंग सुनाते हुए उन्होंने बताया कि एक बार अटलजी कक्षा आठ में तीन अंकों से अनुत्तीर्ण हो गए, चूँकि पिताजी हेडमास्टर थे, अतः संबंधित विषय के शिक्षक ने तीन अंक बढ़ाकर अटलजी को पास कर दिया। पिताजी को जैसे ही यह बात पता लगी, वे संबंधित शिक्षक के पास गए और अटलजी के अंक नहीं बढ़ाने को कहा। वे बोले कि ''अभी से नींव कमजोर हो जाएगी तो यह आगे क्या करेगा?''

बाद में जब अटलजी के बड़े भाई अवध बिहारी वाजपेयी ने अटलजी को डाँटते हुए पूछा कि अभी से पढ़ाई में कमजोर हो आगे जाकर क्या बनोगे? अटलजी ने रोते हुए कहा कि संपादक

बनेंगे और हुआ भी यही। वे बड़े होकर एक सफल संपादक और लेखक बने। अटलजी की सबसे बड़ी बहन ग्वालियरनिवासी श्रीमती विमला मिश्रा ने भी अटलजी के बचपन से जुड़े इसी प्रकार के अनेक प्रसंग सुनाए और कहा कि वे वर्तमान में भी हमारी कुशलक्षेम समय-समय पर लिया करते हैं। स्वास्थ्य खराब होने के कारण श्रीमती विमला मिश्रा ज्यादा बात नहीं कर सकीं, परंतु देश के प्रधानमंत्री और अपने छोटे भाई अटलजी के प्रति असीम स्नेह उनके चेहरे से स्पष्ट झलक रहा था।

(लेखक 'स्वदेश' के पत्रकार हैं)

□

कक्की के उलाहने सुनने में मजा आता था उन्हें

—डॉ. सुमन मिश्रा

अपने गृहग्राम बटेश्वर जाने पर मन में यह प्रश्न उठता है कि क्या यही वह ग्राम है जिसे देश के प्रधानमंत्री अटल बिहारी वाजपेयीजी के पितृग्राम कहलाने का सौभाग्य प्राप्त है। बटेश्वर में पितृगृह होने के कारण अटलजी के बचपन का काफी समय यहाँ व्यतीत हुआ। चूँकि अटलजी के बाबा पं. श्यामलाल वाजपेयी संस्कृत के प्रकांड विद्वान् थे, अत: विद्वता, कवित्त, नेतृत्व, गहन अध्ययन, सादगी, प्रेम, त्याग, सेवा, सहनशीलता, समन्वय तथा उदारता जैसे गुण अटलजी को विरासत में ही मिले हैं। चूँकि अटलजी ने बटेश्वर में अपना बचपन बिताया, अत: यहाँ से जुड़े अनेक संस्मरण ऐसे हैं जो अब अटलजी के लिए यादगार बन गए हैं।

अटलजी के घर के सामने नौघरा में कक्की रहती थीं, स्वभाव से उग्र, हृदय से भावुक। स्वभाव से उनको बच्चों से और बच्चों को उनसे तकरार करने में मजा आता था। इसी कारण अटलजी अपने साथियों के साथ उनके घर पहुँच जाया करते थे, उनके हाथ के बनाए पकवान माँग-माँग कर खाते व मित्रों को भी खिलाते, यह क्रम तब तक चलता जब तक कक्की नाराज होकर गालियाँ व प्रेम भरे उलहाने न देने लगतीं। इसी में अटलजी आनंद की अनुभूति करते।

परिवार

अटलजी ने सामान्य जीवन जिया है, अभावों-आपत्तियों से वे लड़े हैं। उनका जीवन संघर्षों से भरा है। वे दु:ख-दर्द जानते हैं यही कारण है कि वे बहुत जल्दी भावुक हो जाते हैं। उनकी सादगी, मंद हँसी और मुक्त अट्टहास उनकी पारदर्शिता, ओजस्वी वाणी, चुटकी करने का कौशल जनमानस पर अमिट छाप छोड़ती है।

(लेखक अटलजी के पारिवारिक सदस्य हैं)

□

मानवीय गुणों ने उन्हें ख्याति दी

—डॉ. (श्रीमती) विनोद कुमारी दीक्षित

श्रद्धेय अटलजी के प्रत्यक्ष संपर्क में रहने के अधिक अवसर तो उपलब्ध नहीं हुए, परंतु जो भी अवसर मिले अविस्मरणीय रहे। इन अवसरों पर उनके व्यक्तित्व की गरिमा की किंचित अनुभूति से ही मैं गौरवान्वित हो उठी।

जीवन में असाधारण प्रतिभा, सर्वोच्च पद एवं असीमित मान-सम्मान पाकर भी मनुष्य इतना सहज, स्वाभाविक एवं आत्मीय हो सकता है, यह मैंने उनसे मिलने के बाद ही जाना। बात उस समय की है कि जब मेरा सोलहवर्षीय भतीजा आशीष कोमा की अवस्था में मृत्यु से संघर्ष कर रहा था। वह हॉस्पीटल में एडमिट था और डॉक्टर जबाव दे चुके थे। डॉ. लाहा ने स्पष्ट शब्दों में कह दिया था कि अब यह चंद घंटों का मेहमान है। अस्पताल परिसर में उपस्थित सभी रिश्तेदार और मित्र किंकर्तव्यविमूढ़ खड़े थे, तभी उन्हीं में से किसी ने चाचाजी से कहा था, ''मामाजी, अटलजी से एम्स (आयुर्विज्ञान संस्थान, नई दिल्ली) में एडमीशन के लिए बात करिए।'' और फिर आनन-फानन में अटलजी से संपर्क स्थापित किया गया। संयोग से अटलजी उपलब्ध भी हो गए। जब उन्हें सारी स्थिति बताई गई तो उन्होंने एम्स में बात कर तुरंत मरीज को लेकर वहाँ पहुँचने के लिए कहा। दूसरे दिन प्रातःकाल ही हम लोग दिल्ली पहुँच चुके थे। बच्चे को वहाँ आई.सी.यू. में एडमिट कर लिया गया तथा उसका विधिवत् इलाज शुरू हो गया।

अटलजी को हमारे आने और बालक के एडमिट हो जाने की सूचना मिल गई। संध्या समय वे स्वयं हॉस्पीटल आए। बालक को गहन कोमा की अवस्था में देख उनके चेहरे पर चिंता और विषाद की जो रेखाएँ खिंचीं उनमें उनके अंतर्मन की पीड़ा को सहज ही नापा जा सकता था। उनको आया जानकर कुछ कर्मचारी गर्मजोशी से उनके स्वागत के लिए आगे बढ़े। अभिवादन कर उन्होंने उनके ऑटोग्राफ लेने की इच्छा प्रकट की, तब अटलजी ने उनसे गंभीर मुद्रा में कहा, ''हमारे मरीज की इतनी गंभीर अवस्था देखकर भी आप ऑटोग्राफ लेना चाहते हैं?'' कर्मचारी लज्जित हो गए। हमारे पास कुछ देर रुकने के बाद वे वापस चले गए, परंतु उसके बाद से वे प्रतिदिन दिन में दो या तीन बार उसकी हालत की जानकारी लेते रहे।

ईश्वर की कृपा और डॉक्टरों के प्रयास से आठ दिन बाद बालक कोमा से बाहर आ गया। उसके तीन-चार दिनों के बाद उसे आई.सी.यू. से हटाकर अन्य वार्ड में भेज दिया गया। कुछ और स्वस्थ हो जाने पर अटलजी पुनः उसे देखने हॉस्पीटल आए। बालक से मिलकर वे बड़े प्रसन्न हुए और बड़े स्नेह से उससे बातचीत की। वार्ड में अटलजी को आया देख वहाँ भर्ती अन्य रोगी

और उनके अटेंडर गद्‌गद्‌ हो उठे, अटलजी भी उसी आत्मीयता और प्रेम से उनसे मिले जिस प्रकार वे आशीष से मिले थे। उनकी इस सहृदयता, सहजता और आत्मीयता को भूल पाना असंभव है। ऐसा लगा परहित करना जैसे उनका स्वाभाविक धर्म है।

उनके सहज और विनोदी स्वभाव के बारे में बहुत कुछ उनके हमउम्र संबंधियों से सुना है। मैं बहुत ऊँचे पद पर हूँ, या मैं अतिविशिष्ट व्यक्तियों के साथ हूँ ऐसा सोचकर उन्होंने अपने किसी संबंधी अथवा परिचित को अनदेखा नहीं किया। मेरी एक चचेरी भाभी बड़े ही नि:संकोच स्वभाव की हैं। अटलजी से उम्र में बड़ी हैं और रिश्ते में भाभी ही लगती हैं। वे बड़े ही मुक्तभाव से किसी से कुछ भी कहने का साहस रखती हैं। एक बार वे अपने पुत्र के पास दिल्ली गईं। कुछ दिन रहने के बाद उन्होंने अपने पुत्र अजय से अटलजी से मिलने की इच्छा प्रकट की और फिर एक दिन बिना पूर्व सूचना के उनके निवास स्थल पर पहुँच गईं। प्रात:काल का समय था, अटलजी टहलने गए हुए थे, अत: वे भी अन्य प्रतीक्षारतजनों के साथ जाकर बैठ गईं। कुछ समय पश्चात्‌ अटलजी ने कुत्ते की जंजीर हाथ में पकड़े हुए लॉन में प्रवेश किया। प्रवेश करते ही उन्होंने भाभी को बैठे हुए देख लिया और उन्हें सुनाते हुए बोले, ''भाई देखो, ये कौन अपरिचित महिला बैठी हैं? उनसे कहो हम उनसे नहीं मिलेंगे।'' यह कहते हुए वे कमरे में प्रवेश कर गए। भाभी ने जो अब तक उनके आगमन से अनभिज्ञ थीं, उनके कटाक्ष का उन्हीं के स्वर में उत्तर दिया और उठकर उनके पीछे-पीछे चली गईं। यहाँ ध्यान देने योग्य बिंदु यह है कि अन्य आगंतुकों के उपस्थित होने पर भी वे अपने परिजनों से उसी सहज भाव से मिलने में कतई संकोच नहीं करते। यही है उनकी विशाल हृदयता, जिसका अनुभव उनके निकटजन समय-समय पर करते रहते हैं।

ऐसे एक नहीं अनेक संस्मरण हैं जो उनके चरित्र के विविध रूपों को उजागर करते हैं। कहने की आवश्यकता नहीं कि आज अटलजी ने जिन ऊँचाइयों को छुआ है और उनका यश राष्ट्रीय सीमाओं को लाँघकर जो अंतरराष्ट्रीय स्तर पर फैला है उसके मूल में यही मानवीय गुण हैं। मैं उन्हें शत्‌-शत्‌ नमन करती हूँ तथा ईश्वर से उनके शतायु और स्वस्थ जीवन की कामना करती हूँ, जिससे हमें उनकी छत्रछाया में रहने का सौभाग्य प्राप्त हो।

□

होली पर ठंडाई और दिवाली पर मिठाई के शौकीन हैं देवरजी

—**प्रवीण दुबे**

प्रधानमंत्री अटलजी के जीवन से संबंधित अनेक प्रसंग और घटनाएँ ऐसी हैं जो उनके विराट् व्यक्तित्व और बहुमुखी प्रतिभा को प्रदर्शित करती हैं। इनमें अधिकांश प्रसंग वे हैं जो अटलजी के लंबे सामाजिक और राजनीतिक कार्यकाल के दौरान उनके साथ रहे लोगों ने महसूस किए और साक्षात उनका अनुभव किया। इससे अलग हटकर उनके बचपन और किशोरावस्था से जुड़ी कुछ भूली-बिसरी यादें ऐसी हैं जिनके बारे में बतानेवाले लोग अब बहुत कम हैं। ऐसे ही लोगों में हैं ग्वालियर निवासी अटलजी की भाभी श्रीमती राजेश्वरी देवी वाजपेयी। उन्हें आज भी अपने छोटे देवर के बचपन से जुड़े अनेक ऐसे प्रसंग अच्छी तरह याद हैं जो यह साबित करते हैं कि अटलजी की तरुणाई, प्रौढ़ता और वृद्धावस्था जितनी अधिक आदर्शवादी रही है, वहीं उनका बचपन, बालपन की शरारतों से अछूता नहीं रहा। चर्चा के दौरान उन्होंने जहाँ अटलजी के बचपन से जुड़ी कई शरारतों के विषय में बताया, वहीं उन्होंने कहा कि अटलजी के जीवन में मैंने उन्हें सर्वाधिक दु:खी उस समय देखा जब उनके पिताजी की मृत्यु हुई।

श्रीमती वाजपेयी उन लोगों में शामिल हैं जिन्होंने प्रधानमंत्री अटल बिहारी वाजपेयीजी के बचपन को अपनी आँखों से देखा है। उन्होंने जहाँ तीज-त्योहारों और अनेक मांगलिक प्रसंगों पर अटलजी को इनका आनंद उठाते, हँसते, खेलते देखा वहीं उन्होंने वे क्षण भी देखे जब पिताजी की मौत पर अटलजी की आँखें दु:ख के कारण छलछला उठी थीं। जब उन्हें इस बात का पता चला कि 'स्वदेश' द्वारा अटलजी के जीवन से संबंधित ग्रंथ 'अमृत अटल' का प्रकाशन किया जा रहा है तो वे बेहद प्रसन्न हुईं और अपने देवरजी के बारे में खुलकर चर्चा की।

परिवार

बातचीत की शुरुआत करते हुए उन्होंने बताया कि जिस समय वे ब्याह कर शिंदे की छावनी स्थित कमलसिंह का बाग में आई थीं, उस समय अटलजी की उम्र तकरीबन ग्यारह-बारह वर्ष की थी। पुरानी यादों को ताजा करते हुए उन्होंने बताया कि वर्तमान समय के अटलजी की गंभीरता को देखकर यह कदापि अंदाजा नहीं लगाया जा सकता कि उनका बचपन नटखट शरारतों से भरा हुआ था। वे कहती हैं कि अटलजी बचपन में जितने शरारती थे पिताजी उतने ही

अनुशासनप्रिय तथा गंभीर। अतः कई बार अटलजी को उनकी डाँट खाना पड़ती थी, परंतु इस डाँट में क्षणिक आवेश अधिक रहता था, बाद में सब कुछ सामान्य हो जाता था।

श्रीमती वाजपेयी ने बताया कि अटलजी बचपन से ही मेधावी प्रकृति के रहे और यह बात उनकी बात-बात में झलकती थी। वे बचपन से ही राष्ट्रीय स्वयंसेवक संघ से जुड़ गए थे और उन्होंने पढ़ाई के साथ-साथ संघ कार्य से विमुख होते अटलजी को कभी नहीं देखा। चर्चा के दौरान श्रीमती वाजपेयी अचानक जोर से हँसती हैं और कहती हैं कि अटल बचपन से ही खाने-पीने के शौकीन रहे हैं और इस बात का फायदा उनके तीनों बड़े भाई उठाते थे, डाँट खानी पड़ती थी अटल को। होता यह था कि कोई तीज-त्योहार या किसी अन्य मांगलिक अवसर पर जब घर में विशेष पकवान या अन्य सामग्री बनती और चारों भाई एक साथ बैठते तो अटलजी से यह कहा जाता कि जाओ और चुपचाप मिठाई व अन्य स्वादिष्ट चीज ले आओ। अटलजी ठहरे व्यंजन प्रिय। वे जाते और काम पूरा करके लाते। उसमें से कुछ भाग तो अटलजी को प्राप्त होता और अधिकांश सामग्री बाकी भाई खा जाते। चूँकि अटलजी सबसे ज्यादा खाने के शौकीन थे, अतः माताजी जब अलमारी खोलतीं तो अटलजी को बुलाया जाता और डाँट भी उन्हें ही खानी पड़ती, बाकी तीनों मुसकराते रहते। श्रीमती वाजपेयी ने चर्चा के दौरान बताया कि होली, दीवाली जैसे त्योहारों पर घर मे विशेष रौनक रहती थी। इस अवसर पर पूरे घर में कई दिनों तक हो-हल्ले का माहौल रहता था। होली का एक प्रसंग सुनाते हुए उन्होंने बताया कि अटलजी को रंगों से अधिक लगाव न था। जब मुझे इस बात का पता चला तो मैंने यह तय किया कि आज अटल को रँगा जाएगा। अपनी पूर्व योजनानुसार मैंने अटलजी के गालों पर लाल रंग मल दिया। चूँकि अटलजी सूखी होली पसंद करते थे अतः रंग लगाने से वे बेहद परेशानी में आ गए और अपना बचाव करने के लिए स्थान खोजने लगे। इधर अटलजी को परेशान देखकर मैंने कहा कि गालों पर लगा लाल रंग तुम्हारे बहुत अच्छा लग रहा है। बाद में उन्होंने लाल रंग धोकर गुलाल से होली खेली। उन्होंने बताया कि अटलजी को ठंडाई बेहद पसंद है और होली के अवसर पर ठंडाई न छने ऐसा तो कभी नहीं हुआ। श्रीमती वाजपेयी कहती हैं कि जिस प्रकार होली बेहद रंगीन होती थी उसी प्रकार दीपावली पर भी घर का माहौल खुशियों से भर जाता था। वे बताती हैं कि दीपावली पर परंपरानुसार द्यूतक्रीड़ा का रिवाज हमारे परिवार में भी था। इसी परंपरा की औपचारिकता को पूर्ण करने के लिए दीपावली की रात अटलजी सहित पूरा परिवार कौड़ियों से द्यूत खेलता था। मजेदार बात तो यह थी कि इसमें जो भी जीतता वह दूसरे दिन पूरे परिवार को पिक्चर दिखाने ले जाता। हमारे परिवार में बुजुर्गों के सामने तथा बाजार में जाते समय महिलाओं के परदा करने की प्रथा है। इसी प्रथा का निर्वहन करते हुए जब मैं अन्य सदस्यों के साथ परदा करके बाजार में निकलती तो अटलजी को बेहद बुरा लगता। उन्होंने अपनी माँ से परदा प्रथा का कड़ा विरोध किया। हालाँकि घर में सबसे छोटे होने के कारण उनकी बात हवा में उड़ा दी जाती थी।

श्रीमती वाजपेयी ने बताया कि अटलजी ने अपनी बी.ए. की शिक्षा पूरी करने के बाद कानपुर में कानून की शिक्षा प्राप्त करने के लिए प्रवेश लिया। उस समय इनके भाई और पिताजी भी साथ में थे। वे बताती हैं कि अटलजी के भाईसाहब की नौकरी लगने के बाद मैं भी कानपुर में ही रहने लगी थी। अटलजी का यह नियम था कि प्रत्येक शनिवार को वे घर आते थे तथा

रविवार की छुट्टी के दिन उनका मौज-मस्ती का कार्यक्रम रहता था। गंगाजी स्नान करने जाना, ठंडाई छानना तथा मनमाफिक चीजें बनवाकर खाना उनकी आदत थी। उन्हें मेरे हाथ का बना मूँग की दाल का पनौछा, कढ़ी, दही बड़ा आदि बेहद पसंद था। बात करते-रकते श्रीमती वाजपेयी अचानक गंभीर हो जाती हैं और बताती है कि अटलजी को अपने माता-पिता से बेहद लगाव था और पिताजी भी अटलजी को बेहद चाहते थे। उन्होंने अतीत की स्मृतियों में डूबते हुए बताया कि उन दिनों अटलजी लखनऊ में थे और पिताजी का स्वास्थ्य बेहद खराब चल रहा था। उनकी हालत इतनी अधिक बिगड़ी की डॉक्टरों ने उन्हें शीघ्र ही अस्पताल में भर्ती करने की सलाह दी। पिताजी को लखनऊ अस्पताल में भर्ती कराया गया और उस समय अटलजी ही वहाँ मौजूद थे, अत: उन्होंने रात-दिन पिताजी की देखभाल की। उधर पिताजी की हालत बिगड़ती चली गई और उनका देहांत हो गया। पिताजी की मौत के सदमे से अटलजी बेहद दुखी हुए। वे बताती हैं कि उस समय ऐसा संयोग बना कि पिताजी का अंतिम संस्कार भी अटलजी ने ही किया। श्रीमती वाजपेयी ने बताया कि पिताजी की मृत्यु के आठ माह बाद ही माताजी भी चल बसीं और इतने कम अंतराल में माता-पिता की मौत ने अटलजी को तोड़कर रख दिया। वे कहती हैं कि उन्होंने अपने जीवन में अटलजी को इतना दु:खी कभी नहीं देखा जितना कि वे माता-पिता की मृत्यु के बाद दिखाई दिए। वर्तमान समय की चर्चा करते हुए उन्होंने बताया कि यूँ तो अटलजी के प्रथम बार सांसद बनने के बाद से अनेक बार ऐसे अवसर आते रहे जब पूरे परिवार को खुशी हुई, परंतु जिस दिन अटलजी प्रधानमंत्री बने पूरे परिवार सहित उन्हें असीम खुशी हुई। इसके साथ ही वे यह भी कहती हैं कि जिस दिन अटलजी एक वोट से विश्वास प्रस्ताव में पराजित हुए तो ऐसा लगा जैसे कि पूरा परिवार सदमे में आ गया है।

(लेखक 'स्वदेश' के पत्रकार हैं)

□

क्या फर्क पड़ता है—मैं अटलजी को जानता हूँ

—रामभुवन सिंह कुशवाह

मेरे एक मित्र अकसर कहा करते हैं कि वे अमेरिका के राष्ट्रपति बिल क्लिंटन को बहुत अच्छी तरह से जानते हैं। अब यह दूसरी बात है कि क्लिंटन साहब उन्हें जानते हैं अथवा नहीं। जिसको मेरी बात पर ऐजराज हो वह जाकर श्री क्लिंटन से पूछ आए। उच्च पदों पर बैठे लोगों के बारे में यही कुछ कहा जा सकता है। उन्हें सब जानते हैं, परंतु यह कतई जरूरी नहीं कि वे सबको जानते ही हों।

देश के प्रधानमंत्री अटल बिहारी वाजपेयीजी के लिए भी यही कहा जा सकता है कि पता नहीं वे मुझे आज जानते भी हैं या नहीं, जबकि मैं दावे के साथ कह सकता हूँ कि मैं उन्हें अच्छी तरह से जानता हूँ। मेरी जन्मभूमि और कर्मभूमि भिंड रही है। संयोग से अटलजी भी भिंड में पले, बसे और पढ़े हैं। मैंने अपनी युवावस्था के महत्त्वपूर्ण कालखंड को भारतीय जनसंघ को विस्तारित करने में बिताया है। जिन श्रद्धेय राजमाता सिंधिया के कारण भारतीय जनसंघ ने जनता पार्टी और फिर भारतीय जनता पार्टी तक क्रमबद्ध विकास किया और उसे सड़कों पर संघर्ष से केंद्र में सत्ता तक पहुँचाया, उन्हीं राजमाता का मैं संसदीय प्रतिनिधि और प्रिय पात्र रहा हूँ। मैं भी उन सैकड़ों हजारों नवयुवकों में से एक हूँ, जिन्होंने अपनी तरुणाई में किसी प्रेयसी के बारे में सपने देखने के बजाय अटलजी को दिल्ली में सर्वोच्च सत्ता पर बैठे देखने का सपना देखा था। मेरे जैसे असंख्य युवाओं ने 'देश का नेता कैसा हो—अटल बिहारी जैसा हो' के नारे लगाते हुए अपने गले को सुखाया है, बिना यह जानते हुए कि वे हमें जानते हैं भी या नहीं। तब हम सब दृढ़ता से कहा करते थे और सोचते भी यही थे कि अटलजी के लालकिले के पहले भाषण से देश एकसूत्र में बँध जाएगा।

मैं अपने आपको परम सौभाग्यशाली मानता हूँ कि मुझे संभवत: सैकड़ों बार अटलजी के नजदीक आने का अवसर मिला। इसके बाद भी मैंने यह जानने की आवश्यकता नहीं समझी कि वे मुझे जानते भी हैं या नहीं? भिंड में मंडल महामंत्री से जिला महामंत्री और बाद में अभिभाषक का व्यवसाय छोड़कर पूर्णकालिक कार्यकर्ता तथा संगठन मंत्री बना। मेरे लिए यह कतई असंभव नहीं था कि अटलजी के प्रवास के दौरान आसपास मौजूद न रह पाता, किंतु मेरा संकोची, आत्मकेंद्रित स्वभाव और दिए गए दायित्वों के प्रति गंभीरता के कारण शायद ही कभी ऐसा मौका

आया था कि उनसे मुझे व्यक्तिशः मिलना पड़ा हो या मैंने भेंट के लिए उनसे समय माँगा हो। वे भिंड के प्रवास पर आते तो सर्किट हाउस पर उनकी चिंता मुझे ही करनी पड़ती और आगमन से पहले उनकी आमसभा की व्यवस्था देखनी पड़ती। उनके मंच पर आने से पूर्व मैं नीचे उतर जाता और सभा समाप्ति के बाद लावारिस फर्शों और बाहर से आए कार्यकर्ताओं को ठहराने की चिंता में व्यस्त हो जाता। इसलिए न तो उनका स्वागत कर पाता और न विदाई के समय मौजूद रह पाता था। फिर भी हम सबको विश्वास रहता कि वे हमें भलीभाँति जानते थे। हमारे बीच आत्मीय संबंधों का ताना-बना जो बुना गया था। आखिर विचार हजारों-लाखों को एक साथ एक दिशा में चलने के लिए प्रेरित करते हैं और व्यक्ति चाहे कितना समर्थ और लोकसंग्रही क्यों न हो अपने पीछे बिना विचारों के अधिक लोगों को चलने के लिए प्रेरित नहीं कर सकता। हमें तब हर समय लगता था कि अटलजी इतना कष्टसाध्य दौरा कोई अपने लिए तो नहीं कर रहे हैं।

पहली बार मेरी अटलजी से मुलाकात तब हुई जब वे अपने अभिनंदन समारोह के लिए भिंड आए थे। मुझे 'स्वदेश' का विशेषांक उन्हें देने का निर्देश मिला था। मैं उस विशेषांक को लेकर सर्किट हाउस पर उनसे मिला। विशेषांक में अटलजी के भिंड निवास के संस्मरण सँजोए गए थे। मेरे द्वारा लिखे गए उस लेख में उनके कुछ बालसखाओं के संस्मरण तथा उस मकान का चित्र था, जिसमें किसी समय अटलजी अपने पिताजी के साथ रहते थे। अटलजी ने यह आलेख अत्यंत रुचि के साथ पढ़ा और अपनी प्रतिक्रिया मुख्य समारोह में दी। उन्होंने अपना भाषण ही उस लेख के जिक्र के साथ शुरू किया और अत्यंत भावुक होकर कहा कि आज उन्हें अपना बचपन याद आ रहा है।

इसके बाद तो जहाँ कहीं भेंट होती वे मुझे भिंड के साथ याद रखते। अनेक प्रसंग ऐसे आए जो संस्मरणों के लिए उपयुक्त रह सकते हैं। मसलन उन्हें भिंड के पेड़े पसंद हैं। वे शेजवलकर के जरिए मँगाया करते थे और मैं उन्हें स्टेशन पर लेकर पहुँच भी जाया करता था। मेरे परमप्रिय मित्र महेशसिंह नरवरिया को वे ग्वालियर की एक टॉकीज में फिल्म देखते मिले। परिचय में मेरा भी जिक्र आया। बाद में मैं भिंड से भोपाल पहुँच गया। भोपाल की एक पत्रकारवार्ता में उन्होंने मुझे पत्रकारों के बीच देखा और बाद में पूछ ही लिया कि भिंड से यहाँ कैसे? इससे पहले कि मैं उत्तर देता, वे भीड़ में घिर गए। कुछ महीनों बाद विदिशा की एक सभा के बाद पत्रकारों के साथ भेंट हुई। मैंने अपना मौजूदा दायित्व उन्हें बताया और उन्होंने प्रसन्नता व्यक्त की कि मैं 'स्वदेश' के लिए काम कर रहा हूँ।

इसके बाद अनेक प्रसंग आए। उनकी सहज हास-परिहास की शैली, अपनत्व, कार्यकर्ताओं के प्रति आत्मीय अनुराग, सामूहिक निर्णयों की मजबूरियाँ, लक्ष्य पूर्ति में आनेवाली विवशताओं जैसे तमाम विषयों पर मैं उनका अध्ययन करता रहा। हर समय वे महान् से महानतम दिखाई दिए। आज मैं दावे के साथ कह सकता हूँ कि यदि वे देश के प्रधानमंत्री हैं तो वे इसके सर्वथा सुपात्र हैं। काश वे सन् 1977 में प्रधानमंत्री बन जाते तो आज देश का नक्शा ही दूसरा होता।

भेल-भोपाल की एक चुनावी सभा में अटलजी ने तत्कालीन प्रधानमंत्री राजीव गांधी के बारे में जो प्रतिक्रिया व्यक्त की थी यह आज भी मुझे अक्षरशः याद है। उन्होंने कहा था कि कोई ऐसा व्यक्ति जो सीधे प्रधानमंत्री की कुरसी पर उड़कर आया हो वह जनता की व्यथा और देश

की समस्याओं को कैसे जान सकता है? राजीव गांधी पायलेट से सीधे प्रधानमंत्री बने हैं।

अगर वे जनता के बीच से संघर्ष करके वहाँ तक पहुँचे होते, वे भीड़ में से अपना कंधा छीलकर निकले होते, घुटनों के बल रेंगकर फिर अपने पैरों पर खड़े होने का साहस दिखाया होता तो देश उन्हें सहज में स्वीकार कर लेता।

श्री वाजपेयी ने जो कुछ भी कहा उसे उनके संघर्षमय जीवन से समझा जा सकता है। एक शिक्षक के पुत्र से प्रधानमंत्री बनने तक अटलजी ने अत्यंत कष्टसाध्य परिश्रम ही नहीं किया, बल्कि उन्हें विपरीत दिशा में बहनेवाले तेज जल प्रवाह को भी तैरकर पार करना पड़ा। साथ ही यह भी सही है कि वे पता नहीं कितने अटल बिहारियों के कंधों पर सवार होकर वहाँ तक पहुँचे होंगे। कवि हृदय श्री वाजपेयी को इसका अहसास न हो ऐसा हो ही नहीं सकता।

आज अटलजी देश के प्रधानमंत्री हैं। उनकी प्रतिष्ठा अंतरराष्ट्रीय जगत में भी कम नहीं है। उन्हें देश की गति और गंतव्य का भी भलीभाँति ज्ञान है। वे केवल प्रधानमंत्री बनने के लिए वहाँ तक नहीं पहुँचे होंगे। उनके सामने देश को समुन्नत, समुज्ज्वल, जागरूक और गतिशील बनाने का लक्ष्य जब मौजूद हो तो वे शांत रह भी कैसे सकते हैं? और किन्हीं दूसरों के लिए जीवन का लक्ष्य प्रधानमंत्री की कुरसी हो सकती है, परंतु हमें पूरा विश्वास है कि अटलजी का लक्ष्य यह नहीं हो सकता। कुरसी उनके लिए साधन तो हो सकती है परंतु साध्य नहीं।

इस लेख को मैं अपने उसी मित्र के उद्धरण से समाप्त करना चाहता हूँ जो अकसर कहा करते हैं कि बिल क्लिंटन को वे भलीभाँति जानते हैं। यह बात दूसरी है कि श्री क्लिंटन उन्हें भले ही नहीं जानते होंगे। अटलजी, यह देश और देशवासी आपको अच्छी तरह जानते-पहचानते हैं। अब यह आप पर निर्भर है कि आप हमें और अपने इस देश के लोगों को कितना जान सकते हैं और यदि उनके लिए कुछ करना चाहते हैं तो इस देश के स्वाभिमान को जगाएँ और इसे एक सूत्र में बाँधकर संसार में सबसे शक्तिमान राष्ट्र साबित करने की दिशा में कुछ करें, यही आग्रह है।

(वरिष्ठ पत्रकार, भोपाल)

□

कूटनीति के शीर्ष विशेषज्ञ अटलजी

—डॉ. नीलेंद्र तोमर

श्री अटल बिहारी वाजपेयी हमारे उन महान् नेताओं में से हैं, जिन्होंने अपना सारा जीवन राष्ट्रहित और देशसेवा में लगा दिया है। श्री वाजपेयी एक कुशल वक्ता, राजनेता तथा कुशल प्रशासक हैं। मैंने अपना शोध कार्य (पी-एच.डी.) 'भारतीय विदेश नीति में अटल बिहारी वाजपेयीजी की भूमिका' (दक्षिण एशिया के विशेष संदर्भ में) विषय पर किया है।

शोध अध्ययन आरंभ करने से पूर्व मेरे मन में श्री वाजपेयी की छवि डॉ. राममनोहर लोहिया, आचार्य कृपलानी तथा जयप्रकाश नारायण जैसे प्रतिपक्ष के महत्त्वपूर्ण नेताओं में से एक नेता के रूप में विकसित हुई। अपने स्नातकोत्तर पाठ्यक्रम (एम.ए. राजनीति विज्ञान) का अध्ययन करने के दौरान मुझे जब राष्ट्रीय और अंतरराष्ट्रीय राजनीति को पढ़ने का अवसर मिला तो स्वाभाविक रूप से मैंने अटलजी के विचारों के अध्ययन का मन बनाया। अपनी इस इच्छा को जब मैंने अपने आदरणीय गुरुवर व मेरे मार्गदर्शक डॉ. एन.के. श्रीवास्तव (विभागाध्यक्ष, राजनीति विज्ञान विभाग, महारानी लक्ष्मीबाई कला एवं वाणिज्य स्वशासी महाविद्यालय ग्वालियर) के समक्ष रखा तो उन्होंने अटलजी की विदेश नीति के संबंध में एक शोध अवधारणा विकसित करने हेतु मुझे प्रेरित किया।

जब मैंने अपना शोध-कार्य प्रारंभ किया तो इस दौरान अटलजी के वैदेशिक, साहित्यिक, सामाजिक, आर्थिक व राजनीतिक विचारों पर प्रकाशित व अप्रकाशित साहित्य का संकलन किया एवं उनके निकटस्थ इष्टमित्रों, परिजनों और सहयोगियों एवं स्वयं उनसे मुलाकात कर विषय के संदर्भ में विचार-विमर्श किया।

अपनी इस शोध-यात्रा में मैंने यह पाया कि श्री अटल बिहारी वाजपेयी का जन्म और राष्ट्रीय स्वयंसेवक संघ का जन्म लगभग एक साथ हुआ था। अटलजी का जन्म उस समय हुआ था जब भारत एक राष्ट्र के रूप में विकसित हो चुका था। उस समय समकालीन विश्व में राष्ट्रवाद और अंतरराष्ट्रीयवाद के बीच एक अंतरराष्ट्रीय अंतर्द्वंद्व चल रहा था। श्री वाजपेयी के विद्यार्थी जीवन में फासिस्टवाद, साम्यवाद और पूँजीवाद अंतरराष्ट्रीय राजनीति के ज्वलंत विषय थे। चूँकि श्री वाजपेयी राजनीति विज्ञान के विद्यार्थी थे और इस रूप में उन्होंने राष्ट्रीय और अंतरराष्ट्रीय घटनाओं का गहन अध्ययन किया था, इसलिए विद्यार्थी जीवन से ही उनकी रुचि अंतरराष्ट्रीय राजनीति में रही है। अपने छात्र जीवन में वह रूसी साम्यवाद और उसके भविष्य पर प्रकाश डाला करते थे। इस प्रकार राष्ट्रीय और अंतरराष्ट्रीय प्रश्नों पर उनका ज्ञान सूक्ष्म, विस्तृत और व्यापक

है। इसी बात की पुष्टि श्री वाजपेयी ने अपने एक भाषण में की है और कहा है कि ''विदेशनीति मेरा प्रिय विषय रहा है। विदेशनीति पर मेरे पहले भाषण ने ही सदन का ध्यान आकृष्ट किया था।'' अटलजी के इस प्रथम वैदेशिक भाषण की तत्कालीन प्रधानमंत्री पं. जवाहरलाल नेहरू ने संसद् में भूरि-भूरि प्रशंसा की थी।

शोध की इस शृंखला के दौरान मैंने यह भी पाया कि भारतीय विदेशनीति के विकास और क्रियान्वयन में पं. जवाहरलाल नेहरू के बाद लालबहादुर शास्त्री, श्रीमती इंदिरा गांधी और राजीव गांधी के अतिरिक्त सत्ता और सत्ता से बाहर रहकर जिन लोगों का इसके विकास में महत्त्वपूर्ण योगदान रहा है, उनमें अटलजी का स्थान सर्वाधिक महत्त्वपूर्ण है। स्वतंत्रता प्राप्ति के पश्चात् श्री वाजपेयी की भारतीय जनसंघ के नेता के रूप में प्रारंभ से ही भारत की विदेशनीति में गहरी रुचि रही है। वह कुशल वक्ता, प्रवक्ता तथा राजनेता के रूप में समय-समय पर भारतीय विदेश नीति और अंतरराष्ट्रीय राजनीति में भारत की भूमिका व अंतरराष्ट्रीय क्षेत्र में अपने विचार प्रस्तुत करते रहे हैं। उनका अपना एक स्वतंत्र अंतरराष्ट्रीय दृष्टिकोण है। वे उदारवादी और गैर-कांग्रेसी नेता के रूप में जाने जाते हैं तथा उन्होंने अपना सकारात्मक अंतरराष्ट्रीय दृष्टिकोण भारतीय संसद् व संसद् के बाहर समय-समय पर प्रस्तुत किया है।

मार्च 1977 में जब जनता पार्टी सत्ता में आई तो यह एक महज इत्तिफाक नहीं था कि श्री वाजपेयी को इस सरकार का विदेश मंत्री पद दिया गया। उन्होंने इस पद की प्रतिष्ठा, गरिमा बनाए रखने में कोई कसर नहीं छोड़ी थी और जनता पार्टी के विघटित होने के बाद उन्होंने समय-समय पर न केवल भारत की विदेशनीति और अंतरराष्ट्रीय राजनीति के संबंध में अपने विचार प्रकट किए, अपितु इस दिशा में सत्तारूढ़ दलों को रचनात्मक सहयोग भी प्रदान किया। मार्च 1994 में विश्व मानवाधिकार आयोग में उनकी भूमिका इसका सर्वोपरि उदाहरण है जो उनके कूटनीतिक कौशल की पुष्टि करता है। लाहौर बस यात्रा व कारगिल संघर्ष के दौरान भारत को मिलनेवाला अपार अंतरराष्ट्रीय समर्थन इस बात का संकेत है कि श्री वाजपेयी वास्तव में एक अंतरराष्ट्रीय व्यक्तित्व हैं। पूर्व प्रधानमंत्री पी.वी. नरसिंहाराव ने अपने एक भाषण में कहा है कि ''अंतरराष्ट्रीय संबंधों पर अटलजी की जानकारी और विदेश मंत्री के तौर पर उनके अनुभव के कारण आज विश्व में वह अंतरराष्ट्रीय कूटनीति के शीर्ष विशेषज्ञों में से एक हैं।'' पूर्व विदेश सचिव जगत मेहता का मानना है कि ''श्री अटल बिहारी वाजपेयी ने विदेश नीति और अंतरराष्ट्रीय राजनीति में भरोसेमंद होने की प्रतिष्ठा हासिल की है।''

निःसंदेह कहा जा सकता है कि वर्तमान प्रधानमंत्री अटल बिहारी वाजपेयीजी वास्तव में विदेशनीति और अंतरराष्ट्रीय राजनीति के शिखर पुरुष हैं तथा हमारे आदर्श, प्रेरणास्रोत हैं।

(लेखक ने भारतीय विदेश नीति में अटल बिहारी वाजपेयीजी की भूमिका पर पी-एच.डी. की है)

□

गुरुजी के पाँच पांडवों में से एक

—राजेंद्र तिवारी

भारतीय जनसंघ की स्थापना के समय इसके प्रथम संस्थापक अध्यक्ष डॉ. श्यामाप्रसाद मुखर्जी से राष्ट्रीय स्वयंसेवक संघ के सरसंघचालक माननीय गुरु गोलवलकरजी ने कहा था, ''मैं आपको संघ के पाँच पांडव दे रहा हूँ। ये भारत के कर्णधार एवं सजग प्रहरी होंगे।'' स्व. गुरुजी पं. दीनदयाल उपाध्याय को युधिष्ठिर, अटलजी को अर्जुन, जगन्नाथ राव जोशी को भीम, यज्ञदत्त शर्मा को नकुल और वसंत राव ओक को सहदेव कहा करते थे। आज स्व. गुरुजी के ये संबोधन अटलजी के लिए इस युग के अर्जुन के रूप में चरितार्थ हो रहे हैं। अपने संपूर्ण जीवन को राष्ट्र की सेवा में प्रतिक्षण समर्पित करनेवाले भारतमाता के इस सपूत पर संपूर्ण राष्ट्र गौरवान्वित है। अटलजी का अपने संपूर्ण जीवन में व्यक्तिगत कुछ भी नहीं है, राष्ट्र की सेवा और संघ का सिद्धांत 'तन समर्पित मन समर्पित और ये जीवन समर्पित' के जीवंत मूर्तिस्वरूप अटलजी भारत के प्रत्येक वर्ग में और मुख्यत: युवा हृदयों के सम्राट के रूप में पहचाने जाते हैं। डी.ए.वी. कॉलेज, कानपुर से पढ़ाई पूर्ण करने के बाद कानून की पढ़ाई के लिए जब वह लखनऊ विश्वविद्यालय गए तो बीच में ही पढ़ाई अधूरी छोड़कर स्वतंत्रता संग्राम में शामिल हो गए। सन् 1941 में राष्ट्रीय स्वयंसेवक संघ के संपर्क में आए और भारत छोड़ो आंदोलन में वह जेल गए व अपनी युवावस्था से आज तक इस देश की सेवा में अपने संपूर्ण जीवन को समर्पित कर दिया। वस्तुत: अटलजी का जन्म ही इस देश की सेवा में समर्पित होने के लिए हुआ। सबको साथ लेकर चलने का मौलिक चिंतन ही अटलजी की सफलता का कारण है कि आज राष्ट्रीय जनतांत्रिक गठबंधन में सबको समेटे हुए हैं।

अटलजी के प्रधानमंत्रित्व काल में राष्ट्रीय प्रश्नों पर सर्वाधिक बैठकें आयोजित हुईं, जिनमें सर्वानुमति के प्रयास उनकी ओर से किए जाने की पहल उल्लेखनीय है। महिला आरक्षण, राजनीति में अपराधीकरण रोकने के प्रयास में चुनाव सुधार संबंधी विषय, उड़ीसा का चक्रवात, सन् 2000 की भीषण गरमी में राजस्थान, गुजरात एवं मध्य प्रदेश में अकाल की स्थिति, विमान अपहरण एवं कारगिल-युद्ध जैसे अनेक मुद्दों पर सर्वदलीय सर्वानुमति का सिद्धांत अटलजी के मौलिक चिंतन का ही स्वरूप है। राष्ट्रीय प्रश्नों पर विचार का समय जब आता है तो वह एक दल-विशेष के नेता होकर ही विचार नहीं करते, बल्कि एक संपूर्ण राष्ट्र बनकर, समस्त दलों के समूह को साथ लेकर सर्वानुमति में विश्वास करते हैं। लेकिन एक समय के उनके उद्गार उनके हृदय में छुपी पीड़ा को भी इंगित करते हैं, ''मेरे पास शक्ति है, हैसियत है और थोड़ा-बहुत नाम भी है, पर जब मैं अकेला होता हूँ तो लगता है कि मैं अँधेरे में भटक रहा हूँ, जब तक मैं जीवित हूँ तब तक सत्य की खोज

करता रहूँगा'' अटलजी का आध्यात्मिक चिंतन उनकी कविता की इन पंक्तियों से मिलता है जो उन्होंने इंदिरा गांधी द्वारा देश में लगाए गए आपातकाल के समय जेल में लिखी थीं—

तन पर चेहरा भटक रहा मन।
साथी है केवल सूनापन।
बिछुड़ गया क्या स्वजन किसी का।
क्रंदन सदा करुण होता है।
दूर कहीं कोई रोता है।

महर्षि वेदव्यास की दृष्टि में उत्तम राजा का लक्षण इस प्रकार बताया गया है, 'जिसके राज्य में मनुष्य इस प्रकार निर्भय होकर रहे जैसे कि पुत्र पिता के घर में रहता हो वह राजा सबसे श्रेष्ठ है। किंतु राजा को देश में शांति स्थापित करने का भार ही नहीं दिया गया, उसके ऊपर प्रजा को सब प्रकार के कष्टों से बचाने का भी भार है।' आपद्धर्मसूत्र में लिखा है, 'राजा के राज्य में कोई भूख से, व्याधि-जनित अकाल से, ठंड और गरमी से न मरे। लोगों को महामारी और अकाल से बचाना राजा का धर्म है।' ये विचार हैं प्रधानमंत्री अटल बिहारी वाजपेयीजी के, जो उन्होंने अपने एक लेख में व्यक्त किए थे।

अटलजी में संवेदनशीलता अत्यधिक है, अपने किंचित मात्र व्यक्तिगत कारण से किसी भी अन्य को तकलीफ न पहुँचे, यह उनके जीवन की शैली का महत्त्वपूर्ण अंग है। सन् 1971 के ग्रीष्मकाल में संघ शिक्षा वर्ग जो ग्वालियर में लगा था और माननीय सरसंघ चालक गुरु गोलवलकरजी प्रवास पर आए हुए थे।

इस वर्ग में मेरे बड़े भाईसाहब श्री रामरतन तिवारी (ग्वालियर विभाग संघचालक) सर्वाधिकारी के रूप में थे। रात्रि में श्री अटलजी खुले आसमान तले अपनी चारपाई पर सो रहे थे और बरांडे में पास में ही तत्कालीन प्रांत प्रचारक सुदर्शनजी एवं रामरतनजी सो रहे थे। मैं भी बरांडे में सो रहा था। अचानक आसमान से पानी की बूँदें गिरने लगीं। अटलजी स्वयं अपने बिस्तर उठाकर बरांडे में ला रहे थे और लोहे की भारी चारपाई को स्वयं उठाने की कोशिश अकेले ही कर रहे थे। इतने में आहट हुई तो मेरी नींद खुल गई। मैं तुरंत ही उनके पास पहुँचा और कहा कि भाईसाहब, आप मुझे तो जगा लेते।'' तो अटलजी ने जबाव दिया, ''भाई, तुम गहरी नहीं में सो रहे थे।'' तब हम दोनों ने चारपाई पकड़ी और बरांडे में लाए।

ग्यारहवीं लोकसभा के गठन में तेरह दिन तक अटलजी प्रधानमंत्री के पद पर आसीन रहे और गुणवत्ता बल को संख्या-बल से पराजित होना पड़ा था। परिणामत: उन्हें प्रधानमंत्री पद से हटना पड़ा, तत्समय मेरे जैसे अनेक शुभचिंतकों को आघात पहुँचा था और निराश होना पड़ा था।

उसी संदर्भ में मेरे एक पत्र का जबाव अटलजी ने 13 जून, 1996 को मुझे भेजा था, उनके इस पत्र से यह प्रकट होता है कि व्यक्ति के जीवन में प्रत्येक परेशानी उसके लिए एक अवसर भी है और एक चुनौती भी। जिस पर वह विजय प्राप्त करने का प्रयत्न करे।

(लेखक कानूनविद् हैं)

□

यदि नेता नहीं अभिनेता होते तो...

—कमल वशिष्ठ

मेरे गुरुवर डॉ. कांति कुमार का कथन है कि जीनियस सदैव जीनियस होता है, वह चाहे समाज सापेक्ष हो अथवा निरपेक्ष। प्रतिभा किसी भी रूप में प्रकट हो सकती है, चाहे मानव कल्याणकारी हो अथवा अकल्याणकारी। उदाहरणार्थ, रत्नाकर जितने बड़े डाकू थे उतने ही महान् आदिकवि वाल्मीकि हुए। गुरुदेव रवींद्रनाथ टैगोर उच्च स्तर के कवि थे, तो दूसरी ओर संगीतज्ञ, चित्रकार और अभिनेता थे, महाकवि निराला का छंदज्ञान और कुश्ती के दाँव-पेंच पर समान अधिकार था। होमी जहाँगीर भाभा महान् अणु वैज्ञानिक के साथ-साथ अच्छे चित्रकार थे। परमाणु विध्वंस के उनके चित्र और लालबहादुर शास्त्री का पोट्रेट बहुत सुंदर है। प्रसिद्ध मराठी आलोचक ना.सी. फड़के अपनी पुस्तक 'प्रतिभा साधन' में लिखते हैं कि जन्मजात प्रतिभा पचास से साठ टका होती है। किंतु अभ्यास से उसका विकास होता है। ठगराज नटवरलाल यदि ठग न होते तो बड़े राजनेता होते, जैसा कि उनका दावा है।

अस्तु, हमारे वर्तमान प्रधानमंत्री अटल बिहारी वाजपेयीजी एक अच्छे नाट्य अभिनेता रहे हैं। बात सन् 1944 के आसपास की है। उन दिनों ग्वालियर के तत्कालीन महाविद्यालयों और अंतरमहाविद्यालयों में हिंदी, मराठी और अंग्रेजी नाटकों का मंचन स्नेह सम्मेलनों में होता था, जो सन् 1955 तक चला।

साहित्यिक नाटककारों; जैसे प्रसाद, भारतेंदु, रामकुमार वर्मा, सेठ गोविंददास, गोविंदवल्लभ पंत के नाटक मंचित होते थे। श्री अटल बिहारी वाजपेयी से संबंधित संस्मरण उनके कनिष्ठ अभिनेता श्री लक्ष्मीनारायणजी बताते हैं। उन दिनों विक्टोरिया कॉलेज में अटलजी पढ़ते थे, 'ध्रुवस्वामिनी' नाटक का मंचन जी. शेष (गोपाल सहाय शेष) के निर्देशन में हुआ था।

नाटक में स्त्री पात्रों का अभिनय छात्र ही करते थे। 'ध्रुवस्वामिनी' में पुरोहित की भूमिका में वर्तमान प्रधानमंत्री अटलजी थे। रामगुप्त की भूमिका श्री शेष स्वयं निभा रहे थे, जो इस नाटक के निर्देशक भी थे। चंद्रगुप्त की भूमिका प्रसिद्ध कवि और उप-कुलपति डॉ. शिवमंगल सिंह 'सुमन' जो उस समय कॉलेज में हिंदी के व्याख्याता थे, निभा रहे थे। उस समय डॉ. सुमन 'हिटलर छाप' मूँछें रखते थे, जो चंद्रगुप्त की भूमिका में उन्हें कटवानी पड़ीं और तब से अब तक 'सफाचट' ही हैं।

हिंदी नाटक की विकास यात्रा में इन महानुभावों का सक्रिय योगदान रहा। कवि चंचल,

डॉ. सुमन जैसे कवि हृदय मित्रों के साथ अटलजी का कवि हृदय स्वाभाविक ही है। यह कहना अनुचित नहीं होगा कि यदि अटलजी नेता नहीं होते तो वे प्रसिद्ध बाँग्ला 'नटशंभु' मित्र या मराठी के महान् नट बाल गंधर्व अथवा गुजराती अभिनेता जयशंकर सुंदरी जैसे महान् अभिनेता होते, और हिंदी नाट्य इतिहास में उनका नाम अमर होता।

(लेखक प्रख्यात नाट्यकार हैं)

□

मैं कोई ज्योतिषी नहीं हूँ

—आजाद रामपुरी

बात सन् 1984 की दीपावली की भाईदूज की होगी। अटलजी मानस भवन में आयोजित स्व. श्री नारायणकृष्ण शेजवलकर के अभिनंदन समारोह में मुख्य अतिथि के रूप में पधारे थे। मानस भवन में प्रवेश करते समय मेरी हार्दिक इच्छा थी कि मैं अपने प्रबंध-काव्य मंथन की प्रति अटलजी को भेंट करूँ। अनायास शीतला सहाय से मैंने अपनी यह इच्छा प्रकट की तो उन्होंने 'बहुत अच्छा' कहकर मुझे वह अवसर प्रदान करा ही दिया और मैंने मंथन की प्रति अटलजी को भेंट कर बड़े आत्म संतोष का अनुभव किया। यहाँ मैं स्पष्ट कर दूँ कि मुझे अटलजी के सान्निध्य और सामीप्य के कुछ अवसर मध्य भारतीय हिंदी साहित्य सभा द्वारा आयोजित विभिन्न कार्यक्रमों में उनके मुख्य अतिथि के रूप में सम्मिलित होने से प्राप्त होते रहे थे। उस अवधि में मैं साहित्य सभा का साहित्य मंत्री एवं सभा मंत्री के रूप में कार्य कर रहा था। इस कारण थोड़ा-बहुत परिचय पूर्व से था, उसे प्रगाढ़ बनाने में शीतलाजी ने सहयोग भर कर दिया। मैं चर्चा कर रहा था मानस में आयोजित स्व. शेजवलकर के अभिनंदन समारोह की। वहीं मेरी भेंट मेरे अनन्य मित्र कविवर दिनेश भारद्वाज से हुई। उनसे चर्चा होने पर पता चला कि अटलजी को उसी दिन शाम को मुरैना पहुँचकर प्रख्यात साहित्यकार एवं अटलजी के सहपाठी कविवर छोटेलाल भारद्वाज की कृति 'सीतायन' का विमोचन करना है। दिनेशजी ने मेरे प्रति आत्मीय भाव दिखाते हुए मुझे भी अटलजी व अपने साथ चलने का आग्रह किया। भला मैं अवसर कहाँ चूकनेवाला था। तत्काल तैयार हो गया।

खैर, 'सीतायन' के विमोचन कार्यक्रम के बाद श्री भारद्वाज के आवास पर अटलजी के साथ भोजन करने का संयोग भी मुझे मिला। ऐसे सुखद संयोग फिर बाद में भी मिलते रहे। भोजन करने के बाद हम लोग अटलजी को दिल्ली जाने के लिए स्टेशन पर विदा करने पहुँचे। अटलजी ट्रेन की प्रतीक्षा करते घड़ी देखते फिर प्लेटफॉर्म पर टहलते-टहलते हम लोगों से साहित्यिक चर्चा करते। इसी बीच एक पत्रकार आ टपके। जबकि अटलजी ने इसे विशुद्ध साहित्यिक आयोजन बताकर अपने दल के कार्यकर्ताओं से उनसे दूर रहने का निर्देश दिया था। उक्त पत्रकार ने अटलजी से पूछा कि आपके दल और चौ. चरणसिंह के भारतीय लोक दल ने आगामी आम चुनाव हेतु गठबंधन होगा या नहीं? अटलजी पत्रकार से तत्काल पीछा छुड़ाने की दृष्टि से सटीक किंतु संक्षिप्त जबाव दिया, "वार्ता चल रही है।" पत्रकार कहाँ माननेवाले थे, उन्होंने तो प्रश्न-

पर-प्रश्न दागना शुरू कर दिए, वार्ता सफल होगी कि नहीं, दोनों दलों के गठबंधन को कितनी सीटें मिलेंगी आदि-आदि। अटलजी ने आती ट्रेन को देखकर कहा, ''मैं कोई ज्योतिषी थोड़े ही हूँ। फिर तुम तो चरणसिंह नहीं हो कि तुमसे ही बात करके बता दूँ कि वार्ता सफल होगी कि नहीं।'' अटलजी ट्रेन में बैठ चुके थे। पत्रकार महोदय अपना सा मुँह लिए खड़े-खड़े देखते रहे।

(साहित्यकार, ग्वालियर)

□

शुरू से रहे अन्याय, अनैतिकता के खिलाफ

—लक्ष्मीनारायण अग्रवाल

प्रो. डॉ. लक्ष्मीनारायण अग्रवाल यूँ तो शिक्षाशास्त्री हैं, लेकिन संगीत और रंगमंच से निकट का संबंध होने के कारण उनकी छवि एक रंगकर्मी के रूप में है। प्रो. अग्रवाल जिन दिनों विक्टोरिया कॉलेज में अध्ययनरत थे, प्रधानमंत्री श्री अटल बिहारी वाजपेयी उनसे एक कक्षा आगे अध्ययन कर रहे थे। अटलजी छात्रों के बीच अत्यंत लोकप्रिय थे। कॉलेज का प्रत्येक छात्र यह प्रयास करता था कि उसे अटलजी का सान्निध्य मिल जाए। प्रो. अग्रवाल के प्रति अटलजी का स्नेह था—यूँ कहें कि प्रो. अग्रवाल अटलजी की उस टोली के सदस्य थे जिस पर उन्हें पूरा भरोसा था। अटलजी के अंतरंग प्रसंगों पर जमी धूल हटाते हुए आपने कई अनूठे प्रसंग सुनाए—

- तत्कालीन ग्वालियर राज्य के महाराज जीवाजीराव सिंधिया को पुत्ररत्न की प्राप्ति हुई। राज्य में चारों ओर खुशियाँ मनाई गईं। जगह-जगह सांस्कृतिक कार्यक्रम आयोजित किए गए, इनमें कवि-सम्मेलन व मुशायरे भी शामिल थे। ऐसा ही एक कवि-सम्मेलन चंद्रिका प्रसाद मिश्र ने जौरा में आयोजित किया। मैं और अटलजी भी इसमें आमंत्रित थे। हम दोनों ने ही माधवराव सिंधिया के जन्म पर कविता लिखी थी—उसे इस मंच के अतिरिक्त कई मंचों पर भी सुनाया।
- आगरा विश्वविद्यालय में काव्य-प्रतियोगिता थी। आगरा जाना था, लेकिन जाने की व्यवस्था नहीं थी। कविरत्न पाराशर के पिताजी ग्वालियर रेलवे स्टेशन पर स्टेशन मास्टर थे। उन्होंने मुझे, चंचल और कवि रत्न पाराशर को बिना टिकट आगरा भेजने का प्रबंध किया। अटलजी की जल्दी-जल्दी आँखें झपकाने की आदत है। जब गुरु (अटलजी) आगरा काव्य-प्रतियोगिता में भाग लेने पहुँचे तो प्रथम पंक्ति में बैठी एक छात्रा ने अटलजी को हूट करने का नया तरीका निकाला। उसने मुँह से आवाज तक नहीं निकाली, लेकिन जैसे ही अटलजी की निगाहें उससे चार होतीं वैसे ही वह तेजी से अपनी आँखें झपकाने लगतीं। अटलजी ने यह बात समझी और उसे बिना देखे अपनी कविता पूरी की।
- विक्टोरिया कॉलेज में कवि-सम्मेलन था। जाँनिसार अख्तर, मजाज लखनवी आए हुए थे। उन दिनों छात्र संघ सचिव जे.पी. श्रीवास्तव थे। डॉ. शिवमंगल सिंह 'सुमन' से इन

शायरों की मित्रता थी, इसलिए इनकी खातिरदारी करने का दायित्व भी सुमनजी पर था। उन्होंने जे.पी. श्रीवास्तव को बुलाकर 'व्यवस्था' करने को कहा। जे.पी. हैरान-परेशान। पैसा कौन दे? शराब कौन खरीदे? लेकिन गुरु का आदेश था।

उन दिनों मेरे पास ताँगा था, जिसे मैं ही चलाया करता था। उस दिन भी मैं ताँगा लेकर कॉलेज गया था। जे.पी. ने अपनी परेशानी बताई और कहा कि सुमनजी का आदेश कैसे पूरा करें! मैंने उसे धीरज बँधाते हुए कहा, ''चलो नई सड़क चलते हैं, वहीं से कुछ व्यवस्था करेंगे।'' हम दोनों ताँगे से नई सड़क पहुँचे, बोतल खरीदी और सुमनजी के घर पहुँचा दी। इसकी जानकारी जब हमने अटलजी को दी तो उन्होंने तभी कोई निश्चय कर लिया था, जिसका परिणाम कवि-सम्मेलन की समाप्ति से हुआ।

- अटलजी बोलते कम थे, प्रचार-प्रसार से भी दूर रहते थे। उनका चिंतन हमेशा चलता रहता था, कारण कि वह संघ की शाखाओं में जाते थे तथा बौद्धिक भी देते थे, इसलिए हर छोटी-बड़ी बात की गंभीरता को तौलना उनका एक अतिरिक्त गुण था।

  राष्ट्रवादी विचारधारा उनमें कूट-कूटकर भरी थी। उसका कारण घर का धार्मिक वातावरण और राष्ट्रीय साहित्य का अध्ययन था। इसीलिए वह जो भी कार्य करते थे उसमें राष्ट्रहित प्रमुख रहता था। महाविद्यालय का वार्षिक स्नेह सम्मेलन था। जयशंकर प्रसाद के नाटक 'ध्रुवस्वामिनी' के मंचन का निर्णय हुआ। उन दिनों नारी पात्र के लिए महिलाएँ नहीं मिलती थीं, पुरुष ही उस पात्र का निर्वाह करते थे।

  चूँकि प्रसाद का नाटक था इसलिए गुरु-शिष्य सब इसमें शामिल थे। डॉ. शिवमंगल सिंह 'सुमन' ने चंद्रगुप्त का अभिनय किया तो रामकुमार चतुर्वेदी चंचल ध्रुव बने, शकटार की भूमिका की अरुण बर्जी ने तो सत्यप्रकाश स्याल ने मंदाकिनी के चरित्र का अभिनय किया। अटलजी भी इस नाटक में थे।

  जब पात्रों का चयन हो रहा था तब अटलजी भी सामने बैठे थे। कॉलेज में उनकी प्रतिष्ठा थी, वह चाहते तो नाटक का मुख्य पात्र बन सकते थे, लेकिन उन्होंने उस पुरोहित का अभिनय करना स्वीकारा जो अनैतिकता के खिलाफ अपनी आवाज बुलंद करता है। पुरोहित के रूप में विद्रोही चरित्र का जो अभिनय अटलजी ने किया वह उनके समग्र व्यक्तित्व में परिलक्षित होता है। अटलजी ने जीवनपर्यंत अन्याय, अनैतिकता के खिलाफ अपनी आवाज बुलंद रखी है। अन्याय का प्रतिकार करना ही उनका स्वभाव है।
- अटलजी सांसद रहे हों या प्रधानमंत्री, पद के मद ने उन्हें कभी अपनों से दूर नहीं होने दिया। हम तो उनके बाल सखा जैसे हैं, लेकिन वह प्रत्येक ग्वालियरवासी का ध्यान रखते हैं। उनके छोटे से बड़े काम तक की चिंता वह इस तरह से करते हैं मानो वह उनका व्यक्तिगत काम हो।

प्रो. अग्रवाल बताते हैं कि नगर के एक चिकित्सक डॉ. सेठ ईरान जाना चाहते थे, लेकिन वीसा आदि बनने में कठिनाई हो रही थी। अटलजी उन दिनों विदेश मंत्री थे। डॉ. सेठ ने अपनी समस्या मुझे बताई तो मैं उन्हें सीधे अटलजी के पास ले गया। अटलजी ने संसद् में स्थित अपने निजी कक्ष में हमें शाम चार बजे बुलाया। वह पत्रकारों से घिरे हुए थे। हमें देखते ही उन्होंने

पत्रकारों से विदा ली और हमें अपने कक्ष में ले गए। खुद पलंग पर लेट गए और बोले, ''यार लक्ष्मीनारायण! दिन भर घूमते-घूमते कमर दर्द करने लगती है। तुम बताओ कैसे आए?''

मैंने डॉ. सेठ का प्रकरण उन्हें बताया। अटलजी ने यह चिंता किए बगैर कि वह विदेश मंत्री हैं, अधिकारियों व मंत्रालयों को फोन खटखटाने खुरू कर दिए। जब तक उन्हें यह पता नहीं चल गया कि डॉ. सेठ का काम कहाँ रुका हुआ है तब तक उन्होंने चैन नहीं लिया।

(लेखक विचारक हैं)

□

राष्ट्र निर्माण की प्रेरणा

—पं. बालकृष्ण भारद्वाज

मुझे याद है ग्वालियर में कड़ाके की ठंड। जनवरी माह, रात्रि के दो बजे कवि-सम्मेलन मंच पर कविवर वीरेंद्र मिश्र का मधुर स्वरलहरी में कविता-पाठ चल रहा था। तन्मय जनसमूह वाह-वाह कर रहा था, मैं भावाभिभूत कुछ अजीब सा अतृप्त कानों से उसे सुने जा रहा हूँ। मेरे लिए किसी कवि-सम्मेलन में कविता सुनने का यह प्रथम अवसर था। कवि-सम्मेलन समाप्त हुआ, घर आया, पर कविता के नशे में चूर रात भर भावनाओं में डूबता-तैरता अनिद्रा शैय्या पर गुनगुनाता पड़ा रहा।

बस सुबह एक प्रेम गीत लिखा या लिखा गया शीर्ष पंक्तियाँ थीं—

प्रेम का बंधन अजब कुछ और है
मैं बँधा पर खिल रही मधुमय जवानी
प्यार के प्रस्फुटित मादक राग में
मैं मिटा पर बन रही जीवन कहानी।

मैंने यह गीत कई कवि-सम्मेलनों में गाया और उत्साहित होकर साप्ताहिक 'वीर अर्जुन' में प्रकाशनार्थ लिख भेजा। यह बात सन् 1952 की है। इस समय वर्तमान प्रधानमंत्री श्रीयुत् अटल बिहारी वाजपेयी साप्ताहिक 'वीर अर्जुन' के संपादक थे। श्री वाजपेयी ने इस गीत के प्रकाशन के संबंध में मुझे एक प्रेरक और मार्गदर्शक पत्र लिखा, यह लघु पत्र देशभक्ति और राष्ट्रनिर्माण के लिए प्रेरणा देनेवाला तो है ही, मुझे संकीर्ण व्यक्तिनिष्ठ जीवन दृष्टि से ऊपर उठने के लिए प्रताड़ना की सशक्त व्यंजना और भविष्य में ध्येय समर्पित देशभक्तिपूर्ण कविता लेखन करवाने की चाह व्यक्त करता है। अत: मेरे लिए यह पत्र अमूल्य निधि की तरह संग्रहीतव्य बन गया।

इस पत्र की प्रतिक्रियास्वरूप मैंने तत्कालीन कश्मीर समस्या पर एक कविता लिखी तथा प्रकाशनार्थ साप्ताहिक 'वीर अर्जुन' को पूर्व पत्र का संदर्भ देते हुए भेजी। उत्तर में पुन: अटलजी का पत्र मिला। जिसमें लिखा था, 'कश्मीर संबंधी बहुत कविताएँ इकट्ठा हैं, हम क्रमश: प्रकाशित कर रहे हैं, शीघ्र ही आपकी कविता प्रकाशित करेंगे, प्रतीक्षा करें।' बाद में वह कविता प्रकाशित हुई।

एक अन्य घटना स्मरण है। ग्वालियर के म्युनिसिपल चुनाव में एक बार छिंगालालजी वकील, लोचनसिंह पवार आदि जनसंघ से चुनाव लड़ रहे थे। श्री वाजपेयी वार्ड मीटिंगों को संबोधन करने आए। मैं सभी मीटिंगों में पूर्व प्रस्तावना भाषण करता, फिर श्री वाजपेयी का भाषण

होता, यहाँ हिंदू सभा का भी जोर था। चर्चा में वाजपेयीजी ने कहा, ''सभापति, प्रजापति एवं सेनापति आदि शब्दों में स्त्रीलिंग के साथ पति शब्द का प्रयोग ठीक है, पर हिंदू राष्ट्रपति शब्द की व्युत्पत्ति असंगत है।'' मैंने उत्तर में कहा, ''भाषा में पशुपति जैसे शब्द भी तो मिलते हैं।'' उन्होंने तत्काल कहा, ''जिनके आगे पति शब्द है वे शब्द स्वयं के संरक्षण की अधीनता के व्यंजक हैं, पर राष्ट्र के साथ यह भाव कैसे ठीक हैं।'' मैं चुप था।

(अटलजी के मित्र, परिवार के ज्येष्ठ, ग्वालियर)

□

सरल एवं सहज स्वभाव के धनी हैं अटलजी

—डॉ. सतीश बत्रा

मेरे पिता स्व. डॉ. मनमोहन बत्रा बचपन से ही राष्ट्रीय स्वयंसेवक संघ के स्वयंसेवक रहे और ग्वालियर में जनसंघ की स्थापना के समय से ही वे सक्रिय कार्यकर्ता के रूप में कार्यशील थे। यही कारण था कि हमारे परिवार से अटलजी के आत्मीय संबंध थे। जहाँ तक मुझे याद है कि अटलजी लगभग तीन बार हमारे खासगी बाजार स्थित निवास पर आए हैं। सन् 1970 में जनसंघ द्वारा गोरखी मैदान में आमसभा का आयोजन किया गया था, अटलजी उस सभा के मुख्य वक्ता थे। सभा संबोधन के बाद मेरे पिता स्व. डॉ. मनमोहन बत्रा ने उनसे घर चलने का आग्रह किया, परंतु अत्यधिक व्यस्तता के कारण वे उस दिन नहीं आ सके। थे। परंतु दो दिन पश्चात् वे बिना बताए अचानक जब हमारे घर आ पहुँचे तो सभी को बड़ा आश्चर्य हुआ। घर पहुँचने के बाद वे इस प्रकार घुल-मिल गए जैसे परिवर का ही कोई सदस्य हो। हम सभी लोग उनके सहज स्वभाव से बेहद प्रभावित हुए।

ऐसा ही प्रसंग सन् 1984 में भी घटित हुआ था। इसी प्रकार अटलजी के व्यक्तित्व से जुड़ा एक अन्य प्रसंग मुझे आज भी भली प्रकार याद है। सन् 1980-81 में मैं ठाणे, महाराष्ट्र गया था। वहाँ पता चला कि अटलजी की सभा है। उत्सुकतावश मैं भी सभा सुनने जा पहुँचा। सभा समाप्त होने पर एक वृद्ध ने अटलजी से पूछा कि ''क्या आपने मुझे पहचाना?'' अटलजी कुछ क्षण रुककर बोले, ''आप विष्णु देशपांडे हैं।'' और इतना कहते ही दोनों में चार-पाँच दशक पूर्व तक की चर्चाएँ चल पड़ीं। मैं भी उस समय वहाँ उपस्थित था तथा अटलजी की न भूलनेवाली याददाश्त ने मुझे बेहद प्रभावित किया।

(जनसंघ के संस्थापक सदस्य डॉ. मोहनदास बत्रा के चिरंजीवी)

□

ऐसी है उनकी विनोदप्रियता

—प्रभुदयाल गुप्ता

श्री अटल बिहारी वाजपेयी के पिता श्री कृष्ण बिहारी लाल वाजपेयी का जन्म यमुना नदी के किनारे बसी देवाधिदेव महादेव की नगरी बटेश्वर में हुआ था। आज उस छोटे से गाँव बटेश्वर की सुगंध पूरे देश में बिखरी हुई है, उसका सपूत दुनिया को बदलने के लिए सन्नद्ध है।

मेरा अटलजी से संपर्क सन् 1942 में संघ के लखनऊ शिक्षा वर्ग ओ.टी.सी. में हुआ। उस समय चंबल संभाग संघ की दृष्टि से उत्तर प्रदेश में था। तब हमारे संघ के प्रांत प्रचारक श्री भाऊरावजी देवरस थे। वर्ग में एक दिन परमपूज्य गुरुजी के बौद्धिक कार्यक्रम के पूर्व परिचय में अटलजी ने कविता पढ़ी—'हिंदू तन-मन, हिंदू जीवन, रग-रग हिंदू मेरा परिचय।' वहीं से वे कविता की छाप से उभरे और सबके मन को मोह लिया। एक माह का शिक्षण वर्ग समाप्त होने पर स्वयंसेवकों की छुट्टी हुई। घर वापसी पर हम तीन (अटलजी, गोखलेजी और मैं) लखनऊ रुके, क्योंकि अटलजी को वहाँ अपनी बहन से मिलना था। वहाँ हम तीनों ने अमीनाबाद पार्क पर ठंडाई पी, नाश्ता किया और घूमते-घूमते सायंकाल सरस्वती लेन पहुँचे। सरस्वती लेन के कई चक्कर लगाए पर सरोदे में मकान भूल गए और एक मकान के आगे थककर सीढ़ियों पर बैठ गए। वहाँ थोड़ी देर में मकान से एक बच्ची निकली। उसने अपने मामा अटलजी को पहचानकर कहा, "मामाजी! यहाँ कैसे, अंदर चलो।" हम लोग अपनी गलती पर खूब हँसे और कहावत याद आई कि 'बगल में छोरा गाँव में ढिंढोरा।' बड़े ही विनोद में भोजन हुआ। दूसरे दिन ग्वालियर लौटे।

अटलजी ने कुछ समय भटकने के बाद शादी के बंधन में न बँधकर पूरा जीवन राष्ट्र व समाज के लिए समर्पित कर दिया। सन् 1953 में कश्मीर के संघ आंदोलन में डॉ. श्यामाप्रसाद मुखर्जी, अटलजी, गुरुदत्त वैद्य के नेतृत्व में सत्याग्रह में हमने भाग लिया। जेल यातनाएँ सहीं। हम लोगों को योल कैंप जेल में तथा डॉ. मुखर्जी, अटलजी एवं वैद्यजी को निशातबाग जेल में रखा गया।

वहीं से अटलजी की जीवनधारा बदल गई और डॉ. मुखर्जी के सपने को साकार करने हेतु उन्होंने अहम् भूमिका निभाई। ओजस्वी वक्ता कुशाग्रबुद्धि कवि की छाप ने इन्हें सर्वोच्च शिखर पर पहुँचाया। इनकी वाणी में मानो सरस्वती का वास है, जो इनके संपर्क में आता है इनका हो जाता है।

जब यह जनता पार्टी की सरकार में विदेश मंत्री थे, तब भिंड पधारने के लिए अनुरोध करने

पर मैं दिल्ली गया। उस समय वह लौटे ही थे, मुझे प्रेम से मिले। मैंने पूछा, ''आप सोए नहीं! नेत्र लाल हैं?'' वह हँसकर बोले, ''प्रभूदयाल, मैं जब विदेश से लौटता हूँ तो पत्रकार, फोटोवाले, बड़ी-बड़ी लाइटें डालकर इंटरव्यू लेते हैं तो चकाचौंध से आँखे लाल पड़ जाती हैं। फिर पत्रकार आपस में कहते हैं कि शराब पीकर आया होगा।'' ऐसी है उनकी विनोदप्रियता।

आज इनके ही कारण भारत का मस्तक विश्व में ऊँचा हुआ है। यदि पूरे पाँच वर्ष इनका कार्यकाल रहा तो देश का नक्शा बदला हुआ दिखाई देगा। भगवान् इनके व पार्टी के मिशन को पूरा करे, ताकि गांधीजी के रामराज्य का सपना साकार हो सके।

(अटलजी के मित्र, भिंड (मध्य प्रदेश))

□

कैसे हो गए आज हम देशद्रोही?

—पु.के. चितले

किसी भी व्यक्ति के व्यक्तित्व का विश्लेषण करना आसान नहीं होता। उस व्यक्ति के व्यक्तित्व के विभिन्न पहलुओं का ज्ञान करानेवाली छोटी-छोटी घटनाओं से यही काम काफी सरल हो जाता है।

सन् 1947 की बात है। मैं तब बी.एस.सी. का छात्र था। मेरी ओर लखनऊ शहर की 5-6 संघ शाखाओं का काम था। उसी दौरान राष्ट्रीय स्वयंसेवक संघ की विचारधारा से जनमानस को परिचित कराने के उद्‌देश्य से लखनऊ से 'राष्ट्रधर्म' नामक मासिक का प्रकाशन हुआ। इससे संबंधित विविध जिम्मेदारियों को निभाने के लिए अनेक प्रचारकों को भेजा गया। इनमें प्रमुख थे—सर्वश्री दीनदयाल उपाध्याय, अटल बिहारी वाजपेयीजी और राजीव लोचन अग्निहोत्री।

'राष्ट्रधर्म' मासिक के लिए काम करनेवाले प्रचारकों को संघ की दैनंदिनी गतिविधियों अर्थात् प्रत्यक्ष शाखा से संबंध रखना चाहिए, ऐसा दीनदयालजी का आग्रह रहता था, इसलिए 'राष्ट्रधर्म' में काम करनेवाले प्रत्येक प्रचारक को लखनऊ की किसी-न-किसी शाखा का कार्यवाह बनाया गया था। इसी क्रम में मेरे विभाग के अंतर्गत आनेवाली गणेशगंज शाखा के कार्यवाह के रूप में अटलजी की नियुक्ति हुई थी।

जब अटलजी ने लाठी उठाई

'राष्ट्रधर्म' की जिम्मेदारी का अर्थ प्रत्यक्ष संघकार्य के बाहर दूसरे क्षेत्र में प्रवेश ही था। अटलजी के बढ़े कदम कभी न रुके और न ही पीछे लौटे। अब तक हमने संघ शाखा पर अथवा बाहर उनका भाषण तो नहीं सुना था, किंतु उनकी कविताएँ, उनके ही मुख से सुनने का सौभाग्य हमें अवश्य समय-समय पर मिलता रहता था। उनकी वह ओजस्वी कविताएँ और प्रस्तुतीकरण हम स्वयंसेवकों को मंत्रमुग्ध कर देती थीं।

इन्हीं दिनों की एक घटना है—लखनऊ के अधिकांश महाविद्यालयों के विद्यार्थियों ने एक बड़ा आंदोलन किया था, माँग थी उनको सिनेमा टिकट में 50 प्रतिशत की छूट मिले। इस छोटी सी माँग को लेकर महीनों आंदोलन चला और सैकड़ों छात्रों ने बड़े गर्व के साथ जेल यात्राएँ भी कीं। संघ के स्वयंसेवक ऐसे आंदोलनों से दूर ही रहते थे। इस कारण अन्य विद्यार्थी हमारी ओर तुच्छ दृष्टि से देखते थे, हमारी खिल्ली उड़ाई जाती थी। महाविद्यालय में अवकाश के समय हम संघ स्वयंसेवक विद्यार्थी मिलते थे तब हमारे उनके बीच कई बार गरमागरमी भी होती थी। ऐसे

ही एक प्रसंग पर हमारी संख्या काफी कम देखकर हम पर हमला किया गया। इसमें एक-दो स्वयंसेवकों की पिटाई भी हो गई।

'राष्ट्रधर्म' में काम करनेवाले सारे प्रचारक हमारे महाविद्यालय के निकट एक घर में रहते थे। दीनदयालजी एवं अटलजी भी यहीं रहते थे। हम लोग भी फुरसत मिलने पर वहाँ जाते थे। इस घटना के बाद कुछ स्वयंसेवक वहाँ गए, अटलजी को स्वयंसेवकों के साथ बिना कारण मारपीट का समाचार मिला, उनका क्रोध अनावर हो गया। उन्होंने लाठी ली और हम सबके साथ साइकिल पर महाविद्यालय आए। मारपीट करनेवाले छात्र वहीं मँडरा रहे थे। अटलजी ने लाठी से उनकी अच्छी खबर ली। उस दिन के बाद से किसी स्वयंसेवक से उलझने का साहस कोई नहीं करता था।

आज के अत्यंत सौम्य, सरल, सहनशील व्यक्तित्व के धनी अटलजी को देखकर उनके उस रौद्र रूप की कल्पना तक नहीं की जा सकती। लखनऊ में 7-8 वर्ष अटलजी के सहवास का लाभ मिला। उनसे बातचीत करने, उनके साथ भोजन करने, राष्ट्रधर्म कार्यालय में काम करने, साइकिल पर साथ घूमने, कबड्डी खेलने के अवसर सहज ही मिलते रहे, तब उनसे अधिक निकटता रहने से उनके महान् व्यक्तित्व की कल्पना नहीं हुई। बाद में वे राजनीतिक क्षेत्र में चले गए और धीरे-धीरे उस क्षेत्र में उनका प्रभाव बढ़ता चला गया।

मित्रों का ध्यान

सन् 1956 में मैं उत्तर प्रदेश छोड़कर महाराष्ट्र आ गया। सन् 1958 या 59 की बात है। मैं मुंबई में माटुंगा में खालसा कॉलेज में काम करता था, निवास मालाड़ में था। कार्यस्थल तक पहुँचने के लिए रेल यात्रा करनी होती थी।

एक दिन कॉलेज से लौटते समय मैं पुल पार करने के लिए चढ़ ही रहा था कि लगा कोई आवाज दे रहा है। मुड़कर देखा तो प्लेटफार्म की एक बेंच पर दीनदयालजी और अटलजी मेरी ओर देखकर हँस रहे थे। मैं उनके पास पहुँचा तो अटलजी कहने लगे, ''क्यों, मुंबई आकर इतने बड़े हो गए कि अब हमें पहचानते भी नहीं?'' घर जाने की जल्दी में सचमुच मैंने उनकी ओर देखा नहीं था। पूछने पर पता चला कि जनसंघ के तत्कालीन अध्यक्ष श्री देव प्रसाद घोष कोलकाता से यहाँ आनेवाले थे, दीनदयालजी और अटलजी उनकी प्रतीक्षा कर रहे थे।

अटलजी अपने पुराने मित्रों का कितना ध्यान रखते हैं, इसका उदाहरण है यह घटना। सन् 1969 में मुंबई के कफ परेड मैदान पर जनसंघ का अधिवेशन हो रहा था। उत्तर प्रदेश के अधिकांश बड़े नेताओं से मेरा परिचय था और अधिवेशन में वे सभी मिलेंगे यह सोचकर मैं पत्नी और बेटे के साथ वहाँ पहुँचा।

जनसंघ के स्थानीय कार्यकर्ताओं से मेरा कोई परिचय न था। किसी तरह मुख्य प्रवेश द्वार से तो हम भीतर घुस गए, किंतु नेताओं के तंबुओं के पास हमें कोई भी जाने नहीं दे रहा था। मैंने उनको बताया कि अटलजी से मेरा पुराना व्यक्तिगत परिचय है। परंतु किसी ने मुझे महत्त्व नहीं दिया।

पत्नी और बेटे के सामने ऐसा 'अपमान' होने से मैं उदास हो गया और सोच में पड़ गया कि अब क्या करें? किंतु मेरी किस्मत जोरदार थी। तंबू के पीछेवाले मैदान से कोई इस ओर आता

दिखाई दिया, निकट आने पर देखा कि स्वयं अटलजी चले आ रहे हैं। उनकी नजर भी मुझ पर पड़ी तो जल्दी से पास आकर मुझे गले से लगा लिया। इशारे से ही पूछा, "यह तुम्हारी पत्नी है क्या?" मेरे हाँ कहते ही पत्नी और बेटे को पास बुलाकर उनसे कुशलक्षेम पूछी और कहा, "हमारी इनकी बहुत पुरानी मुलाकात है।" अटलजी खुद बड़े होते हुए भी हमारे समान छोटे कार्यकर्ताओं, सहयोगियों को भूले नहीं।

हम देशद्रोही कैसे?

अंत में अटलजी के विषय में एक और छोटी किंतु मार्मिक घटना बताना चाहता हूँ। अब तक अटलजी की ख्याति सारे देश में फैल चुकी थी, संभवतः 1 अगस्त का दिन था। विलपार्ले के तिलक मंदिर का रजतजयंती वर्ष था। इसी विशिष्ट अवसर पर तिलक मंदिर सभागार में उनका भाषण था। अटलजी इसी के लिए दिल्ली से आनेवाले थे।

मुंबई में जनसंघ के कुछ प्रमुख लोगों को अब तक यह जानकारी हो चुकी थी कि मेरा अटलजी से पुराना संबंध है। मेरा निवास कार्यक्रम स्थल के पास होने से अटलजी की व्यवस्था हमारे यहाँ की जा सकेगी क्या, ऐसी पूछताछ की गई? घर छोटा हो तब भी अटलजी जैसे व्यक्ति का आना किसे पसंद नहीं आएगा? तिलक मंदिर के कार्यक्रम से पूर्व अटलजी का भोजन होना था। उस दिन वे काफी अस्वस्थ और थके हुए दिखाई दे रहे थे। मैंने उन्हें इतना उदास कभी नहीं देखा था। पेट के अल्सर के कारण उन्हें तकलीफ हो रही होगी यह सोचकर हमने उन्हें कुछ देर आराम करने के लिए कहा। वे निःसंकोच पलंग पर लेट गए और हम लोगों को पास बिठा लिया। कुछ देर हम सब चुप थे। तभी अचानक अटलजी बोल उठे, "आज हम देशद्रोही कैसे हो गए?" अचानक पूछे गए इस सवाल पर मैं चौंक गया, किंतु बाद में मुझे उनके यह पूछने और उनकी अस्वस्थता का कारण समझ में आ गया। एक-दो दिन पहले ही कांग्रेस के एक बड़े नेता ने जनसंघ के लोगों को 'देशद्रोही' कहा था।

अटलजी का प्रश्न इसी संदर्भ में था। उनके स्वाभिमानी मन को वह शब्द चुभ गया था। वे बार-बार कह रहे थे कि देश के लिए सब कुछ दाँव पर लगाकर निःस्वार्थ प्रेरणा से काम करनेवाले असंख्य तरुणों को केवल वैचारिक मतभेद के आधार पर देशद्रोही कैसे कहा जा सकता है? उनका इससे बड़ा अपमान क्या होगा? अटलजी को रह-रह कर यह बात कचोट रही थी, इसीलिए वे बेहद अस्वस्थ दिखाई दे रहे थे।

उस दिन उन्हें तिलकजी के विषय में भाषण करना था, इस बारे में भी उनके मन में मंथन चल रहा था। बीच में ही उन्होंने एक और सवाल दागा, "लोकमान्य तिलक ने लखनऊ समझौता क्यों किया?" हमारे पास उनके इस सवाल का भी समुचित उत्तर न था। अंततः अटलजी ने ही यह उलझन सुलझाई। वे बोले, "राजनीति में कब क्या करना पड़ेगा, यह कहा नहीं जा सकता?" हमारे लिए बात समाप्त हो गई किंतु अटलजी के मन में विचारों का तूफान उठा हुआ था।

कुछ देर बाद हम सब भोजन के लिए बैठे। अटलजी अस्वस्थ दिखाई दे रहे थे। अल्सर की तकलीफ बढ़ रही है यह सोचकर किसी ने सलाह दी, "अटलजी, आप नमक मत खाइए।" इस पर अटलजी ने अपनी खास शैली में जबाव दिया, 'वाह! वाह! आज बहुत दिनों के बाद

चितलेजी के घर भोजन करने का अवसर आया है और मैं उनका नमक न खाऊँ, यह भला कैसे हो सकता है?'' उस तनावग्रस्त अवस्था में भी उनका विनोद सबको हँसा गया।

प्रारंभिक और अंतिम प्रसंग दोनों में उनके व्यक्तित्व के दो भिन्न पहलू दिखाई देते हैं। इनके मध्य और कितने पहलू हैं? यह बताना संभव नहीं। ऐसे बहुआयामी व्यक्तित्व के हाथों आज देश की नैय्या है, यह बड़े भाग्य की बात है। ईश्वर से प्रार्थना है कि कठिन जिम्मेदारी के वहन के लिए उनको सामर्थ्य प्रदान करे।

(लेखक शिक्षाकर्मी हैं)